Oldenbourg
Grundriß der Geschichte

herausgegeben von
Jochen Bleicken
Lothar Gall
Hermann Jakobs

Band 20

Die DDR 1945–1986

Von Hermann Weber

R. Oldenbourg Verlag München 1988

CIP-Kurztitelaufnahme der Deutschen Bibliothek

Oldenbourg-Grundriss der Geschichte / hrsg. von
Jochen Bleicken... – München : Oldenbourg
   Früher mit d. Erscheinungsorten München, Wien

NE: Bleicken, Jochen [Hrsg.]; Grundriss der Geschichte

Bd. 20. Weber, Hermann: Die DDR 1945 [neunzehn-
hundertfünfundvierzig] – 1986. – 1988

Weber, Hermann:
Die DDR 1945 [neunzehnhundertfünfundvierzig] –
1986 / von Hermann Weber. – München : Oldenbourg, 1988.
   (Oldenbourg-Grundriss der Geschichte ; Bd. 20)
   ISBN 3-486-52361-9 brosch.
   ISBN 3-486-52191-8 geb.

© 1988 R. Oldenbourg Verlag GmbH, München

Satz und Druck: Verlagsdruckerei E. Rieder, Schrobenhausen
Bindearbeiten: R. Oldenbourg, Graphische Betriebe GmbH, München

ISBN 3-486-**52361**-9 brosch.
ISBN 3-486-**52191**-8 geb.

VORWORT DER HERAUSGEBER

Die Reihe verfolgt mehrere Ziele, unter ihnen auch solche, die von vergleichbaren Unternehmungen in Deutschland bislang nicht angestrebt wurden. Einmal will sie – und dies teilt sie mit manchen anderen Reihen – eine gut lesbare Darstellung des historischen Geschehens liefern, die, von qualifizierten Fachgelehrten geschrieben, gleichzeitig eine Summe des heutigen Forschungsstandes bietet. Die Reihe umfaßt die alte, mittlere und neuere Geschichte und behandelt durchgängig nicht nur die deutsche Geschichte, obwohl sie sinngemäß in manchem Band im Vordergrund steht, schließt vielmehr den europäischen und, in den späteren Bänden, den weltpolitischen Vergleich immer ein. In einer Reihe von Zusatzbänden wird die Geschichte einiger außereuropäischer Länder behandelt. Weitere Zusatzbände erweitern die Geschichte Europas und des Nahen Ostens um Byzanz und die Islamische Welt und die ältere Geschichte, die in der Grundreihe nur die griechisch-römische Zeit umfaßt, um den Alten Orient und die Europäische Bronzezeit. Unsere Reihe hebt sich von anderen jedoch vor allem dadurch ab, daß sie in gesonderten Abschnitten, die in der Regel ein Drittel des Gesamtumfangs ausmachen, den Forschungsstand ausführlich bespricht. Die Herausgeber gingen davon aus, daß dem nacharbeitenden Historiker, insbesondere dem Studenten und Lehrer, ein Hilfsmittel fehlt, das ihn unmittelbar an die Forschungsprobleme heranführt. Diesem Mangel kann in einem zusammenfassenden Werk, das sich an einen breiten Leserkreis wendet, weder durch erläuternde Anmerkungen noch durch eine kommentierende Bibliographie abgeholfen werden, sondern nur durch eine Darstellung und Erörterung der Forschungslage. Es versteht sich, daß dabei – schon um der wünschenswerten Vertiefung willen – jeweils nur die wichtigsten Probleme vorgestellt werden können, weniger bedeutsame Fragen hintangestellt werden müssen. Schließlich erschien es den Herausgebern sinnvoll und erforderlich, dem Leser ein nicht zu knapp bemessenes Literaturverzeichnis an die Hand zu geben, durch das er, von dem Forschungsteil geleitet, tiefer in die Materie eindringen kann.

Mit ihrem Ziel, sowohl Wissen zu vermitteln als auch zu selbständigen Studien und zu eigenen Arbeiten anzuleiten, wendet sich die Reihe in erster Linie an Studenten und Lehrer der Geschichte. Die Autoren der Bände haben sich darüber hinaus bemüht, ihre Darstellung so zu gestalten, daß auch der Nichtfachmann, etwa der Germanist, Jurist oder Wirtschaftswissenschaftler, sie mit Gewinn benutzen kann.

Die Herausgeber beabsichtigen, die Reihe stets auf dem laufenden Forschungsstand zu halten und so die Brauchbarkeit als Arbeitsinstrument über eine längere Zeit zu sichern. Deshalb sollen die einzelnen Bände von ihrem Autor oder einem anderen Fachgelehrten in gewissen Abständen überarbeitet werden. Der Zeitpunkt der Überarbeitung hängt davon ab, in welchem Ausmaß sich die allgemeine Situation der Forschung gewandelt hat.

Jochen Bleicken   Lothar Gall   Hermann Jakobs

INHALT

I. Darstellung

A. VORGESCHICHTE DER DDR 1945–1949

1. Aufbau eines neuen politischen Systems

Die am 7. Oktober 1949 gegründete DDR scheint über Jahrzehnte hinweg ein Bild der Kontinuität zu bieten: Die Herrschaft der Staatspartei SED, ihre Abhängigkeit von der Sowjetunion und die Einbindung in den Ostblock, permanente Schwierigkeiten in der Wirtschaft oder die Reglementierung der Medien wie der Kultur sind unverändert die Kennzeichen des zweiten deutschen Staates. Doch bei näherer Betrachtung zeigt sich, daß die DDR – insbesondere unter Einbeziehung ihrer Vorgeschichte seit 1945 – in ihrer vierzigjährigen Entwicklung durchaus Wandlungen aufweist, ja sogar Brüche festzustellen sind. Die Veränderung des Parteiensystems zwischen 1945 und 1950, die Umformung der SED selbst, die Anpassung an den Stalinismus und später an die Entstalinisierung der UdSSR, der ständige Wechsel der Methoden in der politischen Praxis zwischen „hartem" und „weichem" Kurs – all dies belegt neben der Kontinuität auch Wandlungen der DDR. Insgesamt ist ein Prozeß von einem total von der Besatzung abhängigen Regime zum Juniorpartner der Sowjetunion, vom administrativ-diktatorischen stalinistischen System zur „sozialistischen" Leistungs- und Konsumgesellschaft zu konstatieren.

Dabei ist zum Grundproblem der Entwicklungs- und Strukturbedingungen der DDR zweierlei festzuhalten. Erstens: Die DDR ist nur ein Teilstaat, dessen Bevölkerung zudem auf den größeren Teilstaat, die Bundesrepublik, fixiert war und ist. Zweitens: Auf die DDR, ein sozioökonomisch hochentwickeltes Gebiet, wurden Herrschafts- und Gesellschaftsformen übertragen, die aus der Rückständigkeit Rußlands erwuchsen, nämlich die des Stalinismus. Hierin liegen die Ursachen vielfältiger Widersprüche und Konflikte in der Vergangenheit und der Gegenwart der DDR.

Trotz vieler Schwierigkeiten in der Entwicklung der DDR ist es ihrer Führung im Vergleich zu anderen kommunistisch regierten Staaten gelungen, bei straffer Machtkonzentration – einer politischen Diktatur mit klarer Befehlsgewalt und Kontrolle von oben nach unten – ein effizientes und relativ erfolgreiches Wirt-

Kontinuität und Wandel

Teilstaat

schaftssystem zu etablieren. Dieses wesentliche Ergebnis der DDR-Geschichte brachte eine gewisse Stabilität der Gesamtgesellschaft, jedoch keineswegs ein konfliktfreies Regime.

Nachdem die schlimmsten Kriegsfolgen überwunden waren, konnte die DDR, aufbauend auf die Tradition eines hohen Standards der Technik, eine moderne Industriegesellschaft errichten. Die gleichzeitige Übertragung von Leitungs- und Herrschaftsmethoden der UdSSR provozierte einen ständigen Widerspruch, der sich noch verschärfte, weil diese Praktiken gegen den Willen der Mehrheit der Bevölkerung von einer Besatzungsmacht erzwungen wurden. Die Voraussetzungen dafür waren durch die besondere Konstellation im Nachkriegsdeutschland 1945 gegeben.

Ziele der UdSSR   Der Sieg der Alliierten beendete das NS-Terrorregime, führte aber auch zur Spaltung Deutschlands. Mit seinem Selbstmord vom 30. April 1945 entzog sich Hitler der Verantwortung für den Krieg, mit dem der Nationalsozialismus die Welt und auch Deutschland in eine Katastrophe gestürzt hatte. Das deutsche Volk mußte 6 Millionen Tote beklagen, Millionen Deutsche verloren als Flüchtlinge, Evakuierte oder Ausgebombte ihre Heimat, ein Drittel des Volksvermögens war vernichtet. Damit stellte sich bei Kriegsende der deutschen Bevölkerung, aber auch den Besatzungsorganen, der Wiederaufbau als dringendste Aufgabe.

Die Sieger verfolgten freilich weitergehende Ziele. Die Sowjetunion wollte gemeinsam mit den Westalliierten den Nationalsozialismus sowie Deutschlands Militärmacht und Rüstungsindustrie zerschlagen. Darüber hinaus beanspruchte die UdSSR, die im Krieg die größten Zerstörungen erlitten hatte, auch möglichst umfangreiche Reparationen.

Während des Krieges hatte die Sowjetunion ihre Deutschlandpolitik mehrfach modifiziert. Bei den Konferenzen mit den USA und Großbritannien in Teheran (November 1943) und Jalta (Februar 1945) schwankte Stalin zwischen Teilungsplänen und harten Friedensbedingungen für ein einheitliches Deutschland. Ein „Fernziel" bestand 1945 für die UdSSR darin, in Deutschland ihr eigenes System zu installieren, nur so konnten „Faschismus und Militarismus" – nach ihrer Ideologie ja Folgen des Kapitalismus – endgültig ausgerottet werden.

Doch 1945 erforderten die aktuellen Interessen der Sowjetunion eine andere Politik. Die UdSSR wollte ihren Machtbereich erweitern und ihr internationales Gewicht verstärken, nach den schweren Kriegsverlusten benötigte sie Ruhe für den Wiederaufbau, und dazu brauchte sie dringend Reparationen. Deshalb war sie bestrebt, jeden Anschein einer „kommunistischen" Entwicklung oder einer Übertragung des Sowjetsystems in Osteuropa und erst recht im gemeinsam mit den Westalliierten besetzten Deutschland zu vermeiden.

Weil sich die Sowjetunion Reparationen vor allem aus dem Westen Deutschlands, insbesondere dem Ruhrgebiet, erhoffte, mußte sie eine gesamtdeutsche Regelung favorisieren. Daher trat die Moskauer Führung nach der deutschen Kapitulation vom 8. Mai 1945 nachdrücklich für eine gesamtdeutsche Lösung ein. Zugleich leitete sie jedoch mit der „antifaschistisch-demokratischen Umwälzung" in ihrer eigenen Besatzungszone Strukturreformen ein, die Grundlage für ein kommunistisches Herrschafts- und Gesellschaftssystem sein konnten, sei es nun für eine gesamtdeutsche Perspektive oder für eine „kleine", auf die SBZ begrenzte Variante.

Bis Anfang Juni 1945 bestimmten die jeweiligen Besatzungsmächte allein in den von ihnen eroberten deutschen Gebieten. Am 5. Juni, also kaum einen Monat nach der deutschen Kapitulation, übernahmen die Alliierten mit ihrer „Juni-Deklaration" die „oberste Regierungsgewalt in Deutschland". Als höchstes Machtorgan für ganz Deutschland konstituierte sich der Alliierte Kontrollrat aus den Oberkommandierenden der Besatzungstruppen. Neben dem Kontrollrat in Berlin besaßen jedoch die einzelnen Befehlshaber in ihren Zonen die Entscheidungshoheit, sie konnten dort eigenständig Befehle und Gesetze erlassen. Auf dieser Grundlage vollzog sich die unterschiedliche Entwicklung zwischen der Sowjetischen Besatzungszone und den drei Westzonen.

Die sowjetische Besatzungsmacht hatte sofort wichtige Maßnahmen getroffen. Bereits vor der Kapitulation waren drei Gruppen emigrierter deutscher Kommunisten aus der Sowjetunion nach Berlin, nach Sachsen und Mecklenburg-Pommern eingeflogen worden. Unter Führung von Walter Ulbricht, Anton Ackermann und Gustav Sobottka sollten sie die Sowjetarmee beim Neuaufbau unterstützen. Als Erstes galt es, neue Verwaltungen – zunächst auf lokaler Ebene – zu errichten. In Berlin wurden noch vor dem Einzug der USA und Großbritanniens (Anfang Juli 1945) bzw. Frankreichs (12. August) in ihre Sektoren vollendete Tatsachen geschaffen. Nach intensiven Vorbereitungen durch die „Gruppe Ulbricht" setzte der sowjetische Stadtkommandant Bersarin schon am 14. Mai 1945 einen Magistrat für Groß-Berlin unter dem parteilosen Oberbürgermeister Dr. Werner ein. Von dessen 16 Mitgliedern bekamen die 8 Kommunisten Schlüsselstellungen übertragen. Ähnlich verfuhr die sowjetische Besatzung auch in anderen Städten. Erstmals erhielten Kommunisten in Deutschland führende Verwaltungspositionen, und das, bevor ihre Partei offiziell zugelassen war.

Wenige Tage nachdem die Oberbefehlshaber der alliierten Truppen im Auftrag ihrer Regierungen in Deutschland die „oberste Gewalt" übernommen hatten, wurde am 9. Juni 1945 die „Sowjetische Militäradministration in Deutschland" (SMAD) geschaffen. Oberster Chef wurde Marschall G. K. Shukow, ihm folgte im April 1946 Marschall W. D. Sokolowskij (Ende März 1949 dann Armeegeneral W. I. Tschuikow). Da die Besatzung tatsächlich die alleinige Macht ausübte, kam der SMAD für die Entwicklung der Sowjetischen Besatzungszone (SBZ) eine maßgebliche Bedeutung zu. Sie setzte die Interessen der UdSSR durch, zunächst vorrangig die Sicherstellung der Reparationen, sie dirigierte den Neuaufbau der Wirtschaft, der Verwaltung, aber auch der Kultur und der Politik. Gestützt auf die SMAD gelang es der Sowjetunion Stalins in der SBZ – natürlich entsprechend den Möglichkeiten und unter Berücksichtigung der Politik der Alliierten – ihre Vorstellungen zu realisieren. Die in Berlin-Karlshorst residierende SMAD hatte als oberste Instanz bis zu ihrer Auflösung im Oktober 1949 die ökonomische, soziale,

Juni-Deklaration

„Gruppe Ulbricht"

SMAD

politische und kulturpolitische Umwandlung der SBZ vollzogen und damit wichtige Voraussetzungen für die spätere Eingliederung der DDR in den Ostblock geschaffen.

„Befehl Nr. 2"   Bereits einen Tag nach ihrer Konstituierung erlaubte die SMAD am 10. Juni 1945 mit ihrem „Befehl Nr. 2" die Bildung von Parteien. Freilich durften diese nur „unter der Kontrolle der SMAD" tätig sein und „entsprechend den von ihr gegebenen Instruktionen" arbeiten. „Befehl Nr. 2" legte die Parteien auf die Begriffe „antifaschistisch" sowie „Demokratie" und „bürgerliche Freiheiten" fest. Mit solchen Vorbehalten wie Zugeständnissen ermöglichte die SMAD ein pluralistisches Parteiensystem. Davon waren sowohl die westlichen Alliierten als auch die deutschen Politiker überrascht. Jedoch blieben Termini wie „Demokratie" im Sinne der sowjetischen Ideologie interpretierbar, und die SMAD besaß die Macht, in ihrem Besatzungsgebiet den Pluralismus jederzeit wieder zu beseitigen. Tatsächlich war die Kontrolle der Parteien auf allen Ebenen gesichert, denn die Organisationen mußten sich – auch das schrieb der „Befehl Nr. 2" vor – bei den Besatzungsbehörden registrieren lassen, und sie hatten ihre Vorstandsmitglieder bekanntzumachen. Der Spielraum der Parteien war zwar eingeengt, doch die Juni-Deklaration legitimierte die Maßnahmen der SMAD. Schließlich machten dann auch die westlichen Alliierten den Parteien ähnlich Auflagen, als sie diese (im August 1945 in der amerikanischen, im September in der britischen und Ende 1945 in der französischen Besatzungszone) genehmigten. Während die Parteien im Westen zunächst nur auf regionaler Ebene zugelassen wurden, gestattete der „Befehl Nr. 2" die Tätigkeit der Parteien für Berlin und die ganze SBZ. Offenbar erhoffte die SMAD, daß die Zulassung von Parteien in Berlin, der alten Reichshauptstadt, als Signal auf alle Besatzungszonen wirken und mit dem von ihr gebilligten Parteiensystem ein Modell für ganz Deutschland geschaffen werde.

Gründung   Als erste Partei im Nachkriegsdeutschland konstituierte sich die KPD. Die
der KPD   Kommunisten, die unter dem Hitler-Terror die meisten Opfer zu beklagen hatten, verpflichteten sich in einem Aufruf ihres Zentralkomitees vom 11. Juni 1945, die Folgen des Nationalsozialismus zu beseitigen und jede Wiederkehr einer faschistischen Diktatur zu verhindern. Dabei vollzog das ZK bemerkenswerte programmatische Änderungen. Ausdrücklich verwarf die Partei ihre Forderung aus der Zeit der Weimarer Republik nach einem „Sowjet-Deutschland". Sie erklärte, der Weg, Deutschland das „Sowjet-Regime aufzuzwingen", wäre „falsch", denn er entspräche nicht den „gegenwärtigen Entwicklungsbedingungen in Deutschland". Dies bedeutete zwar keine grundsätzliche und klare Absage an das Ziel einer „Sowjetrepublik", doch wollte die KPD nunmehr die bürgerliche Revolution von 1848 zu Ende führen. Sie trat – im Gegensatz zu ihren traditionellen Vorstellungen – 1945 für die „Aufrichtung eines antifaschistischen demokratischen Regimes, einer parlamentarisch-demokratischen Republik mit allen Rechten und Freiheiten für das Volk" ein. In ihren aktuellen Forderungen bestand die KPD auf einer Säuberung vom Nationalsozialismus, auf dem Aufbau demokratischer Verwaltungen sowie der Zusammenarbeit aller antifaschistischen Parteien. Auf wirt-

schaftlichem Gebiet verlangte sie sogar die ,,Entfaltung des freien Handels und der privaten Unternehmerinitiative auf der Grundlage des Privateigentums". Diese radikale Abkehr von früheren Konzeptionen war bereits von der Emigrations-Führung der Partei eingeleitet worden, daneben blieb die KPD allerdings bei ihrem Bekenntnis zur Sowjetunion Stalins und zum Marxismus-Leninismus.

Die zweite von der SMAD zugelassene Partei war die SPD. In Berlin bildete sich ein Zentral-Ausschuß (ZA), der in seinem Aufruf vom 15. Juni 1945 erklärte, die SPD trete ein für ,,Demokratie in Staat und Gemeinde, Sozialismus in Wirtschaft und Gesellschaft". Der ZA, der sich an den radikalen Thesen des sozialdemokratischen ,,Prager Manifests" von 1934 orientierte, kritisierte die Haltung der SPD in der Weimarer Republik und betonte den ,,marxistischen" Charakter der neu aufzubauenden Partei. Vor allem aber zielte der ZA auf die ,,organisatorische Einheit der deutschen Arbeiterbewegung", mit anderen Worten auf den Zusammenschluß mit den deutschen Kommunisten. Diese lehnten indes im Juni 1945 die Vereinigung ab, für sie galt es offensichtlich erst einmal, günstigere Voraussetzungen für ihre Politik zu schaffen. Die KPD-Führung hoffte, mit Hilfe der SMAD die Hegemonie im Parteiensystem erringen zu können. Gründung
der SPD

Der ZA der SPD ließ sich von der KPD-Führung auf die Linie der ,,Aktionseinheit" abdrängen. Bereits am 19. Juni 1945 entstand aus je 5 Vertretern beider Parteiführungen ein ,,gemeinsamer Arbeitsausschuß", der es der KPD ermöglichte, aus ihrer früheren Außenseiterposition herauszukommen. Aktionseinheit

Am 26. Juni 1945 trat die Christlich-Demokratische Union (CDU) mit ihrem Gründungsaufruf als dritte Partei an die Öffentlichkeit. Dem Gründerkreis gehörten Persönlichkeiten aus dem ehemaligen katholischen Zentrum, aus dem protestantisch-konservativen Lager und aus der früheren Deutschen Demokratischen Partei an. Die CDU bekannte sich zu christlicher, demokratischer und sozialer Politik, ihre Forderungen waren durchaus interpretationsfähig. Diese Partei, die als neue Sammlungsbewegung auftrat, war zunächst für die SMAD nicht klar einzuschätzen. Die Besatzungsmacht hatte angenommen, daß die (in der überwiegend evangelischen SBZ kaum massenwirksame) katholische Zentrums-Partei wieder entstehen würde. Die Gründung der CDU machte einen Strich durch diese Kalkulation. Um eine einheitliche ,,bürgerliche" Partei zu verhindern, unterstützte die SMAD sofort die Bildung einer weiteren Partei. CDU-Gründung

Als vierte Partei konnte sich nun die Liberal-Demokratische Partei (LDP) am 5. Juli 1945 in Berlin konstituieren. Während sich die CDU für die Verstaatlichung der Bodenschätze und der Schlüsselindustrie ausgesprochen hatte, verlangte die LDP die Erhaltung des Privateigentums sowie der freien Wirtschaft und ausdrücklich auch des unabhängigen Berufsbeamtentums und der unabhängigen Justiz. Bildung der LDP

Die von der SMAD genehmigten vier Parteien schlossen sich am 14. Juli 1945 zur ,,Einheitsfront der antifaschistisch-demokratischen Parteien", dem sogenannten Antifa-Block zusammen. In einem Ausschuß, der sich aus den Parteiführern zusammensetzte, sollte eine gemeinsame Politik erreicht werden. Säuberung Deutschlands von der NS-Ideologie, wirtschaftlicher Wiederaufbau, Herstellung ,,Block der
Parteien" eines demokratischen Rechtsstaates, Geistesfreiheit sowie Bereitschaft zur Durchführung der Maßnahmen der Besatzungsbehörden und Anerkennung der Pflicht zur Wiedergutmachung waren Kompromißformeln, auf die sich die Parteien trotz verschiedener Konzeptionen einigten.

Der Kampf gegen die Überreste des NS-Regimes und der Wiederaufbau Deutschlands hatten für alle Parteien Priorität, auch sollten die Fehler und Schwächen der Weimarer Republik vermieden werden. Daher bestand ein gemeinsamer antifaschistischer und demokratischer Grundkonsens. Beschlüsse konnte der gemeinsame Block-Ausschuß nur einstimmig fassen, damit wurde eine Koalitionsbildung ohne oder gar gegen die KPD verhindert, freilich besaßen so auch die „bürgerlichen" Parteien ein Veto-Recht.

Die politische, programmatische und organisatorische Selbständigkeit der Parteien schien im Rahmen der Besatzungspolitik ebenso gesichert wie ihre personelle Präsenz in den Institutionen. Da die Kommunisten jedoch den Begriff „Antifaschismus" bald instrumentalisierten, um politische Gegner auszuschalten, entwickelte sich die Praxis anders. Mit dem Kalten Krieg schließlich zerbrach dann der Konsens der Hitler-Gegner in Deutschland.

Gleichzeitig mit den Parteien ließ die SMAD auch die ersten „Massenorganisationen" zu. Schon am 15. Juni 1945 konstituierte sich in Berlin ein vorbereitender Gewerkschaftsausschuß, dem sozialdemokratische und kommunistische Gewerkschafter sowie Vertreter der ehemaligen christlichen und Hirsch-Dunckerschen Gewerkschaften angehörten. Die früheren Richtungen sollten zusammengefaßt und eine Einheitsgewerkschaft gebildet werden. Diese entstand mit dem Freien Deutschen Gewerkschaftsbund (FDGB), in dem freilich die Sozialdemokraten rasch von den Kommunisten mit ihrer straff geleiteten Betriebs- und Organisationsarbeit sowie der Unterstützung durch die SMAD zurückgedrängt wurden.

Freier Deutscher Gewerkschaftsbund

Am 4. Juli 1945 hatten Künstler und Intellektuelle den „Kulturbund zur demokratischen Erneuerung Deutschlands" gegründet. Er erstrebte die Überwindung der Nazi-Ideologie und eine „neue, freiheitlich, demokratische Weltanschauung". Präsident wurde der kommunistische Schriftsteller Johannes R. Becher.

Kulturbund

Ende Juli 1945 gestattete die SMAD „Jugendausschüsse", die eine einheitliche Jugendorganisation, die Freie Deutsche Jugend (FDJ) vorbereiteten. Hierbei wirkten die Kommunisten unter Erich Honecker von Anfang an bestimmend mit. Ähnliche Praktiken gab es in den seit Sommer bestehenden Frauenausschüssen, aus denen später (1947) der Demokratische Frauenbund Deutschlands (DFD) hervorging, oder in der Vereinigung der gegenseitigen Bauernhilfe (VdgB).

FDJ

DFD

Auf diese Weise entstanden neu oder wieder die herkömmlichen gesellschaftlichen Organisationen, um breite Schichten der Bevölkerung zu erfassen. Da die Kommunisten in den Verbänden von Anfang an erheblichen oder überwiegenden Einfluß besaßen, wurde so das politische System vorstrukturiert, in das nun auch die „Massenorganisationen" als Hilfsorgane der KPD und später der SED einbezogen waren.

Das neu entstehende Parteiensystem der SBZ blieb zunächst freilich auf ganz Deutschland ausgerichtet, was sich in zweierlei Hinsicht zeigte. Einmal verstanden sich alle 1945 in Berlin gegründeten Parteien als Organisationen für ganz Deutschland. Zum andern prägten die zuerst in der SBZ geschaffenen vier Parteien KPD, SPD, CDU und Liberale in den folgenden Jahren das Parteienspektrum in Ost und West. Doch während sich so in Westdeutschland (bei Zusammenschlüssen wie der CDU oder Ausschaltung der Rechten) das traditionelle Parteiensystem wieder etablierte, vollzog sich in der SBZ durch „Blockpolitik" und gefördert von der SMAD eine Transformation, mit der die Kommunisten Vorteile und schließlich die Herrschaft erreichten.

Im freien Konkurrenzkampf mit anderen Parteien konnten die Kommunisten diesen Einfluß nicht gewinnen. Zunächst bestand für sie nach dem Schock des totalen Zusammenbruchs 1945 durchaus die Chance einer Massenbasis, denn als Widerstandskämpfer gegen das Hitler-Regime besaßen sie ein erhebliches Prestige, zudem waren sie aufs engste mit der siegreichen Sowjetmacht liiert. So konnte die KPD ab Juli 1945 einen Zustrom neuer Mitglieder registrieren. Schon bald geriet die Partei aber in einen Gegensatz zur Mehrheit der Bevölkerung, da sie sich mit der sowjetischen Besatzungsmacht identifizierte und alle Übergriffe der Roten Armee, die Behandlung der Kriegsgefangenen, die Reparationspolitik usw. rechtfertigte.

Chancen der KPD

Die SMAD ihrerseits unterstützte die sowjettreue KPD, sie war nicht nur aus ideologischen, sondern auch aus politischen Gründen daran interessiert, für die deutschen Kommunisten Rahmenbedingungen zu schaffen, die diesen die Hegemonie in der SBZ ermöglichte.

Daher favorisierte die SMAD die KPD beim Aufbau der neuen Verwaltungen, wobei die Realisierung der sowjetischen Deutschlandpolitik freilich auch eine Berücksichtigung der anderen Parteien erforderlich machte. Im Juli 1945 setzte die SMAD Landesverwaltungen für die Länder Sachsen, Thüringen und Mecklenburg sowie Provinzialverwaltungen für die Provinzen Brandenburg und Sachsen-Anhalt (die 1947 ebenfalls in Länder umgewandelt wurden) ein. Am 1. Juli war die Rote Armee in den Westteilen Sachsens, Thüringens und Mecklenburgs eingerückt (darunter den Städten Leipzig, Halle, Erfurt und Schwerin), die bis dahin von den westlichen Alliierten besetzt waren. Damit lagen die Grenzen der DDR fest. Präsidenten der Landesverwaltungen wurden Sozialdemokraten, in Thüringen ein Parteiloser und in Sachsen-Anhalt ein Liberaldemokrat. Doch alle 1. Vizepräsidenten, in deren Kompetenz z. B. die Polizei fiel, gehörten der KPD an. Immerhin waren alle Parteien in den Landesverwaltungen vertreten, freilich blieben die „bürgerlichen" Parteien unterrepräsentiert und die KPD besetzte die Schlüsselfunktionen.

Aufbau der Verwaltungen

Auch in den ebenfalls im Juli 1945 von der SMAD errichteten deutschen Zentralverwaltungen erhielten die Kommunisten entscheidende Positionen, so waren die Präsidenten für Volksbildung, Finanzen, Arbeit und Sozialfürsorge sowie Landwirtschaft KPD-Funktionäre. Die Zentralverwaltungen selbst dienten als

Bildung von Zentralverwaltungen

Hilfsorgane der Militäradministration, sie konnten keine Gesetze und Verordnungen erlassen. Die SMAD begann etwas überstürzt während der Potsdamer Konferenz mit dem Aufbau dieser Verwaltungen. Das geschah offenbar in der Hoffnung (ähnlich wie bei der Einsetzung des Berliner Magistrats) gegenüber den West-Alliierten mit den von der Potsdamer Konferenz erwogenen zentralen Verwaltungsabteilungen kommunistisch dominierte Institutionen durchzusetzen. Der Plan scheiterte am Veto Frankreichs, das diese Vorschläge der Potsdamer Konferenz torpedierte.

Potsdamer Konferenz

Diese Konferenz der drei „Großen", Stalin, Truman und Churchill (bzw. nach seinem Wahlsieg Attlee), tagte vom 17. Juli bis 2. August 1945 in Schloß Cecilienhof bei Potsdam. Aus dem am 2. August veröffentlichten Abkommen geht hervor, daß sich die Großmächte auf eine lange Besatzungszeit eingestellt hatten. Eine völlige Abrüstung und Entmilitarisierung Deutschlands wurde verkündet und die NSDAP verboten, eine Demokratisierung Deutschlands zum Ziel der Alliierten erklärt. Deutschland sollte Wiedergutmachung leisten, Militarismus und Faschismus ausgemerzt werden. Doch die unterschiedlichen Gesellschaftsstrukturen und die gegensätzlichen Ideologien der Besatzungsmächte ließen nicht nur Differenzen bei der „Demokratisierung", sondern generell Schwierigkeiten bei der Anwendung und Auslegung des Potsdamer Abkommens erwarten.

Entnazifizierung

In der SBZ verknüpfte die SMAD den Aufbau der Verwaltungen auf allen Ebenen mit einer personellen Neubesetzung, die – wie alle Maßnahmen in der ersten Zeit nach der NS-Diktatur – mit der Beseitigung der Überreste des Hitler-Regimes begründet wurde. Mit der Ausschaltung der Nationalsozialisten aus dem öffentlich-politischen und beruflichen Leben gelang der SMAD eine umfassende Entnazifizierung, bis August 1947 verloren 520.000 Personen ihren Arbeitsplatz, vorwiegend im öffentlichen Dienst. Über 10.000 Angehörige der SS, 2.000 der Gestapo und 4.300 „politische Führer" der NSDAP wurden nach offiziellen Angaben angeklagt, insgesamt 12.807 verurteilt (darunter 118 zum Tode). Diesen radikalen Bruch benutzte die SMAD, um nun nicht nur an den Schaltstellen in den Verwaltungen, sondern vor allem bei der Polizei und Justiz deutsche Kommunisten einzusetzen.

Im Gegensatz zu den Westzonen, wo eine recht widersprüchliche Entnazifizierung einen klaren Trennungsstrich zur Vergangenheit nicht ermöglichte und wo beim Neuaufbau des Berufsbeamtentums ehemalige NSDAP-Mitglieder wieder ihre alten Stellungen einnehmen konnten, war die Säuberung in der SBZ durchgreifend und so zunächst die „Vergangenheitsbewältigung" auch eindeutiger. Freilich erhielten später im Zeichen des Kalten Krieges in beiden deutschen Staaten ehemalige Nazis wieder Funktionen, und es zeigte sich, daß auch in der DDR NS-Tradition und Militarismus durchaus noch Spuren hinterlassen hatten.

Im Justizapparat bestimmte zunächst allein die Besatzungsmacht. Die sowjetische Geheimpolizei löste ihre Internierungslager auf deutschem Boden erst 1950 auf. In diesen Lagern wurden etwa 150.000 deutsche Gefangene festgehalten, wovon 70.000 ums Leben gekommen sein sollen. Unter den Internierten befanden sich außer NS-Verbrechern auch eine Vielzahl willkürlich denunzierter Personen, ab 1946 gerieten Sozialdemokraten und sogar oppositionelle Kommunisten in diese Straflager.

Wie die übrigen Reformen, so führte auch die Justizreform von 1946 in der SBZ „Justizreform" zu einer Änderung der Strukturen, vor allem zu einer stärkeren Zentralisierung und darüber hinaus zu einem Personenwechsel. Über 85 Prozent der Richter und Staatsanwälte – frühere Mitglieder der NSDAP – wurden durch kurzfristig ausgebildete „Volksrichter" ersetzt, die den Kommunisten einen ergebenen Justizapparat sicherten.

Insgesamt bewies der Aufbau des Parteiensystems und der Verwaltung, vor allem der Machtorgane in der SBZ die starke Einflußnahme der SMAD. Außerdem gab es schon früh Anzeichen für einen Funktionswandel der KPD zur privilegierten Staatspartei.

2. Reformen in Wirtschaft und Gesellschaft

Durch den Krieg und seine Folgen hatte sich in der SBZ – wie in ganz Deutschland Struktur der – die Bevölkerungsstruktur verändert. Im Dezember 1945 lebten 1,2 Millionen Bevölkerung mehr Menschen auf dem Gebiet der SBZ als 1939, im Oktober 1946 ergab die Volkszählung, daß die SBZ mit 18,4 Millionen sogar 3,4 Millionen Einwohner mehr als die entsprechenden Gebiete 1939 hatte. Einschneidende demographische Umschichtungen gab es sowohl wegen der Evakuierungen als auch wegen des Flüchtlingsstroms aus den Ostgebieten oder der großen Zahl von Kriegsgefangenen, die noch festgehalten wurden. So war bis Ende 1945 der weibliche Bevölkerungsanteil um 1,9 Millionen gestiegen, der männliche aber um 600.000 gesunken. Dies führte u. a. zu einem Facharbeitermangel, weil sich die Zahl der männlichen Erwerbstätigen um 13 Prozent verringert hatte, dagegen die Zahl der weiblichen um 30 Prozent angestiegen war.

Dennoch war ein ausreichendes Arbeitskräftepotential vorhanden, auch die Zerstörungen der Industrie waren insgesamt geringer als befürchtet, größere Komplikationen bereitete das nicht mehr leistungsfähige Transportwesen. Zusätzliche Schwierigkeiten resultierten aus den Disproportionen der Wirtschaft. Die Industrie im Gebiet der SBZ hatte zwar früher ein Viertel der Produktion des Reiches erzeugt, jedoch fehlten Bodenschätze oder eine schwerindustrielle Basis.

Die ungünstige Ausgangslage der Wirtschaft wurde vor allem durch die Repara- Reparationen tionsleistungen noch erheblich erschwert. Im Rahmen der Hauptdemontage mußten bis Ende 1946 weit über 1.000 Betriebe bedeutender Industriezweige demontiert und auch das zweite Gleis fast aller Bahnstrecken abgebaut werden. Die Kapazitäten der Industrie reduzierten sich teilweise erheblich (eisenschaffende Industrie um 80 Prozent, Zementindustrie und Papiererzeugung um 35 Prozent). In einer zweiten Etappe entnahm dann die UdSSR Reparationen aus der laufenden Produktion, und schließlich gingen die etwa 200 wichtigsten und größten Betriebe (die 25 Prozent der Produktion der SBZ erzeugten) als „Sowjetische Aktiengesellschaften" (SAG) in den Besitz der Sowjetunion über. Insgesamt dürften die Reparationen die Wirtschaft der späteren DDR mit 66 Milliarden Mark belastet haben. Die DDR selbst behauptet, die reinen Reparationszahlungen hätten 4,3 Milliarden Dollar (also etwa 18 Milliarden Mark betragen). Damit mußte das von der UdSSR besetzte Gebiet zur Wiedergutmachung der von Deutschland im Krieg verursachten Schäden unvergleichlich mehr beitragen als die Westzonen.

Lebensstandard   Unter diesen Umständen erreichte die Industrieproduktion der SBZ 1946 lediglich 22 Prozent der Pro-Kopf-Produktion von 1936. Entsprechend niedrig war der Lebensstandard. Wie in allen Zonen war die Versorgung völlig unzulänglich, waren die Lebensmittelrationen minimal. Alle Wirtschaftsmaßnahmen waren daher zuerst einmal auf das Überleben der Bevölkerung ausgerichtet. Auch deswegen verwarf die KPD in Übereinstimmung mit der Besatzungsmacht eine sofortige sozialistische Umgestaltung der Wirtschaft.

Schon rasch zeigte sich jedoch, daß entgegen den KPD-Thesen parallel zum Neuaufbau des politischen Systems eine tiefgreifende Umstrukturierung von Wirtschaft und Gesellschaft erfolgte, denn die sowjetische Besatzungsmacht orientierte den wirtschaftlichen Wiederaufbau in der SBZ eben doch an ihrem eigenen Modell. Das „Machtvakuum", das anfangs in allen deutschen Betrieben existierte, wurde auch in der SBZ zunächst von den Arbeitervertretern, vor allem den Betriebsräten, ausgefüllt. Sie wollten den Wiederaufbau von der Basis her gestalten, also die Wirtschaft demokratisieren. Sehr schnell wurde aber in der SBZ die Wirtschaft von oben umgestaltet, die politischen Instanzen beabsichtigten mit den Produktionsverhältnissen auch die Struktur der Gesellschaft entsprechend ihrer Ideologie zu ändern. So wurde ab 1946 ein staatlicher Sektor der Industrie geschaffen und 1948 die Planwirtschaft eingeführt.

Bodenreform   Bereits 1945 erfolgte als erste große Reform die Bodenreform. Unter der Losung „Junkerland in Bauernhand" sollte der Großgrundbesitz enteignet werden, der in Deutschland eine politische und wirtschaftliche Macht gewesen war. Am 8. September 1945 rief das ZK der KPD zu einer Aufteilung des Großgrundbesitzes auf, freilich wirkte auch hierbei die SMAD als treibende Kraft. Eingeleitet wurde die Kampagne mit „Forderungen" der Bauern, Gutsarbeiter und Flüchtlinge, die dann KPD und Verwaltungen sofort „aufgriffen". Bereits am 3. September erließ die Provinzialverwaltung Sachsen eine entsprechende Verordnung. Doch auch die übrigen Parteien in der SBZ betrachteten eine Landreform aus wirtschaftlichen und politischen Gründen als notwendig.

Durch die Bodenreform vom September 1945 wurden rund 7.000 Großgrundbesitzer mit über 100 ha entschädigungslos enteignet. Deren 2,5 Millionen ha Land kamen ebenso wie 600.000 ha Boden ehemaliger Naziführer oder dem Staat gehörendes Land in einen Bodenfonds. Das waren 35 Prozent der landwirtschaftlichen Nutzfläche der SBZ, in Mecklenburg betrug der Anteil sogar 54 Prozent. Aus diesem Fonds erhielten 500.000 Personen (119.000 Landarbeiter, 83.000 Umsiedler, 113.000 Kleinbauern usw.) 2,1 Millionen ha Land. Etwa ein Drittel des enteigneten Bodens bekamen Länder, Kreise und Gemeinden zur Bewirtschaftung. Die große Masse der Neubauern bekam nur wenig Land zugeteilt, sie konnten nicht rentabel wirtschaften. Die Hälfte der Höfe besaß weniger als 20 ha Land, vor allem diese nicht existenzfähigen Bauern schlossen sich dann 1952 als erste in Landwirtschaftlichen Produktionsgenossenschaften (LPG) zusammen.

Die Bodenreform war eine radikale, aber keine kommunistische Maßnahme. Alle vier Parteien stimmten ihr zu. Da die CDU-Führung aber eine entschädigungslose Enteignung ablehnte, kam es darüber zu einer Parteikrise. Dem 1. Vorsitzenden Andreas Hermes und seinem Stellvertreter Walther Schreiber entzog die SMAD das Vertrauen; sie setzte beide am 19. Dezember 1945 ab. Ihre Nachfolge traten Jakob Kaiser und Ernst Lemmer an. **CDU-Krise**

Ein gravierender Einschnitt der weiteren Entwicklung war die sogenannte Industriereform. Die Befehle Nr. 124 und 126 der SMAD vom Oktober 1945 verfügten die Beschlagnahme des gesamten Eigentums des deutschen Staates, der NSDAP und ihrer Amtsleiter sowie der Wehrmacht. Zahlreiche schwerindustrielle Betriebe wurden in Sowjetische Aktiengesellschaften überführt, andere Werke im März 1946 den deutschen Verwaltungsorganen unterstellt. Damit war der Weg frei zur Verstaatlichung dieser Betriebe. Schließlich waren bereits im Juli 1945 Banken und Sparkassen verstaatlicht worden, so daß das Fundament für eine Staatswirtschaft gelegt war. **Industriereform**

Die KPD änderte dementsprechend ihre Politik. Im Januar 1946 bekräftigte die Führung auf einer Wirtschaftstagung der Partei, daß zwar kein sozialistischer Aufbau möglich, aber eine Wirtschaftsplanung nötig sei. Gestützt auf die SMAD verlangte die KPD einen Volksentscheid in Sachsen. Allein 4.800 der ca. 7.000 durch Befehl Nr. 124 beschlagnahmten Betriebe hatten dort ihren Standort. Diese sollten nun durch einen Volksentscheid endgültig enteignet und in Staatseigentum überführt werden. **Volksentscheid in Sachsen**

Zunächst wandten sich LDP und CDU heftig gegen diesen Plan, doch gelang es den Kommunisten, einen Beschluß im Block der Parteien für den Volksentscheid „zur Enteignung der Kriegsverbrecher und Nazis" durchzusetzen. Dieser fand nach intensiven Vorbereitungen am 30. Juni 1946 statt. 3,4 Millionen sächsicher Wähler (93 Prozent der Wahlberechtigten) gingen zur Urne, 2,6 Millionen (77,6 Prozent) sprachen sich für, 571.000 (16,5 Prozent) gegen die Enteignung aus, 204.000 Stimmen (5,8 Prozent) waren ungültig.

Unter der Losung „Enteignung der Kriegsverbrecher" konnte so die Verstaatlichung der Schwer- und Schlüsselindustrie vor sich gehen. Ohne vorherige Abstimmungen erfolgten die Enteignungen nun auch in den übrigen Ländern der SBZ. Auf diese Weise wurden bis Frühjahr 1948 fast 10.000 Unternehmen entschädigungslos in Staatsbesitz überführt, ihr Anteil an der Industrieproduktion betrug zu diesem Zeitpunkt schon 40 Prozent. Sie bildeten die Basis für eine neue Wirtschaftsordnung mit „volkseigenen" Betrieben und staatlicher Planung.

Auch die Schulreform, die gleiche Bildungschancen für alle bringen sollte, war zunächst keine kommunistische Entscheidung. Bereits auf einer gemeinsamen

Veranstaltung am 4. November 1945 verlangte der Vertreter der KPD, Anton Ak-
kermann, ebenso eine Schulreform, um „den Befähigten freie Bahn" zu geben,
wie auch der LDP-Vorsitzende Wilhelm Külz, der die Losung „freie Bahn dem
Tüchtigen" ausgab. Beide wurden vom SPD-Funktionär Max Kreuziger unterstützt. Lediglich die CDU hielt sich in dieser Frage zurück, weil die Trennung von
Staat und Kirche propagiert und Privatschulen abgelehnt wurden.

Schulreform

Die Einheitsschule, die eine achtklassige Grundschule und eine vierstufige
Oberschule oder eine dreistufige Berufsschule umfaßte, wurde schließlich 1946
Gesetz. Parallel zur Schulreform erfolgte allerdings auch eine Auswechselung der
Lehrkräfte, hatten doch von den fast 40.000 Lehrern 28.000 der NSDAP ange-
hört. An ihre Stelle traten nach und nach rasch ausgebildete „Neulehrer". Bis
Herbst 1947 konnte als Erfolg der Schulreform die Reduzierung der 3.100 einklas-
sigen Schulen auf 1.700 und der Anstieg der vollausgebauten achtklassigen Schulen
um 25 Prozent auf 2.800 gemeldet werden.

3. Aufstieg der SED zur bestimmenden Partei

Ein tiefer Einschnitt in der Entwicklung der SBZ und insbesondere des Parteiensy-
stems war die Gründung der Sozialistischen Einheitspartei Deutschlands, der
SED, im April 1946. Schien durch die Bildung traditioneller deutscher Parteien im
Juni/Juli 1945 ein pluralistisches System auch in der SBZ möglich, so verstellte der
Zusammenschluß von KPD und SPD zur SED schon zehn Monate später diese
Chance. Zugleich vertiefte sich damit die Spaltung Deutschlands. Die harten Aus-
einandersetzungen zwischen der westdeutschen Sozialdemokratie unter Kurt
Schumacher, die konsequent jede Zusammenarbeit und erst recht jede Vereini-
gung mit den Kommunisten und dann der SED ablehnte, und der kommunisti-
schen Einheitspartei in der SBZ schufen ein feindseliges Klima in der deutschen
Politik noch vor dem Kalten Krieg.

Schumacher gegen Kommunisten

Die Führung des ZA der SPD in Berlin distanzierte sich im Laufe des Sommers
1945 zunehmend von ihren anfänglichen Vorstellungen einer Einheitspartei mit
den Kommunisten. Die Bevorzugung der KPD durch die SMAD einerseits und
die kritiklose Unterstützung der Besatzung durch die KPD andererseits hatten zu
einer Ernüchterung im ZA der SPD geführt. Im September erhob Otto Grotewohl, neben Erich W. Gniffke (der 1948 nach Westdeutschland flüchtete) und
Max Fechner (der 1953 verhaftet wurde) einer der Vorsitzenden der SPD in der
SBZ, einen Führungsanspruch der Sozialdemokraten in Gesamtdeutschland, da
nur sie mit allen vier Alliierten gleichermaßen kooperieren könnten. Max Fechner
konstatierte, die SPD sei wohl unbestritten die größte unter den vier zugelassenen
Parteien in Deutschland. Damit machte der ZA der SPD den Kommunisten ihren
Führungsanspruch streitig. Zugleich mußte die KPD nach Anfangserfolgen fest-
stellen, daß sie sowohl gegenüber der Bevölkerung als auch gegenüber den anderen
Parteien mehr und mehr in die Isolierung geriet. Daher traf das Politbüro der KPD

Ende September/Anfang Oktober 1945 Vorbereitungen, dem ZA der SPD anstelle der bisherigen „Aktionseinheit" nun den Zusammenschluß beider Parteien vorzuschlagen.

KPD für Verschmelzung

Zu dieser Änderung der KPD-Linie trugen mehrere Überlegungen bei. Die KPD-Führung erkannte, daß sie längerfristig die Macht nur dann erringen und sichern konnte, wenn sie ihren schärfsten Konkurrenten, die SPD ausschaltete. Auch befürchtete die KPD, daß sie bei den für 1946 angesetzten Wahlen keinen Sieg erringen werde. Daher verdoppelte sie – besonders nach den Niederlagen der Kommunisten bei den Parlamentswahlen in Ungarn und Österreich im November 1945 – ihre Anstrengungen für eine Vereinigung mit der SPD. Sie meinte, nur mit einer Einheitspartei ihre leitenden Positionen im Staat weiter ausbauen und festigen zu können. Aber auch unter kaderpolitischen Gesichtspunkten schien der KPD-Führung ein Zusammenschluß notwendig.

Während die SPD in der SBZ ihren traditionellen Mitgliederstand wieder erreichte (680.000 im März 1946 gegenüber 580.000 1932) überwogen in der KPD der SBZ die neugewonnenen Mitglieder (sie zählte 600.000 im März 1946 gegenüber 100.000 1932), so daß die alten Kader zwar bestimmten, aber in die Minderheit geraten waren. Die Besetzung der ihr zufallenden Positionen in Staat, Wirtschaft und im Bildungssektor mit qualifizierten und ergebenen Funktionären konnte die KPD nicht mit ihren Mitgliedern allein vollziehen, sie hoffte vielmehr diese Personalprobleme durch die Einschmelzung der SPD lösen zu können.

Während die KPD ab Herbst 1946 geschlossen Kurs auf die Vereinigung nahm, war die SPD zerstritten. Hier gab es zwar noch immer Anhänger der Einheitspartei; sie gingen aus von der gemeinsamen antinationalsozialistischen Grundeinstellung und den Erfahrungen unter Hitler sowie dem Bekenntnis der KPD zur Demokratie und den bürgerlichen Freiheiten. Diese Ansicht vertraten wichtige Landesvorsitzende der Partei, so Otto Buchwitz in Sachsen, Carl Moltmann in Mecklenburg oder Heinrich Hoffmann in Thüringen. Doch breite Kreise der SPD, die bereits im Juni 1945 unter der „Einheit der Arbeiterklasse" eine Wiedereingliederung der Kommunisten in eine einheitliche Sozialdemokratie verstanden hatten, blieben gegenüber einer „paritätischen" Vereinigung skeptisch eingestellt. Das galt besonders für die regionalen Parteigliederungen, die etwa in Leipzig weitaus stärker waren als die kommunistische Konkurrenz. Vor allem konnten sich jedoch die meisten Sozialdemokraten eine Vereinigung nur im Reichsmaßstab vorstellen, aber nicht auf Zonenebene, denn dies hätte ja eine Spaltung der Partei bedeutet.

Krise der SPD

Schließlich hatte inzwischen Kurt Schumacher die SPD in den drei Westzonen gegen jede Einheit mit den Kommunisten zusammengeschlossen. In der KPD-Konzeption der Einheitspartei sah er nur die Suche „nach dem großen Blutspender", die Absicht, der SPD eine kommunistische Führung aufzuzwingen. Dieser Beurteilung konnten und wollten sich die Führer der SPD in der SBZ nicht anschließen, sie mußten taktieren und auf die sowjetische Besatzung Rücksicht nehmen. Und gerade diese übte zunehmend Druck auf die Sozialdemokratie aus.

Unter diesen Umständen traten am 20. und 21. Dezember 1945 je dreißig Ver-

„Sechziger-
Konferenz"

treter von SPD und KPD aus der SBZ zur „Sechziger-Konferenz" in Berlin zusammen. Doch noch machten die Sozialdemokraten Vorbehalte. Ihr Sprecher
Grotewohl erklärte, die Vereinigung könne nur im gesamtdeutschen Maßstab
vollzogen werden. Zugleich bemängelte er die bevorzugte Unterstützung der
KPD durch die SMAD. Gemeinsame Wahllisten, wie die KPD sie verlangte,
lehnte er ab. Er forderte die absolute Gleichberechtigung der SPD. Andere Redner
verwiesen sogar auf Repressalien der Besatzungsmacht gegen Sozialdemokraten.

Trotz der Versuche von KPD-Vertretern, die Sozialdemokraten durch formale
Zugeständnisse zum Einlenken zu bewegen, war man am Ende des ersten Konfe-
renztages noch weit entfernt von einer Einigung. In der folgenden Nacht bearbeiteten die Kommunisten und SMAD-Offiziere die SPD-Teilnehmer. Zur allgemeinen Überraschung wurde dann plötzlich am nächsten Tag die „gemeinsame Auffassung" bekanntgegeben, nunmehr auf eine „Verschmelzung" hinzuwirken.

Druck auf die
SPD

Noch war die KPD aber nicht am Ziel. Der ZA der SPD beschloß am 15. Januar
1946, es dürfe keine Vereinigung auf der Ebene von Bezirken oder Besatzungszonen geben, nur ein Reichsparteitag könne darüber entscheiden. Doch der Druck
auf die Sozialdemokraten verstärkte sich. Wo sich Ablehnung zeigte, griff die sowjetische Besatzungsmacht massiv ein, unter anderem mit Redeverboten und sogar Verhaftungen von sozialdemokratischen Einheitsgegnern. Daraufhin wurde in
unteren Organisationen die Verschmelzung vorbereitet und – oft durch Einwirkung der sowjetischen Ortskommandanten – teilweise bereits im Februar und
März 1946 vollzogen. Schließlich schwenkten Grotewohl und die ZA-Mehrheit
um. Am 10. Februar 1946 kam es nach einer turbulenten Sitzung zum definitiven
Beschluß des ZA, der Vereinigung in der SBZ zuzustimmen.

Berliner
Urabstimmung
der SPD

Allerdings beharrte die Berliner SPD – begünstigt durch den Viermächte-Status
der Stadt – auf ihrer Selbständigkeit. In West-Berlin konnte eine Urabstimmung
durchgeführt werden; sie ergab, daß von 32.000 Mitgliedern 23.000 zur Abstimmung gingen, über 19.000 (82 Prozent) gegen die Vereinigung waren (62 Prozent
allerdings befürworteten eine weitere Zusammenarbeit mit der KPD). In der SBZ
war den SPD-Mitgliedern die Möglichkeit der Urabstimmung verwehrt, sie wurden – ob sie wollten oder nicht – in die SED überführt.

Gründung der SED

Der Gründungsparteitag der SED am 20. und 21. April 1946 brachte die Verschmelzung von KPD und SPD in der SBZ (in den vier Sektoren von Berlin blieb
die SPD weiterhin bestehen, im Ostsektor löste sie sich erst 1961 auf). Allerdings
machten die Kommunisten ideologische Zugeständnisse. So galt nun der „besondere deutsche Weg zum Sozialismus", der weithin als Distanzierung vom sowjetischen Modell verstanden wurde, als ideologische Grundlage der Partei. Hatte sich
die KPD auf Lenin und Stalin berufen, so bezeichnete sich die SED bei ihrer
Konstituierung als deutsche sozialistische Partei, die nur Marx und Engels als
ideologische Leitfiguren anerkannte. Auch mußten alle Positionen in der SED paritätisch mit früheren Sozialdemokraten und Kommunisten besetzt werden.

Von herkömmlichen kommunistischen Parteien unterschied sich die SED bis
1948 in drei Punkten. Erstens stützte sie sich in ihrer Ideologie auf den Marxismus,

aber nicht auf den Leninismus. Zweitens war die SED nicht auf das sowjetische Modell festgelegt, sondern vertrat in ihrer Programmatik den „deutschen Weg" zum Sozialismus und die „echte Demokratie". Drittens waren alle Vorstandspositionen von unten bis oben paritätisch mit ehemaligen SPD- und KPD-Mitgliedern besetzt, konnten keineswegs die Kommunisten allein bestimmen. In der Praxis setzte die SED freilich die Politik der KPD fort, denn auch sie fungierte wie diese als verlängerter Arm der sowjetischen Besatzungsmacht.

Die SED erhob nun als stärkste deutsche Partei mit 1,3 Millionen Mitgliedern den Führungsanspruch im Parteiensystem der SBZ. Durch die Einschmelzung der SPD präsentierte sich die SED auch als „einheitliche Arbeiterpartei", als Vertreterin der größten sozialen Gruppe, der Arbeitnehmer. Schon im Mai 1946 erklärte einer der SED-Führer, Franz Dahlem, daß seiner Partei als staatsaufbauender Kraft die Führung beim Neuaufbau Deutschlands auf allen Gebieten, in der Politik, der Selbstverwaltung, der Wirtschaft und der kulturellen Entwicklung gehöre. *(Führungsanspruch der SED)*

Dieser Hegemonieanspruch der SED stieß bei CDU und LDP auf Ablehnung. Beide Parteien bemühten sich, ihre Organisationen in Konkurrenz zur SED weiter auszubauen und ihre gesamtdeutschen Kontakte zu verbessern. In der ersten Jahreshälfte 1946 befürchtete die SED, daß vor allem die LDP unter ihrem Vorsitzenden Külz Masseneinfluß gewinnen werde. Wilhelm Külz, seit Februar 1946 Vorsitzender der LDP, gelang es, seine Partei als Alternative zur SED darzustellen. Er selbst trat in zahlreichen Großveranstaltungen in Ost- und Westdeutschland auf. Wegen der Religionsfrage geriet er allerdings auch in einen Streit mit der CDU.

Die CDU unter ihrem Vorsitzenden Jakob Kaiser stellte sich in der zweiten Jahreshälfte 1946 als gefährlichster Konkurrent der SED heraus. Die CDU versuchte, die Lücke zu schließen, die mit dem Verschwinden der SPD im Parteiensystem der SBZ entstanden war. Auf ihrem Parteitag im Juni 1946 bekannte sich die CDU der SBZ zu einem „Sozialismus aus christlicher Verantwortung". Kaiser betonte, Deutschland solle Brücke zwischen Ost und West sein. Die CDU hatte bei den Wahlen in Westdeutschland große Erfolge erzielt und sich als Volkspartei profilieren können, nun erstrebte sie bei den Wahlen in der SBZ ähnlich gute Ergebnisse. So kam es vor den Gemeinde-, Kreis- und Landtagswahlen, die für September/Oktober 1946 angesetzt worden waren, zu einem harten Wahlkampf zwischen den „Blockparteien". Die CDU forderte die SED auf, zum Verhältnis „Christentum und Marxismus" Stellung zu nehmen. Die SED wehrte die Angriffe ab, sie wollte sich nun nicht nur für Christen öffnen, sondern versprach auch „absolute Toleranz" gegenüber der Kirche und stellte sogar die Oder-Neiße-Grenze in Frage. *(Christlicher Sozialismus)*

In der SBZ fanden die ersten Gemeindewahlen am 1. September 1946 in Sachsen statt. In diesem Land, in dem die Arbeiterparteien traditionell vorn lagen, unterstützte die SMAD die SED in vielfacher Hinsicht. Vor allem verweigerte die Besatzung in zahlreichen Orten die Registrierung von CDU- oder LDP-Ortsgruppen, so daß diese Parteien sich nicht zur Wahl stellen konnten. Durch solche Maß- *(Gemeindewahlen)* nahmen kam die SED auf 53 Prozent (gegenüber 22 Prozent der LDP und 21 Prozent der CDU). Die Gemeindewahlen in Thüringen und Sachsen-Anhalt am 9. September brachten ein ähnliches Ergebnis. Doch war auffallend, daß in zahlreichen größeren Orten CDU und LDP zusammen eine Mehrheit erreichten. Bei den Gemeindewahlen in Brandenburg und Mecklenburg war die Benachteiligung dieser beiden Parteien noch stärker, freilich wirkte sich hier auch die Bodenreform für die SED positiv aus, die in Brandenburg 60 und in Mecklenburg sogar 69 Prozent der Stimmen erhielt. Die Kreis- und Landtagswahlen am 20. Oktober 1946 gaben ein genaueres Bild des politischen Kräfteverhältnisses in der SBZ. In Sachsen, Thüringen und Mecklenburg lag die SED knapp vor CDU und LDP zusammen, in Sachsen-Anhalt und Brandenburg erzielten diese beiden Parteien einen deutlichen Vorsprung vor der SED. Insgesamt erreichte die SED 4,65 Millionen, die LDP 2,41 Millionen und die CDU 2,39 Millionen Stimmen.

Wahlen in Berlin   Katastrophal für die SED gingen indessen die Wahlen in Berlin aus, wo auch die SPD kandidieren konnte, die dort fast die Hälfte aller Stimmen auf sich vereinigte. Die SED rangierte mit 19,8 Prozent sogar noch hinter der CDU (22,2 Prozent). Hier zeigte sich, daß die SED in wirklich freien Wahlen keinerlei Chance besaß, die angestrebte Hegemonie zu erlangen.

Obwohl die SED in den Landtagen von Brandenburg und Sachsen-Anhalt keine Mehrheit hatte, konnte sie dennoch in allen fünf Ländern der SBZ die wichtigsten Positionen in den Regierungen besetzen und dadurch sowie mit Hilfe der SMAD den Transformationsprozeß der SBZ vorantreiben.

Trotz mancher Gegensätze im „Block" der Parteien verständigten sich diese im Frühjahr 1947 in allen fünf Länderparlamenten auf Verfassungen. Diese Verfassungen berücksichtigten zwar (z. B. mit der Verankerung der Grundrechte und der Funktion der Landtage) einerseits demokratische, parlamentarische Traditionen, ließen andererseits aber auch erkennen (etwa bei der Rolle des Staates in der Wirtschaft), daß die SED bereits Teile ihrer Konzeptionen realisieren konnte.

CDU und LDP versuchten, ihre Vorstellungen im „Block" wenigstens partiell durchzusetzen. In ihrer praktischen Arbeit wurden sie durch die Allmacht der SMAD eingeschränkt, sowohl durch Zensur und geringe Auflagen ihrer Presse als auch durch direkte Eingriffe in die Parteiorganisationen. Um den Einfluß beider Parteien im politischen System weiter zu begrenzen, brachte die SED Ende 1947 ein weiteres Instrument ins Spiel: die Volkskongreßbewegung. Diese sollte nicht nur die sowjetische Haltung auf der Londoner Außenministerkonferenz Ende 1947 unterstützen, sondern auch auf das Parteiensystem der SBZ einwirken. Es gelang der SED, die Spitze der LDP unter Külz, Schiffer u. a. für dieses Vorhaben zu gewinnen. Dagegen lehnte die Führung der CDU unter Kaiser und Lemmer eine Beteiligung am Volkskongreß strikt ab; für sie war das nur ein Manöver der SED. Allerdings nahmen dann neben Otto Nuschke auch weitere Spitzenpolitiker der CDU am Volkskongreß im Dezember 1947 teil. Die zunehmenden Spannungen zwischen der CDU unter Kaiser und Lemmer und der SMAD führten dazu, daß Nuschke bei der sowjetischen Besatzungsmacht zum Favoriten für den

Volkskongreß

CDU-Vorsitz aufrückte. Schließlich wurden Kaiser und Lemmer dann durch Befehl der SMAD am 20. Dezember 1947 als Parteivorsitzende abgesetzt.

Absetzung der CDU-Führung durch die SMAD

Damit hatte sich die SMAD noch relativ spät unmittelbar in das Parteiensystem eingeschaltet, wohl nicht zuletzt, um die SED zu stützen. Für die CDU, die bis dahin ihre Eigenständigkeit weitgehend hatte bewahren können, begann nun ein Prozeß der Anpassung, der schrittweisen Veränderung ihrer Politik und Funktion. Eine ähnliche Entwicklung machte die LDP durch, die trotz ihrer konzilianteren Haltung zum Volkskongreß ihre unabhängige Position beizubehalten suchte. Auf dem Parteitag im Juli 1947 (die LDPD zählte damals immerhin 170.000 Mitglieder) distanzierte sich Külz eindeutig von der SED. Der Berliner Opposition unter Schwennicke (die sich im Februar 1948 von der LDP löste und der westdeutschen FDP anschloß) war diese Politik dennoch zu opportunistisch. Nach dem Tod von Külz (April 1948) erfolgte die weitere Anpassung dieser Partei an die SED.

Auch die sogenannten Massenorganisationen gerieten immer deutlicher unter die Vorherrschaft der SED. Seit dem 2. Kongreß des FDGB im Juni 1947 verfügte die SED über eine breite Mehrheit im Gewerkschaftsvorstand. Sie konnte den Gewerkschaftsbund – wie die übrigen gesellschaftlichen Organisationen – endgültig in ein Transmissionsorgan der SED umwandeln.

Die Hegemonie der SED wurde auch dadurch weiter gestärkt, daß in neugeschaffenen staatlichen Institutionen die Kommunisten eindeutig dominierten. Zwischen den durch Wahlen legitimierten Länderregierungen und den von der SMAD eingesetzten Zentralverwaltungen kam es häufig zu Kompetenzstreitigkeiten. Im Juni 1947 setzte die SMAD durch einen Befehl eine „Deutsche Wirtschaftskommission" (DWK) ein, die die Tätigkeit von Ländern und Zentralverwaltungen koordinieren und die Wirtschaftsplanung ausbauen sollte. Damit war eine zentrale deutsche Instanz in der SBZ geschaffen, die im Februar 1948 sogar gesetzgeberische Vollmachten erhielt. Die von der SED beherrschte DWK diente der Partei als weiteres wichtiges Instrument ihrer Machtausweitung.

Deutsche Wirtschaftskommission als zentrale Verwaltung

Die DWK war nur 4 Tage nach der Errichtung des Wirtschaftsrates in Frankfurt geschaffen worden. Der Wirtschaftsrat für das „Vereinigte Wirtschaftsgebiet", also die britische und die amerikanische Besatzungszone in Deutschland, konnte für die Länder dieser beiden Zonen bindende Gesetze und Ausführungsbestimmungen erlassen. Die Bildung von Wirtschaftsrat und DWK signalisierte zugleich die schrittweise Spaltung Deutschlands.

Um ihre neue Rolle als Führungspartei sowohl im Parteiensystem als auch in Verwaltung, Staat und Wirtschaft praktizieren zu können, mußte sich die SED freilich selbst in eine stalinistische Partei „neuen Typus" nach dem Vorbild der KPdSU verändern. Auf ihrem II. Parteitag im September 1947 berief sich die Einheitspartei noch auf die Prinzipien ihrer Gründung. In der Entschließung des Parteitags bekannte sich die SED weiterhin zum Marxismus und zu ihren „Grundsätzen und Zielen" von 1946. Freilich sprach Otto Grotewohl bereits von der „Fortentwicklung" des Marxismus, und er meinte damit den Leninismus Stalinscher Prägung.

Kominform

Im September 1947 fand in Polen eine Konferenz statt, auf der sich das Informationsbüro der kommunistischen und Arbeiterparteien (Kominform) konstituierte. Mit Hilfe des Kominform wollte die KPdSU die kommunistischen Parteien wieder straffer anleiten, die kritiklose Übernahme des sowjetischen Modells und der Stalinschen Ideologie ebenso durchsetzen wie die strikte Befolgung der Moskauer Politik. Die SED war zwar an der Kominform-Gründung nicht beteiligt, sie mußte aber als Partei, die sogar der sowjetischen Besatzungsmacht unterstand, die neuen KPdSU-Konzeptionen sofort übernehmen. Die Änderung der sowjetischen Linie erfolgte auf dem Hintergrund der Verschärfung des Kalten Krieges und des Konfliktes zwischen der Sowjetunion und Jugoslawien. Da Tito die Vorstellung vom „eigenen Weg" zum Sozialismus zur Begründung seiner unabhängigen Politik benutzte, wurde diese These nun verworfen, die UdSSR hatte wieder als alleiniges Modell zu gelten. Innerhalb weniger Monate mußte nun auch die SED zu einer „Partei neuen Typus" umgebildet werden. Es begann mit einer Parteisäuberung; nach einem entsprechenden Beschluß des Parteivorstands im Juli 1948 wurden oppositionelle Mitglieder ausgeschlossen sowie eine Strukturveränderung vorgenommen. Von April 1946 bis Ende 1947 waren eine halbe Million neuer Mitglieder in die SED gekommen. Dies wurde nun als Grund genannt, um die paritätische Besetzung der Funktionen, die schon länger ausgehöhlt war, ganz abzuschaffen. Damit ging der Anteil der Sozialdemokraten in den Vorständen rapide zurück. Die These vom besonderen deutschen Weg zum Sozialismus wurde ebenfalls offiziell verworfen, als „nationalistisch" und als Abgrenzung von der Sowjetunion verdammt.

Mit der Aufhebung der Parität, der Ablehnung der Theorie vom besonderen deutschen Weg zum Sozialismus sowie der Durchführung von Parteisäuberungen gab die SED die Prinzipien ihrer Entstehung als Einheitspartei auf. Sie wurde eine kommunistische Partei Stalinscher Prägung. Neben dem größer werdenden Dissens zwischen Bevölkerung und der Führungspartei SED kam es auch zu einer weiteren Differenzierung innerhalb der Partei selbst, da viele Mitglieder und Funktionäre die Abkehr von den Grundpositionen der Einheitspartei nicht mitvollzogen. Sie wurden passiv, flüchteten in den Westen oder wurden gar als „Agenten des Ostbüros der SPD" verhaftet.

1. Parteikonferenz der SED

Die 1. Parteikonferenz der SED im Januar 1949 schloß die Transformationsphase der SED ab, sie bildete zugleich einen Markstein der Stalinisierung. Der „demokratische Zentralismus", also die strikte Unterordnung aller Organe unter die jeweils übergeordnete Führung, sowie die Parteidisziplin avancierten zum Prinzip des Parteiaufbaus. Da die SED keine „westliche" Partei sein wollte, schrieb sie den Kampf gegen den „Sozialdemokratismus" auf ihre Fahnen. Das Bekenntnis zur KPdSU Stalins und zur „führenden Rolle" der Sowjetunion wurde für alle SED-Mitglieder verpflichtend. Partei-Kontrollkommissionen überwachten die „Reinheit" der Organisation. Die Strukturen der KPdSU wurden übernommen und so im Januar 1949 ein Politbüro geschaffen, das seither mit Sekretariat und ZK-Apparat den zentralistischen und hierarchischen Aufbau der

Organisation gewährleistet. Die Kompetenzen des hauptamtlichen Apparats wurden erweitert, neue Arbeitsmethoden angewendet; dabei kam der Kaderarbeit besondere Bedeutung zu. Nach sowjetischem Vorbild wurde schließlich die „Nomenklatur" eingeführt; dies bedeutete, daß die jeweils übergeordnete Instanz für die Besetzung der Funktionen, den Einsatz, den Aufstieg usw. der Kader allein zuständig war. Mit der Einschwörung auf Stalin, der Ausschaltung der Sozialdemokraten und damit der völligen Übernahme der Führung der Partei durch die Kommunisten sowie dem Organisationsprinzip des demokratischen Zentralismus knüpfte die SED nicht nur an die Traditionen der alten KPD an. Sie hatte damit zugleich die Voraussetzungen geschaffen, um als führende Staatspartei in einem System von sowjetischem Typus in allen Bereichen des gesellschaftlichen und politischen Lebens allein bestimmen zu können.

4. Die Spaltung Deutschlands und der Übergang zur „Volksdemokratie"

Mit dem Kalten Krieg verschärften sich die Spannungen zwischen den Besatzungsmächten in Deutschland, die schon früh aufgetreten waren, so sehr, daß es zum Bruch zwischen der östlichen und den westlichen Besatzungszonen kam. Die deutsche Spaltung ist daher eine Folge des Kalten Krieges (letztlich liegt ihre Ursache freilich im von Hitler-Deutschland begonnenen Zweiten Weltkrieg).

Zwar unterschieden sich die Vorstellungen der USA und der UdSSR über die „deutsche Frage" bereits im Jahr 1946 deutlich voneinander. Sie blieben indessen zunächst auf verbale Auseinandersetzungen beschränkt. Die Einschmelzung der SPD in die kommunistische SED in der SBZ unter dem Druck der sowjetischen Besatzungsmacht hatte allerdings besonders in Großbritannien das tiefe Mißtrauen gegen Stalins Politik verstärkt und die Regierung veranlaßt, Kurs auf einen Weststaat zu nehmen. Der Konflikt zwischen den Westalliierten und der Sowjetunion entzündete sich freilich zunächst weniger an der Deutschlandfrage, als vielmehr an Osteuropa, vor allem Polen. Nach Differenzen auf den Pariser Friedenskonferenzen zwischen Juli und Oktober 1946 griffen diese Kontroversen aber mehr und mehr auf Probleme der Deutschlandpolitik über. 1947 wurde so zum entscheidenden Jahr für die deutsche Spaltung. Auf der Moskauer Konferenz der vier Mächte im März 1947 beschuldigte der sowjetische Außenminister Molotow die USA und Großbritannien, daß sie Deutschland durch die Bildung der Bizone gespalten hätten. Die Gründe der Auseinanderentwicklung lagen selbstverständlich tiefer. Während die USA 1946 noch die Kooperation mit der UdSSR als ihr vorrangiges Ziel betrachteten, lief ihre Außenpolitik mit der „Truman-Doktrin" vom Frühjahr 1947 und dann mit dem Mashallplan auf eine Konfrontation mit der UdSSR hinaus. Dabei hatte die sowjetische Politik mit der kommunistischen Expansion in Osteuropa wiederum diese neue US-Linie teilweise provoziert oder zumindest beeinflußt.

Deutsche Frage

Ziele der Alliierten

Die optimale Zielsetzung der Westalliierten wie der Sowjetunion bestand darin, ganz Deutschland in ihren jeweiligen Block einzubeziehen und das ökonomische sowie das politische System an eigene Wert- und Ordnungsvorstellungen anzugleichen. Diese Pläne vermochte keine der Besatzungsmächte zu realisieren. Die UdSSR ebenso wie die Westmächte mußten sich damit begnügen, ihre Normen nur auf den von ihnen okkupierten Teil Deutschlands zu übertragen. In den drei Westzonen ist so im Laufe der Zeit der Kapitalismus weitgehend restauriert und die politische Demokratie und der Rechtsstaat eingeführt worden, was die Bevölkerung in freien Wahlen legitimieren konnte. Der Ostzone hingegen wurde die zentralgesteuerte Staatswirtschaft und das politische System der stalinistischen Diktatur aufgezwungen, dort blieb die Bevölkerung ohne Entscheidungsmöglichkeit. Die grundlegenden Veränderungen der SBZ reflektieren also vor allem ab 1947 den parallel dazu verlaufenden Spaltungsprozeß Deutschlands im Kalten Krieg.

Deutsche Politiker spielten dabei nur eine untergeordnete Rolle. Freilich fanden sie sich frühzeitig mit dieser Entwicklung ab und beugten sich den jeweiligen Blockinteressen. Als letzter Versuch, sich der Spaltung Deutschlands entgegenzustemmen, kann die mißlungene Konferenz der deutschen Ministerpräsidenten im Juni 1947 in München gelten. Die Initiative dazu war vom bayerischen Ministerpräsidenten Hans Ehard ausgegangen, der wenige Wochen nach der ergebnislosen Moskauer Konferenz im Mai 1947 die Regierungschefs aller deutschen Länder nach München einlud, um Wege zur Überwindung der katastrophalen Lage der deutschen Bevölkerung zu suchen. Obwohl Ulbricht und andere „harte" Kommunisten in der SED die Konferenz zu boykottieren suchten, setzten sich die gemäßigten Kräfte durch, und auch die Ministerpräsidenten der fünf Länder der SBZ reisten am 5. Juni 1947 nach München. Doch diese gesamtdeutsche Tagung scheiterte bereits an Verfahrensfragen, da man sich auf keine Tagesordnung einigen konnte. Die Vertreter der Sowjetzone verlangten, als ersten Tagesordnungspunkt die „Bildung einer deutschen Zentralverwaltung zu behandeln", dies lehnten jedoch die westdeutschen Regierungschefs ab. Alle Verständigungsversuche waren vergebens, die Ministerpräsidenten aus der SBZ reisten ab und die Tagung reduzierte sich auf eine westdeutsche Rumpfkonferenz.

Münchener Konferenz der Ministerpräsidenten

Auch wenn das Gelingen dieser gesamtdeutschen Münchener Konferenz die Spaltung Deutschlands kaum hätte verhindern können, ist dieser Mißerfolg doch ein Symptom der deutschen Politik des Jahres 1947. Die Mehrheit der westdeutschen Politiker hatte die Ostzone entweder schon abgeschrieben, oder – so besonders Schumachers SPD – sie lehnten wegen der Zwangseinschmelzung der Sozialdemokraten in die SED jeden Kompromiß mit dem Osten ab. Angst vor sozialen Umwälzungen oder der Wunsch, sich dem Westen anzuschließen und damit zur Demokratie zu gelangen, mögen bei westdeutschen Politikern ebenso eine Rolle gespielt haben wie die Hoffnung, die Last der Kriegsfolgen zu verringern, vor allem aber die Not durch einen Zusammenschluß der Westzonen zu überwinden.

In der SBZ setzten sich – gestützt auf die neue Linie der sowjetischen Außenpolitik – jene Kommunisten unter Ulbricht durch, die ihre Macht ausbauen und erweitern wollten und die daher eine einheitliche gesamtdeutsche Entwicklung fürchteten. Die Wiedervereinigung blieb als Ziel deutscher Politik in nebelhafter Ferne, aber Aktionen für die Wiedervereinigung wurden sowohl im Osten als auch im Westen rasch für die jeweilige Politik instrumentalisiert.

Die deutschen Kommunisten beschritten nun verstärkt den Weg einer weiteren Umwandlung der SBZ in eine „Volksdemokratie" nach dem Muster der osteuropäischen, von der Sowjetunion beherrschten Staaten. Diese Entwicklung trieb die SED mit Hilfe der SMAD vor allem 1948 voran. Um die beiden „bürgerlichen" Parteien zu schwächen und die Vormacht der SED im Parteiensystem auszubauen, genehmigte die sowjetische Besatzungsmacht noch zwei zusätzliche Parteien.

Im Mai 1948 konnte sich mit der National-Demokratischen Partei Deutschlands eine neue Partei etablieren, sie wurde von der SMAD im Juni offiziell zugelassen. Den Vorsitz der NDPD übernahm Lothar Bolz, der vor 1933 der KPD angehört hatte. In der neuen Partei organisierten sich in der Sowjetunion umgeschulte ehemalige Offiziere oder auch NSDAP-Mitglieder (die von der CDU und LDP nicht aufgenommen werden durften) sowie Vertreter bürgerlicher Schichten. Der Spielraum der NDPD war zunächst beachtlich, sie konnte selbst nationalistische Agitation betreiben, z.B. verbreitete sie Plakate mit der Aufschrift „Gegen den Marxismus – für die Demokratie", natürlich „mit Genehmigung der SMAD". Über die wahren Hintergründe war die SED-Führung jedoch informiert. Sie hielt in einem parteiinternen Vermerk fest, daß eine Reihe der Führer der neuen Partei „eigentlich SED" seien. NDPD-Gründung

Ähnlich sah es mit der zweiten Neugründung aus, der Demokratischen Bauernpartei Deutschlands (DBD). Deren Vorsitzender Ernst Goldenbaum hatte vor 1933 sogar für die KPD dem Landtag von Mecklenburg angehört. Er wurde nun wie einige andere Spitzenfunktionäre für die neue Partei „abgestellt". Die DBD sollte auf dem Land, wo die SED-Organisationen schwach waren und nur geringen Einfluß besaßen, wirken und dort mit CDU und LDP in Konkurrenz treten. DBD-Gründung

Die beiden neuen Parteien fungierten von Anfang an als Organe der SED. Sie wurden auch sofort in den „Volksrat" aufgenommen, ein vom 2. Deutschen Volkskongreß im März 1948 gewähltes und von der SED gelenktes ständiges Gremium. Nach einigem Widerstand von seiten der CDU und LDP konnte die DBD im August und die NDPD im September 1948 auch dem Antifa-Block beitreten.

Darüber hinaus wurde der FDGB im August 1948 Mitglied des Blocks, später noch die Jugend- und Frauenorganisation, so daß die SED mit Hilfe dieser Organisationen und der beiden neuen Parteien in den verschiedenen Institutionen dominieren und den Ton angeben konnte. So wurde schon 1948 mit der Hegemonie der SED und der Schwächung von LDP und CDU die entscheidende Veränderung des Parteiensystems erreicht.

Der Volkskongreß und sein Volksrat bekamen 1948 weitere wichtige Aufgaben übertragen. Im Juni 1948 erklärte sich der Volksrat selbstherrlich zur „berufenen

Repräsentation für ganz Deutschland", da sich in seinen Reihen neben 300 Vertretern der SBZ auch 100 Westdeutsche befanden. Gravierender war es, daß ein vom Volksrat eingesetzter Arbeitsausschuß einen Verfassungsentwurf vorlegte, der vom Volksrat dann im Oktober 1948 einstimmig angenommen wurde. Das Dokument entsprach im wesentlichen einem von der SED bereits 1946 ausgearbeiteten Entwurf. Auf ihm beruhte die spätere Verfassung der DDR vom Oktober 1949.

Auf anderen Gebieten wurde die beginnende Eigenstaatlichkeit der SBZ noch deutlicher. Die Deutsche Wirtschaftskommission erwies sich nach ihrer Reorganisation im März 1948 immer klarer als Vorstufe einer Regierung der DDR, da sie mit ihren Weisungsbefugnissen die Rechte der Länder einschränkte. Über die DWK, die völlig von der SED beherrscht wurde, konnte die Einheitspartei außer im politischen System auch in den Verwaltungen und in der Wirtschaft bestimmen.

Zusammenschluß der Westzonen

Inzwischen wuchsen die Westzonen enger zusammen, was die Spaltung Deutschlands ebenfalls vertiefte. Mit der Konfrontation im beginnenden Kalten Krieg waren die Westmächte seit Mitte 1947 kaum noch an der Einheit Deutschlands interessiert, weil diese eine Mitbestimmung durch die UdSSR beinhaltet hätte. Zunächst wurde der Zusammenschluß von amerikanischer und britischer Besatzungszone vorangetrieben. Seit März 1948 „war die Verwaltung des Vereinigten Wirtschaftsgebietes in Frankfurt regierungsähnlich organisiert" [R. MORSEY, Die Bundesrepublik Deutschland. Entstehung und Entwicklung bis 1969. München 1987, 13]. Auch die Bindungen von Parteien und Gewerkschaften auf gesamtdeutscher Ebene lösten sich zunehmend.

Die SED bemühte sich nun, mit Hilfe der SMAD schrittweise das sowjetische ökonomische Modell der zentralen Planwirtschaft einzuführen. Ab Mitte 1948 arbeitete die Industrie der SBZ nach einem „Halbjahrplan", im Juni 1948 beschloß der Parteivorstand der SED – auch dies demonstrierte das wachsende Gewicht der Partei – den ersten Zweijahrplan für die Zeit 1949 und 1950. Die Grundlinien des Planes unterbreitete Walter Ulbricht. Dabei stellte er fest, eine Planwirtschaft sei jetzt möglich, weil sich die „Schlüsselstellungen" der Wirtschaft nunmehr in den „Händen des Volkes" befänden, was im Klartext hieß, daß sie verstaatlicht waren.

Zweijahrplan

Tatsächlich erzeugten die Privatbetriebe 1948 nur noch 39 Prozent der Bruttoproduktion, genau der gleiche Anteil entfiel auf die „Volkseigenen Betriebe" und 22 Prozent auf die Sowjetischen Aktiengesellschaften, die SAG-Betriebe. Allerdings befanden sich noch immer 36.000 Betriebe in Privatbesitz, in der Leichtindustrie dominierte das „kapitalistische Eigentum" und in der Landwirtschaft verfügten die Großbauern über 25 Prozent des Bodens.

Die Produktion sollte während des Zweijahrplans um ein Drittel auf 80 Prozent der Produktion von 1936 erhöht, die Arbeitsproduktivität um 30 Prozent gesteigert werden. Für dieses Ziel initiierte die SED 1948 nach sowjetischem Beispiel eine Aktivistenbewegung. Der Kumpel Adolf Hennecke, der im Oktober nach entsprechender Vorbereitung sein Tagessoll im Steinkohlenbergbau mit 380 Pro-

Hennecke-Bewegung

zent erfüllte, diente fortan als Vorbild: Entsprechend dem sowjetischen Stachanow-System schraubte nun die Hennecke-Bewegung in der SBZ die Arbeitsproduktivität in die Höhe.

Trotz gewisser Fortschritte blieb die Wirtschaftslage problematisch. Auch die nach der westdeutschen Währungsreform im Juni 1948 erfolgte Währungsumstellung in der SBZ brachte keine nennenswerten Erleichterungen. Schließlich versuchten die Behörden Ende 1948 durch einen „freien Handel" die Lage in der SBZ zu bessern, dem Schwarzmarkt entgegenzuwirken und zugleich Arbeitsanreize zu schaffen. Deshalb verkündete die DWK im Oktober 1948 die Bildung einer Staat- HO lichen Handelsorganisation (HO), in deren Einzelhandelsgeschäften konnte die Bevölkerung neben den rationierten Waren Konsumgüter und Lebensmittel zu stark überhöhten Preisen frei kaufen. Mit der Einrichtung der HO veränderte sich die Struktur des Handels und systematisch wuchs auch auf diesem Sektor die Staatsquote. So hatte die SED mit Beginn des Zweijahrplanes 1949 bereits die Voraussetzungen geschaffen, um nicht nur den Staat, sondern auch die Wirtschaft zu beherrschen.

Ab 1948 nahm der Einfluß der SED auch im Bildungswesen zu. Die Ende 1948 von der FDJ gegründete Kinderorganisation, die „Jungen Pioniere", sollte zusammen mit der Lehrerschaft bereits die Schulkinder ideologisch indoktrinieren. Großes Gewicht maß die SED der Arbeit an den Hochschulen bei. Sie intensivierte die Förderung der Studenten aus Arbeiterkreisen durch Schaffung von Vorstudienanstalten (1946) und später Arbeiter- und Bauern-Fakultäten. So stieg der Arbeiterkinder Anteil der Arbeiterkinder von 19 Prozent 1945/46 auf 36 Prozent im Jahre 1949. an die Der große materielle Aufwand für Bildung und Erziehung brachte sichtbare Fort- Hochschulen schritte.

Die Kunst konnte sich anfangs noch frei entwickeln. Im Mittelpunkt von Literatur, bildender Kunst und Film stand die Auseinandersetzung mit dem Nationalsozialismus und dem Krieg; Besatzungsmacht und SED gewährten einen großen Freiraum. Nach den Erfahrungen aus der NS-Zeit und ihrem Kampf gegen „entartete Kunst" wurde bewußt ein breites Spektrum akzeptiert, in dem sich auch die Moderne entfalten konnte. Aber bereits 1949 signalisierten Angriffe gegen die abstrakte Kunst einen Richtungswechsel. Da die SMAD die Massenkommunikationsmittel früh in die Hände der deutschen Kommunisten gelegt hatte, entschieden sie im Rundfunk und im Verlagswesen und – da SED-Zeitungen zahlreicher waren, höhere Auflagen hatten und umfangreichere Papierzuteilungen bekamen – auch in der Presse. Damit besaß die Einheitspartei fast das Meinungsmonopol, und so konnte auch die öffentliche Meinung von ihr maßgeblich beeinflußt werden.

Obwohl die SED (auch mit Rücksicht auf Besatzungs- und gesamtdeutsche Belange) 1948 offiziell noch erklärte, die SBZ sei keine „Volksdemokratie" wie die SBZ wird anderen osteuropäischen Staaten, zeichnete sich 1949 ab, daß mit der Anpassung „Volksdemokratie" an das System der UdSSR eben doch eine solche „volksdemokratische Ordnung" errichtet wurde. So waren in der Wirtschaft wichtige Branchen der Industrie und des Handels verstaatlicht, damit die Sozialstruktur verändert sowie eine Planwirtschaft nach sowjetischem Muster eingeführt worden. Im politischen System hatte die SED ihre Hegemonie gesichert und dabei ihren organisatorischen Aufbau dem der KPdSU angeglichen. Wie in der Politik und Wirtschaft so galt zunehmend auch im Bildungsbereich und in der Kultur die Sowjetunion als das nachahmenswerte Vorbild. Die Medien – ohnehin von der SMAD abhängig – wurden weitgehend von der SED kontrolliert. Die Strukturen in Wirtschaft, Politik und Kultur zeigten so erhebliche Veränderungen seit dem Jahr 1945 und eine deutliche Annäherung der SBZ an das Modell Sowjetunion.

Dieser Prozeß war freilich 1948/49 noch keineswegs abgeschlossen. Nach wie vor existierte ein privater Wirtschaftssektor, die Landwirtschaft befand sich in bäuerlichem Besitz, und es gab breite Mittelschichten. Im politischen System waren CDU und LDP nicht völlig gleichgeschaltet, und vor allem auf der mittleren und der unteren Ebene der Politik regte sich Widerspruch gegen die Hegemonie der SED. Die Einheitspartei konnte auch im Bildungswesen oder gar im kulturellen Bereich noch nicht absolut bestimmen. Erst mit Gründung der DDR im Oktober 1949 begann die Etappe, in der die Angleichung an die Sowjetunion beschleunigt und beendet wurde.

B. „AUFBAU DES SOZIALISMUS" IN DER DDR 1949–1961

1. GRÜNDUNG DER DDR UND ANPASSUNG AN DAS SOWJETISCHE MODELL

Am 7. Oktober 1949 konstituierte sich in Berlin (Ost) der „Deutsche Volksrat" als „Provisorische Volkskammer" und nahm eine Verfassung an. Auf dem Gebiet der SBZ war damit die Deutsche Demokratische Republik, die DDR, entstanden. Der 330 Mitglieder umfassende Volksrat war ein Organ des Deutschen Volkskongresses. Dieser 3. Volkskongreß war im Mai 1949 gewählt worden, erstmals nach einer Einheitsliste, für die jedoch – trotz Manipulationen – nur 66 Prozent der Wähler der SBZ gestimmt hatten.

Die Gründung der DDR bedeutete nach der Konstituierung der Bundesrepublik Deutschland (die mit den „Londoner Empfehlungen" vom Juni 1948 eingeleitet, mit der Annahme des Grundgesetzes vom Mai 1949 vorbereitet, mit den Bundestagswahlen im August und der Regierungsbildung im September 1949 abgeschlossen worden war) die staatsrechtliche Spaltung Deutschlands. Freilich war die Schaffung der DDR keineswegs nur eine „Antwort" auf die Entstehung der Bundesrepublik; vielmehr hatte seit 1947 der Kalte Krieg zur schrittweisen Spaltung Deutschlands und zur Bildung zweier deutscher Staaten geführt.

Die Provisorische Volkskammer wählte gemeinsam mit der neugeschaffenen Länderkammer am 11. Oktober 1949 den Kommunisten Wilhelm Pieck zum Präsidenten der DDR. Als Ministerpräsident bestätigte die Volkskammer am 12. Oktober den ehemaligen Sozialdemokraten Otto Grotewohl, stellvertretende Ministerpräsidenten wurden Walter Ulbricht (SED), Otto Nuschke (CDU) und Hermann Kastner (LDP). Von den 14 Fachministern gehörten 6 der SED an (darunter der Innen-, der Volksbildungs- und der Justizminister), auch die wichtigsten Staatssekretariate wurden mit SED-Funktionären besetzt. Damit lagen bereits in dieser ersten DDR-Regierung die wesentlichen Schalthebel in den Händen der Einheitspartei, doch waren die übrigen Parteien in der Regierung vertreten. *(Regierungsbildung)*

Innerhalb von CDU und LDP kam es wegen der Gründung der DDR und der Unterstützung des Staates durch die „bürgerlichen" Parteien zu erneuten Auseinandersetzungen. Vor allem wurde die Verschiebung der anstehenden Landtagswahlen bzw. der Wahlen zur Volkskammer auf das Jahr 1950 kritisiert. Doch die CDU-Führung unter Nuschke glaubte, mit ihrer Zustimmung zur DDR-Gründung habe sie mehr Einfluß erreichen können, nicht zuletzt, weil ihr doch das Außenministerium überlassen wurde. Bald zeigte sich, daß dies eine Fehlkalkulation war, denn die SED baute ihre Macht auf Kosten von CDU und LDP weiter aus. Auch die noch weitgehend bürgerlich-demokratische Verfassung wurde in der Folgezeit rasch ausgehöhlt. *(Differenzen in der CDU und LDP)*

Die DDR-Verfassung von 1949 ließ in vielen Passagen das Vorbild der Weimarer Konstitution erkennen. In drei Abschnitten wurden die Grundlagen der Staatsgewalt, ihr Inhalt und ihre Grenzen sowie ihr Aufbau definiert. Deutschland *(Verfassung der DDR)* galt danach als unteilbare Republik, die sich auf die Länder stützt. Die Verfassung bestimmte eine zentralistische Staatsform, mit dem Parlament – der Volkskammer – als „höchstem Organ der Republik". Damit sollten die Gewaltenkonzentration und die Abkehr vom Prinzip der Gewaltenteilung demonstriert werden. Allerdings legte die Verfassung die „allgemeine, gleiche, unmittelbare und geheime Wahl" der Abgeordneten nach „den Grundsätzen des Verhältniswahlrechts" fest. Artikel 3 bestimmte nicht nur, daß alle Staatsgewalt vom Volke ausgeht, sondern verfügte auch: „Die Staatsgewalt muß dem Wohl des Volkes, der Freiheit, dem Frieden und dem demokratischen Fortschritt dienen. Die im öffentlichen Dienst Tätigen sind Diener der Gesamtheit und nicht einer Partei." Entsprechend garantierte die Verfassung die Grundrechte der Bürger (Rede-, Presse-, Versammlungs- und Religionsfreiheit, das Postgeheimnis usw.). Artikel 14 besagte: „Das Streikrecht der Gewerkschaften ist gewährleistet." Artikel 22 schützte das Eigentum.

Artikel 6   Eine Besonderheit in der DDR-Verfassung war der später bekannt-berüchtigte Artikel 6, der neben Bekundung von Glaubens-, Rassen- und Völkerhaß sowie Kriegshetze auch „Boykotthetze gegen demokratische Einrichtungen und Organisationen ... und alle sonstigen Handlungen, die sich gegen die Gleichberechtigung richten", als „Verbrechen im Sinne des Strafgesetzbuches" definierte. Gestützt auf diese Leerformeln in Artikel 6 war es der SED in der Folgezeit möglich, durch entsprechende Auslegung alle Gegner, jede Form von Opposition, strafrechtlich verfolgen zu lassen.

Stalin zur   Die Gründung der DDR hatte Stalin in einem Schreiben an Pieck und Grote-
DDR-Gründung   wohl einen „Wendepunkt in der Geschichte Europas" genannt. Diese Überzeichnung der Schaffung des neuen Staates sollte vertuschen, daß sich die UdSSR ihre Kompetenzen als Besatzungsmacht trotz formaler Änderungen (die SMAD wurde durch eine Sowjetische Kontrollkommission ersetzt) gesichert hatte. Im September 1949, kurz vor der Konstituierung des zweiten deutschen Staates, waren die Mitglieder des Politbüros der SED Pieck, Grotewohl, Ulbricht und Oelßner fast zwei Wochen in Moskau gewesen, um mit den Sowjetführern „Schritte zur Staatsgründung" zu beraten. Die SED-Spitze war willens, die Politik Stalins weiterhin bedingungslos mitzutragen.

Zugleich behauptete die DDR-Führung, ihr Ziel bleibe die deutsche Einheit. Sie interpretierte die eigene Staatsgründung als Reaktion auf die Bildung der Bundesrepublik. Wie von den Parteien in Bonn der Bundesrepublik, so wurde in Ost-Berlin der DDR eine Art Kernstaat-Funktion für ein späteres Gesamtdeutschland zugeschrieben.

In Wirklichkeit aber führte die Verschärfung des Kalten Krieges zur Vertiefung der Spaltung Deutschlands. Schrittweise lösten sich die politischen, wirtschaftlichen und kulturellen Bindungen zwischen den beiden deutschen Staaten. Unter der maßgeblichen Führung Walter Ulbrichts, der als Generalsekretär der SED die bestimmende Person wurde, nahm sich die DDR nicht nur das stalinistische Modell der UdSSR zum Vorbild ihres Neuaufbaus, sondern sie kopierte dieses System weitgehend (bis auf einige Varianten wie z. B. das formal beibehaltene Mehrparteiensystem oder die zunächst noch überwiegend private Landwirtschaft). Die Macht übte nun – im Auftrag und unter Kontrolle der Sowjetunion – die SED-Führung mit bürokratisch-diktatorischen Methoden aus.

Wie in der Sowjetunion entwickelte sich nach 1949 eine (wenn auch modifizier- **Stalinismus** te) kommunistische Einparteienherrschaft. Bei völliger Ausschaltung auch der innerparteilichen Demokratie lag die gesellschaftliche und politische Entscheidungsgewalt und damit die Macht allein in den Händen der SED-Spitze, die mit Hilfe ihres hierarchisch gegliederten Apparates die DDR regierte. Volksvertretungen auf allen Ebenen übten lediglich Scheinfunktionen aus. Die Partei lenkte den Staatsapparat, die Justiz, die Wirtschaft, aber ebenso die Massenorganisationen. Durch die Kontrolle der Medien, des Bildungswesens und der Kultur besaß sie ein Meinungsmonopol. Den Marxismus-Leninismus stalinistischer Prägung hatte die SED zur „herrschenden Ideologie" erklärt. In der DDR-Gesellschaft existierten weder Meinungsfreiheit noch politische Freiheiten. Da jede Opposition verfolgt wurde, bestand Rechtsunsicherheit, die bis zur Willkürherrschaft reichte. Dieses auf die DDR übertragene stalinistische Regime beruhte auf einer verstaatlichten und zentralistisch geplanten und geleiteten Wirtschaft mit materieller Privilegierung der bürokratischen Oberschicht ohne ernsthafte Mitbestimmung der Arbeiter.

Die Übernahme des Modells der Sowjetunion erfolgte schrittweise, wie in allen „Volksdemokratien" gab die UdSSR auch in der DDR die Richtung an. Die Abhängigkeit ging einher mit einem wachsenden Personenkult um Stalin, den die **Personenkult um** SED ausdrücklich zu dessen 70. Geburtstag im Dezember 1949 forcierte. Stalin **Stalin** galt nun in der DDR als der „große Lehrer der deutschen Arbeiterbewegung und beste Freund des deutschen Volkes" [Neues Deutschland Nr. 298 vom 21. 12. 1949].

Im Kalten Krieg mit der Konfrontation der beiden Blöcke dominierten die Zentren der Weltpolitik, Washington im Westen und Moskau im Osten. So konnte die DDR ebensowenig wie die übrigen „Volksdemokratien", also die kommunistisch regierten Staaten Polen, Tschechoslowakei, Ungarn, Rumänien, Bulgarien und Albanien eine eigenständige Außenpolitik entwickeln. Allein in der Deutschlandpolitik konnte die DDR propagandistisch aktiv werden, hier proklamierte sie weiterhin als Ziel die Einheit Deutschlands. Mit der Staatsgründung der DDR 1949 erfolgte zugleich die Bildung der „Nationalen Front des demokrati- **Nationale Front** schen Deutschland", zu der sich alle Parteien und Massenorganisationen (neben dem „Block") zusammenschlossen. Die Bundesrepublik erwies sich als das wirtschaftlich prosperierende und politisch stabilere Staatswesen, auf das die Bevölkerung der DDR fixiert blieb, daher mußte die DDR-Führung der Deutschlandpolitik große Bedeutung beimessen. Da die Bundesregierung den Anspruch erhob, als einziges frei gewähltes Organ für alle Deutschen, also auch die Bewohner der DDR, zu sprechen und zu handeln, reagierte die DDR aggressiv. Mit nationalistischen Tönen versuchte die „Nationale Front" ihre Politik in die Bundesrepublik zu tragen und hier Anhänger zu gewinnen. Sie sprach nicht nur von einer Versklavung der „Kolonie Westdeutschland", sondern warnte auch vor einer – angeblich vom Westen ausgehenden – Kriegsgefahr. Die Bundesrepublik blieb bei ihrem Anspruch, für sie war die „Zone" oder „Pankow", wie die DDR bzw. ihre Regierung genannt wurde, kein Gesprächspartner. Dies erst recht, als sich die DDR im Juni 1950 entschloß, die Oder-Neiße-Grenze zu Polen offiziell anzuerkennen.

Im Januar 1950 hatte die „Nationale Front" durch die Einsetzung eines Sekretariats sowie der Schaffung von Landes-, Kreis- und Ortsausschüssen ihre organisatorische Struktur erhalten. Dies zeigte, daß sie nicht nur in die Bundesrepublik wirken sollte, sondern auch Aufgaben innerhalb der DDR zu erfüllen hatte. In den Sekretariaten und Büros bestimmte die SED, sie benutzte dieses neue Instrument, um die übrigen Parteien und Massenorganisationen direkt zu lenken und genauer zu kontrollieren. Mit sogenannten Hausgemeinschaften gelang es der Nationalen Front, auch politisch Unorganisierte zu erfassen. Darüber hinaus blieb sie als Organisation bemüht, in die Bundesrepublik hineinzuwirken und „nationale Kreise" für die DDR zu gewinnen. Lautete doch die Hauptforderung eines im Februar 1950 beschlossenen Programms der „Nationalen Front": „Schaffung eines einheitlichen, demokratischen, friedliebenden und unabhängigen Deutschlands". Solchen verbalen Bekundungen widersprach die Praxis der DDR. Gerade der Aufbau des neuen Staatsapparats trieb die Spaltung voran. Die personalpolitischen Entscheidungen in den Verwaltungen blieben das Privileg der SED. Sie erreichte, daß schon 1950 die Mehrheit der Mitarbeiter des Staatsapparats der SED angehörte.

Im Dezember 1949 begann mit der Einsetzung des Obersten Gerichts und der Generalstaatsanwaltschaft auch die Neuordnung der gesamten Gerichtsverfassung. Allein im Jahr 1950 sollen DDR-Gerichte über 78.000 Angeklagte wegen politischer Delikte verurteilt haben, darunter 15 zum Tode. Gerade in dieser Phase der Übertragung des sowjetischen Systems spielten politischer Druck und Terror eine wesentliche Rolle.

Für diese Maßnahmen wurde das Ministerium des Innern erweitert, eine zentrale Staatliche Kontrolle beim Ministerpräsidenten geschaffen und die Deutsche Volkspolizei als zentral geleitetes bewaffnetes Organ ausgebaut. Schon 1950 zählten dann die „Bereitschaften" der Kasernierten Volkspolizei (KVP) 50.000 Mann.

Ministerium für Staatssicherheit

Als ein Instrument, das die SED rigoros handhabe, entwickelte sich der Staatssicherheitsdienst. Das „Ministerium für Staatssicherheit" (MfS), das auf Beschluß der Volkskammer am 8. Februar 1950 gebildet worden war, unterstand als selbständiger Apparat nur dem Politbüro der SED. Mit einem weitverzweigten Netz von Agenten überwachte das MfS das öffentliche Leben und trug dazu bei, jede Opposition aufzuspüren, bereits im Keim zu ersticken und schließlich auszuschalten.

Die ersten Wahlen zur Volkskammer im Oktober 1950 wurden zu einem weiteren Einschnitt in der Entwicklung des Parteiensystems. Konnte die CDU-Führung ihre Beteiligung an der Regierung und die Zustimmung zur Wahlverschiebung im Oktober 1949 noch damit verteidigen, daß sie Wahlen nach Einheitslisten verhindert hatte, so wichen CDU und LDP auch in der Frage der „Einheitsliste" schrittweise zurück. Im Mai 1950 verständigte sich der „Block" auf eine Einheitsliste der „Nationalen Front". Ausgerechnet der CDU-Vorsitzende Otto Nuschke begründete im August auf dem 1. Kongreß der „Nationalen Front", daß wegen der „drohenden Weltsituation" Einheitslistenwahl notwendig sei. Damit war die Abkehr vom herkömmlichen Parteienstaat endgültig vollzogen.

Die Wahlen vom Oktober 1950, die vielerorts nicht mehr geheim, sondern of- *Wahlen 1950* fen, ohne Benutzung von Wahlkabinen stattfanden, zeigten das bei sowjetischen Abstimmungen übliche Bild: 98 Prozent Wahlbeteiligung und 99,7 Prozent der gültigen Stimmen für die Einheitsliste. Danach hätten nur 340.000 Wähler gegen die Kandidaten der „Nationalen Front" gestimmt. Die Flüchtlingszahlen – von 1949 bis 1961 2,7 Millionen – bewiesen nachdrücklich das Trügerische solcher „Treuebekenntnisse" von seiten der Wähler und berechtigten zum Zweifel an der Legitimation der so Gewählten.

In der Volkskammer erhielten die SED 100 Sitze, CDU und LDP je 60 Sitze, NDPD und DBD je 30, der FDGB 40 und die anderen Massenorganisationen zusammen 80 Sitze. Da fast alle Abgeordneten der Massenorganisationen zugleich der SED angehörten, stellte diese in der Volkskammer die absolute Mehrheit der Mandatsträger. Auch in der neuen Regierung unter Grotewohl spiegelte sich der verstärkte Einfluß der SED wider, von der sie abhängig war. SED-Führer dominierten im Kabinett, die Beschlüsse des Politbüros der SED waren für den Ministerrat verbindlich und konnten durch Personalunion realisiert werden.

Die SED hatte bereits auf ihrem III. Parteitag im Juli 1950 den Ausbau der Wirtschaft in den Mittelpunkt gerückt. Walter Ulbricht, inzwischen der „starke *Rolle Ulbrichts* Mann" der SED und von den Delegierten zum Generalsekretär der Partei gewählt, hielt das Hauptreferat zum Fünfjahrplan 1951 bis 1955. Das Ziel war, während dieser Zeit die Produktion von 1936 zu verdoppeln. Dabei sollten die sowjetischen Wirtschaftsmethoden beispielgebend sein und zum gewünschten Erfolg führen.

Der Parteitag gab auch das Signal für den weiteren Umbau der SED in eine „Partei neuen Typus" und zur Instrumentalisierung des Parteiensystems für ihre Politik. Die Führung beabsichtigte den innerparteilichen Wandlungsprozeß durch ein neues Parteistatut zu beschleunigen und festzuschreiben. Mit dem „demokratischen Zentralismus", der sich in der Praxis weitgehend als ein hierarchischer Zentralismus erwies, sollte die „Kampfkraft" der SED verbessert werden. In ihrem Selbstverständnis begriff sich die Partei als „bewußter und organisierter Vortrupp" der deutschen Arbeiterbewegung, die sich von der „Theorie von Marx, Engels, Lenin und Stalin" leiten ließ und unter „Führung der Sowjetunion" den Frieden sichern und die Einheit Deutschlands erkämpfen wollte.

Die SED verkündete, mit ihrer Ideologie des „Marxismus-Leninismus", also dem damaligen Stalinismus, im Besitz der Wahrheit zu sein, die Gesetze der Geschichte zu kennen und unter Ausnutzung dieser Gesetzmäßigkeiten den Übergang zu einer neuen Gesellschaft zu vollziehen. Entsprechend umfassend war der Totalitätsanspruch der SED-Führung, was sie auch dadurch demonstrierte, daß

sie erstmals zu ihrem III. Parteitag das Lied von Louis Fürnberg mit dem Refrain:
„Die Partei, die Partei, die hat immer recht", verbreitete.

„Partei hat
immer recht"

Für die SED selbst galt die „monolithische Einheit" als wichtigstes Prinzip der Partei, Opposition oder gar Fraktionen wurden nicht zugelassen. Da sich die SED jedoch durch ihre wachsende Monopolstellung zum politischen Zentrum der DDR entwickelte, mußte sie in ihren Reihen zwangsläufig die Widersprüche der Gesellschaft reflektieren; es traten verschiedene oppositionelle Strömungen auf, nur rigorose Säuberungen konnten die Einheit sichern. Nachdrücklich hatte der III. Parteitag dazu aufgerufen, den „Kampf gegen Spione und Agenten", vor allem die „Tito-Clique", das Ostbüro der SPD sowie Trotzkisten zu verstärken. Auch die „Überreste des Sozialdemokratismus in der SED" sollten beseitigt werden.

Säuberungen
der SED

Tatsächlich wurden während der Parteiüberprüfung 1950/51 dann 150.000 Mitglieder aus der SED ausgeschlossen. Gleichzeitig begannen auch die ersten größeren Säuberungen innerhalb der Führungsspitze. Paul Merker, seit den zwanziger Jahren führender Kommunist und Mitglied des ersten Politbüros der SED wurde im August 1950 vom ZK der SED, gemeinsam mit Leo Bauer, Willi Kreikemeyer, Lex Ende und anderen Altkommunisten aus der Partei ausgeschlossen. Kreikemeyer (er kam im SSD-Gefängnis ums Leben) und Bauer wurden sofort verhaftet, die meisten anderen ausgeschlossenen SED-Funktionäre dann 1952 nach dem Prozeß gegen Slansky in Prag.

Schauprozesse

Die Säuberungen liefen parallel zu Schauprozessen in anderen kommunistisch regierten Ländern. Solche Schauprozesse, die sich nur auf absurde Geständnisse der Angeklagten – ehemals führenden Kommunisten – stützten, hatte Stalin bereits 1936 bis 1938 gegen die Mitkämpfer Lenins veranstalten lassen. Nun standen im September 1949 in Budapest der bisherige kommunistische ungarische Innenminister Laszlo Rajk und sieben hohe kommunistische Funktionäre vor Gericht, im Oktober 1949 wurden in Sofia neben Traitscho Kostoff, dem ehemaligen „zweiten Mann" Bulgariens nach Dimitroff, zehn weitere leitende Kommunisten abgeurteilt. Sämtliche Angeklagten (außer Kostoff, der dies verweigerte) hatten „gestanden", für Jugoslawien und die USA spioniert und gegen die „Volksdemokratien" konspiriert zu haben; alle wurden hingerichtet. Erst im Verlauf der Entstalinisierung erfolgte später ihre Rehabilitierung, die Anschuldigungen gegen sie wurden als falsch verworfen. Hinter den Säuberungen stand die Sowjetunion, die ihre Vorherrschaft nach allen Seiten absichern wollte. Auch in Polen wurde deswegen der kommunistische Generalsekretär Gomulka abgesetzt und später verhaftet. Die Umgestaltung der osteuropäischen Staaten ebenso wie der DDR wurde in allen Ländern nicht nur mit Repressalien gegen die Bevölkerung durchgesetzt, sondern mit den Methoden Stalins bis hin zu Säuberungen innerhalb der kommunistischen Führungen selbst.

Eine zentrale Rolle in diesen Schauprozessen spielte die Zusammenarbeit der Angeklagten mit den Amerikanern Noel und Hermann Field, die im 2. Weltkrieg kommunistische Emigranten unterstützt hatten. Diese Verbindungen wurden

1950 auch deutschen Kommunisten, die früher im westlichen Exil waren, insbesondere Paul Merker, zum Verhängnis. Nachdem dann in Prag im November 1952 der frühere Generalsekretär der KPČ, Rudolf Slansky, und zehn weitere Angeklagte verurteilt und hingerichtet wurden, begannen auch in der DDR die Vorbereitungen für einen Schauprozeß gegen kommunistische Führer wie Merker und Dahlem; er unterblieb nur, weil Stalin im März 1953 starb.

In dieser Periode wollte die Parteiführung die Einheit und Zentralisierung der SED außer durch die ständige ideologische Indoktrination vor allem durch Einschüchterung und Repressalien sichern und damit die Funktionäre disziplinieren. Dem sollte auch der in der DDR geplante Schauprozeß gegen führende Kommunisten dienen. Auch hier – wie in allen Volksdemokratien – waren die Säuberungen von der sowjetischen Geheimpolizei initiiert, die versuchte, jede potentielle Opposition gegen die Übertragung des Stalinismus und gegen die uneingeschränkte Vorherrschaft der UdSSR zu verhindern.

Während im Parteiensystem die Dominanz der SED ab 1950 ganz eindeutig war, kamen den nichtkommunistischen Parteien auch weiterhin bestimmte Aufgaben zu. Sie hatten eine Alibifunktion (Verschleierung der kommunistischen Einparteienherrschaft und Vortäuschung einer pluralistischen Demokratie), eine gesamtdeutsche Funktion (Kontakte zum Westen) und eine Transmissionsfunktion (Verbreitung gewisser Vorstellungen der SED in anderen Bevölkerungsgruppen, z. B. durch die CDU in christlichen Kreisen). Dies waren vermutlich die Hauptgründe, weshalb die Parteien auch nach 1949 nicht aufgelöst, also das sowjetische Modell nicht bis ins letzte Detail übertragen wurde. Die SED hatte eine neue Variante kommunistischer Herrschaft gefunden, das sogenannte sozialistische Mehrparteiensystem, bei dessen Entwicklung die Blockpolitik als wesentliches Instrument fungierte.

Funktionen der nichtkommunistischen Parteien

Zunächst gab es in den Führungen von CDU und LDP noch Widerstand gegen die den Parteien zugedachte Rolle als Transmissionsorgane. Der 2. Vorsitzende der CDU, Hugo Hickmann und der Vorsitzende der CDU-Fraktion in der Volkskammer, Gerhard Rohner, konnten ebenso wie der Finanzminister von Thüringen, Leonhard Moog (LDP) ihre Vorstellungen von einer pluralistischen Demokratie in ihren Parteien nicht mehr durchsetzen. Es kam zu (von der SED organisierten) Massendemonstrationen gegen bürgerliche Politiker, die daraufhin ihre Ämter verloren. Auch in den Blockparteien akzeptierte die SED nur noch ihr genehme Führer wie Nuschke oder Götting in der CDU und wie Dieckmann oder Loch in der LDP. Die Verhaftungen bürgerlicher Spitzenfunktionäre, etwa von Hamann (LDP) 1952, führten zur Einschüchterung und beschleunigten die Gleichschaltung dieser Parteien. Sie schwenkten schließlich auf die volle Anerkennung der Führungsrolle der SED ein. Beispielsweise erklärte der Hauptvorstand der CDU im Juli 1952, die CDU erkenne „die führende Rolle der SED als der Partei der Arbeiterklasse vorbehaltlos an" [Neue Zeit Nr. 172 vom 26.7.1952]. CDU und LDP respektierten nun ihre Transmissionsfunktion, mit der sie der SED Einwirkungsmöglichkeiten auf ihr fernstehende Gesellschafts-

Anerkennung der „führenden Rolle der SED"

schichten sicherten. Beide Parteien paßten sich damit NDPD und DBD an, die diese Funktion bereits bei ihrer Gründung 1948 übernommen hatten.

Die Massenorganisationen, die alle seit 1949 von der SED sowohl politisch als auch personell gelenkt wurden, gingen bei diesem Prozeß voran. Den Massenorganisationen gehörten große Teile der Bevölkerung an: 1950 zählte der FDGB 4,7 Millionen Mitglieder, die FDJ 1,5 Millionen, die Jungen Pioniere 1,6 Millionen, der DFD 1 Million und die Gesellschaft für Deutsch-Sowjetische Freundschaft 1,9 Millionen Mitglieder. Schon 1952 rechtfertigte die FDGB-Spitze die „Anleitung" der Gewerkschaft durch die Partei, ebenso beschloß im gleichen Jahr die FDJ eine „Verfassung", in der sie die „führende Rolle" der „großen Sozialistischen Einheitspartei" anerkannte. Ähnlich akzeptierten DFD, Kulturbund und andere Organisationen ohne Einschränkung die Führung durch die SED. Diese Organisationen besaßen als stimmberechtigte Mitglieder im „Block" und der „Nationalen Front" erhebliche Bedeutung für die Festigung des Parteiensystems. Mit Hilfe der Massenorganisationen (und der von NDPD und DBD) konnte die neue Ordnung gegen den Widerstand der Mehrheit der Bevölkerung etabliert werden. Nachdem das neue politische System im wesentlichen errichtet war, sahen 1952 sowohl die Sowjetunion als auch die DDR-Führung die Möglichkeit einer offenen Übernahme des sowjetischen Modells als gegeben. Den Auftakt dazu gab die Losung vom „Aufbau des Sozialismus" auf der 2. Parteikonferenz der SED.

2. „Aufbau des Sozialismus"

Auf dieser 2. Parteikonferenz verkündete Walter Ulbricht vor den 1565 Delegierten im Juli 1952, das ZK der SED habe „beschlossen", der Tagung vorzuschlagen, daß in der DDR „der Sozialismus planmäßig aufgebaut" werde. Mit dieser Formulierung umschrieb die SED ihre wirtschaftlichen Pläne, ideologischen Positionen sowie beabsichtigte Veränderungen in Staat und Gesellschaft, die eine noch stärkere Angleichung der DDR an das sowjetische Modell bringen sollten. Damit reduzierte die SED letztlich den Begriff Sozialismus auf das stalinistische System der UdSSR.

RGW   Die DDR, seit September 1950 Mitglied im Rat für Gegenseitige Wirtschaftshilfe (RGW), erweiterte ihre außenwirtschaftlichen Beziehungen zur Sowjetunion und den „Volksdemokratien". Der Außenhandel mit diesen Staaten erhöhte sich von 1950 bis 1955 auf das Dreifache, 1954 entfielen drei Viertel des DDR-Außenhandels auf den Ostblock.

Die Ziele der Wirtschaft beim „Aufbau des Sozialismus" setzte der Fünfjahrplan von 1951 bis 1955 (sie wurden nach dem Juni-Aufstand 1953 freilich verändert). Der Fünfjahrplan sah eine Steigerung der Industrieproduktion von 23 auf 45 Milliarden Mark vor, die landwirtschaftlichen Erträge sollten um 25 Prozent und das Volkseinkommen um 60 Prozent erhöht werden, die Arbeitsproduktivität sogar um 72 Prozent. Da in einer Reihe von Produktionszweigen (Energie, Braunkohle, Rohstahl) der Plan überzogen war und nicht erfüllt wurde, konnte auch das Versprechen eines deutlich höheren Lebensstandards nicht eingelöst werden. Ende 1952 betrug der Produktionsindex der DDR zwar 108 des Standes von 1936 (Bundesrepublik: 143), jedoch wurde in der Verbrauchsgüterindustrie der Vorkriegsstand noch immer nicht erreicht.

Die Rolle der „volkseigenen Betriebe" wuchs ständig. Gab es Mitte 1949 1.764 Betriebe, so zählte man 1950 insgesamt 5.000 VEB. Die VEB hatten 1950 900.000 Beschäftigte, bis 1953 stieg diese Zahl auf 1,7 Millionen. Der Anteil der staatseigenen und genossenschaftlichen Betriebe an der Bruttoproduktion der Industrie betrug im Jahre 1950 73,1 Prozent, er stieg 1951 auf 79,2 Prozent und sollte, so Ulbricht auf der 2. Parteikonferenz, Ende 1952 81 Prozent erreichen. Die Bedeutung der VEB stieg auch noch dadurch, daß die UdSSR wichtige ihrer „Sowjetischen Aktiengesellschaften", der SAG-Betriebe an die DDR-Wirtschaft übergab. Ende 1946 bestanden 200 SAGs, davon kamen 1947 bereits 47 unter deutsche Verwaltung, 1950 weitere 23. Trotzdem waren die SAG-Betriebe 1951 noch ein beträchtlicher Wirtschaftsfaktor. Sie umfaßten 13 Prozent der Beschäftigten und erbrachten 32 Prozent der Produktion; Uran-Erzbergbau sowie Erzeugung von Stickstoff und synthetischem Kautschuk lagen ganz in sowjetischer Hand; auch die Herstellung von Uhren, Motorrädern und Benzin erfolgte zu 80 Prozent in den SAGs. Mit der Übergabe weiterer 66 SAG-Betriebe erhöhte sich 1952 die Leistungskraft der VEB merklich. Die staatseigene Industrie bildete nunmehr den beherrschenden Sektor in der DDR-Wirtschaft.

Schon im Juni 1951 stellte das ZK der SED die Losung „Von der Sowjetunion lernen heißt siegen lernen" in den Mittelpunkt der Agitation. Die Parteiführung forderte, die volkseigenen Betriebe in Industrie, Landwirtschaft, Verkehr, Handel und Finanzen weiterzuentwickeln und die „Prinzipien der sowjetischen Wirtschaftsführung und ihre Methoden" gründlich zu studieren und daraus Schlußfolgerungen für die Leitung der Staatswirtschaft der DDR zu ziehen.

Als vorrangig galt das Studium und die Anwendung der von Stalin entwickelten Formen der „wirtschaftlichen Planung sowie besonders der bolschewistischen Methoden" der Anleitung der Wirtschaft durch die Partei. Da die Strukturen der Wirtschaft nach sowjetischem Vorbild entwickelt worden waren, hieß es nun auch bei den Leitungsmethoden sowjetische Praktiken zu übernehmen. Für die Gesamtwirtschaft der DDR brachte das Erfolge, aber auch neue Schwierigkeiten, denn viele Arbeiter waren gegenüber den „Neuerermethoden" skeptisch eingestellt.

Wichtigstes Ziel der DDR-Wirtschaftspolitik wurde die Erhöhung der Arbeitsproduktivität. Das bereits im April 1950 eingeführte „Gesetz der Arbeit" sah neben der Verbesserung der Lage der Arbeiter und der Garantie des „Rechtes auf Arbeit" vor allem eine Steigerung der Arbeitsproduktivität vor. Da die 2. Parteikonferenz der SED 1952 dann die beschleunigte Förderung der Schwerindustrie verlangte, kam es infolge dieser Maßnahme zu weiteren Engpässen bei der Versorgung der Bevölkerung.

Rolle der VEB

SAG

Erhöhung der Arbeitsproduktivität

Wirtschafts-
erfolge

Immerhin war es der DDR unter größten Mühen und Entbehrungen und ohne Hilfe von außen, wie etwa der Marshallplan im Westen, bis 1952/53 gelungen, das zerrüttete Wirtschaftssystem wieder aufzubauen. Die Rohstahlerzeugung z. B., die 1946 auf 150.000 Tonnen abgesunken war, stieg bis 1953 auf 2,1 Millionen Tonnen (das Doppelte der Erzeugung von 1936). Ähnlich beachtliche Leistungen erzielten die Energiewirtschaft und die chemische Industrie. Demgegenüber blieb die Entwicklung der Konsumgüterindustrie zurück, und trotz vieler Prophezeiungen der SED-Führung (Ulbricht 1949: „Jetzt kommt die Zeit der Erfolge") war der Lebensstandard weiterhin relativ niedrig (und erheblich bescheidener als der in der Bundesrepublik). Noch immer mußten Fett, Fleisch und Zucker rationiert werden, sehr viele Güter waren Mangelware, und ihre Qualität ließ oft zu wünschen übrig. Für große Teile der Bevölkerung waren die überhöhten Preise in den HO-Läden unerschwinglich. Die Bruttostundenlöhne betrugen 1951 für Maurer 1,60 Mark, für Schlosser 1,78 Mark, die Mehrheit der Arbeiter verdiente unter 312 Mark brutto im Monat, bis 1955 stieg der monatliche Durchschnittsverdienst von Arbeitern und Angestellten auf 345 Mark.

Damals betrugen die Preise in den HO-Läden für ein kg Zucker 12 Mark, für ein kg Schweinefleisch 15 Mark, für ein kg Butter 24 Mark, für ein Herrenhemd 40 Mark und für ein Frauenkleid 108 Mark. Hingegen waren die rationierten Lebensmittel relativ billig, so kostete ein kg Schweinefleisch 2,68 Mark, ein kg Butter 4,20 Mark und ein Zentner Braunkohlenbriketts 1,72 Mark. Preisgünstig waren auch Mieten und Fahrpreise der öffentlichen Verkehrsmittel.

Wirtschafts-
vergleich mit der
Bundesrepublik

Die DDR-Wirtschaft blieb auf Dauer erheblich hinter der der Bundesrepublik zurück. Dies hatte zunächst mit ihrer schlechteren Ausgangslage zu tun, den Demontagen, den ökonomischen Disproportionen zwischen den beiden Teilen Deutschlands, der schmalen Rohstoffbasis und dem Fehlen einer „Marshall-Plan"-Hilfe. Rückblickend zeigt sich freilich, daß mit den Zielsetzungen der fünfziger Jahre auch die Weichen falsch gestellt wurden. Trotz fehlender Betriebe und

Falsche
Weichenstellungen

Rohstoffe unternahm die DDR ehrgeizige Anstrengungen, eine eigene Schwerindustrie aufzubauen, wobei es ihr besonders auf Kohle und Stahl ankam. Sie vernachlässigte daher nicht nur die Konsumgüterindustrie und die Dienstleistungen, sondern baute zudem unrentable Werke an falschen Standorten auf. Nach Jahrzehnten stellte sich heraus, daß die DDR mit ihrer (von der UdSSR verfügten) Bevorzugung der traditionellen Schwerindustrie nur verkrustete Strukturen festigte. Nicht genügend Beachtung fanden hingegen jene Bereiche, die sowohl vom Standort her als auch durch dort vorhandene qualifizierte Fachkräfte traditionell ausbaufähig waren, etwa die Chemie mit der Möglichkeit der Herstellung neuer Kunststoffe und vor allem die Feinmechanik und Optik (Jena, Dresden), die zum Ausgangspunkt und zur Basis einer zukünftigen modernen Hoch-Technologie mit Mikroelektronik, Roboter- und Computerbau hätten werden können. Die Priorität für veraltete Industrien erwies sich spätestens bei Verkündung der „wissenschaftlich-technischen Revolution" in den sechziger Jahren als verfehlt und hemmend.

Der „Aufbau des Sozialismus" war also keineswegs der eigenständige Versuch, neue und moderne Konzeptionen von Wirtschaft und Gesellschaft zu entwickeln, sondern es blieb bei einem Hinterherlaufen hinter gängigen Industrialisierungsformen. Auf diese Weise schrumpfte das Ziel dahin, den Westen „einzuholen und zu überholen". Doch genauer besehen handelte es sich dabei um ein bloßes Nachahmen des sowjetischen Weges, allerdings war dort aufgrund der Rückständigkeit des Landes der Aufbau der Schwerindustrie seinerzeit sinnvoll gewesen.

Daran, auch unkonventionelle Schritte beim Aufbau des Sozialismus zu wagen, hinderte die DDR nicht nur ihr unkritisches Nachahmen der sowjetischen Methoden. Auch das hierarchische und undemokratische politische System wirkte auf die – staatliche – Wirtschaft und die Gesellschaft zurück und führte zu mangelnder Flexibilität. Starre Befehlsstränge von oben nach unten und unbewegliche Strukturen verhinderten nicht nur ideenreiche Impulse von der Basis her, sondern auch Innovationen von seiten der Wissenschaftler. Selbst dort, wo Fortschritte auf dem Wege der Modernisierung relativ rasch erfolgten, etwa bei der Industrialisierung rückständiger Gebiete in Mecklenburg und Brandenburg, konnten nicht alle Möglichkeiten ausgeschöpft werden.

Insgesamt zeigte sich: „Aufbau des Sozialismus" in der DDR hieß nicht Umsetzung und Realisierung neuer Ideen, sondern Anpassung an das rückständige System des Stalinismus. Dies galt auch für die Verbreitung der Ideologie. Um ihre Ziele zu erreichen, rückte die SED nach der 2. Parteikonferenz 1952 den „ideologischen Kampf" in den Vordergrund. Das Studium der „Werke des Genossen Stalin" war nach einem Beschluß der Konferenz „noch gründlicher" durchzuführen. Die Nachahmung der Sowjetunion verengte sich auf den Personenkult um Stalin und seine diktatorisch-terroristischen Methoden. Dabei verwies Ulbricht, der 1952 einen Schauprozeß gegen führende SED-Funktionäre vorbereiten ließ, auf Parallelen zu anderen Ostblockstaaten. Er verurteilte den „abgrundtiefen Verrat der Tito-Clique", die „verbrecherische Tätigkeit der Slansky-Gruppe in der Tschechoslowakei, der Gomulka-Gruppe in Polen". Zugleich steigerte Ulbricht den Personenkult um Stalin in kaum noch zu überbietender Weise. Sein Schlußwort auf der 2. Parteikonferenz beendete er mit der Parole: „Wir werden siegen, weil uns der große Stalin führt!" [Protokoll 2. Parteikonferenz der SED. Berlin (Ost) 1952, 464].

Aufbau des Sozialismus in der Realität

Die SED zeigte sich gegenüber Stalin immer devoter. Im Oktober 1952 feierte sie ihn als „genialen Lehrer und Führer", im Dezember äußerte sie sich über das „Maß an Liebe und Verehrung" zu Stalin und im Februar 1953 ließ sie den „genialen Feldherrn Generalissimus Stalin" hochleben. Das System der Parteischulung auf den verschiedenen Ebenen (Grundschulen, Zirkel, Abendschulen), vor allem aber mit seinem gegliederten Internatsschulen-Netz mit Betriebsparteischulen, 185 Kreisparteischulen, 15 Bezirksparteischulen sowie der Parteihochschule „Karl Marx" war ganz auf die Einschwörung der Funktionäre gegenüber der UdSSR und insbesondere Stalin ausgerichtet.

SED und Stalin

Die Schaffung eines zuverlässigen, geschulten Funktionärskorps war ein

Hauptanliegen der Führung, ihr schien ideologische Ausrichtung wichtiger als Sachverstand, daher sollten alle Positionen in Partei, Staat, Kultur und Wirtschaft mit indoktrinierten Funktionären besetzt werden. Dabei rückten die sogenannten Kaderprinzipien in den Mittelpunkt der Personalpolitik; Kritik und Selbstkritik sowie Anleitung und Kontrolle durch den übergeordneten Apparat galten neben der Qualifikation als Garantien der Machtsicherung.

Diesem Ziel dienten auch die Veränderungen im Staatsapparat, die im Rahmen des ,,Aufbau des Sozialismus" erfolgten. Ende Juli 1952 löste die DDR-Führung die bisherigen fünf Länder auf und ersetzte sie durch 14 Bezirke. Damit waren die Reste von Föderalismus und Selbstverwaltung beseitigt. Zugleich sollten die Landestraditionen verschwinden. Bezirkstag und Bezirksrat bildeten nun die Führungsorgane der mittleren Verwaltungsebene. In den Bezirkstagen saßen 60 bis 90 Abgeordnete, die ihre Arbeit in ,,Ständigen Kommissionen" leisteten (Haushalt, örtliche Industrie usw.). Doch das entscheidende Verwaltungsorgan war der Rat des Bezirks, die eigentliche Leitungsfunktion übten der Vorsitzende und der Sekretär des Rates aus, die in allen Bezirken die SED stellte. Die Verwaltungsreform brachte nicht nur eine Zentralisierung, sie vereinfachte auch die Anleitung und Kontrolle des Staatsapparats durch die SED.

Bereits zuvor war das Startzeichen für neue Funktionen und veränderte Arbeitsweise der Regierung gegeben worden. Die Volkskammer beschloß im Mai 1952, die Führungsarbeit wieder zu straffen und die Wirtschaft intensiv durch die Regierung lenken zu lassen. Am 17. Juli 1952 wurde nach sowjetischem Vorbild ein Präsidium des Ministerrates geschaffen, ein kleines Führungsgremium, das die Volkswirtschaft und die staatlichen Organe operativ leiten sollte. Der häufige Wechsel der Strukturen und der Arbeitsmethoden läßt sowohl die Anpassung an Veränderungen in der Sowjetunion erkennen als auch ein ständiges Experimentieren. Die personelle Hegemonie der SED blieb unangetastet. Im Jahre 1953 wuchs der Ministerrat (zu dem nun auch Vorsitzende von Kommissionen und Staatssekretäre zählten) auf 40 Personen an, davon waren 31 SED-Mitglieder. Ein Übergewicht der SED bestand ebenso im Präsidium des Ministerrats mit 12 von 16 Mitgliedern. Damit hatte die Einheitspartei auch personell die Regierungsgewalt inne.

Beim ,,Aufbau des Sozialismus" verwirklichte die SED auch neue Konzeptionen in der Schul- und Kulturpolitik. Nun sollten Kinder und Jugendliche nicht nur so erzogen werden, daß sie ,,fähig und bereit" waren, den Sozialismus aufzubauen, der polytechnische Unterricht sollte sie zudem in die Grundlagen der Produktionen einführen. Die Hochschulen wurden einheitlich von einem Staatssekretariat verwaltet, ein Zehnmonate-Studienjahr mit genauen Studien- und Stoffplänen beschlossen. Vorrang erhielt nun die Vermittlung der Sowjetwissenschaft, russischer Sprachunterricht und Studium der Ideologie des Marxismus-Leninismus wurden obligatorisch. Zugleich baute der Staat das Hochschulwesen aus, zu den bestehenden sechs Universitäten und 15 Hochschulen kamen 25 neue Lehrstätten, darunter drei medizinische Akademien. Die Zahl der Studenten verdoppelte sich von 1951 bis 1954 auf 57.000, der Anteil der Arbeiter- und Bauernkinder

Auflösung der
Länder

Veränderung
der Regierungs-
struktur

Neue Schul- und
Kulturpolitik

stieg auf 53 Prozent, womit die DDR das Bildungsprivileg der Eliten überwinden wollte.

Auch in der Kunst erfolgte eine Anpassung an die Praktiken der Sowjetunion. Die moderne Kunst wurde als formalistisch und kosmopolitisch verdammt, der „sozialistische Realismus" sollte zur allein gültigen Kunstrichtung werden.

Nach offizieller Version entstand in der DDR durch den Aufbau des Sozialismus die Herrschaft der Arbeiterklasse, die im Bündnis mit der Klasse der Bauern sowie der Schicht der „Intelligenz" den „Arbeiter- und Bauern-Staat" lenkt. Die Realität sah anders aus: Tatsächlich bestimmten die Apparate, d.h. die hauptamtlichen Mitarbeiter von Partei, Staat, Sicherheitsorganen, Wirtschaft und Medien, die zudem mehr oder weniger umfangreich privilegiert waren. Die entscheidende Rolle spielte der SED-Parteiapparat mit seinen hauptamtlichen Kadern. Dieser umfaßte bereits 1948 20.000 Personen, davon 2.000 im zentralen ZK-Apparat. Er wuchs in den folgenden Jahren noch an. Gestützt auf die Aktivitäten dieses hauptamtlichen Funktionärkorps hatte die SED bis 1953 das Herrschaftssystem der Sowjetunion weitgehend auf die DDR übertragen können. Als Machthebel dienten ihr dabei: 1. der Parteiapparat, 2. der Staatsapparat (Regierung, Verwaltung, Justiz, politische Polizei, Armee, Medien usw.), 3. die Massenorganisationen sowie die anderen Parteien, die als „Transmissionsriemen" die Verbindung zu allen Bevölkerungsschichten herstellen und diese nach den Weisungen der SED anleiten sollten. — *Parteiapparat*

Grundsätzlich benutzte die SED zur Herrschaftssicherung drei Methoden, die sie ebenfalls von der Sowjetunion Stalins übernommen hatte. Erstens wurden Gegner mit Gewalt niedergehalten. Der Staatssicherheitsdienst und die Justiz richteten sich gegen eine Minderheit, die aktiv das System ändern wollte. Zweitens praktizierte die Führung die Neutralisierung, womit „unpolitische" Menschen, die weder Gegner noch Anhänger des Systems waren, bei allmählich wachsendem Wohlstand und einem Mindestmaß an persönlichem Freiraum von jeglicher Opposition abgehalten werden sollten. Drittens bildete die Ideologie nicht nur ein Bindeglied der herrschenden Eliten: durch Indoktrination – vor allem der Jugend – galt es neue Anhänger zu gewinnen. Die Ideologie diente – neben der Anleitung des politischen und sozialen Handelns – als Rechtfertigungs- und Verschleierungsinstrument der Führung. — *Drei Methoden der Machtsicherung*

3. Der Aufstand vom 17. Juni 1953 und seine Folgen

Die forcierte Übertragung sowjetischer Methoden 1952 und Anfang 1953 führte zu einer Krise. Heute bestätigt selbst die DDR-Geschichtswissenschaft, daß der absolute Vorrang der Schwerindustrie „fehlerhaft" war, tatsächlich verschlimmerte sich die Lebenslage der Menschen, die Mangelwirtschaft wurde permanent. Die politische Unterdrückung brachte auch eine Verfolgung der Kirche, vor allem

Evangelische der Evangelischen Kirche, der damals noch 80 Prozent der Bevölkerung angehör-
Kirche ten. Von Januar bis April 1953 verhaftete das MfS etwa 50 Geistliche, Laienhelfer
und Diakone; die „Junge Gemeinde" war heftigen Angriffen ausgesetzt. Durch
Zwangsmaßnahmen gegen Bauern, Selbständige und Intellektuelle verschlechterte
sich die Stimmung ebenso wie durch Preissteigerungen.

Der Tod Stalins am 5. März 1953 schockierte die DDR-Führung, da die neue
Spitze der Sowjetunion (Malenkow, Berija, Molotow) eine Kurskorrektur, eine
Abkehr von der harten Linie in der DDR forderte. Im Politbüro der SED drängten
Wilhelm Zaisser und Rudolf Herrnstadt auf eine flexiblere Politik und sogar auf
eine Ablösung Ulbrichts. Unter sowjetischem Druck faßte das Politbüro am
Neuer Kurs 9. Juni 1953 den Beschluß über den „Neuen Kurs", der am 11. Juni vom Minister-
rat übernommen und konkretisiert wurde.

Partei- und Staatsführung der DDR räumten ein, daß in der Vergangenheit eine
Reihe von „Fehlern" begangen worden seien, sie versicherten, der „Neue Kurs"
werde Abhilfe schaffen. Die mit der Begründung vom „verschärften Klassenkampf" beim „Aufbau des Sozialismus" angewendeten Repressalien gegen Teile
der Bevölkerung wurden ebenso zurückgenommen wie die Preissteigerungen. Die
Lebenslage sollte durch stärkere Berücksichtigung der Konsumgüterindustrie
verbessert werden, versprochen wurde neben Rechtssicherheit auch eine Annäherung der beiden deutschen Staaten.

Mit dem „Neuen Kurs" machte die DDR-Führung zwar vielen Schichten Zugeständnisse, blieb aber gerade gegenüber der Arbeiterschaft hart. Die im Mai er-
höhten Arbeitsnormen nahm sie trotz der Forderung vieler Arbeiter nicht zurück.
Streik der Das war der Anlaß für den Streik der Bauarbeiter in der Berliner Stalinallee, aus
Bauarbeiter dem sich am 17. Juni der Arbeiteraufstand in der DDR entwickelte. In mehr als
250 Orten gab es Streiks und Demonstrationen. Wenn sich am Aufstand insgesamt
nur 10 Prozent der Arbeiter beteiligten, so waren es doch die in den wichtigsten
Zentren, außer in Berlin im mitteldeutschen Industriegebiet sowie im Raum Magdeburg, in Jena, Gera, Brandenburg und Görlitz. Die diszipliniert aufmarschie-
renden Arbeiter der Großbetriebe (Leuna, Buna, Wolfen, Hennigsdorf) bildeten
das Rückgrat der Erhebung. Es kam zu Zusammenstößen zwischen Demonstranten und Polizei, auch zu Einzelaktionen und Ausschreitungen.

DDR-Regierung und SED-Führung erwiesen sich als ohnmächtig, der sowjetische Stadtkommandant von Berlin, der den Ausnahmezustand verhängte, ließ
Panzer auffahren, mit denen der Aufstand niedergeschlagen wurde. In der DDR
gab es am 18. Juni noch Demonstrationen, in Halle-Merseburg (Hochburg der
KPD in der Weimarer Republik) und Magdeburg (einer früheren SPD-Hochburg)
übernahmen Streikkomitees der Arbeiter zeitweise die Macht, Gefangene wurden
befreit und Ziele des Aufstandes formuliert. Hatten die Demonstrationen mit
wirtschaftlichen Forderungen begonnen, so bestimmten bald politische Parolen
den Aufstand, u. a. ertönte der Ruf nach freien Wahlen. Die Protestbewegung ra-
Opfer des dikalisierte sich rasch. Die Zahl der Opfer blieb ungewiß. Der Minister für Staats-
17. Juni sicherheit, Zaisser, teilte mit, 4 Volkspolizisten, 2 unbeteiligte Zivilpersonen und

19 Demonstranten seien ums Leben gekommen. Nach anderen Berichten sollen über 200 Demonstranten und über 100 Volkspolizisten getötet worden sein.

Nach der Niederschlagung des Aufstandes und der Verfolgung der „Rädelsführer" verbreitete das ZK der SED, es habe sich um einen „faschistischen Putsch" gehandelt, freilich übte man auch vage Selbstkritik und versprach Verbesserungen sowie eine Fortführung des „Neuen Kurses". Doch der Aufstand brachte weitergehende Konsequenzen. Er hat die Behauptungen vom Arbeiterstaat DDR und der Arbeiterpartei SED als Legenden enthüllt und damit eine wichtige Legitimation der Herrschaft erschüttert. Der Aufstand und seine Niederlage führten zu einem Lernschock. Die SED bemühte sich nun mittelfristig um ein langsameres Transformationstempo, und die Bevölkerung mußte die bittere Erfahrung machen, daß der Versuch einer gewaltsamen Veränderung des politischen Systems keinerlei Aussicht auf Erfolg hat, solange die UdSSR das bestehende Regime in der DDR garantiert. Lernprozeß

Zunächst wurde die Produktion der Schwerindustrie zugunsten der Erzeugung von Konsumgütern und Nahrungsmitteln gedrosselt. Im Oktober 1953 senkte die Regierung die Preise für fast alle Waren in den HO-Geschäften um 10 bis 25 Prozent. Diese Preissenkungen waren, wie Grotewohl erklärte, auf die „großzügige Hilfe der Sowjetunion" zurückzuführen. Tatsächlich hatte sich die Regierung der UdSSR bereit erklärt, ab 1. Januar 1954 auf alle Reparationen zu verzichten und die Besatzungskosten auf 5 Prozent des Staatshaushaltes der DDR zu begrenzen. Die restlichen 33 SAG-Betriebe (darunter die Leuna-Werke, das frühere Krupp-Gruson-Werk, die chemischen Werke Buna, die Filmfabrik Agfa-Wolfen) wurden der DDR als Staats-Betriebe übereignet.

Mit den Maßnahmen des „Neuen Kurses" verbesserte sich die Lebenslage der DDR-Bewohner. Trotzdem blieben die Verhältnisse für viele weiterhin unerträglich: 1953 flüchteten über 331.000 und auch 1954 noch 184.000; 1955 sogar 252.000 Menschen in die Bundesrepublik und nach West-Berlin. In erster Linie gingen diejenigen, die die SED besonders umwarb oder deren Interessen sie angeblich vertrat: Jugendliche, Bauern und Arbeiter. Fluchtbewegung

Der Aufstand vom 17. Juni, mit dem Ulbricht gestürzt werden sollte, stärkte stattdessen die Position des Generalsekretärs. Die sowjetische Führung vermied nun Experimente: nicht Ulbricht, sondern seine Gegner Zaisser und Herrnstadt wurden verdrängt, sie verloren im Juli 1953 ihre Positionen. Im Januar 1954 schloß das ZK beide aus der Partei aus und entfernte Ackermann, Jendretzky und Elli Schmidt aus dem ZK.

Eine umfassende Reinigung des gesamten Parteiapparates folgte in den nächsten Monaten. Von den 1952 gewählten Mitgliedern der SED-Bezirksleitungen schieden bis 1954 über 60 Prozent aus, von den 1. und 2. Kreissekretären sogar über 70 Prozent. Im September 1953 kritisierte das SED-Politbüro, daß von den damals 1,2 Millionen Mitgliedern viele passiv seien, sozialdemokratische Ansichten vertreten würden und sogar „feindliche Elemente" in der Partei seien. Durch 150.000 bis 200.000 „Parteiaktivisten" sollte neuer Schwung in die SED kommen. Da nichtgewählte hauptamtliche Funktionäre von Partei, Staat und Massenorganisationen diese Aktivs bildeten, schwanden die Reste innerparteilicher Demokratie.

Der IV. Parteitag der SED im April 1954 ließ das Ende des „Neuen Kurses" erkennen. Die Parteiführung blieb bemüht, die Grundstrukturen des stalinistischen Systems in der DDR zu konservieren. Der schrittweisen Abkehr der Sowjetunion unter Chruschtschow von bestimmten stalinistischen Herrschaftsmethoden (Terror, Macht der Geheimpolizei, Personenkult) folgte die DDR damals nur sehr zögernd.

In ihrer Propaganda beharrte die DDR-Führung auf der Einheit Deutschlands. „Deutsche an einen Tisch" Ihre Parole „Deutsche an einen Tisch" fand in der Bundesrepublik freilich keine Resonanz. Die Regierung Adenauer hatte nach dem Juni-Aufstand und ihrem großen Wahlsieg 1953 ihre Ablehnung jeglicher Kontakte mit der DDR-Regierung noch bekräftigt. Der Empfang einer Volkskammerdelegation durch Bundestagspräsident Ehlers im September 1952 war eine Ausnahme und zudem umstritten geblieben. Gegen die KPD, die als einzige Partei die Position der SED vertrat und die DDR verteidigte (der Einzug in den Bundestag gelang ihr 1953 nicht mehr), war von der Regierung schon im November 1951 ein Verbotsverfahren vor dem Bundesgerichtshof beantragt worden. Die mündlichen Prozeßverhandlungen begannen im November 1954, im August 1956 erfolgte dann das Verbot der KPD.

Wahlen 1954   In der DDR selbst ging der Strukturwandel weiter. Im Oktober 1954 fanden wieder Wahlen für die Volkskammer und die Bezirkstage statt. Es war nun schon fast ein gewohntes Bild: auch bei dieser Abstimmung existierte nur die Einheitsliste, registriert wurden 98,4 Prozent Abstimmende und 99,45 Prozent „Ja"-Stimmen. Die Wahl erfolgte kaum noch geheim, sie war nur noch Akklamation. Lediglich 180 der 400 Abgeordneten der vergangenen Legislaturperiode wurden wieder als Kandidaten nominiert und „gewählt". Von den Volkskammerabgeordneten des Jahres 1950 hatte das MfS inzwischen 8 verhaftet, 17 Abgeordnete waren in die Bundesrepublik geflüchtet, 44 hatten während der Legislaturperiode auf Druck der SED und der Besatzungsbehörden ihr Mandat niederlegen müssen.

Die Ohnmacht der Volkskammer und die Macht der SED-Führung traten immer offener zutage. Das zeigte auch die Zusammensetzung der neuen Regierung: Von 28 Ministern gehörten 20 der SED an, von den 13 Mitgliedern des Präsidiums des Ministerrates neun. Fünf Regierungsmitglieder waren gleichzeitig im Politbüro der SED, 11 im ZK der Einheitspartei. Diese Personalunion ist ein Indiz dafür, daß sich die SED ihrem Ziel genähert hatte, den Staats- und Verwaltungsapparat der DDR nach sowjetischem Muster umfassend anzuleiten, zu beherrschen und zu kontrollieren. Neben diese Personalunion, d. h. der Verschmelzung von Parteiorganen mit der Staatsführung (die in allen Instanzen von oben nach unten zu beobachten war), trat die Reglementierung der Verwaltung durch die SED-Grundorganisationen und Parteigruppen, die in allen Organen des Staates bestanden; schließlich gab es noch direkte Anweisungen der Parteileitungen.

In der Wirtschaft wurde ab 1955 wieder die Schwerindustrie bevorzugt. Um die industrielle Produktion zu steigern, förderte die Regierung den „sozialistischen Wettbewerb", durch den vor allem die Selbstkosten gesenkt und die Qualität der Produkte verbessert, freilich auch „neues Bewußtsein" geschaffen werden sollte. Ende 1954 hatte die SED die Methoden der Leitung und Planung abermals geändert. Mit Gesetzen über neue Regelungen der Gewinnverteilung versuchte die Regierung die „materielle Interessiertheit" der Arbeitnehmer zu erhöhen. Sie proklamierte auch einen „Feldzug" der Sparsamkeit und vereinfachte die Planungsmethoden.

Im Jahre 1955 endete der erste Fünfjahrplan, der mit 105 Prozent erfüllt wurde. Damit hatte sich die Industrieproduktion gegenüber 1950 fast verdoppelt, die Arbeitsproduktivität war um 55 Prozent gestiegen. Die Wirtschaft der DDR verfügte nunmehr über eine schwerindustrielle Grundlage, die unter schwierigen Umständen, mit erheblichen Aufwendungen geschaffen worden war. Das Eisenhüttenkombinat Ost, die Großkokerei Lauchhammer und zahlreiche Betriebe und Kraftwerke waren neu errichtet, andere (wie die Stahl- und Walzwerke Brandenburg, Hennigsdorf und Riesa) stark erweitert worden. Im Verlauf des Fünfjahrplans hatte die DDR zwar 32 Milliarden Mark in ihre Wirtschaft investiert, die ursprünglichen Planziele waren dennoch nicht ganz erreicht worden. In der Schwerindustrie gab es erhebliche Lücken, und Disproportionen der Volkswirtschaft bestanden weiter. Für die Bevölkerung bedeutete dies, daß der Lebensstandard nicht so anstieg, wie die Führung versprochen und die Menschen erhofft hatten. Die Schwächen der Wirtschaft, die trotz gewaltiger Leistungen nicht überwunden waren, vergrößerten die Instabilität der DDR.

In ihrer Wirtschaftsordnung unterscheidet die DDR seit den fünfziger Jahren drei grundsätzliche Formen des Eigentums: 1. Staatseigentum (sogenannter sozialistischer oder volkseigener Sektor), 2. Genossenschaftseigentum und 3. Privateigentum. Bis 1955 wuchs das Staatseigentum in Industrie und Handel sehr rasch, das Genossenschaftseigentum in der Landwirtschaft relativ langsam. Noch existierte in bestimmten Bereichen (Handwerk, Landwirtschaft, Konsumgüterindustrie) ein relativ großer Anteil privaten Eigentums. *Eigentumsformen*

Die DDR war von Anfang an ein ökonomisch entwickeltes Land, in dem über 40 Prozent der Arbeiter und Angestellten in der Industrie arbeiteten. Als Folge der veränderten Eigentumsformen entstanden nicht nur neue Besitzverhältnisse, sondern es bildete sich auch eine neue Sozialstruktur heraus. Die Zahl der Beschäftigten wuchs: Während es 1949 7 Millionen Berufstätige gab, waren es 1955 8,2 Millionen. Zugleich veränderte sich die soziale Schichtung. 1949 gab es 4 Millionen Arbeiter und 1,7 Millionen Angestellte, 1955 weisen die Statistiken 6,5 Millionen Arbeiter und Angestellte aus (es erfolgte nun keine getrennte Aufzählung mehr), d. h. 78 Prozent aller Berufstätigen. Waren 1949 1,1 Millionen Selbständige und 1 Million mithelfende Familienangehörige (darunter 1,4 Millionen Landwirte und Angehörige), so ging die Zahl der Selbständigen auf 900.000, die der mithelfenden Familienangehörigen auf 650.000 zurück. *Neue Sozialstruktur*

Von der (auf Kosten der Selbständigen) steigenden Zahl der Arbeiter und Angestellten waren 1955 68 Prozent beim Staat beschäftigt. Die in Industriegesellschaften generell zu beobachtende Entwicklung, nämlich die Verringerung der Zahl der Selbständigen und das Anwachsen der Zahl der Lohnabhängigen, brachte in der veränderten Wirtschaftsordnung der DDR eine direkte Abhängigkeit der Mehrheit der Beschäftigten vom Arbeitgeber Staat mit sich. Diese neue soziale Schichtung war zwar noch nicht mit der sowjetischen Gesellschaftsstruktur identisch, aber sie glich sich ihr mehr und mehr an.

Zehn Jahre nach Kriegsende hatte die SED ihre Herrschaft in der DDR mit Hilfe der Sowjetunion festigen können, doch war es ihr nicht gelungen, von der Bevölkerung akzeptiert zu werden und damit eine solide Basis ihrer Macht zu erreichen. Die radikalen Strukturveränderungen hatten kein florierendes System hervorgebracht, sondern eine krisenhafte Gesellschaft. Den gewaltigen sozialen Umschichtungen fehlte eine allgemeine Zustimmung, sie fand sie nicht einmal bei den sozialen Aufsteigern. Der Mangel an Konsens resultierte zum einen aus der Fixierung breiter Teile der Bevölkerung auf die wirtschaftlich erfolgreiche Bundesrepublik, zum anderen beruhte er auf der Ablehnung der kritiklosen Übernahme der stalinistischen Diktatur und des Bürokratismus durch die SED.

4. DEUTSCHLANDPOLITIK

Auf dem IV. Parteitag der SED im April 1954 hatte Ulbricht erklärt, die Wiederherstellung der Einheit Deutschlands sei eine „unumstößliche Gesetzmäßigkeit", an der „jeder zugrundegehen wird, der sich diesem Gesetz entgegenzustellen wagt" [Protokoll, Bd. 2, 888 ff.] Tatsächlich bestanden aber wenig aktuelle Chancen für eine Wiedervereinigung.

Die SED-Führung konnte bis 1952 davon ausgehen, daß ihre Macht in der DDR unter dem Schutz der UdSSR unangreifbar blieb. Doch als im Frühjahr 1952 Bewegung in die Deutschlandpolitik gekommen war, zeigte sich, daß die UdSSR keineswegs nur die Machtsicherung der deutschen Kommunisten im Auge hatte. Am 10. März 1952 schickte die Sowjetunion eine Note, die bekannte „Stalin-Note" an die Westmächte. Sie schlug vor, „unverzüglich die Frage eines Friedensvertrages mit Deutschland zu erwägen". Dazu unterbreitete die UdSSR einen Entwurf eines Friedensvertrages, der mit einer gesamtdeutschen Regierung abgeschlossen werden sollte. Danach durfte Deutschland zwar eigene Streitkräfte besitzen, aber keine Militärbündnisse eingehen. Bedeutungsvoll wurden die Vorschläge, als sich die UdSSR am 9. April 1952 ausdrücklich einverstanden erklärte, die Abhaltung freier Wahlen in ganz Deutschland zu erörtern. Allerdings lehnte die Sowjetunion die Kontrolle der Wahl durch eine UN-Kommission ab, sie wollte lediglich eine Kontrolle durch die Besatzungsmächte gestatten.

Die Westmächte und die Bundesregierung sahen in der Stalin-Note indes nur ein Störmanöver gegen die im Gang befindliche Einbeziehung der Bundesrepublik

Stalin-Note
von 1952

in die EVG. Im Mai 1952 bestanden die Westmächte darauf, daß freie Wahlen international kontrolliert werden müßten und die Regierung über ihre Bündnispolitik frei bestimmen dürfe. Dies wiederum schien der UdSSR unannehmbar. Die Diskussion darüber verlief im Sande, nachdem Bonn Ende Mai den EVG-Vertrag unterzeichnet hatte. Die DDR ihrerseits riegelte nun im Mai 1952 mit einer fünf Kilometer breiten Sperrzone an der Demarkationslinie ihr Gebiet weiter ab.

Nach Stalins Tod schienen sich erneut Möglichkeiten für die deutsche Wiedervereinigung anzubahnen. Der Vorschlag Churchills vom Mai 1953, einen Garantievertrag für ein geeintes, freies Deutschland auszuhandeln, fand in Moskau Beachtung, doch sowohl der Aufstand vom 17. Juni als auch der Sturz Berijas in Moskau und nicht zuletzt Adenauers Haltung blockierten den Plan. Im Januar und Februar 1954 kam es auf einer Außenministerkonferenz der Großmächte in Berlin wiederum zu keiner Annäherung in der deutschen Frage. Daraufhin gewährte die UdSSR der DDR „erweiterte" Souveränitätsrechte. Im Mai 1955 gehörte die DDR bereits zu den Unterzeichnerstaaten des „Warschauer Paktes".

Die Genfer Gipfelkonferenz der vier Großmächte (Juli 1955) brachte zwar eine internationale Entspannung, aber keine Schritte zur Lösung der deutschen Frage. Auf ihrer Rückreise nach Moskau machten die sowjetischen Führer Bulganin und Chruschtschow in Ost-Berlin Station, und hier verkündeten sie erstmals dezidiert die „Zwei-Staaten-Theorie" und stellten klar, daß die Sowjetunion einer Wiedervereinigung nur unter Wahrung der „sozialistischen Errungenschaften" der DDR zustimme. Das markierte einen Wendepunkt in der Deutschland-Frage. Genfer Gipfel-
konferenz

Die Zwei-Staaten-Theorie sowie das Festhalten an den „Errungenschaften" beendeten die Hoffnung auf gesamtdeutsche freie Wahlen am Beginn einer Wiedervereinigung; zugleich wurde klar, daß man der UdSSR die DDR nicht „abkaufen" konnte. Nun erfolgte die verstärkte wirtschaftliche und politische Integration der DDR in den Ostblock, und damit eine Aufwertung des andern deutschen Staates, der von einer Besatzungszone und einem Ausbeutungsobjekt zu einem Partner aufstieg. Allerdings blieb die DDR wie bisher von Moskau abhängig. Im September 1955 legte die UdSSR diese Fakten auch juristisch fest. Nach einer Konferenz in Moskau wurde ein „Vertrag über die Beziehungen zwischen der DDR und der UdSSR" abgeschlossen, der die völlige Souveränität der DDR proklamierte. Souveränität
der DDR

Die Sowjetunion löste ihre Hohe Kommission in Ost-Berlin auf. Ihr blieb aber die Kontrolle des Verkehrs der Alliierten nach West-Berlin ausdrücklich vorbehalten, die Viermächtevereinbarungen über Berlin wurden also wie vorher von der UdSSR anerkannt.

Mit der vollen Souveränität der DDR wurden alle Beschlüsse des Kontrollrats von 1945 bis 1948 außer Kraft gesetzt, gleichzeitig aber vereinbart, daß weiterhin Sowjettruppen in der DDR stationiert blieben.

5. Ausschaltung der Opposition

In der Sowjetunion distanzierte sich Chruschtschow auf dem XX. Parteitag der KPdSU im Februar 1956 eindeutig von Stalin und verurteilte einige seiner terroristischen Herrschaftsmethoden. Die damit eingeleitete „Entstalinisierung", die eine tiefe Zäsur in der Entwicklung des Weltkommunismus darstellt, wurde zu einer Angelegenheit aller kommunistischen Parteien und insbesondere der kommunistisch regierten Staaten. Sie verlief jedoch in den einzelnen Ländern sehr unterschiedlich. So steigerte sich in Ungarn die Empörung des Volkes und der Streit unter den Kommunisten 1956 bis zur Revolution, die dann von der Sowjetarmee niedergeschlagen wurde. In Polen erfolgte eine weitgehende Auswechselung der Leitung, der unter Stalin inhaftierte Gomulka übernahm wieder die Parteiführung, es kam zu einem kurzen polnischen „Frühling". Auf der anderen Seite verweigerte Albanien die Verdammung Stalins und es erfolgte schrittweise der Bruch zwischen der Sowjetunion und China.

Die Abkehr der Sowjetführung von Stalin verwirrte die völlig auf Stalin eingeschworene SED. Aber wie üblich paßte sich Ulbricht sofort der neuen Linie der KPdSU an. Er schrieb bereits am 4. März 1956 in „Neues Deutschland" entgegen allen bisherigen Lobeshymnen: „Zu den Klassikern des Marxismus kann man Stalin nicht rechnen." Die nun einsetzende Unruhe in der SED sollte deren 3. Parteikonferenz im März 1956 überwinden. Geschickt umging es die SED-Führung, Probleme des Stalinismus zu behandeln, stattdessen befaßte sich die Konferenz mit Wirtschaftsfragen.

Ulbrichts Abkehr von Stalin

Schließlich verteidigte der Vorsitzende der ZPKK, Hermann Matern, Ulbricht gegen alle „Verleumdungen" und appellierte an die Mitglieder, sich „noch fester, noch geschlossener" hinter das ZK zu stellen.

Entsprechend konstatierte das Politbüro in einem Beitrag im „Neuen Deutschland" vom 29. April 1956, in der SED habe es niemals einen Personenkult und keine Massenrepressalien gegeben, daher werde eine „rückwärtsgewandte Fehlerdiskussion" nicht zugelassen. Die 28. ZK-Tagung im Juli 1956 rief zwar zur Überwindung des Dogmatismus in der ideologischen Arbeit auf, sie revidierte auch frühere Beschlüsse gegen den „Titoismus", jedoch an ihrer Generallinie änderte die Partei nichts. Die ehemaligen Parteiführer Dahlem, Ackermann, Jendretzky und Elli Schmidt wurden rehabilitiert, Fechner aus dem Gefängnis entlassen, doch politischen Einfluß konnten die Ulbricht-Gegner nicht mehr erlangen.

Wie in der Sowjetunion wurde auch in der DDR die Rechtssicherheit zu einem Hauptproblem. Die SED mußte eingestehen, daß zahlreiche Strafurteile der Vergangenheit „in ihrem Strafmaß zu hoch" gewesen seien. Das Recht der Verteidigung vor Gericht sollte nun erweitert und mit Funktionären, die die Gesetze verletzen, „streng verfahren" werden. Im Juni 1956 wurden über 11.000 Personen begnadigt und bis Oktober 1956 insgesamt rund 21.000 Häftlinge entlassen.

Probleme der Rechtssicherheit

Auch in der DDR mehrten sich die Angriffe gegen den Stalinismus und seinen bisherigen Repräsentanten Ulbricht. Viele überzeugte Anhänger Stalins versuchten nach der Abkehr von ihrem Idol neue Wege. Es kam vor allem an den Universitäten zu heftigen Debatten. Ernst Bloch und Robert Havemann wurden nun Leitbilder einer Opposition des „dritten Weges", die antistalinistisch, aber nicht antikommunistisch war, die sich ebenso wie gegen den Kapitalismus gegen die Herrschaftsstrukturen der DDR und der UdSSR richtete. Die „marxistische" Schulung in der DDR hatte treue Anhänger der SED herangebildet und damit das System gestützt. Aber gleichzeitig wurden auch marxistische Rebellen erzogen, die nun innerhalb der SED stritten und durch Reformen und Demokratisierung einen „menschlichen" Sozialismus anstrebten. In der DDR waren die junge Generation und die Parteikader jahrelang an Wertvorstellungen orientiert worden, nach denen der Kampf gegen Ausbeutung und Unterdrückung, der Einsatz für soziale Gerechtigkeit, Freiheit und Emanzipation die Leitideen der Politik sein sollten. Den Alltag der DDR erfuhren sie völlig anders, statt einer Annäherung an die theoretischen Ideale herrschten Ausbeutung und Unterdrückung ebenso wie Lüge und Karrierismus. Gerade dieser Widerspruch zwischen Theorie und Praxis gab einer Minderheit der geschulten Kader Anlaß zum Revoltieren.

Opposition des „dritten Weges"

Eine solche typische Oppositionsgruppe bildete sich aus SED-Funktionären um den Parteiphilosophen Wolfgang Harich. In ihrer „Plattform" verkündeten sie: „Wir wollen auf den Positionen des Marxismus-Leninismus bleiben. Wir wollen aber weg vom Stalinismus."

Weil dem SED-Apparat jede Form innerparteilicher Opposition gefährlich schien, schaltete er sofort die Staatsgewalt ein. So wurden Harich und die Mitglieder seiner Gruppe verhaftet und im März bzw. Juli 1957 zu hohen Zuchthausstrafen verurteilt.

Das Bemühen Ulbrichts, die Entstalinisierung in der DDR zu blockieren, löste jedoch eine Opposition in der Parteiführung selbst aus. Der zweite Mann der SED, Karl Schirdewan, der Chef des Staatssicherheitsdienstes, Ernst Wollweber, und der ZK-Sekretär Gerhart Ziller traten für weitreichende Reformen der SED-Politik ein und forderten die Ablösung Ulbrichts. Unterstützung erfuhren diese Politiker im Politbüro vom Parteiideologen Fred Oelßner sowie vom stellvertretenden Regierungschef Fritz Selbmann. Doch auf einer kommunistischen Weltkonferenz im November 1957 konnte sich die dogmatische Linie wieder durchsetzen, und so gelang es Ulbricht, seine Widersacher aus der Parteispitze zu entfernen. Die 35. Tagung des ZK im Februar 1958 verurteilte die Schirdewan-Opposition, deren Anhänger verloren ihre Funktionen (Ziller hatte Selbstmord begangen).

Schirdewan gegen Ulbricht

Von den Auseinandersetzungen im Politbüro erfuhr die SED-Mitgliedschaft eineinhalb Jahre lang nichts. Ohne die Vorstellungen dieser Opposition im einzelnen zu kennen, war sie nun aufgerufen, sie zu verdammen. Nach wie vor blieb der Parteiaufbau der SED strikt am stalinistischen Führungsprinzip ausgerichtet. Die Machtkonzentration bei der Führungsspitze, dem Politbüro und dem Sekretariat, und eine hierarchisch geleitete Organisation kennzeichneten auch zehn Jahre nach ihrer Umwandlung in eine „Partei neuen Typus" die SED. Mit dieser erstarrten

Struktur aber gedachte sie als Führungspartei der DDR die auf sie einstürmenden Probleme von Wirtschaft und Gesellschaft zu lösen.

Immerhin war es der SED-Spitze gelungen, jede Opposition sowohl außerhalb als auch innerhalb der Partei auszuschalten, völlig in den Untergrund zu verdrängen oder zu vertreiben.

6. Ansätze einer Konsolidierung 1958/59

Die 3. Parteikonferenz der SED im März 1956 beschloß einen 2. Fünfjahrplan, dessen Ziel es war, die industrielle Produktion bis 1960 um mindestens 55 Prozent zu steigern. Die SED gab dafür die Parole aus: ,,Modernisierung, Mechanisierung, Automatisierung". Der 2. Fünfjahrplan galt nun als ,,Beginn" einer neuen industriellen ,,Umwälzung auf der Basis der Ausnutzung von Kernenergie", des weiteren Ausbaus der Schwerindustrie und der ,,Entwicklung des technischen Fortschritts".

Der Arbeiterschaft wurde eine Erhöhung des Reallohnes um 30 Prozent, in der Industrie der 7-Stunden-Arbeitstag und in bestimmten Industriezweigen ,,die 40-Stunden-Woche ohne Lohneinbußen" versprochen. Als Voraussetzung zur Erfüllung dieses Plans (der aber nicht verwirklicht wurde) nannte die SED eine entsprechende Steigerung der Arbeitsproduktivität. Der wirtschaftliche Aufbau sollte ein weiteres Anwachsen des ,,sozialistischen Sektors" in der Wirtschaft bringen, jedoch wurde die Verstaatlichung zunächst nur schrittweise vorangetrieben. Die größeren Privatbetriebe bekamen eine 50prozentige und höhere staatliche Beteiligung angeboten (nach dem Vorbild der chinesischen Kommunisten), um eine ,,friedliche Umwandlung" des Privateigentums in staatliches Eigentum zu erreichen. Dadurch wuchs in den folgenden Jahren die Zahl der halbstaatlichen Betriebe erheblich an.

Wirtschaftliche Fortschritte   Im Jahr 1957 stieg die Industrieproduktion der DDR um 8 Prozent und im ersten Halbjahr 1958 sogar um 12 Prozent, vor allem die Konsumgüterindustrie machte beträchtliche Fortschritte. Der Lebensstandard der Bevölkerung verbesserte sich allmählich. Den Geldüberhang schöpfte die Regierung durch einen Währungsumtausch im Oktober 1957 ab. Im Mai 1958 verschwanden endlich auch in der DDR die Lebensmittelkarten. Die Aufhebung der Rationierung für Fleisch, Fett und Zucker war allerdings mit Preiserhöhungen verbunden, denn die neuen Preise lagen zwischen den überhöhten HO-Preisen und den niedrigen Preisen für bewirtschaftete Waren. Lohnerhöhungen sollten hier einen Ausgleich schaffen, außerdem wurden die staatlich gestützten niedrigen Brot- und Kartoffelpreise nicht angetastet. Der Lebensstandard in der DDR blieb zwar erheblich hinter dem in der Bundesrepublik zurück, dennoch waren deutliche Verbesserungen zu erkennen.

In den Jahren 1958 und 1959 sah es so aus, als könne es der SED gelingen, breite Kreise der Bevölkerung politisch zu neutralisieren. Nicht nur die Flüchtlingszahlen sanken 1958, viele Menschen schienen sich nun mit den Verhältnissen in der DDR abzufinden. Sie begannen sich „einzurichten". Eine gewisse Stabilität des Regimes war nicht zu übersehen. Wie aus Befragungen von DDR-Flüchtlingen hervorging, betrachtete die Arbeiterschaft Erholungsheime, Kulturhäuser oder Polikliniken als „Errungenschaften", und eine Mehrheit fand auch das Betriebsklima inzwischen erträglicher. Selbst von den geflüchteten Arbeitern befürworteten nur 40 Prozent eine Reprivatisierung des Staatseigentums, die Bevölkerung stand dem System also differenzierter gegenüber. Die politische Diktatur mit der hierarchischen Spitze war eben nicht das ganze System, vielmehr hatten berufliche Aufstiegsmöglichkeiten in den verschiedensten Bereichen und die Existenz persönlicher Freiräume für viele Menschen einen großen Stellenwert. Die Situation entsprach nicht der im Westen gängigen Klischeevorstellung, wonach eine Handvoll fanatischer Kommunisten eine konsequent antikommunistische, dem Westen verschworene Bevölkerung unterdrückte. Auch wenn sich die Mehrheit nicht mit der DDR identifizierte, begann sie sich allmählich mit ihr zu arrangieren.

Stabilität

Vom 10. bis 16. Juli 1958 tagte der V. Parteitag der SED. Durch die Ausschaltung der Opposition hatte Ulbricht seine Position in der Partei gefestigt, sie sollte für ein Jahrzehnt unumstritten bleiben. Während der Vorbereitungen zum V. Parteitag war wiederum fast ein Drittel der hauptamtlichen Funktionäre der Bezirksleitungen ausgewechselt worden. Nun zeigte der Parteitag, daß sich die SED nach den Turbulenzen von 1956 und 1957 konsolidiert hatte. Daher wollte die Parteiführung – wenn auch behutsamer als 1952 – den „Aufbau des Sozialismus" wieder forcieren. Daher stand die Wirtschaftspolitik im Vordergrund des Parteitages.

Die SED ließ sich durch die relativ günstige ökonomische Entwicklung zu überspannten Wirtschaftsplänen hinreißen. Bis zum Jahre 1961 wollte sie die Bundesrepublik „einholen und überholen". Obwohl die DDR 1959 mit ihrer Industrieproduktion auf dem neunten Platz in der Welt rangierte, war diese Zielsetzung völlig irreal. Selbst bei reibungslosem Funktionieren der DDR-Wirtschaft wäre der Vorsprung der Bundesrepublik von rund 25 Prozent im Konsum und 30 Prozent in der Produktion nicht aufzuholen gewesen. Stattdessen vermehrte der harte Kurs von 1960 und 1961 die wirtschaftlichen Komplikationen, die sich schon 1959 abgezeichnet hatten. Später gestand die DDR ein: „In den folgenden Jahren zeigte es sich jedoch, daß erhebliche Schwierigkeiten bei der gemeinsamen Lösung der neuen Probleme auftraten, die sich aus der wissenschaftlich-technischen Revolution in den sozialistischen Staaten und für die Vertiefung ihrer Zusammenarbeit ergaben. Die Zuwachsraten der industriellen Produktion gingen zeitweilig zurück. [311: S. DOERNBERG, 1968, 357].

„Einholen und überholen" der Bundesrepublik

Der Fünfjahrplan mußte 1959 abgebrochen und durch einen neuen Siebenjahrplan (1959–1967) ersetzt werden. Die SED war mit den Problemen der modernen Wirtschaft nicht fertig geworden und glaubte nun, mit dem Siebenjahrplan den Sozialismus erreichen und die wirtschaftlichen Schwierigkeiten überwinden zu können.

Im Februar 1958 hatte die SED eine umfassende Reform der Wirtschaftsverwaltung eingeleitet. Ein großer Teil der Industrieministerien war in die staatliche Plankommission überführt worden. Den bezirklichen und örtlichen Räten wurde mehr Selbständigkeit zugestanden, und die Vereinigung Volkseigener Betriebe, die Dachorganisation der VEB, sollte enger mit den örtlichen Organen zusammenarbeiten.

Die chemische Industrie, im mitteldeutschen Industriegebiet traditionell stark vertreten, war nach einem Programm vom November 1958 vorrangig zu fördern, dieses Ziel sollte die Losung popularisieren ,,Chemie gibt Brot, Wohlstand und Schönheit". Die Arbeitsteilung im RGW wurde deutlich: Für den Ostblock spielte die DDR als zweitgrößte Industriemacht nach der UdSSR eine wichtige wirtschaftliche Rolle. Der Siebenjahrplan brachte eine Angleichung an den sowjetischen Siebenjahrplan 1959 bis 1965. Die Einbeziehung des Industriepotentials der DDR bedeutete eine forcierte Verschmelzung und Arbeitsteilung mit der Wirtschaft der RGW-Länder.

Festigung des Parteiensystems Inzwischen hatte sich das Parteiensystem der DDR gefestigt, die übrigen Parteien und die Massenorganisationen praktizierten ihre Transmissionsrolle zwar ohne Widerspruch, doch sie waren dabei nicht sehr erfolgreich. Typisch für die Haltung der anderen Parteien waren die Treuebekenntnisse zur Führungspartei nach dem V. Parteitag der SED 1958. Die LDP führte eigens eine Konferenz ihrer Parteibeauftragten durch, die sich mit den Problemen beschäftigte, ,,die der V. Parteitag der SED aufgeworfen" hatte. Die CDU erklärte die SED zur ,,berufenen und befugten Trägerin der großen fortschrittlichen Ideen unserer Zeit".

Der 10. Parteitag der CDU führte die Unterordnung unter die SED sogar verbindlich in die Parteisatzung ein: ,,Die Mitglieder der CDU erkennen die Arbeiterklasse und ihre Partei (also die SED, H. W.) als berufene Führerin unserer Nation an und setzen ihre ganze Kraft für die Stärkung und Festigung der DDR ein" [56: Dokumente der CDU, 1962, 130f.]. Diese Bekenntnisse zeigen, daß das Parteiensystem der DDR faktisch die Einparteienherrschaft der SED bedeutete und die anderen Parteien wie die Massenorganisationen lediglich zu ausführenden Organen wurden. Freilich war während dieses Transmissionsprozesses der Mitgliederbestand der übrigen Parteien erheblich zusammengeschmolzen: Die CDU zählte im Dezember 1947 218.000 Mitglieder und ging auf etwa 70.000 zurück, die LDP hatte 1948 183.000 Mitglieder, sie schrumpfte ebenfalls auf 70.000, die NDP und DBD kamen vermutlich nie über 70.000 Mitglieder.

Gewicht der Massenorganisationen Da das Gewicht der vier Parteien im Parteiensystem zurückging, maß die SED den Massenorganisationen wichtigere Funktionen zu. Ihr Hauptaugenmerk richtete sie dabei auf die FDJ, die Nachwuchsorganisation der Partei. Die 16. Tagung des Zentralrates im April 1957 erklärte die FDJ zur sozialistischen Jugendorganisation der DDR. In den Mittelpunkt der Arbeit des DDR-Jugendverbandes sollte nun die sozialistische Erziehung der Jugend zu einer ,,sozialistischen Weltanschauung" rücken. Außerdem widmete sich die FDJ verstärkt militärischen Problemen, sowohl der Arbeit in der Armee wie der vormilitärischen Ausbildung. Das VI. Parlament der FDJ im Mai 1959 lenkte die Aktivitäten auf zwei weitere

Bereiche. Schwerpunkte des „sozialistischen Aufbaus" sollten dem Jugendverband als „Jugendobjekte" übertragen, also wirtschaftliche Aufgaben direkt in die Tätigkeit des Verbandes einbezogen werden. Außerdem mußte die FDJ ihrer eigentlichen Funktion als Jugendorganisation Rechnung tragen und sich um die Freizeitgestaltung kümmern. Neben den von der FDJ organisierten Treffen von Künstlern und „jungen Talenten" galt es für die SED-Nachwuchsorganisation vor allem, „schädliche" Einflüsse des Westens auf die Jugend zu verhindern und zu bekämpfen. Die Förderung des Sports schien der DDR-Führung eine Mög- Sport lichkeit, dem Interesse der Jugend an westlicher Musik, Mode und Freizeitgestaltung entgegenzuwirken.

Die schon lange aktiven Betriebssportgemeinschaften und der Massensport wurden vom Staat unterstützt (bereits 1956 zählten die Sportgemeinschaften über eine Million Mitglieder), um eine Basis für den Spitzensport zu schaffen. Allerdings wurde offen zugegeben, daß der Sport zugleich der vormilitärischen Ertüchtigung dienen sollte. Dafür war 1952 eigens eine neue Massenorganisation, die Gesellschaft für Sport und Technik (GST) ins Leben gerufen worden. Auf ihrem 1. Kongreß im September 1956 forderte sie, durch körperliche Ertüchtigung, sportliche und technische Ausbildung „die Verteidigungsfähigkeit der DDR zu erhöhen". Die eigentliche Sportorganisation, der Deutsche Turn- und Sportbund (DTSB), eine Dachorganisation aller Sportverbände, kümmerte sich um den Betriebssport und trug maßgeblich zur Entwicklung des Sports auf dem flachen Land bei.

Da die SED der Wirtschaft eine immer größere Bedeutung beimaß, spielte der FDGB mit seinen 5,7 Millionen Mitgliedern (1958) eine entscheidende Rolle. Nach den Vorstellungen der SED sollten die Gewerkschaften Schulen der sozialistischen Erziehung zur Erfüllung der Wirtschaftspläne werden. Der 5. Kongreß des FDGB im Oktober 1959 stellte sich die Erziehung der Werktätigen zur „sozialistischen Arbeit" als Aufgabe, die Teilnahme am „sozialistischen Wettbewerb" zwischen den Arbeitsbrigaden sollte intensiviert werden. Wie alle Massenorganisationen der DDR erfüllte der FDGB damit seine spezielle Aufgabe, die Politik der SED in seine Zielgruppe, das heißt die Arbeitnehmerschaft, zu tragen.

Zur Förderung der engen Bindungen an die Sowjetunion hatte die SED bereits 1947 eine eigene Organisation gegründet; die „Gesellschaft für deutsch-sowjetische Freundschaft" (DSF) zählte 1958 3,3 Millionen Mitglieder, ihr damaliger 6. Kongreß verlangte vor allem die Durchsetzung der „sowjetischen Neuerermethoden" in der DDR und den weiteren Ausbau der Freundschaft zur UdSSR. Nun war nach den schrecklichen Erfahrungen des 2. Weltkrieges in der Bevölkerung sicher die Bereitschaft vorhanden, auch mit der Sowjetunion gute Beziehungen zu pflegen. Die Rolle der UdSSR als Besatzungsmacht und die Übertragung ihres Systems auf die DDR bewirkten jedoch, daß eine latente antisowjetische Stimmung in der DDR existierte, gegen die auch die DSF nur schwer angehen konnte.

Daß sich die politischen Methoden in der DDR nicht verändert hatten, bewiesen die Wahlkampagne und die Wahl zur Volkskammer am 16. November 1958.

Schon vorher wurde immer wieder die Frage gestellt, warum es in der DDR keine
Opposition gebe. Die Antwort der SED darauf war ebenso unlogisch wie unver-
blümt: ,,Eine Opposition in der DDR könnte doch nur gegen die Politik unserer
Regierung gerichtet sein: Sie müßte für den Einsatz von Faschisten und Militari-
sten in hohen Machtpositionen ... und für die Vorbereitung eines Atomkrieges
sein. Solche Opposition zu dulden wäre verbrecherisch" [Neues Deutschland
Nr. 116 vom 17.5.1957]. Diese Argumentation zeigte die Linie der SED, jegliche
Opposition gegen ihren Kurs (und erst recht ihre Herrschaft) zu kriminalisieren.

Die Wahlen selbst brachten das übliche Ergebnis: 99,8 Prozent Zustimmung für
die Einheitskandidaten. Der neue Ministerrat, im Dezember 1958 vereidigt,
wurde wieder von Grotewohl geleitet, Ulbricht blieb sein erster Stellvertreter. In
der verkleinerten Regierung (9 Ministerien waren im Februar 1958 aufgelöst worden) lagen die wichtigsten der 23 Ressorts wieder in der Hand der SED, so Inneres
(Maron), Staatssicherheit (Mielke), Justiz (Benjamin) und Kultur (Abusch).

Im Oktober 1958 forderte Ulbricht neue Grundsätze der SED-Schulpolitik, im
Januar 1959 beschloß daraufhin das ZK Thesen zur ,,sozialistischen Umgestaltung
des Schulwesens", die die Grundlage für ein entsprechendes Gesetz der Volkskammer bildeten. Dieses Gesetz sah Fächer wie Werkunterricht und Unterricht in
der Produktion vor. Um bei den Schülern bereits die wichtigsten naturwissenschaftlichen Kenntnisse zu verbreiten, wurden Stoffgebiete der modernen Wissenschaft in den Unterrichtsplan einbezogen. Der Aufbau der obligatorischen ,,all-
gemeinbildenden zehnklassigen polytechnischen Oberschule", wie die Schule nun
hieß, sollte bis 1964 abgeschlossen sein. Damit der Ablauf der ,,technischen Revolution" schon in der Schule vermittelt werden konnte, mußten 70 Prozent des
Lehrstoffes die Fächer Naturwissenschaften, Mathematik, Technik und Wirtschaftsfragen umfassen. Außerdem wurde die ideologische Erziehung verstärkt.
Die letzten einklassigen Zwergschulen wurden geschlossen.

Die ,,sozialistische Schule" sollte in der ,,sozialistischen Universität" ihre Fortsetzung finden. Die 3. Hochschulkonferenz der SED (28.2.–2.3.1958) hatte die
Aufgabe gestellt, die Hochschulen der DDR zu sozialistischen Bildungsstätten zu
entwickeln. Danach mußte die Wissenschaft eng mit der Praxis in Industrie und
Landwirtschaft verbunden werden, und die Studenten waren sowohl zu hochqua-
lifizierten Fachleuten als auch ,,bewußten Sozialisten" zu erziehen. Das gesamte
Erziehungssystem hatte also das Ziel, einerseits die technisch-naturwissenschaftli-
che Ausbildung zu erweitern und eine hohe Qualifikation der Ausgebildeten zu
erreichen, andererseits die ideologische Schulung zu forcieren. So wurde nach
heutiger DDR-Interpretation ,,die Vorherrschaft der Idee des Marxismus-Leninismus erkämpft" [315: Grundriß der deutschen Geschichte, 1979, 667]. Durch
diese Verknüpfung glaubte die DDR-Führung, sowohl Anschluß an das ,,Weltni-
veau" der Forschung zu finden als auch staatstreue Bürger zu erziehen.

Die Differenzen zwischen Sachverstand und ,,Parteilichkeit" führten indessen
zu neuen Schwierigkeiten, nicht zuletzt, weil der Akademisierungsgrad der Bevölkerung der DDR rasch anstieg. Bereits 1958 bestanden 46 Universitäten und

Opposition nicht geduldet

Hochschulen

Hochschulen. Gegenüber 1951 hatte sich die Studentenzahl verdoppelt. 1959/60 gab es neben 100.000 Hochschulstudenten (darunter 25 Prozent Frauen, Bundesrepublik damals 28 Prozent Frauen) 128.000 Fachschulstudenten, d. h. über 20 Prozent der jüngeren Jahrgänge erhielten eine akademische Ausbildung.

Ernste Auseinandersetzungen verursachte auch die „sozialistische Revolution" in der Kultur. Die SED rief die Werktätigen dazu auf, die „Höhen der Kultur zu erstürmen", die Künstler wurden verpflichtet, die „Kluft zwischen Kunst und Leben" zu überwinden. Auf einer „Kulturkonferenz" der SED im Oktober 1957 richtete der Staatssekretär im Kultusministerium, Abusch, den Hauptstoß gegen die „Dekadenz", der „sozialistische Realismus" habe nicht Fernziel, sondern Gegenwartsaufgabe zu sein. Der Leiter der Kulturkommission beim Politbüro, Kurella, forderte eine „sozialistische deutsche Kultur". In den Mittelpunkt wurde der „Bitterfelder Weg" gerückt, d. h. mit der Losung „Greif zur Feder, Kumpel!" einer Bitterfelder Autorenkonferenz (April 1959) sollten tatsächliche und vermeintliche Talente aus der Arbeiterschaft für Literatur und Malerei gewonnen werden. Der „sozialistische Realismus" galt als verbindliche Kunstrichtung.

Anpassung der Kunst

Während in der bildenden Kunst Montonie und Verödung um sich griffen, fanden Schriftsteller aus der DDR auch internationale Anerkennung, z. B. Bruno Apitz mit „Nackt unter Wölfen" (1958), Dieter Nolls „Die Abenteuer des Werner Holt" (1960) und Karl-Heinz Jakobs mit „Beschreibung eines Sommers" (1961). Die jüngeren Lyriker, die 1956 mit modernen Formen und gesellschaftlichen Aussagen hervorgetreten waren (Heinz Kahlau, Günter Kunert, Armin Müller, Peter Jokostra u. a.) wurden dagegen von DDR-Behörden gemaßregelt, der Schriftsteller Erich Loest 1958 ins Zuchthaus gesperrt. Auch Theater, Film und selbst Illustrierte blieben nicht von Kritik verschont, fehlender „Klassenstandpunkt" und „Dekadenz" waren häufige Vorwürfe, die nicht zu einer Situation beitrugen, die ein freies, kreatives Schaffen in der Kultur ermöglichte.

7. Die Krise 1960/61 und der Mauerbau

In der Deutschland- und Berlinfrage wurde die Sowjetunion Ende 1958 aktiv und versuchte – wie zuvor der Westen – eine irreale „Politik der Stärke". Die UdSSR, seit 1953 im Besitz der Wasserstoffbombe, glaubte sich durch den Weltraumstart des „Sputnik" in der Raketentechnik überlegen. Chruschtschow wollte nun offenbar den sowjetischen Einflußbereich erweitern, so forderte er im November 1958 in ultimativer Form den Status einer „freien und entmilitarisierten Stadt" für West-Berlin. Der Abzug der Westmächte aus Berlin sollte innerhalb eines halben Jahres erfolgen. Die Krise wurde durch die Außenministerkonferenz der Großmächte von Mai bis August 1959 wieder abgeschwächt. Erstmals nahmen daran auch Delegationen aus der Bundesrepublik und der DDR als Berater teil. Das interpretierte die DDR-Führung als einen ersten Schritt zur Anerkennung ihres Staates im Westen.

Die internationalen Spannungen schienen durch den Besuch Chruschtschows in den USA im September 1959 abgeklungen. Mit dem „Geist von CAMP-DAVID" (dort hatten Chruschtschow und US-Präsident Eisenhower verhandelt) erwartete die DDR-Führung auch eine neue Entwicklung in Deutschland. Da kein einheitliches Deutschland mehr existierte, sollte nach Ansicht der DDR ein Friedensvertrag mit den beiden deutschen Staaten abgeschlossen werden. Auch eine „Lösung" des Berlinproblems könne sich ergeben. Hingegen vertrat die Bundesregierung Ende 1959 die Meinung, in Berlin bleibe es am besten wie es sei.

Kollektivierung der Landwirtschaft

Die Konsolidierung der DDR im Inneren wurde durch die Forcierung der Kollektivierung der Landwirtschaft erneut gebremst. Zwar hatte die SED noch im Juli 1959 versichert, beim Eintritt in die LPG bleibe die „Freiwilligkeit Gesetz", doch wurde der Zusammenschluß in der Praxis nun mit allen Mitteln vorangetrieben. In den Dörfern veranlaßten Agitationstrupps der SED die Bauern durch Nötigung und Drohungen zum „freiwilligen" Eintritt in die LPGs. Im November und Dezember 1959 verhaftete der SSD widerstrebende Bauern. Die Gefahr, wegen „staatsfeindlicher Umtriebe" angeklagt zu werden, ließ vielen Landwirten nur die Alternative, in die LPG einzutreten oder in den Westen zu flüchten. In den ersten drei Monaten des Jahres 1960 schlossen sich über 500.000 Bauern und Bäuerinnen den bereits bestehenden oder neugegründeten LPGs an.

Die Struktur auf dem Lande wurde radikal verändert: Einzelbauern gab es nach Abschluß der Kollektivierung kaum noch. Die über 19.000 LPGs bewirtschafteten Mitte 1960 knapp 85 Prozent der landwirtschaftlichen Nutzfläche (6 Prozent besaßen die volkseigenen Güter). 1961 erzeugte der „sozialistische Sektor" (VEG und LPG) 90 Prozent der landwirtschaftlichen Bruttoproduktion.

Wie in der Landwirtschaft trieb die DDR 1960 auch im Handwerk die Umwandlung voran. 1958 wurde noch 93 Prozent des Gesamtprodukts vom privaten Handwerk erwirtschaftet; dieser Anteil sank bis 1961 auf 65 Prozent, ein Drittel wurde nun von den Produktionsgenossenschaften des Handwerks (PGH) hergestellt. Im Einzelhandel ging der private Anteil auf unter 10 Prozent zurück.

Bildung des Staatsrates 1960

Auch im Staat erfolgten Strukturveränderungen. Im Februar 1960 verabschiedete die Volkskammer das Gesetz über den „Nationalen Verteidigungsrat"; Vorsitzender wurde Walter Ulbricht, dessen Stellung sich damit bedeutend verstärkte. Am 7. September 1960 verstarb der Präsident der DDR, Wilhelm Pieck. Das Amt des Präsidenten wurde nun auf Vorschlag der SED abgeschafft und stattdessen ein Staatsrat gebildet. Die Funktionen des Staatsrates entsprechen etwa denen des Präsidiums des Obersten Sowjet in der UdSSR, allerdings war die Stellung des Vorsitzenden stärker herausgehoben. Der Staatsrat erhielt auch Gesetzgebungs- und Regierungsaufgaben. Vorsitzender des Staatsrates der DDR wurde Walter Ulbricht. Da er gleichzeitig die Funktionen des Ersten Sekretärs des ZK der SED und des Vorsitzenden des Verteidigungsrates innehatte, vereinigte er in seiner Hand eine umfassende Macht. Stellvertreter Ulbrichts im Staatsrat wurden Otto Grotewohl, Volkskammerpräsident Johannes Dieckmann (LDP), Heinrich Homann (NDP), Hans Rietz (DBD) und die Generalsekretäre der LDP und CDU, Manfred Gerlach und Gerald Götting. Mitglieder des Staatsrates waren neben diesen Partei- und Staatsfunktionären auch Arbeiter, Bauern und Angehörige der Intelligenz. In die wichtige Stellung des Sekretärs des Staatsrates kam Otto Gotsche, ein Vertrauensmann Ulbrichts.

Auch in der SED bestimmten nur noch Ulbrichts Parteigänger, alle widerstrebenden Kräfte waren entfernt worden. Zwischen 1958 und 1961 wurden 105 Spitzenfunktionäre der 15 SED-Bezirksleitungen abgesetzt, darunter sieben Erste Sekretäre und 16 weitere Sekretäre. Parallel zu Ulbrichts Machtanstieg entstand ein neuer Personenkult um den Staats- und SED-Führer, der seit seinem 65. Geburtstag 1958 forciert wurde.

Neue Unruhe unter der Arbeiterschaft verursachte das im April 1961 von der Volkskammer verabschiedete ,,Gesetzbuch der Arbeit", das bereits bestehende arbeitsrechtliche Bestimmungen zusammenfaßte und ergänzte. Nochmals verbriefte das Gesetzbuch das ,,Recht auf Arbeit", gleichen Lohn für gleiche Leistung und andere allgemeine Rechte der Arbeiter, erwähnte aber das damals noch in der Verfassung verankerte Streikrecht nicht mehr. Primär orientierte das Arbeitsgesetzbuch auf die Produktionserfüllung der Betriebe und berücksichtigte erst sekundär die Rechte der Arbeiterschaft. Die strengen Verfügungen über die ,,sozialistische Arbeitsdisziplin" oder die Machtfülle der Betriebsleiter gegenüber den Werktätigen stießen bei der Arbeiterschaft auf Kritik. Auf wirtschaftlichem Gebiet mußte selbst der stellvertretende Ministerpräsident Stoph im Juni 1961 eingestehen, ,,daß es zur Zeit bei der Versorgung mit Fleisch, Milch oder Butter eine Reihe Schwierigkeiten gibt" [Neues Deutschland Nr. 162 vom 14.6.1961]. Stoph kritisierte, daß viele LPG landwirtschaftliche Nutzflächen nicht bestellten und den Plan nicht erfüllten. Die Ursache für die Krise der Landwirtschaft, die Kollektivierung, nannte er aber nicht beim Namen.

> Gesetzbuch der Arbeit

Doch nicht nur in der Landwirtschaft, auch in der Industrie führte der harte Kurs der SED zu Rückschlägen. Während 1959 noch ein Zuwachs von rund 7,2 Milliarden Mark gegenüber dem Vorjahr erzielt wurde, betrug dieser 1960 5,4 Milliarden Mark und 1961 sogar nur 4,4 Milliarden Mark.

In der Mitteilung über den Stand der Volkswirtschaft im 1. Quartal 1961 bestätigte der Ministerrat, daß erhebliche ,,Planrückstände" aufgetreten waren. Neben der Massenflucht spielte die sogenannte ,,Störfreimachung" vom Westen, eine entsprechende Umstrukturierung der Wirtschaft, eine Rolle. Die SED wollte sich aus der wirtschaftlichen Verklammerung mit der Bundesrepublik lösen, um der latenten Gefahr von Produktions-Störungen zu entgehen.

Die Berlin-Drohungen Chruschtschows, wirtschaftliche Schwierigkeiten, die Kollektivierung der Landwirtschaft, ein härterer politischer Kurs der SED – das alles führte 1960/61 zu einer allgemeinen Krise. Die Flüchtlingszahlen (1959: 143.000, 1960: 199.000) stiegen wieder an und wuchsen 1961 zu einer Lawine (allein im April 1961: 30.000). Die internationalen Spannungen verschärften sich erheblich nach dem Abschuß eines US-Aufklärungsflugzeuges über dem Gebiet der UdSSR im Mai 1960. Daraufhin scheiterte die Pariser Gipfelkonferenz im gleichen

> Flüchtlingswelle

Monat. Anfang Juni 1961 trafen der neue US-Präsident Kennedy und Chruschtschow in Wien zusammen. Doch die UdSSR verstärkte ihren Druck auf Berlin weiter. Die SED kündigte sogar eine Regelung „noch in diesem Jahr" an, denn sie hoffte, mit sowjetischer Hilfe den Luftverkehr und damit West-Berlin in die Hand bekommen zu können.

Änderung der
sowjetischen
Politik

Aber auch der Sowjet-Führung war wohl inzwischen klar geworden, daß sie keine militärische Überlegenheit besaß. Der Konflikt mit der Volksrepublik China zwang Chruschtschow dann zu einer neuen Strategie. Die Konferenz von 81 kommunistischen und Arbeiterparteien in Moskau im November 1960 hatte den Bruch im Weltkommunismus signalisiert. Es war „zu prinzipiellen Meinungsverschiedenheiten in Grundfragen der internationalen Entwicklung und der Strategie und Taktik der revolutionären Arbeiterbewegung mit den Vertretern der Kommunistischen Partei Chinas" gekommen, wie die DDR später zugab [581: Geschichte der SED, 1978, 409]. 1960 versuchte Ulbricht freilich solche Differenzen zu leugnen, er sprach von Spekulationen des „Klassengegners", der sich „verrechnet" habe und sich „in Zukunft noch mehr verrechnen" werde [Neues Deutschland Nr.349 vom 18.12.1960]. Damit konnte Ulbricht den Streit im Weltkommunismus nicht wegwischen, der die UdSSR zu einer Änderung ihres Kurses in Europa veranlaßte. Nachdem Präsident Kennedy am 25. Juli 1961 nochmals klargestellt hatte, daß die Anwesenheit westlicher Truppen und der ungehinderte Zugang nach Berlin für die USA unverzichtbar seien, traf die UdSSR Vorbereitungen für eine Abriegelung Ost-Berlins, welche die Interessen der USA nicht direkt tangierte.

Die DDR-Führung förderte mit ihrer harten Politik die Fluchtbewegung. DDR-Gerichte verurteilten angebliche „Menschenhändler" zu immer schwereren Strafen. Auch die Regierung reagierte nervös, sie wandte sich gegen die „verbrecherischen Abwerbungsaktionen", gegen die Massenflucht. Dieser Flüchtlingsstrom zeigte in der DDR verheerende Auswirkungen, denn es waren vor allem Menschen im arbeitsfähigen Alter (50 Prozent waren Jugendliche unter 25 Jahren), die der DDR den Rücken kehrten.

Doch gab es keinerlei Anzeichen dafür, daß die DDR die Fluchtbewegung durch menschliche Erleichterungen, ein Nachlassen des politischen Drucks oder Verbesserungen der Lebenslage aufzufangen suchte (ähnlich wie 1957 bis 1959). Wahrscheinlich war es dazu Mitte 1961 auch bereits zu spät. Um ein Ausbluten ihres Staates zu verhindern, beabsichtigte die DDR-Führung, ihre Grenzen zu schließen.

Im März 1961 hatte sich Ulbricht auf einer Tagung des Warschauer Paktes mit seinen Plänen, eine Stacheldrahtbarriere um West-Berlin zu ziehen, noch nicht durchsetzen können. Die Parteiführer von Ungarn und Rumänien wandten sich gegen diese Überlegungen, und Chruschtschow lehnte sie ab. Die DDR-Führung entwickelte nun verschiedene Pläne. Als Radikallösung schlug sie die Sperrung der Luftwege vor, alternativ einen Mauerbau um Westberlin (gegebenenfalls eine Zurückverlegung um einige hundert Meter, falls die Westmächte dies erzwingen soll-

ten) oder aber einen Ring um Groß-Berlin, also Abriegelung der DDR unter Aus-
klammerung ihrer Hauptstadt.

Die gefährlich anschwellende Fluchtbewegung zwang Anfang August zu einer
Entscheidung. Vom 3. bis 5. August 1961 berieten die Ersten Sekretäre der Kommunistischen Parteien der Warschauer Vertragsstaaten in Moskau. Die UdSSR
stimmte nun der Variante „Mauerbau um West-Berlin" zu. In der Nacht vom 12.   Mauerbau
zum 13. August 1961 errichteten Volkspolizei und NVA sowie Betriebskampf-
gruppen entlang der quer durch Berlin verlaufenden Sektorengrenze Stacheldraht-
verhaue und Steinwälle, in den folgenden Tagen wurde eine Mauer gebaut. Die
Bevölkerung konnte nicht mehr nach West-Berlin, die DDR war abgeriegelt.

C. FESTIGUNG DER DDR 1961–1970

1. STABILISIERUNGSVERSUCHE UND NEUES ÖKONOMISCHES SYSTEM

Das Jahr 1961 brachte eine einschneidende Zäsur der DDR-Entwicklung. Gesellschaft und Staat waren von den deutschen Kommunisten nach Direktiven der Besatzungsmacht – dem Vorbild der Sowjetunion entsprechend – grundlegend umgestaltet worden. Die radikale Veränderung der Strukturen und der Funktionsbesetzungen war nun weitgehend abgeschlossen. Der Bau der Berliner Mauer hatte die DDR vom Westen abgeriegelt, damit bestanden für die DDR-Führung gleiche Ausgangspositionen wie für andere kommunistische Regierungen: Die Menschen, die nicht mehr einfach abwandern konnten, mußten sich mit dem Regime arrangieren.

Sachzwänge   Zugleich mußte die Führung, die bis 1961 vor allem ihre ideologischen Normen und Ziele durchgesetzt hatte, nun stärker die „Sachzwänge" berücksichtigen, der neuen gesellschaftlichen Realität und vor allem den ökonomischen Erfordernissen Rechnung tragen. Mit anderen Worten: Bestimmten bis dahin ideologische Normen und programmatische Zielsetzungen (Umgestaltung der DDR nach dem sowjetischen Modell) die Politik der Führung, so wirkte nunmehr die veränderte gesellschaftliche Realität stärker auf sie zurück und prägte die Politik in einem „konservativ" gewordenen System.

Der Mauerbau 1961 war auch für die deutsche Spaltung ein tiefer Einschnitt. Die westliche Politik der „Stärke", die Vorstellung, das System der DDR sei durch Druck von außen zu ändern, wich einer realistischeren Einschätzung. Nun wurden auch die Gegensätze deutlich, die sich vor allem in den fünfziger Jahren zwischen beiden deutschen Staaten entwickelt hatten. Das Wirtschafts- und Gesellschaftssystem der DDR knüpfte formal an die sozialistischen, solidarischen Ideen der Arbeiterbewegung an. Doch die politische Diktatur, Rechtsunsicherheit und fehlende Freiheiten verzerrten diese Ideen. Bürokratische Ineffizienz, aber auch die Lasten der Vergangenheit wie die Reparationen waren weitere schwere Bürden. Die Fixierung der Bevölkerung auf die Bundesrepublik und die Abwanderung der Flüchtlinge in den Westen waren die Folge.

Entwicklung in der Bundesrepublik und der DDR   Die Bundesrepublik mit ihrer freiheitlichen parlamentarischen Demokratie, in erster Linie das „Wirtschaftswunder" faszinierte die Menschen. Doch in den fünfziger Jahren, im Zeichen des Kalten Krieges, waren soziale und solidarische Züge der Gesellschaft zurückgedrängt, kam es zu einer „Ellenbogengesellschaft", die vor allem im geistig-kulturellen Bereich auch spießige Züge trug. Nachdem der antifaschistische Konsens schon in den vierziger Jahren zerbrochen war, blieb die Auseinandersetzung mit der Hitler-Diktatur und damit auch die Bewältigung der NS-Geschichte weitgehend aus. Nach den Hungerjahren führten die Anstrengungen des gelungenen Wiederaufbaus, die wirtschaftlichen Erfolge, von denen die

Mehrheit profitierte, auch zu politischer Trägheit, ja Resignation, die Demokratie wurde eher passiv hingenommen, Ansätze zum Obrigkeitsstaat mehrten sich.

Da gerade die kritischen Menschen aus der DDR flüchteten, verringerte sich auch dort das oppositionelle Potential. Mit „deutscher Gründlichkeit" wurde im Osten der Stalinismus übertragen und im Westen der Antikommunismus zur inoffiziellen Staatsdoktrin erhoben. Das in der Tat abschreckende Beispiel der DDR benutzten die herrschenden Kreise der Bundesrepublik als ein Instrument, um das politische System in ausgefahrenen Bahnen zu halten. Die restaurativen Tendenzen in der Bundesrepublik, die es so trotz Strukturwandel und sozialer Umbrüche gab, boten wiederum den Machthabern der DDR eine willkommene ideologische Propagandawaffe, um wenigstens ihre eigene Elite zusammenzuhalten.

Die sechziger Jahre brachten große Veränderungen. In der Bundesrepublik machten neue politische und kulturelle Bewegungen deutlich, daß gerade der Pluralismus Merkmal einer lebendigen Demokratie ist. Die DDR wiederum war wegen der Entstalinisierung in der Sowjetunion gezwungen, nach flexibleren Formen ihrer Machterhaltung zu suchen. Kritische Bürger konnten nach dem Bau der Mauer die DDR nicht mehr ohne Gefahr verlassen, und so sammelte sich nun dort erneut eine potentielle Opposition.

Veränderungen der sechziger Jahre

Die Menschen, die nach der Abriegelung nicht mehr fliehen konnten, wurden vielfach von SED-Funktionären schikaniert. Die Regierung erließ zudem eine Verordnung über Aufenthaltsbeschränkungen. Sogenannten Staatsfeinden und Arbeitsbummelanten sagte die SED den Kampf an. Diese Politik der „harten Faust" ging allerdings nur bis Ende 1961, dann ließ der Druck wieder nach. Wie so oft war dies eine Folge der sowjetischen Entwicklung. Dort leitete Chruschtschow auf dem XXII. Parteitag der KPdSU im Oktober 1961 eine neue Phase der Entstalinisierung mit Enthüllungen über das Terrorregime in der Stalin-Ära ein. Diesmal billigte die DDR-Führung die Entstalinisierung in der UdSSR uneingeschränkt. Ulbricht verurteilte nicht nur den Personenkult um Stalin, sondern sprach sogar offen von den „unter Führung Stalins" begangenen „Verbrechen" [Neues Deutschland Nr. 327 vom 28. 11. 1961].

Verbrechen Stalins

Die SED war nun bereit, die Gewalt zugunsten von Neutralisierung und ideologischer Überzeugungsarbeit einzuschränken. Doch der Erfolg einer Neutralisierung der Bevölkerung war weitgehend von einer Verbesserung des Lebensstandards abhängig. Deshalb widmete die SED ihre ganze Kraft der Wirtschaftsentwicklung, experimentierte mit neuen Leitungsformen. Den Bewohnern der DDR blieb nach dem Mauerbau keine Alternative, sie mußten sich einrichten. Das erleichterte es der DDR-Führung, ihr Ziel zu erreichen: Nun versuchten viele Menschen, das Beste aus ihrer Lage zu machen; sie waren bestrebt, durch größere Leistungen sowohl ihr Lebensniveau zu erhöhen als auch Aufstiegschancen zu erhalten. Diese Haltung bewirkte eine positive Entwicklung, die dadurch entstandenen materiellen Verbesserungen wiederum verminderten oppositionelle Stimmungen, die Beziehungen zwischen der Führung und der Bevölkerung versachlichten sich allmählich.

Darüber hinaus versuchte die SED, neue Anhänger zu gewinnen. Diesem Zweck dienten ideologische Kampagnen, in deren Mittelpunkt sie nationale Traditionen und die Geschichte der Arbeiterbewegung stellte.

Zunächst veröffentlichte das Politbüro der SED im Dezember 1961 ein Kommuniqué ,,Die Frau – der Frieden und der Sozialismus". Die Gleichberechtigung der Frau wurde zu einem ,,unabdingbaren Prinzip des Marxismus-Leninismus" und zu einer ,,Angelegenheit der ganzen Gesellschaft" erklärt. Vor allem die Qualifizierung der Frauen, die zu 65 Prozent berufstätig waren, sollte beschleunigt werden. In oberen und mittleren Funktionen waren die Frauen nur minimal repräsentiert. In der SED waren (1958) 23,5 Prozent der Mitglieder Frauen, im ZK stellten sie nur 10 Prozent, und unter den Mitgliedern des Politbüros befand sich keine Frau. Über das Frauenkommuniqué gab es ebenso eine ,,Volksaussprache" wie über das im März 1962 verabschiedete ,,Nationale Dokument". Darin wurde der ,,Sieg des Sozialismus" in der DDR als Voraussetzung für die ,,Lösung unserer nationalen Frage" bezeichnet und betont, die DDR wisse sich ,,im Einklang" mit ,,den Entwicklungsgesetzen der menschlichen Gesellschaft".

Das ,,Nationale Dokument" ließ die Einschätzung der Deutschlandfrage Anfang der sechziger Jahre erkennen, einer Zeit, in der nach dem Bau der Mauer auch in der Bundesrepublik über neue Aspekte diskutiert wurde. Die SED erklärte, sie wünsche nicht, daß sich in Deutschland zwei Staaten ,,feindlich gegenüberstehen", dieser Zustand dürfe nicht anhalten.

Die DDR stellte sich auf eine lange Periode friedlicher Koexistenz in Deutschland ein. Diese wollte sie durch eine ,,deutsche Konföderation" erreichen. Sie sollte der Verständigung dienen und ,,eine weitere Vertiefung des Grabens zwischen den beiden deutschen Staaten verhindern". Eine Konföderation sollte den Frieden sichern, bis sie ,,mit der Wiedervereinigung Deutschlands erlöschen" würde. Auch ,,Westberlin, das auf dem Territorium der DDR" liege, ,,würde als entmilitarisierte freie und neutrale Stadt an einer deutschen Konföderation teilnehmen können". Solche Vorschläge hatten bei der damaligen weltpolitischen Lage und dem gespannten Verhältnis zwischen beiden deutschen Staaten keine Realisierungschance. Sie bildeten nicht einmal eine Diskussionsgrundlage, da die Bundesrepublik am Alleinvertretungsanspruch festhielt und Gespräche mit der DDR-Regierung kategorisch ausschloß. Einige Jahre später änderte sich die Situation, zwar wurde die Idee einer ,,Konföderation" nicht aufgegriffen, wohl aber der Gedanke, im Interesse des Friedens und der Verhinderung einer ,,weiteren Vertiefung des Grabens" in Deutschland auch mit der DDR zu verhandeln. 1962 blieb die Funktion des ,,Nationalen Dokuments" auf den Versuch der Mobilisierung der DDR-Bevölkerung begrenzt.

Dies galt auch für ein drittes Dokument, mit dem sich das ZK der SED sogar mehrfach beschäftigte: Eine Kommission unter Vorsitz Walter Ulbrichts verfaßte einen ,,Grundriß der Geschichte der deutschen Arbeiterbewegung", den das ZK erstmals im Juli 1962 beriet und im April 1963 billigte. Der ,,Grundriß" war noch ganz im stalinistischen Geist geschrieben, er enthielt viele Fälschungen, und ,,Par-

Marginal notes:

Gleichberechtigung der Frau

Nationales Dokument

Grundriß der Geschichte der deutschen Arbeiterbewegung

teifeinde" wurden als „Unpersonen" eliminiert. Zugleich bildete der „Grundriß" das Exposé für eine achtbändige Geschichte der deutschen Arbeiterbewegung, die im April 1966 publiziert wurde.

Höhepunkt der ideologischen Kampagne war dann das vom VI. Parteitag 1963 angenommene erste Parteiprogramm, das sich die SED nun, 17 Jahre nach ihrer Gründung, gab. Programm der SED

In ihrem Programm berief sich die SED auf die Weltanschauung des Marxismus-Leninismus, ihr Ziel war offiziell die klassenlose Gesellschaft und der neue Mensch. Mit Hilfe einer exakten Strategie und Taktik wollte sie dieses erreichen. Die Geschichte wurde im Sinne von Marx und Lenin als Geschichte des Klassenkampfes gedeutet, wobei sich nun im Weltmaßstab Kapitalismus und Sozialismus gegenüberstünden. Zur Überwindung des Kapitalismus – im 20. Jahrhundert: Imperialismus – sei es unerläßlich, daß die Arbeiter unter Führung der marxistisch-leninistischen Partei die politische Macht eroberten und den Sozialismus aufbauten. Aus der Sicht der SED hatte in der DDR in den sechziger Jahren bereits das „Zeitalter des Sozialismus begonnen" [Protokoll VI. Parteitag der SED, Bd. 4, 297]. Das SED-Programm nannte als vorrangige Aufgaben: Steigerung der Produktion und Arbeitsproduktivität, sozialistische Beziehungen zwischen den Menschen, aber auch die „Wiederherstellung der nationalen Einheit Deutschlands" [ebd. 330f.]. Neben dem Parteiprogramm, das Ulbricht erläuterte, nahm der Parteitag auch ein neues Statut an, das von Erich Honecker begründet wurde.

Der VI. SED-Parteitag, der vom 15. bis 21. Januar 1963 in Ost-Berlin stattfand, wurde auch zu einem Forum für die Auseinandersetzungen im Weltkommunismus. So schrien die SED-Delegierten einen Gast, den Vertreter der KP Chinas, nieder, deren Anhänger aus Indonesien, Burma, Malaya und Thailand erhielten nicht einmal das Wort. Im Konflikt zwischen der KPdSU (Chruschtschow nahm am Parteitag in Ost-Berlin als Gast teil) und der KP Chinas vertrat die SED nach wie vor ohne jede Einschränkung die Positionen der Sowjetunion. VI. Parteitag der SED

Zu einem Wechsel kam es in der Führungsspitze der SED, dem Politbüro. Fünf der bisherigen Kandidaten, darunter die beiden Frauen (Baumann und Ermisch) wurden nicht wiedergewählt. Jüngere Akademiker und Wirtschafter wie Erich Apel, Werner Jarowinsky und Günter Mittag rückten erstmals neben altgedienten Apparatfunktionären als Kandidaten ins Politbüro auf. Ihre Wahl unterstrich, daß die Parteiführung der Bewältigung der ökonomischen Probleme größte Bedeutung beimaß, signalisierte aber auch eine veränderte Kaderpolitik, zeigte den neuen Trend, die Parteipolitik zu versachlichen und Spezialisten heranzuziehen.

Dies erwies sich als notwendig, da der Führungsanspruch der SED immer umfassender wurde. Nach ihrer eigenen Interpretation leitete sie „das gesamte gesellschaftliche Leben der Republik und ist für den gesamten Komplex der politischen, ideologischen, wissenschaftlichen, technischen, ökonomischen und kulturellen Arbeit verantwortlich" [572: H. DOHLUS, 1965, 6].

Bei der Verwirklichung der Direktiven des VI. Parteitages wuchsen zugleich – so läßt die SED heute verlauten – ihre Befugnisse im Staat. Die Parteibeschlüsse wurden „unmittelbare Arbeitsgrundlage der Staatsorgane" [527: Staats- und Rechtsgeschichte, 1983, 177].

Daß dies nicht nur ein verbaler Anspruch war, bewiesen die von der SED angeordneten Schritte in der Wirtschaftspolitik. So ließ Ulbricht in seiner Rede auf dem VI. Parteitag erkennen, daß die SED zu grundsätzlichen Reformen des bisherigen Wirtschaftssystems bereit war. Zwar hatte die Wirtschaftsführung ständig Umstellungen erfahren, die zentrale Planung und Lenkung der Industrie waren jedoch nie angetastet worden. Nun veranlaßten sowohl die Krise in der Wirtschaft (die industrielle Zuwachsrate war zwischen 1959 und 1961 von 12 Prozent auf 6 Prozent gefallen) als auch die Diskussionen über Veränderungen der ökonomischen Struktur in der Sowjetunion die SED, nach neuen Methoden zu suchen. Sie erwartete, durch eine verstärkte „materielle Interessiertheit" der Arbeiter voranzukommen und die Arbeitsproduktivität erhöhen zu können.

NÖSPL   Im Juni 1963 verkündete das Präsidium des Ministerrates das „Neue Ökonomische System der Planung und Leitung" (NÖSPL), mit dem die wirtschaftliche Misere überwunden werden sollte. Ulbricht selbst begründete und beschrieb das neue ökonomische System: Die Staatliche Plankommission habe für jeweils fünf bis sieben Jahre den Perspektivplan auszuarbeiten und nach Beratungen mit den unteren Organen entsprechende Jahrespläne zu erstellen. Einen wichtigen Platz im neuen Planungs- und Leitungssystem erhielten die 82 Vereinigungen Volkseigener Betriebe (VVB) als Konzernspitzen der VEB, die entsprechend den Vorgaben der zentralen Planung den jeweiligen Industriezweig leiteten. Durch erweiterte Selbstverwaltung der VVB und eine sogenannte „Arbeitermitverantwortung" galt es, sämtliche Leistungsreserven zu mobilisieren und Initiativen zu wecken. Selbständigkeit der Betriebe in der Material- und Kreditbeschaffung, Initiativen im Außen- und Binnenhandel sowie umfassendere Vollmachten in den Fragen des Preises und des Absatzes sollten das System flexibler gestalten. Kernpunkt des NÖSPL war das „System der ökonomischen Hebel". Diese „Hebel", nämlich Selbstkosten, Preis, Gewinn, Kredit, Löhne und Prämie mußten so aufeinander abgestimmt werden, daß sie ein einheitliches System bildeten. In den Mittelpunkt rückten dabei die „materielle Interessiertheit" des einzelnen Arbeiters und des Betriebes; der „Gewinn", dieser „kapitalistische" Anreiz, sollte zu höheren Leistungen anspornen. Auf einer Wirtschaftskonferenz des ZK der SED und des Ministerrates im Juni 1963 forderte Erich Apel, mit dessen Namen das neue ökonomische System eng verknüpft war, nun müßten die Menschen mit dem NÖSPL vertraut gemacht und dafür gewonnen werden. Eine Industriepreisreform im April 1964 schien das System effektiver zu machen. Tatsächlich führte das NÖSPL

Wachsender   zu einer Verbesserung der wirtschaftlichen Lage. Schon 1964 stieg die Arbeitspro-
Lebensstandard   duktivität um 7 (1965 um 6) Prozent, das Nationaleinkommen wuchs 1964 und 1965 jeweils um 5 Prozent. Der Lebensstandard verbesserte sich, wie die Ausstattung mit langlebigen Gebrauchsgütern zeigte: Im Jahre 1966 besaßen von 100 Haushalten in der DDR 9 einen PKW (1955: 0,2), 54 ein Fernsehgerät (1955: 1), 32 eine Waschmaschine (1955: 0,5) und 31 einen Kühlschrank (1955: 0,4). Die Le-

benshaltungskosten waren aber 1966 immer noch höher als in der Bundesrepublik Deutschland: Die Familien in der DDR mußten mehr für ihren Unterhalt aufwenden, für Bekleidung und Hausrat waren die Kosten in der DDR fast doppelt so hoch, nur die Mieten waren niedriger als in der Bundesrepublik. Da die Löhne der Bundesrepublik erheblich über denen der DDR lagen, blieb zwischen der Lebenshaltung in beiden deutschen Staaten der deutliche Abstand bestehen.

Die DDR, die nach der Sowjetunion die zweite Industriemacht des RGW war, nahm auch in der Weltproduktion einen beachtlichen Platz ein, aber noch immer fehlte ihr eine klare Konzeption zur erfolgreichen Bewältigung der Aufgaben ihrer Volkswirtschaft. Die ökonomische Politik der SED bewegte sich ständig zwischen Reformansätzen und -forderungen der Fachleute und absoluter Dominanz der Entscheidungen des Parteiapparats. Die immer engere wirtschaftliche Verflechtung mit der Sowjetunion hatte schwerwiegende Folgen für die DDR, denn sie mußte auch in der Wirtschaftspolitik die Vorgaben der UdSSR übernehmen. Erich Apel, im Politbüro der SED für Wirtschaftsfragen verantwortlich, verübte Ende 1965 Selbstmord. Er hatte befürchtet, das von ihm initiierte neue ökonomische System sei gefährdet. Die tatsächliche Entwicklung bewies, wie berechtigt solche Vermutungen gewesen waren. Als die SED-Spitze feststellte, daß mit diesem System auf die Dauer ihre zentralistisch-hierarchische Führung in Frage gestellt war, leitete die Partei noch Ende 1965 eine ,,zweite Phase" ein. Das ,,Neue Ökonomische System", wie es nunmehr hieß, sollte stärker zentralisiert werden.

2. Ausbau von Gesellschaft und Staat

Mit wachsender ökonomischer Stärke hoffte die DDR-Führung auch innenpolitische Stabilität und außenpolitische Erfolge zu erreichen. Im Innern erhöhte sie daher die Kampfkraft der Sicherheitsorgane. So sollte neben den bewaffneten Kampfgruppen der SED, die seit 1953 systematisch ausgebaut wurden, besonders die Effektivität des Staatssicherheitsdienstes verbessert werden. Im Januar 1962 beschloß die Volkskammer die allgemeine Wehrpflicht in der DDR, die zwar die personelle Stärke der NVA von 90.000 Mann nicht vermehrte, aber ihr Potential vergrößerte. Durch gründlichere Ausbildung der Kader, modernere Ausrüstung der Armee und ideologische Indoktrination vor allem des Offizierskorps sollte die Armee schlagkräftiger werden. Da die Sowjetunion mehrfach den militärischen Schutz der DDR garantiert hatte, kamen der Armee wie den anderen Sicherheitsorganen nicht zuletzt innenpolitische Aufgaben zu: Sie waren und sind Machtinstrumente der SED, wobei die Partei ihren Führungsanspruch gegenüber der NVA immer wieder thematisierte.

Ihre ,,führende Rolle" baute die SED auch im Staatsapparat aus. Die für 1962 anstehenden Wahlen zur Volkskammer wurden um ein Jahr verschoben, sie fanden erst im Oktober 1963 statt. Wie inzwischen üblich, erfolgte die Abstimmung nicht geheim, sondern meist offen, und auf diese Weise entfielen auf die Kandida-

Volkskammer-
wahlen 1963

ten der Einheitsliste 99,95 Prozent Ja-Stimmen. Die Fraktionsstärke in der Volkskammer änderte sich durch Erhöhung der Zahl der Sitze zugunsten der SED, die
nunmehr 110 statt 100 Abgeordnete stellte. CDU, LDPD, NDPD und DBD be-
hielten weiterhin jeweils 45 Abgeordnete, der FDGB entsandte 60 statt bisher 45
Parlamentarier, die FDJ bekam 35 statt 25, der DFD 30 statt 25 und der Kulturbund 19 statt 15 Abgeordnete. Da die Mandatsträger der Massenorganisationen
fast ausschließlich SED-Mitglieder waren, verstärkte diese Partei ihr Übergewicht, zugleich brachte die Veränderung eine Aufwertung der Massenorganisationen gegenüber den vier übrigen Parteien.

Dem von der neuen Volkskammer bestimmten Staatsrat stand wieder Walter
Ulbricht vor. Auch im neuen Kabinett, das Otto Grotewohl im November 1963
vorstellte, gab es unter den 30 Ministern keine entscheidenden Änderungen; von
nun an bekleidete Margot Honecker den Posten des Volksbildungsministers. Ein
knappes Jahr später, am 21. September 1964, starb Grotewohl; sein Nachfolger als
Vorsitzender des Ministerrates wurde Willi Stoph.

Amnestie Aus Anlaß des 15. Jahrestages der Gründung der DDR am 7. Oktober 1964 erließ die DDR eine Amnestie, unter die auch politische Häftlinge fielen. Bereits zuvor hatten sich Staatsrat und Volkskammer mehrfach mit der Rechtspflege befaßt;
so waren etwa die Rechte der sogenannten Konfliktkommissionen erweitert worden. 1964 erhielten auch die Richter größere Kompetenzen. Da inzwischen alle
wesentlichen Positionen in der Justiz mit SED-Mitgliedern besetzt waren, konnte
die Partei weitgehend auf eine direkte Einwirkung des Parteiapparats auf die Ge-
richte verzichten. Gefordert wurde nun von der gesamten Rechtsprechung, die
Staats- und Wirtschaftsordnung zu schützen und die ,,sozialistischen Beziehungen" der Bürger zum Staat zu fördern.

Im April 1965 legte das Justizministerium auch den Entwurf eines neuen Fami-
liengesetzbuches vor, das von der Volkskammer im Dezember gebilligt wurde und
im April 1966 in Kraft trat. Es regelte für die Familien verstärkte Hilfen und
Schutz durch den Staat und betonte die Gleichberechtigung von Mann und Frau
als Grundlage der ehelichen Gemeinschaft. Allerdings waren auch in der Praxis
der DDR viele Familienprobleme gesellschaftlich bedingt. Die inzwischen besser
ausgebildeten, arbeitenden Frauen verlangten mehr Gleichberechtigung, waren
aber weiterhin durch Beruf und herkömmliche Arbeitsteilung in der Familie doppelt belastet. Die Tatsache, daß in der DDR der Dienstleistungsbereich nach wie
vor vernachlässigt wurde, erschwerte das Leben der Frauen noch zusätzlich.

Jugendpolitik Um die Stabilität des Systems zu erreichen, wandten SED und Staat vor allem
der Jugend größere Aufmerksamkeit zu. Auf der 12. Tagung des Zentralrates der
FDJ im Dezember 1962 wandte sich deren 1. Sekretär Horst Schumann gegen die
Absicht, aus den Jugendlichen ,,spießbürgerliche Musterknaben" zu machen. Die
SED forderte in einem ,,Jugendkommuniqué" im September 1963, die bisherigen
Praktiken der Heuchelei und des Ausweichens vor ,,unbequemen" Fragen der Ju-
gendlichen zu beenden. Sie versicherte, sie wolle die Jugend weder gängeln noch
ihre Entwicklung dem Selbstlauf überlassen. Ein Jugendgesetz der DDR vom Mai

1964 stellte die Aufgabe in den Mittelpunkt, treue Staatsbürger zu erziehen, allerdings gewährte der Staat der Jugend auch eine relative Selbständigkeit.

Diese flexiblere Politik, eine Widerspiegelung der komplexer gewordenen Probleme, sollte in allen Bereichen praktiziert werden. Die neue Losung ,,Die Republik braucht alle, alle brauchen die Republik" [Neues Deutschland Nr. 301 vom 2.11.1963] zeigte die Absicht, ein besseres Verhältnis zwischen Partei und Bevölkerung herzustellen. So durfte auch den kulturellen Bedürfnissen der Menschen mehr Rechnung getragen werden, und die Fesseln lockerten sich. Im Jahr 1963 konnten kritische Dichter und Liedermacher wie z. B. Wolf Biermann, Heinz Kahlau, Armin Müller und Paul Wiens unter großer Begeisterung in überfüllten Auditorien ihre Werke präsentieren. 1965 erschienen in der DDR über 5.300 Buchtitel mit einer Gesamtauflage von 96 Millionen Exemplaren, die DDR verstand sich als ,,Leseland". Es gab eine kritische literarische Welle mit Werken wie Erwin Strittmatters ,,Ole Bienkopp", Christa Wolfs ,,Der geteilte Himmel", Hermann Kants ,,Die Aula" oder Erik Neutschs ,,Spur der Steine". Eine große Anzahl westlicher Lizenzausgaben erschien, so Bücher von Peter Weiss, Max Frisch, Ingeborg Bachmann oder Carl Zuckmayer, aber auch amerikanische und englische Literatur. Allerdings blieb die Nachfrage größer als das Angebot.

Hatte der VI. Parteitag im Januar 1963 diesen liberalen Kurs (trotz Kritik an Peter Hacks und Stephan Hermlin) noch bestätigt, so steuerte die SED knapp drei Jahre später wieder einen harten Kurs. Das 11. Plenum des ZK der SED im Dezember 1965 brachte nicht nur mit der sogenannten zweiten Etappe des Neuen Ökonomischen Systems eine veränderte Wirtschaftspolitik, sondern Rückschläge vor allem auf kulturellem Gebiet. Erich Honecker kritisierte im Bericht des Politbüros ,,schädliche Tendenzen" in Filmen, Fernsehsendungen, Theaterstücken und literarischen Arbeiten, angeblich wurden ,,Skeptizismus und Unmoral" verbreitet. Honecker forderte sogar eine ,,saubere Leinwand" – ein Begriff, der von Konservativen in der Bundesrepublik geprägt worden war. Die SED griff besonders scharf den Liedermacher Wolf Biermann, den Schriftsteller Stefan Heym und den Chemiker und Philosophen Robert Havemann an.

Wende der Kulturpolitik

Die ideologische Wende führte nicht nur zur Verödung des kulturellen Lebens, sie traf auch Wissenschaft und Technik, denen vorgeworfen wurde, sich zu sehr am Westen zu orientieren. Repressalien gegen Oppositionelle verschärften sich. Robert Havemann wurde 1964 aus der SED und aus dem Lehrkörper der Humboldt-Universität ausgeschlossen. In der Folgezeit entwickelte er sich zum Theoretiker eines demokratischen Kommunismus in der DDR, der die diktatorisch-bürokratische Herrschaft der SED ablehnte und sie von marxistischen Positionen aus kritisierte.

Um jede Opposition aufzufangen, verstärkte die SED die ideologische Indoktrination. Davon war besonders das Bildungswesen betroffen. Nachdem eine 1963 gegründete Regierungskommission Schwächen des Bildungssystems vor allem im naturwissenschaftlichen Bereich und bei der ideologischen Erziehung festgestellt hatte, galt es, das Bildungswesen neu zu ordnen. Im Februar 1965 beschloß die

Bildungssystem　Volkskammer das „Gesetz über das einheitliche sozialistische Bildungssystem". Das Gesetz bestimmte die „Einheit von Bildung und Erziehung", Bildungsziel war die „sozialistische Persönlichkeit". Es forderte, die Schüler und Studenten „zur Liebe zur DDR und zum Stolz auf die Errungenschaften des Sozialismus zu erziehen". Die polytechnische Ausbildung sollte praxisnäher werden. Schließlich wurden 1964/65 neue, präzisierte Lehrpläne eingeführt und das Niveau des Mathematik-Unterrichts angehoben, aber im Staatsbürgerkunde-Unterricht in den Klassen 9 bis 12 die Schüler auch systematisch mit der Ideologie des Marxismus-Leninismus vertraut gemacht. Das neue Bildungssystem mit seinen verschiedenen koordinierten Bestandteilen (Vorschulerziehung, zehnklassige polytechnische Oberschule, Fachschule, Hochschule usw.) zeigte insgesamt bald Erfolge: Gingen 1951 nur 16 Prozent der Schüler länger als acht Jahre zur Schule, so waren es 1970 bereits 85 Prozent.

Erfolge　Auch die Intensivierung des Sportunterrichts brachte in den sechziger Jahren
im Sport　sichtbare Ergebnisse. Der Breitensport wurde forciert, vor allem die sportliche Betätigung von Kindern und Jugendlichen. Auf dieser Grundlage kam der Spitzensport voran, dem die DDR-Führung politische Bedeutung beimaß. Zwar trat bei der Olympiade in Tokio 1964 noch eine gesamtdeutsche Mannschaft auf, doch zählten die DDR-Sportler mit 23 Medaillen bereits zur Weltspitze. Nach einem Beschluß des Internationalen Olympischen Komitees vom Oktober 1965 konnte die DDR eigene Mannschaften aufstellen, und bereits bei der Olympiade in Mexiko 1968 gelang es den DDR-Sportlern, hinter den USA und der UdSSR den dritten Platz in der prestigewirksamen Nationenwertung zu erringen. Dies war ein bemerkenswerter Erfolg der zielbewußten Sportförderung in der DDR.

Die gesellschaftspolitischen Anforderungen der DDR in den sechziger Jahren waren komplex. Nachdem ab April 1966 für jede zweite Woche die Fünf-Tage-Arbeitswoche eingeführt wurde, bekam das Problem der Freizeit einen höheren Stellenwert. Die SED forderte eine „niveauvolle" Freizeitgestaltung, worunter sie gesellschaftliche Aktivitäten, aber auch Beschäftigung mit Kunst und Sport verstand. Der Alltag in der DDR unterschied sich jedoch beträchtlich von diesem An-

Freizeit-　spruch. Eine soziologische Untersuchung des Freizeitverhaltens am Wochenende
verhalten　ergab für die DDR folgendes Bild: 68 Prozent der Befragten erklärten das Fernsehen zur liebsten Freizeitbeschäftigung, 50 Prozent nutzten die Zeit vor allem für Spaziergänge, ebenso viele stellten die Hausarbeit an die erste Stelle, 47 Prozent lasen mehr Zeitungen und Zeitschriften, 42 Prozent Bücher, 35 Prozent beschäftigten sich vor allem mit den Kindern. Weit abgeschlagen, noch hinter den Tanzveranstaltungen (17 Prozent), lag die „gesellschaftliche Tätigkeit" mit nur 16 Prozent. Damit glichen die Freizeit-Aktivitäten denen der Menschen in anderen Industriestaaten. Trotz aller Einflußnahme von Partei und Massenorganisationen behauptete sich der Wunsch nach individueller Gestaltung der Freizeit, sie war so vielfältig wie in anderen Ländern auch.

Die Eigendynamik der modernen Industriegesellschaft machte einen Wandel der Herrschaftsmethoden, vor allem eine Verlagerung von der Gewalt zur Neutralisierung und Manipulierung der Bevölkerung, notwendig. Da die Wünsche und Forderungen der Menschen stärker beachtet wurden, rückte die Effizienz der Wirtschaft durch Rationalisierung und Modernisierung in den Mittelpunkt der Arbeit von Partei und Staat. Das erforderte freilich auch eine gewisse Mitwirkung von unten. Diesem Ziel diente ein neues Wahlgesetz zu den Kommunalwahlen, das die Volkskammer im Juni 1965 verabschiedete. Erstmals konnte der Wähler unter den Kandidaten der Einheitsliste auswählen, denn nur diejenigen galten als gewählt, die mehr als 50 Prozent der Stimmen auf sich vereinigten. Doch um ihre Macht nicht zu gefährden, hatte die SED genügend Klauseln in das Wahlgesetz eingefügt. So blieb ungeachtet der erreichten Stimmenzahl die festgelegte Reihenfolge bestehen. Die nun allgemein übliche „offene Stimmabgabe" machte die theoretische Möglichkeit einer Auswahl ohnehin illusorisch, da so kein Kandiat von 50 Prozent der Wähler gestrichen werden konnte. Ebenso hatte das Abstimmungsergebnis keinerlei Auswirkung auf die Anzahl der den Parteien vorher zugeteilten Sitze.

Bei den Wahlen zu den Kreistagen und Stadtverordnetenversammlungen am 10. Oktober 1965 meldete der Wahlleiter dennoch erstaunlicherweise, daß zwar 186.108 Abgeordnete gewählt, aber auch zwei Kandidaten abgelehnt worden seien. Die Namen der beiden Kandidaten und, wo sie durchgefallen waren, gab er freilich nicht bekannt. Die Praxis blieb faktisch unverändert, dennoch brachte das Wahlgesetz auf unterster Ebene ansatzweise die Chance der Auflockerung der starren Diktatur.

Da die DDR als zweitstärkste Industriemacht im Rat für Gegenseitige Wirtschaftshilfe zum „Juniorpartner" der Sowjetunion aufgestiegen war, konnte sie auch ihre außenpolitischen Aktivitäten steigern. In der Dritten Welt wuchs das Ansehen des zweiten deutschen Staates durch seine radikal antiimperialistische Haltung. Dennoch blieb die DDR in der ersten Hälfte der sechziger Jahre international isoliert, auch in der Deutschland- und Berlin-Frage gab es für sie keine Fortschritte.

Einen ersten außenpolitischen Erfolg konnte die DDR im Februar 1965 erzielen, als Ulbricht bei einem Staatsbesuch in Ägypten mit allen für ein Staatsoberhaupt üblichen Ehren empfangen wurde. Weitere außenpolitische Pluspunkte konnte die DDR im Sommer 1965 sammeln, als Jugoslawiens Staatschef Tito die DDR besuchte. — Außenpolitische Erfolge

Die Zahl der Staaten, mit denen die DDR in Beziehungen stand, war zwar angewachsen, doch diplomatische Vertretungen auf Botschafterebene hatte sie 1965 erst in den 12 Ländern des „sozialistischen" Lagers (darunter seit 1963 in Kuba). Generalkonsulate und offizielle Handelsvertretungen, größtenteils mit konsularischen Rechten, hatte die DDR in 18 Staaten, die Kammer für Außenhandel oder die Staatsbank besaßen Vertretungen in weiteren 13 (meist westlichen) Ländern. Durch die außenpolitischen Teilerfolge festigte sich die Stellung Ulbrichts nicht nur in der DDR, sondern auch innerhalb des Ostblocks.

An ihrer Politik „gesamtdeutscher Gespräche" und der Forderung nach der

„Einheit Deutschlands" änderte die DDR bis 1966 nichts. Immerhin bedeutete es einen beachtlichen Fortschritt in den Beziehungen beider deutscher Staaten, daß Verhandlungen im Dezember 1963 erstmals zu einem Passierscheinabkommen führten, woraufhin Weihnachten 1963 nach zweieinhalb Jahren 1,2 Millionen Westberliner ihre Verwandten in Ost-Berlin besuchen konnten. Im November 1964 öffneten sich die Grenzen für DDR-Rentner, sie durften nun zu ihren Angehörigen in den Westen reisen.

Andere Chancen blieben ungenutzt. Im April 1964 hatte Ost-Berlin seine Bereitschaft verkündet, Presseorgane der Bundesrepublik wie „Die Zeit" oder die „Süddeutsche Zeitung" zum Verkauf in der DDR zuzulassen, vorausgesetzt, in der Bundesrepublik dürfe das SED-Organ „Neues Deutschland" ebenfalls öffentlich verkauft werden. Das Angebot wurde von der Bundesrepublik mit der Begründung zurückgewiesen, das KPD-Verbot und die Gesetze über Staatsgefährdung erlaubten keinen Austausch. Erst nach heftigen Diskussionen in der Öffentlichkeit gegen diese engstirnige und unliberale Haltung stimmte Bonn schließlich zu, doch nun kam der Zeitungsaustausch nicht mehr zustande.

Redneraustausch SED-SPD

Ein geplanter Redneraustausch mit der SPD scheiterte an der SED. Auf einen „Offenen Brief" des ZK der SED an den Dortmunder Parteitag der SPD im Februar 1966 reagierte die SPD erstmals mit einer „Offenen Antwort". Danach gab es zwar in den Grundfragen der Demokratie zwischen beiden Parteien keine Gemeinsamkeiten, weil die SED versuche, die freiheitliche Grundordnung durch eine monopolistische Parteiherrschaft zu ersetzen, die SPD forderte dagegen praktische Erleichterungen. Darauf antwortete die SED mit einem zweiten „Offenen Brief". Schließlich trafen Vertreter beider Parteien mehrmals zusammen, um gemeinsame Veranstaltungen in Hannover und Karl-Marx-Stadt zu vereinbaren. Nach immer heftigeren Angriffen auf die SPD nahm die SED ein vom Bundestag verabschiedetes Gesetz über „freies Geleit" für ihre Redner zum Anlaß, den geplanten Redneraustausch abzusagen. Tatsächlich aber befürchtete sie die Auswirkungen einer öffentlichen Diskussion mit Vertretern des demokratischen Sozialismus.

Mit der Bildung der Großen Koalition in Bonn Ende 1966 änderte sich die Deutschlandpolitik der DDR, nun schlug sie vor allem gegen die SPD immer härtere Töne an. Solange frühere Bundesregierungen gegen die DDR eine starre Politik betrieben, hatte sich die DDR-Führung als Vertreterin der Entspannungspolitik präsentiert. Die neue Ostpolitik der Großen Koalition und erst recht die flexible Deutschlandpolitik der nachfolgenden sozial-liberalen Koalition brachten sie zunächst in Schwierigkeiten, sie geriet in die Defensive. Dialoge, die auf die DDR übergreifen konnten, schienen ihr suspekt, ja gefährlich. Zudem hatte sich die DDR inzwischen noch fester an die UdSSR gebunden, und die politischen, wirtschaftlichen und kulturellen Verhältnisse unterschieden sich in beiden deutschen Staaten immer krasser.

Am 12. Juni 1964 hatten die UdSSR und die DDR einen Vertrag über Freundschaft, gegenseitigen Beistand und Zusammenarbeit abgeschlossen. Als Grundlage der Beziehungen galt der „sozialistische Internationalismus", was unbeschränkte Hegemonie Moskaus bedeutete. Dennoch erweiterte sich allmählich der Spielraum der DDR. Der Sturz Chruschtschows im Oktober 1964 traf die DDR-Führung unvorbereitet. Ulbricht, der besonders eng mit der Politik und Person Chruschtschows kooperiert hatte, verweigerte diesmal die sofortige kompromißlose Zustimmung zum Moskauer Vorgehen.   Absetzung Chruschtschows

Doch schon bald nach der Absetzung Chruschtschows konnte sich die Position der DDR-Führung im Ostblock weiter konsolidieren. Endete nach der Verdammung Stalins der Satellitenstatus der DDR, so gelangte sie nunmehr sogar zu einer gewissen Selbständigkeit in ihrer Innen- und Außenpolitik. Während der Stalin-Ära, wo jeder politische Schritt von Moskau diktiert wurde, fungierte die DDR-Regierung als reiner Befehlsempfänger der UdSSR. Das änderte sich schrittweise unter Chruschtschow und seinen Nachfolgern. Ihnen genügte es, die große Linie der Politik zu bestimmen, Einzelheiten und Ausführungen blieben der DDR- bzw. der SED-Führung selbst überlassen.

Als Chruschtschows Nachfolger L. I. Breschnew ein Jahr später, im November 1965, die DDR besuchte, war die SED schon ganz auf seine Linie eingeschwenkt. Das im Dezember 1965 abgeschlossene langfristige Handelsabkommen zwischen der UdSSR (für den Zeitraum 1966 bis 1970) demonstrierte, daß die DDR nicht nur politisch, sondern auch wirtschaftlich fest in den Ostblock integriert war.

3. Die neue Verfassung und die Realität

Der VII. Parteitag der SED im April 1967 stellte die Weichen für die Politik der DDR in den folgenden Jahren. Im Mittelpunkt des Kongresses standen Wirtschaftsfragen. Es ging vor allem um die Weiterentwicklung des Neuen Ökonomischen Systems und die Wirtschaftsprognose bis 1970. Die DDR sollte nun zum „entwickelten gesellschaftlichen System des Sozialismus" gestaltet werden, wobei die SED vor allem Bedeutung und Vorrang der Wissenschaft betonte. Außerdem sollte die Rolle der Massenorganisationen gestärkt werden. Doch zwischen ihrer Aufgabe, die Politik der SED in die bei ihr organisierte Bevölkerungsgruppe zu tragen, und ihrer eigentlichen Funktion, Interessenvertretung der zahlreichen Mitglieder zu sein, existierte ein Spannungsverhältnis, das zu Reibungsverlusten und ständigen Schwierigkeiten führte.

Am deutlichsten trat dieser Widerspruch beim FDGB hervor. Er war als Massenorganisation der SED eine „Staatsgewerkschaft", die vor allem die Pläne der Staatswirtschaft mit zu erfüllen hatte. Bei der Wahrnehmung der Interessen seiner über 6 Millionen Mitglieder hatte der FDGB die Rechte der Arbeiter im Betrieb, ihre sozialen Belange, den Arbeitsschutz usw. wirkungsvoll zu verteidigen und stand damit in einem permanenten Konflikt. Während der FDGB in den fünfziger Jahren fast nur für die Planerfüllung und die Durchsetzung der Staatsinteressen tätig war, erhielt er in den sechziger Jahren mit der veränderten Politik der   Rolle des FDGB

SED auch neue Zuständigkeiten, die Belange der Mitglieder rückten stärker in sein Blickfeld.

Nach Einführung des Neuen Ökonomischen Systems in der DDR wuchs die Bedeutung des FDGB in der Wirtschaft. Die Mitwirkung der Gewerkschaft stärkte ihre Position und ermöglichte ein entschiedeneres Eintreten für die Arbeiter. Der 7. FDGB-Kongreß im Mai 1968 unterstrich die Rolle des FDGB als Vertretung der Arbeiter im Betrieb, seinem Einsatz für die Mitglieder blieben jedoch Grenzen gesetzt. Durch Personalunion lagen alle wichtigen Positionen innerhalb der Gewerkschaft in den Händen von SED-Funktionären (der FDGB-Vorsitzende Warnke gehörte zugleich dem Politbüro der SED an). Die SED verlangt aber von ihren Mitgliedern entsprechend der Parteidisziplin und den Statuten, in jeder Funktion zuerst für die Partei zu wirken, deshalb konnten sich auch die FDGB-Funktionäre erst in zweiter Linie als ,,Gewerkschafter" verstehen. Das führte in der Praxis zu Unsicherheiten, standen die Funktionäre der Massenorganisationen doch einerseits unter dem Druck ihrer Basis und andererseits unter dem Zwang der Parteidisziplin. Daraus resultierten nicht selten Differenzen, die die Problematik der Apparatherrschaft erkennen ließen: Trotz Dominanz der SED gab es in und zwischen den verschiedenen gesellschaftlichen Organisationen ständige Reibereien.

Unwille und Opposition der Bevölkerung der DDR gegen ihr gesellschaftliches und politisches System entzündeten sich immer wieder an zwei Tatbeständen: am relativ niedrigen Lebensstandard und an der Beschränkung politischer und persönlicher Freiheiten. Den Lebensstandard anzuheben bemühte sich die SED-Führung mit neuen Methoden in der Wirtschaft. Gegen das Freiheitsstreben aber wurden (außer einigen Zugeständnissen in gewissen Perioden) weiterhin die Machtmittel des Staates eingesetzt. Diese wollte die DDR-Führung 1968 durch ein neues Strafgesetzbuch und eine neue Verfassung rechtlich umfassender abstützen.

Strafgesetzbuch   Das bereits im Januar 1967 von Justizminister Hilde Benjamin angekündigte neue Strafgesetzbuch wurde am 12. Januar 1968 verabschiedet. Mit diesem Gesetz beendete die DDR die bis dahin z. T. noch existierende deutsche Rechtseinheit. Hervorgehoben wurde, daß es nicht Ziel des Staates sei, zu strafen, sondern Verbrechen zu verhindern. Tatsächlich ließen eine Reihe neuer Bestimmungen und der Wegfall mancher veralteter Paragraphen einen fortschrittlicheren Geist erkennen. Das politische Strafrecht aber wurde erweitert und verschärft. Schon die Präambel des Strafgesetzbuches bezeichnete die ,,allseitige Stärkung" der DDR als die entscheidende Aufgabe, angestrebt werde der ,,systematische Aufbau des sozialistischen Rechts als Instrument der staatlichen Leitung der Gesellschaft", wobei das Strafrecht den ,,Schutz der sozialistischen Staats- und Gesellschaftsordnung" zu gewährleisten habe. Obwohl auch die ,,Rechte des Bürgers" betont und bestimmte überholte Methoden der Stalin-Ära verworfen wurden (beispielsweise ist die ,,Rückwirkung und die analoge Anwendung von Gesetzen zuungunsten des Betroffenen nicht zulässig"), blieb es weitgehend beim drakonischen politischen Strafrecht. Für zahlreiche politische Tatbestände drohten weiterhin lange

Freiheitsstrafen bis hin zur Todesstrafe. Die Neutralisierung der Bevölkerung galt zwar als wichtigste Herrschaftsmethode, dennoch hielt sich der Staat Möglichkeiten für Repressionen offen, ja er erweiterte das dafür vorhandene Instrumentarium noch.

Andererseits war die DDR-Führung bestrebt, allzu krasse Gegensätze zwischen Normen und Realitäten abzubauen. Diesem Ziel diente die Ablösung der alten durch eine neue, ,,sozialistische" Verfassung im Jahre 1968. Nach der Veröffentlichung des Entwurfs im Februar 1968 erfolgte darüber eine ,,Volksaussprache". In über 750.000 Veranstaltungen wurden neben Zustimmung auch Änderungswünsche vorgebracht. Abweichend vom Entwurf wies der endgültige Text dann einige Modifizierungen auf, z. B. waren nun sowohl die Grundrechte der Glaubens- und Gewissensfreiheit und des religiösen Bekenntnisses als auch die Immunität der Volkskammerabgeordneten in die neue Verfassung eingefügt worden. Schließlich lag der Bevölkerung am 6. April 1968 die Verfassung zum Volksentscheid vor. Von den Wahlberechtigten stimmten 94,5 Prozent für die neue Verfassung (in Ost-Berlin 90,9 und im Bezirk Cottbus 93,4 Prozent). Zu registrieren ist, daß bei diesem ersten (und einzigen) Volksentscheid in der Geschichte der DDR die Zahl der Stimmenthaltungen oder derjenigen, die sogar den Verfassungsentwurf ablehnten, höher war als bei bisherigen Volkskammerwahlen. *(Randnotiz: Verfassung 1968)*

Die neue Verfassung legte die Machtverhältnisse klarer offen als die alte, die immer deutlicher im Widerspruch zur Realität gestanden hatte. In Artikel 1 war der Führungsanspruch der SED auch verfassungsrechtlich abgesichert. Es hieß darin, die DDR, als ,,sozialistischer Staat deutscher Nation", verwirkliche unter Führung der Arbeiterklasse ,,und ihrer marxistisch-leninistischen Partei", also der SED, ,,den Sozialismus". Etwas verbrämt wurde damit die Hegemonie der SED bestätigt. Klaus Sorgenicht (Abteilungsleiter des ZK der SED und Mitglied des Staatsrats) interpretierte dies im Jahre 1969 im offiziellen Verfassungskommentar so: ,,Die Verwirklichung der führenden Rolle der Arbeiterklasse erfordert, daß an ihrer Spitze die marxistisch-leninistische Partei steht. Diese Partei ist in der Deutschen Demokratischen Republik die Sozialistische Einheitspartei Deutschlands. Sie befähigt die Arbeiterklasse, ihre geschichtliche Mission bei der Gestaltung des entwickelten gesellschaftlichen Systems des Sozialismus zu erfüllen. Sie ist der bewußte und organisierte Vortrupp der deutschen Arbeiterklasse. Die Sozialistische Einheitspartei Deutschlands ist mit der fortgeschrittensten Wissenschaft, mit der Lehre des Marxismus-Leninismus ausgerüstet, wendet diese Lehre schöpferisch entsprechend den historischen Bedingungen an und bereichert sie mit den Erfahrungen des Kampfes für die Errichtung und Entwicklung der sozialistischen Gesellschaft in der Deutschen Demokratischen Republik [524: Verfassung der DDR, Bd. 1, 226 f.]. *(Randnotiz: Führende Rolle der SED)*

Entgegen solchem Eingeständnis der realen Machtverhältnisse in der DDR verschleierten andere Verfassungsartikel die Wirklichkeit. So z. B. Art. 19, der die Freiheit der Persönlichkeit und die Freiheit von ,,Ausbeutung, Unterdrückung und wirtschaftlicher Abhängigkeit" garantiert, Art. 20, der Gewissens- und Glaubensfreiheit gewährleistet, oder Art. 27, in dem „die Freiheit der Presse, des Rundfunks und des Fernsehens" zugestanden wird.

Die Form der SED-Herrschaft wurde auch von der neuen Verfassung nicht genau definiert, vielmehr in Art. 48 bestimmt: „Die Volkskammer ist das oberste staatliche Machtorgan der Deutschen Demokratischen Republik... Die Volkskammer ist das einzige verfassungs- und gesetzgebende Organ in der Deutschen Demokratischen Republik. Niemand kann ihre Rechte einschränken." Dabei fielen die Entscheidungen nicht in der Volkskammer, diese blieb nach wie vor Vollzugsorgan der SED-Spitze.

Auch die Verfassung von 1968 (Art. 54) legte fest, daß die Abgeordneten „vom Volke auf die Dauer von 4 [später 5] Jahren in freier, allgemeiner, gleicher und geheimer Wahl" zu bestimmen seien. Die weiterhin praktizierten „offenen Abstimmungen" waren also ein ganz klarer Bruch der Verfassung, da sie ja „geheime Wahl" vorschrieb.

Dennoch entsprach diese Verfassung, anders als die erste von 1949, mehr den Realitäten in der DDR. Im Gegensatz zur ersten Verfassung – die sich noch an Weimar und den Konstitutionen Westeuropas orientierte – glich die Verfassung von 1968 der Stalinschen Verfassung von 1936 und der Verfassung der CSSR von 1960. Aber gerade die Entwicklung in der CSSR machte deutlich, daß die geschriebene Verfassung keineswegs das politische Leben eines kommunistisch regierten Landes fixiert. Leerformeln einer Verfassung können mit unterschiedlichem politischen Inhalt gefüllt werden, ausschlaggebend ist allein die Position der kommunistischen Partei und ihrer Führung. Die Auseinandersetzungen zwischen der DDR-Führung und der Dubcek-Führung in Prag 1968 offenbarten den Unterschied zwischen dem bürokratisch-diktatorischen Kommunismus in der DDR und der demokratischen Variante in der damaligen CSSR.

„Prager Frühling" Von Anfang an attackierte die SED den neuen Prager Kurs, der ihr die andere Möglichkeit des Kommunismus vor Augen führte: Eine kommunistische Führung, die sich auf die Mehrheit des Volkes stützen konnte, weil sie sich mit dem Verlangen der Bevölkerung nach Freiheit identifizierte und deshalb Vertrauen fand. Die SED sah das mit „tiefem Bedauern", für sie war der Prager demokratische Kommunismus eine „Preisgabe der Positionen des Sozialismus zugunsten der Konterrevolution" [Neues Deutschland Nr. 203 vom 24. 7. 1968]. Diese Beschuldigungen blieben allerdings auch in der DDR nicht unwidersprochen. Vor allem Robert Havemann trat für die CSSR ein, ohne direkt politisch wirksam werden zu können. Die DDR-Führung selbst setzte sich mit der Beteiligung an der Invasion der CSSR im August 1968 ins Unrecht; sie ließ trotz der Erinnerungen an den deutschen Überfall von 1938 ihre Truppen zur Okkupation in die Tschechoslowakei mit einmarschieren.

Die Aktivitäten des Staatsapparats der DDR galten in den sechziger Jahren nicht nur dem Schutz des Herrschaftssystems im Innern, sondern waren erstmals auch nach außen gerichtet. Das sollten ideologische Kampagnen verschleiern, in denen der Einmarsch der NVA als Verteidigung des „Sozialismus" gerechtfertigt wurde.

Der Begriff Sozialismus, der in der SED-Programmatik einen breiten Raum einnahm, wurde 1970 von der SED konkretisiert. Sozialismus wurde nunmehr definiert als „die Verwirklichung der führenden Rolle der revolutionären Partei der Arbeiterklasse im gesamten gesellschaftlichen Leben". Sozialismus bedeutete danach Herrschaft der Arbeiterklasse, gesellschaftliches Eigentum an den wichtigsten Produktionsmitteln, Planung und Leitung der Produktion, „das feste Bündnis, die enge Freundschaft mit der Sowjetunion" und die „Anerkennung der historischen Tatsache, daß die Sowjetunion zum Grundmodell der sozialistischen Gesellschaft wurde", schließlich gehörte dazu sozialistische Lebensweise, neue Arbeitsdisziplin [Geschichtsunterricht und Staatsbürgerkunde 1970, Nr. 12, 1058 f.]. Sozialismus-
Definition

Eine solche Charakterisierung des Sozialismus reduzierte ihn zwar auf das sowjetische Modell, stimmte mit der Wirklichkeit der DDR aber eher überein als die ursprünglichen Vorstellungen von Marx vom Sozialismus als einem universellen Humanismus. Die programmatischen Aussagen der SED verdeutlichen, daß ihre Ideologie auch in den sechziger und siebziger Jahren die bestehenden Gesellschafts- und Machtverhältnisse zu rechtfertigen, festigen und verschleiern hatte. Zugleich diente die Ideologie als Integrationsfaktor, mit dem die optimistische Bejahung des Systems erreicht werden sollte. Die Praxis beim Ausbau der Wirtschaft in der DDR und bei der Entwicklung der modernen Industriegesellschaft zeigte, daß mit dieser Ideologie viele Probleme der Gesellschaft nicht zu lösen waren. Die DDR hatte auf zahlreichen Gebieten ähnliche Aufgaben zu bewältigen wie andere Industrieländer.

4. Ulbrichts Modellversuche

Mit der Festigung der DDR durch wirtschaftliche Erfolge in den sechziger Jahren wuchs das Selbstbewußtsein ihrer Führung, vor allem Ulbrichts. Die SED versuchte, sich von der völlig unkritischen Übernahme des sowjetischen Modells und der absoluten Vorherrschaft der Politik der UdSSR zu lösen. Damit geriet sie aber in einen Konflikt mit der sowjetischen Führungsmacht, insbesondere auch, weil die DDR ihrem eigenen Aufbau Modellcharakter zumindest für hochentwickelte Industriestaaten zuschrieb. Versuch der
Eigenständigkeit

Dabei war in dieser Periode ein genereller Trend in der SED selbst zu erkennen: Es begann ein Transformationsprozeß von einer bürokratischen Apparatpartei in eine Staats- und Führungspartei mit neuem Leitungsstil und veränderter Zusammensetzung. So hatte der VII. Parteitag 1967 wiederum zwei jüngere Wirtschaftsfachleute (Halbritter und Kleiber) als Kandidaten ins Politbüro berufen. Dieses Einbeziehen von Nachwuchskräften mit wissenschaftlicher Ausbildung spiegelte die Veränderungen innerhalb der Partei wider.

Von den knapp 1,8 Millionen Mitgliedern, die der VII. Parteitag 1967 registrier-

te, waren 45 Prozent Arbeiter, 16 Prozent Angestellte und 12 Prozent Angehörige
der Intelligenz. Damit wurde deutlich, daß Arbeiter und Angestellte im Vergleich
zu ihrem Anteil an der Gesamtbevölkerung (80 Prozent) in der SED erheblich un-
ter-, dagegen die Intelligenz (7 Prozent der Bevölkerung) überrepräsentiert waren.
Mit Werbekampagnen hatte die Partei versucht, ihre soziale Zusammensetzung zu
ändern und vermehrt Arbeiter zu gewinnen. In den sechziger Jahren verdoppelte
sich dennoch die Zahl der SED-Mitglieder mit Hochschulabschluß, so hatten na-
hezu 20 Prozent eine Hoch- oder Fachschule absolviert. Auch viele junge Menschen konnte die SED gewinnen: 20 Prozent ihrer Mitglieder waren unter 30 Jahre
alt (gegenüber 15 Prozent bei der Gesamtbevölkerung), allerdings blieben die
Frauen (54 Prozent der Bevölkerung), mit nur 26 Prozent in der SED weit unterrepräsentiert. Nur noch 6,9 Prozent der Mitglieder waren bereits vor 1933 in der
SPD oder KPD organisiert gewesen. Solche strukturellen Unterschiede zwischen
Partei und Bevölkerung sind jedoch weniger aussagekräftig als die bekannt gewordenen Daten über die Zusammensetzung der Parteileitungen. 1970 berichtete Honecker, daß 70 Prozent der Mitglieder der Bezirksleitungen und 51 Prozent der
Kreisleitungsfunktionäre und selbst 31 Prozent der Leitungsmitglieder in den
Grundorganisationen eine Hoch- und Fachschulbildung besaßen. Bei den hauptamtlichen Funktionären war deren Anteil noch höher: ,,95,2 Prozent der Sekretäre der Kreisleitungen haben einen Hoch- oder Fachhochschulabschluß.‟

Während ein Wandel in der Zusammensetzung der SED und ein steigender Einfluß der Eliten erfolgte, beruhte der Parteiaufbau auch in den sechziger Jahren
noch weitgehend auf stalinistischen Prinzipien. Weiterhin beherrschte der Apparat, d. h. die hauptamtlichen Funktionäre, die Partei. In der hierarchisch aufge-
bauten SED lag die Macht beim Politbüro, beim Sekretariat und bei dem in Abteilungen gegliederten ,,Apparat des ZK‟ in Ost-Berlin. Über Machtfülle und Methoden dieser Parteispitze liegen einige offizielle SED-Hinweise vor. Unumwun-
den wurde berichtet, daß das Politbüro ,,alle Grundsatzfragen‟ entscheidet, das
Sekretariat die ,,Auswahl der Kader‟ vornimmt. Zugleich überwachten die Abteilungen des ZK-Apparates aber auch ,,die Verteilung der Parteikräfte, um die führende Rolle der Partei allseitig‟ zu garantieren [572: H. DOHLUS, 1965, 18 ff.]. Die
entscheidende Rolle dieses Apparats bestätigte Otto Schön, damaliger Leiter des
Büros des Politbüros, ganz offen: ,,Der Apparat sichert die Durchführung der Beschlüsse und Weisungen der Parteiführung durch ein umfassendes System der
Kontrolle der Tätigkeit der nachgeordneten Parteiorgane, der Parteiorganisationen, der zentralen staatlichen Organe und Institutionen, der Staatsmacht sowie
der zentralen Leitungen der Massenorganisationen...

Die Abteilungen fördern die Entwicklung einer selbständigen, verantwortli-
chen Tätigkeit der leitenden Parteiorgane, der staatlichen und wirtschaftlichen
Organe und der Massenorganisationen auf der Grundlage der Beschlüsse der Partei und orientieren sie zielstrebig auf die Lösung der Hauptaufgaben‟ [624:
O. SCHÖN, 1965, 34 ff.].

Auch weitere Instanzen des Politbüros und des Sekretariats sollten diese Aufga-

(Marginalien:) Neue Parteistruktur

Rolle des Apparats

ben erfüllen helfen, so das „Büro des Politbüros", dem vor allem die technische Kleinarbeit des Politbüros und die Überwachung der Beschlüsse zufiel.

Dieser Apparat herrschte (und herrscht) über Partei und Gesellschaft in der DDR. Seine umfangreichen Tätigkeiten erfolgten anhand straffer Arbeitsprinzipien. Als wichtigste Methode galt die „Rolle der Beschlüsse", d. h. von der Führung gefaßte Beschlüsse hatten von oben bis unten Gesetzescharakter, ihre Erfüllung wurde genau kontrolliert. „Kritik und Selbstkritik" waren weitere Mittel zur Disziplinierung, mit ihnen sollte aber auch bürokratischer Verknöcherung entgegengewirkt werden. Allerdings war Kritik nicht etwa an den Beschlüssen, sondern nur an deren Durchführung gestattet. Durch laufende Berichterstattung und „Verbindung zu den Massen" erhielt die Führung gründliche Informationen, die ihr eine rasche zentralistische Reaktion auf die Massenstimmung ermöglichten. Schließlich hatten die Funktionäre nach dem Prinzip des „Kettengliedes" zu arbeiten, d. h. sie mußten unter den vielen Aufträgen diejenige als wichtigste Aufgabe erkennen und herausgreifen, mit der die gesamte Arbeit vorangetrieben werden konnte. Für das Politbüro (das jeweils dienstags zusammentrat) bestand wie für das Sekretariat (das sich fast täglich versammelte) ein konkreter Arbeitsplan, ebenso für alle nachgeordneten Instanzen – auch daran wurde niemals etwas geändert.

Da die SED als Führungsorgan der DDR einen totalen Leitungsanspruch erhob, hatte eine geschlossene und zentralisierte Parteiorganisation höchste Priorität. Der straffe hierarchische Zentralismus war und ist daher dominierendes Prinzip der Struktur der SED wie der gesamten Organisationsstruktur der DDR überhaupt.

Diesen straffen Zentralismus sollte – laut Statut – die Wahl aller Parteiorgane Zentralismus mildern. Tatsächlich galt jedoch weiterhin die stalinistische Praxis, daß der jeweils höhere Apparat die Funktionäre der unteren Ebene benannte und einsetzte. Bei den Wahlen überprüften die übergeordneten Instanzen die Kandidaten für die Vorstände und Sekretariate nach dafür bestehenden Prinzipien und erließen konkrete Direktiven, durch ihre Instrukteure nahmen sie sogar unmittelbaren Einfluß auf die Parteiwahlen. Damit blieb der Zentralismus überall gewährleistet. Diese traditionellen Praktiken sollte nun in den sechziger Jahren ein „wissenschaftlicher" Arbeitsstil ergänzen. Nachdrücklich forderte Honecker 1970, „verstärkt moderne Führungsmethoden und -techniken, neue Methoden der Information und der Bewußtseinsanalyse, die elektronische Datenverarbeitung" anzuwenden „und die Kybernetik, Pädagogik, Psychologie und Soziologie in der Parteiarbeit" zu nutzen [E. HONECKER, Die Verwirklichung der führenden Rolle der Partei durch die SED in der DDR. Berlin (Ost) 1970, 78]. Ihre Information wollte die Führung mit einem parteieigenen „Institut für Meinungsforschung" verbessern. Diese modernen Techniken sollten freilich die zentralistische Willensbildung keineswegs ersetzen, sondern sie lediglich effektiver gestalten. Damit plante die Führung nicht nur die Parteiorganisation zu straffen, sie wollte auch ihre „führende Rolle" in Staat, Wirtschaft, Gesellschaft und Kultur festigen.

Revision in der
Ideologie

Dabei versuchte Ulbricht zugleich, grundlegende traditionelle Aussagen der Ideologie zu revidieren. Auf einer Tagung 1967 entwickelte er die These, „der Sozialismus" sei nicht – wie einst Marx und Lenin definierten – eine relativ kurze Übergangsphase zum Kommunismus, der klassenlosen Gesellschaft, sondern eine „relativ selbständige sozialökonomische Formation in der historischen Epoche des Übergangs vom Kapitalismus zum Kommunismus im Weltmaßstab" [Neues Deutschland Nr. 252 vom 13. 9. 1967].

Hinter dieser Revision der Theorie von Marx verbarg sich ein politischer Anspruch. Angeblich befand sich die Sowjetunion schon seit 1936 auf dem Weg vom Sozialismus zum Kommunismus, und es hieß, sie sei damit den anderen kommunistisch regierten Ländern, die den Sozialismus erst aufbauten, um eine ganze Epoche voraus. War jedoch der Sozialismus selber eine eigenständige historische Formation wie z. B. der Kapitalismus, dann standen die DDR und die Sowjetunion nebeneinander auf der gleichen Entwicklungsstufe. Eine Führungsrolle der UdSSR gegenüber der DDR und der KPdSU gegenüber der SED schien fraglich und war somit ideologisch nicht mehr abgesichert.

Auf einer wissenschaftlichen Tagung anläßlich des 150. Geburtstages von Karl Marx 1968 ging Ulbricht noch einen Schritt weiter: Nun erklärte er, daß das „System des Sozialismus in der DDR" einer „hochindustriellen Gesellschaft" adäquat sei. Diese These erweiterte die SED dahingehend, daß erst die DDR den Beweis erbracht habe, daß der Marxismus-Leninismus „auch für industriell hochentwickelte Länder volle Gültigkeit hat" [919: Politisches Grundwissen, 1970, 620].

Modell DDR

Nach den ideologischen Vorstellungen der Führung galt es, sich von der völligen Anpassung an die Sowjetunion zu lösen und stattdessen der DDR selbst Modellcharakter zuzusprechen. Zugleich versuchte die Parteispitze, die innere Ordnung der DDR wenigstens mit Hilfe ideologischer Thesen zu harmonisieren. Ulbricht selbst propagierte die – nach seiner Absetzung als falsch verworfene – „sozialistische Menschengemeinschaft".

Doch ab 1967 ergaben sich in der DDR neue wirtschaftliche Schwierigkeiten und Engpässe. Beim Ausbau der Wirtschaft und bei der Entwicklung zur modernen Industriegesellschaft hatte sich gezeigt, daß die Ideologie viele Probleme der DDR nicht lösen konnte, sondern deren Lösung sogar oftmals behinderte. Erschwerend wirkte sich zudem der Arbeitskräftemangel aus. Die DDR-Wirtschaft, die ja nach dem Krieg nicht nur die Reparationen verkraften mußte, hatte durch die Fluchtbewegung einen Verlust an Arbeitskräften erlitten, der sie nach Ulbrichts Angaben weitere 30 Milliarden kostete. Voraussetzung für die Sicherung des Herrschaftssystems blieben aber Wirtschaftserfolge, dafür mußte die SED alle Kraft aufwenden. Dabei entstanden jedoch neue Komplikationen zwischen ideologischem Dogmatismus einerseits und Ulbrichts überzogener wirtschaftlicher Planung andererseits.

Produktions-
steigerung

Es gelang aber, die Produktion insgesamt erheblich zu steigern und damit auch den Lebensstandard der Bevölkerung zu erhöhen. In der Schwerindustrie gab es ein kontinuierliches Wachstum, so stieg von 1961 bis 1970 die Produktion von

Rohstahl von 3,8 Millionen t auf 5 Millionen t (1950: 1,2 Millionen t), Elektroenergie von 42.000 auf 67.000 KWh (1950: 19.000). Langsam wuchs auch die PKW-Produktion (1961: 64.000, 1970: 126.000). Von einigen langlebigen Konsumgütern wurden 1970 deutlich mehr hergestellt als 1961, so z. B. 300.000 Kühlschränke statt 166.000, 254.000 Waschmaschinen statt 132.000, während die Produktion von Fernsehgeräten konstant blieb. Der Höchstausstoß bei den Gebrauchsgütern war in den Jahren 1966/67 zu registrieren, danach ging die Produktion wieder zurück.

Anläßlich der Feiern zum 20. Jahrestag der Staatsgründung im Jahre 1969 konnten die DDR-Führer berichten, daß ihr Land mit 17 Millionen Einwohnern eine größere Industrieproduktion aufweise als das Deutsche Reich von 1936 mit einer Bevölkerung von 60 Millionen. Dennoch waren 1970 die Schattenseiten der Entwicklung nicht zu übersehen: Die Wirtschaftspolitik pendelte weiter zwischen notwendigen Reformen und absolutem Führungsanspruch der Partei. Durch die Bindung an die Sowjetunion entstanden der DDR zusätzliche Schwierigkeiten, denn sie hatte sich auch weiterhin am ökonomischen System der UdSSR zu orientieren.

Die KPdSU bemühte sich, alle Selbständigkeitsbestrebungen der kommunistischen Parteien und vor allem der kommunistisch regierten Staaten zu unterbinden. Ulbricht aber versuchte alles, um die eigenen Interessen der DDR besser durchzusetzen. Dabei mußte er mit seiner Deutschlandpolitik in einen Widerspruch zur UdSSR geraten.

Im Rahmen des internationalen Entspannungsprozesses hatte die sozial-liberale Koalition unter Bundeskanzler Brandt 1969 erklärt, die Sicherung des Friedens erfordere auch verbesserte Beziehungen zwischen den beiden deutschen Staaten. Die DDR-Führung bremste. Sie bestand nun ausdrücklich auf „völkerrechtlichen Beziehungen" zu Bonn. Dennoch kam es zu direkten Kontakten, so zum Besuch des Bundeskanzlers bei DDR-Regierungschef Stoph. Ovationen von DDR-Bürgern für Brandt sowie das Echo in der DDR verunsicherten Ost-Berlin. Um Unruhen im eigenen Machtbereich vorzubeugen, erklärte die SED, der Status quo sei nicht zu ändern. Kompromißlos verlangte Stoph bei der zweiten Begegnung mit Brandt im Mai 1970 in Kassel die völkerrechtliche Anerkennung der DDR. Mit scharfen Attacken gegen die Bundesregierung und die SPD wollte die SED die Vertreter einer Entspannungspolitik zermürben. *Treffen Brandt-Stoph*

Bundeskanzler Brandt hatte in Kassel in 20 Punkten dargelegt, daß die Friedenspolitik der Bundesrepublik Deutschland auf Gleichberechtigung und Unverletzlichkeit der Grenzen ziele, der Zusammenhalt der Nation aber gewahrt werden solle. Der Vorsitzende des DDR-Ministerrates, Stoph, beharrte indes darauf, es dürfe keine „innerdeutschen Beziehungen" mehr geben.

Doch nach den erfolgreichen Verhandlungen zwischen der Bundesrepublik und der UdSSR sowie Polen und dem Abschluß der Verträge mit Moskau und Warschau (August bzw. Dezember 1970) wurde es für die SED immer schwieriger zu blockieren. Ulbricht wollte dennoch vermutlich auch die Berlin-Verhandlungen zwischen der Sowjetunion, den USA, Großbritannien und Frankreich torpedieren. Es zeigte sich aber erneut, daß die UdSSR nach wie vor die Richtlinien der Politik der DDR bestimmte.

Hinzu kam, daß die DDR mit Sorgen in die siebziger Jahre ging. Trotz mancher Erfolge war es in den sechziger Jahren nicht gelungen, den Anschluß an den Lebensstandard der Bundesrepublik zu erreichen, vielmehr hatte sich der Abstand noch vergrößert. Nun konnten die Wirtschaftspläne für 1969 und 1970 nicht erfüllt werden, das ZK reduzierte die Planziele für 1971 erheblich. So war die DDR Ende der sechziger Jahre durch überzogene ökonomische Pläne und Disproportionen der Wirtschaft in neue Schwierigkeiten geraten. Ideologische Sonderansprüche, politische Selbständigkeitsbestrebungen und die neue Krise waren für die Sowjetführung genügend Gründe, auf eine Ablösung Ulbrichts zu drängen. Da er die Rolle der DDR als Juniorpartner überschätzt und zu eigenwillig gehandelt hatte, mußte Ulbricht, der wohl wichtigste Führer der DDR, abtreten.

D. DIE DDR ZWISCHEN STABILITÄT UND KRISE 1971–1986

1. Ulbrichts Ablösung und die Konsolidierung der DDR bis 1975

Am 3. Mai 1971 trat das ZK der SED zu seiner 16. Tagung zusammen. Völlig überraschend für die Öffentlichkeit bat Ulbricht, ihn aus „Altersgründen" von der Funktion des 1. Sekretärs der SED zu entbinden. In seiner Rücktrittserklärung schlug er dem Parteigremium vor, Erich Honecker als Nachfolger zum 1. Sekretär zu wählen. Beiden „Wünschen" entsprach das ZK in gewohnter Einstimmigkeit. Mit der Ablösung Ulbrichts erfolgte ein tiefer Einschnitt in der Geschichte der DDR. Die SED unter Honecker orientierte sich wieder stärker an der KPdSU, sie revidierte ideologische Sonderthesen und akzeptierte die Führungsrolle der Sowjetunion für die DDR als verbindlich. Obwohl die DDR-Führung sich nun wieder der Strategie und Taktik der UdSSR unterordnete, brachte dies keine Rückkehr zur totalen und unkritischen Abhängigkeit der vierziger und fünfziger Jahre. Entsprechend ihres wirtschaftlichen Gewichts konnte die DDR durchaus auch ihre eigenen Interessen wahrnehmen. *Rücktritt Ulbrichts*

Im Inneren entwickelte sich unter Honecker ein sachlicher Arbeitsstil. Ziel war es nun, die sozialen Belange der unteren Einkommensschichten stärker zu berücksichtigen. Dazu wurden Sozialmaßnahmen beschlossen und eingeleitet. Eine neue Linie signalisierte der VIII. Parteitag der SED im Juni 1971, dessen über 2.000 Delegierte 1,9 Millionen Mitglieder und Kandidaten repräsentierten. Erstmals fehlte Walter Ulbricht auf einem SED-Parteitag, seine Eröffnungsrede verlas Hermann Axen, Berichterstatter des ZK war Erich Honecker. Deutlich grenzte er sich von überzogenen früheren Plänen ab. Generelles Ziel mußte es nach Honeckers Worten sein, alles zu tun „für das Glück des Volkes". Für die SED und die DDR wurde nun die „Einheit von Wirtschafts- und Sozialpolitik" erklärt. Dies bedeutete, daß die Führung den Bürgern solche sozialen Verbesserungen in Aussicht stellte, die durch ökonomisches Wachstum erreichbar waren. Intensivierung der Produktion und Rationalisierung galten nun als vordringlich, die Probleme der Wirtschaft wurden in den Mittelpunkt gerückt. *Honeckers Ziele* *Einheit von Wirtschafts- und Sozialpolitik*

Um die komplizierter werdenden Aufgaben zu meistern, waren Ansätze einer Partizipation von unten nötig, die freilich nur zögernd eingeleitet wurden, um die „führende Rolle" der Partei nicht zu gefährden. Mit den neuen Praktiken konnten Verbesserungen der Lage der Massen erzielt werden. Neben Lohn- und Rentenerhöhungen sollte ein forcierter Wohnungsbau die Lebensbedingungen erleichtern. Mit der Beachtung der Interessen des „kleinen Mannes" wollte die DDR sich nun von der Ulbricht-Periode abheben. Trotz stärkeren Engagements der SED für sozial Schwache war indes nicht zu übersehen, daß die Hauptfunktion der Staatspartei weiterhin in der Ausübung und Festigung ihrer Herrschaft bestand, sie als Machtorgan fungierte. An der politischen Allgewalt der SED änderte sich unter Honecker ebensowenig wie an den Privilegien für die herrschende Oberschicht.

Auch nach Ulbricht wollte die neue Elite das DDR-System in seinen Grundzügen beibehalten, doch Reformen sollten es effektiver machen. Alle Veränderungen waren darüber hinaus auch ideologisch abzusichern. Nach eigener Einschätzung der SED hatte ihr VIII. Parteitag eine neue gesellschaftliche Etappe eingeleitet, seither gilt der Parteitag als eine „besonders wichtige Zäsur in der Geschichte der DDR" [Staat und Recht 1974, 7, 1083]. Die Ulbricht-Ära wurde nun ganz gezielt in den Hintergrund gerückt, die Veränderungen nach Ulbrichts Rücktritt besonders drastisch betont, damit konnte die Politik der Honecker-Führung demonstrativ und überpointiert als etwas Neues herausgestellt werden.

Zäsur VIII. Parteitag

Das Zurückdrängen der Etappe unter Ulbricht im Geschichtsbewußtsein diente auch dazu, unangenehme Seiten der eigenen Entwicklung in Vergessenheit geraten zu lassen. Vor allem galt das für die stalinistische Diktatur der fünfziger Jahre und die Distanzierung vom sowjetischen Modell Ende der sechziger Jahre. Doch auch die Person Walter Ulbrichts selbst verschwand in den siebziger Jahren aus der Geschichte. Nach seinem Tod 1973 war er zunächst „Unperson", sein Name und seine Rolle wurden kaum noch erwähnt. Aber auch Ulbrichts Nachfolger betonten die in der Verfassung verankerte Führungsrolle, sie forderten sogar, diese „führende Rolle" der Partei müsse kontinuierlich ausgebaut werden. Voraussetzung blieb in dieser Sicht eine geschlossene und schlagkräftige Parteiorganisation, entscheidend war daher der innere Zustand der Partei. Eine straffe, ja eine „eiserne Disziplin" [919: Politisches Grundwissen, 1972, 540] hatte auch nach 1971 den hierarchischen Zentralismus zu garantieren.

Ulbricht „Unperson"

In der SED-Spitze setzte sich allerdings wieder die Vorstellung vom Primat der Politik gegenüber technokratischen Tendenzen durch und das spiegelte sich auch in dem obersten Parteigremium selbst wider. Während sich in den sechziger Jahren unter den neu aufrückenden Kandidaten des Politbüros und den neuen ZK-Mitgliedern vorwiegend Fachleute (vor allem Wirtschaftler) befanden, zeichnete sich unter Honecker ein gegenläufiger Trend ab: Statt der Technokraten, die zurückgedrängt wurden, kamen ins ZK und auch ins Politbüro jüngere Parteiführer, die eine typische Apparatkarriere durchlaufen hatten und die nun vor allem politische Aufgaben lösen sollten.

Die Nachwuchspolitiker (und früheren Mitarbeiter Honeckers in der FDJ) Werner Felfe, Joachim Herrmann, Ingeburg Lange und Konrad Naumann rückten im Oktober 1973 ins Politbüro auf, dafür schied der unter Ulbricht ins Politbüro geholte Technokrat Walter Halbritter aus diesem Gremium aus.

Auch die Sozialstruktur der Partei änderte sich bis 1976 weiter. Gegenüber 1966 stieg der Anteil der Arbeiter von 45 auf 56 Prozent, der der „Intelligenz" von 12,3 auf 20 Prozent, dagegen sank der Anteil der Angestellten von 16 auf 13 Prozent und der der Bauern von 6,4 auf 5,2 Prozent. Diese Zahlen dokumentieren das Bemühen der Parteiführung, auch in der sozialen Zusammensetzung der herkömmlichen Vorstellung einer „Arbeiterpartei" zu entsprechen. Das änderte allerdings nichts am Trend bei den hauptamtlichen Funktionären: Dort dominierten zunehmend Fachleute mit Hoch- und Fachhochschulabschluß.

Ihr innerparteiliches Regime und die zentralistische Willensbildung konnte die
SED-Führung mit drei verschiedenen Prinzipien durchsetzen: An erster Stelle
stand und steht die freiwillige Disziplin, d. h. die Ein- und Unterordnung der Mitglieder und vor allem der Funktionäre. Die SED bezeichnete sich daher selbst als
einen „freiwilligen Kampfbund Gleichgesinnter". Ein begrenztes Mitsprache-
recht der Mitglieder und der Basis sollte die Partei flexibler machen, eine intensi-
vere ideologische Schulung die Überzeugung festigen, die politischen Ziele könne
nur eine „geschlossene Kampfpartei" realisieren, das setzt wiederum unbedingte
Parteidisziplin voraus. Dort, wo die freiwillige Unterordnung nicht eingehalten
wurde, konnte die Führung auch Repressionen anwenden.

*Inner-
parteiliche
Prinzipien*

Das zweite Prinzip des zentralistischen Parteiaufbaus war und ist die Allmacht
des hauptamtlichen Apparats, der sich hierarchisch gliedert. Hier änderte sich gegenüber der Ulbricht-Periode nichts. Neben den personalpolitischen Entscheidungen dirigierte der Parteiapparat durch Beschlüsse, Direktiven und Anweisungen das gesamte Parteileben und die Aktivitäten der Mitgliedschaft. Darüber hinaus leitete der Parteiapparat auch die Massenorganisationen und den Staatsapparat, er hatte entscheidenden Einfluß auf Wirtschaft und Kultur.

*Macht des
Apparats*

Doch auch der straffste Zentralismus bedarf einer gewissen „Rückkopplung",
bei ihren Entscheidungen mußte die Führung durchaus Stimmungen, Möglichkeiten und Arbeitsweise der Basis berücksichtigen. Dies wollte die Führung durch
„wissenschaftliche" Leitungsmethoden erreichen. Das setzte aber entsprechend
qualifizierte und ausgewählte Funktionäre voraus.

Auswahl und Heranbildung parteiergebener Kader sind gleichermaßen die
dritte Absicherung der hierarchischen Strukturen, eine Garantie für die Geschlossenheit der SED. Gerade bei der Kaderauswahl zeigte sich, daß keineswegs die
„Wahlen" auf den einzelnen Parteiebenen über die Zusammensetzung der Leitung entscheiden, vielmehr werden Auswahl und Kaderplanung von den jeweils
übergeordneten Instanzen getroffen. Sowohl Kader-„Entwicklungspläne" als
auch die „Nomenklatur" der Kader bei den nächsthöheren Leitungen ermöglichen der Führung eine langfristige und zielstrebige Kaderentwicklung. Die Auswahl erfolgt nach „Qualifikationsmerkmalen", zu denen u. a. gehören: politische
und fachliche Kenntnisse sowie Fähigkeiten, Ausbildung, praktische Erfahrung,
persönliche Eigenschaften („politisch-ideologische Haltung, moralisches Verhalten, persönliches Auftreten" [495: G. LIEBE, 1973, 41]).

Kaderauswahl

Diese Kaderpolitik bot der Führung die Gewähr, daß nur solche qualifizierten
und ergebenen Mitglieder Funktionen erhielten, mit denen sowohl die innerparteiliche Stabilität als auch die „führende Rolle" der SED im Gesamtsystem der
DDR gesichert schien.

Die Durchsetzung der drei Prinzipien freiwillige Disziplin, Macht des Apparats
und Kaderauswahl war die Voraussetzung für eine funktionsfähige Parteistruktur
auch nach 1971. Damit konnte die Spitzenführung, Politbüro und Sekretariat des
ZK, ihre Herrschaft festigen und sogar noch ausbauen. Auch wenn nun die freiwillige Unterordnung besonders betont wurde, bestimmten doch die Macht des

Apparats und die Kaderauswahl weiterhin den hierarchischen Aufbau. Durch ihn weist sich die SED als kommunistische Partei sowjetischen Typs aus, sie stellt daher bis heute ein Relikt des Stalinismus dar.

Rolle der Ideologie   Wichtigstes Bindeglied der Parteimitgliedschaft blieb die Ideologie, der Marxismus-Leninismus. Das Kerndogma der SED bestand auch nach 1971 unverändert in der Behauptung, sie wende den Marxismus-Leninismus in der Praxis an, ihre Politik sei deshalb wissenschaftlich begründet und daher habe die Partei „immer recht".

Aus dieser These leitete die SED ihren absoluten Führungsanspruch in Staat und Gesellschaft ab. Somit behielt die Ideologie auch unter Honeckers Führung überragende Bedeutung: Der Marxismus-Leninismus sowjetischer Auslegung bestimmt die Normen des Verhaltens und dient der Anleitung des sozialen und politischen Handelns; durch Bewußtseinsbildung soll die Integration der Führungselite erreicht werden. Die wesentliche Funktion der Ideologie besteht in der Verschleierung und Rechtfertigung der realen Machtverhältnisse. Bereits 1972 verkündete der „Chefideologe" der SED, Kurt Hager, die entscheidenden Veränderungen der Ideologieinhalte gegenüber der Ulbricht-Ära: Verworfen wurde nun der auf die DDR-Gesellschaft bezogene Begriff der „sozialistischen Menschengemeinschaft". Für falsch erklärte er die Ulbrichtsche Bezeichnung der DDR als „entwickeltes gesellschaftliches System des Sozialismus". Vor allem aber widerrief Hager Ulbrichts Hauptthese vom Sozialismus als einer „relativ selbständigen Gesellschaftsformation". Diese Theorie ließe sich keineswegs mit der marxistisch-leninistischen Lehre vom Übergang vom Sozialismus zum Kommunismus in Übereinstimmung bringen. Die Ablehnung der Ulbricht-Thesen bedeutete die erneute uneingeschränkte Anerkennung der sowjetischen Ideologie.

Um ihre Herrschaft zu stabilisieren, instrumentalisierte die SED nach 1971 verstärkt das Parteiensystem. Dabei bezog sie sowohl die vier „nichtkommunistischen Parteien" – wie sie nun genannt wurden – als auch die Massenorganisationen in ihre Pläne mit ein. Die Mitglieder der Parteien mußten allerdings zwei „Grundsatzanforderungen" genügen: der „vollen Anerkennung des Führungsanspruchs der Arbeiterklasse und der SED" und dem „entscheidenden Bekenntnis zur Sowjetunion". Alle Parteien waren inzwischen nach dem Prinzip des demokratischen Zentralismus aufgebaut, ihre Hauptfunktion bestand weiterhin darin, Transmissionsorganisationen für spezielle Bevölkerungskreise zu sein.

Aufwertung des Ministerrats   Im Oktober 1972 verabschiedete die Volkskammer das Gesetz über den Ministerrat der DDR, das die Rechte dieses Gremiums sowie der Ministerien erweiterte. Damit verlor der Staatsrat seine bisherige Kompetenz als führendes politisches Staatsorgan. Der Ministerrat war nun nicht nur für die Wirtschafts- und Kulturpolitik zuständig, sondern auch für die Innen- und Außenpolitik der DDR, selbstverständlich bei Wahrung der Führung der SED, z. B. auf dem Weg der Personalunion. Im Juli 1973 erweiterte die Volkskammer auch die Rechte der örtlichen Volksvertretungen und ihrer Organe, zentrale Stellen sollten damit entlastet und regionale Probleme bereits auf unteren Ebenen entschieden werden können.

Nach dem Tode Ulbrichts (1. August 1973) wählte die Volkskammer am 3. Oktober 1973 Willi Stoph zum Vorsitzenden des Staatsrates, seine Nachfolge als Regierungschef trat am gleichen Tag Horst Sindermann an. Die umfassenden Aufgaben des Staates für die DDR-Gesellschaft wurden stärker betont. Im Oktober 1974 wurde die DDR-Verfassung von 1968 in entscheidenden Punkten geändert, sie sollte zum 25. Jahrestag der Staatsgründung „in volle Übereinstimmung mit der Wirklichkeit" gebracht werden. Tatsächlich erfolgte mit der Verfassungsänderung eine Annäherung an die politische Praxis seit Ulbrichts Ablösung. Alle Hinweise auf Deutschland und eine Wiedervereinigung sowie auf die deutsche Nation wurden ausgemerzt. *Verfassungsänderung 1974*

Trotz Neuformulierung des Artikels 1 änderte sich an der in der Verfassung festgeschriebenen Führungsrolle der SED nichts. 1968 lautete Artikel 1 der Verfassung: „Die Deutsche Demokratische Republik ist ein sozialistischer Staat deutscher Nation. Sie ist die politische Organisation der Werktätigen in Stadt und Land, die gemeinsam unter Führung der Arbeiterklasse und ihrer marxistisch-leninistischen Partei den Sozialismus verwirklichen." Nach den Änderungen von 1974 heißt es nun: „Die Deutsche Demokratische Republik ist ein sozialistischer Staat der Arbeiter und Bauern. Sie ist die politische Organisation der Werktätigen in Stadt und Land unter Führung der Arbeiterklasse und ihrer marxistisch-leninistischen Partei." In Artikel 6 wurde u. a. das Verhältnis zur Sowjetunion neu definiert, danach ist die DDR nun „für immer und unwiderruflich mit der Union der Sozialistischen Sowjetrepubliken verbündet". Beibehalten wurde in der Verfassung der Aufbau des Staates; lediglich die Legislaturperioden der Volkskammer wurden von vier auf fünf Jahre verlängert; die bereits vollzogene Aufwertung des Ministerrates wurde nun in die Verfassung neu eingefügt.

Mit Hilfe des Staatsapparates und der Rechtsordnung gedachte die Führung die Bevölkerung besser und schneller in das System der DDR zu integrieren. Als eine wichtige Methode diente ihr dabei die angestrebte „Partizipation". Die 200.000 Abgeordneten der Volksvertretungen sind damit ebenso in die unterschiedlichen Formen der Mitwirkung einbezogen wie die knapp eine halbe Million Bürger, die in Ständigen Kommissionen und örtlichen Aktivs arbeiteten, die 100.000 Schöffen und Mitglieder von Schiedskommissionen, die 200.000 Mitglieder in Kommissionen und Komitees der Arbeiter- und Bauerninspektion oder die fast 700.000 Bürger in Elternbeiräten und Elternaktivs. Mit einer Vielzahl solcher Einrichtungen sollten engere Kontakte zum Staat und die Identifikation mit der DDR vor allem bei denen hergestellt werden, die sich trotz aller Kritik doch als Bürger dieses Staates fühlten. Durch eine intensive Mitbeteiligung von unten sollte das System zukünftig flexibler funktionieren. Dies alles bedeutete freilich nicht die geringste Einschränkung der Macht der SED, die nicht nur die politische Linie weiterhin allein bestimmte, sondern auch deren exakte Durchführung kontrollierte. *Partizipation*

Aus vielen Indizien geht überdies hervor, daß die soziale Einbindung breiterer Kreise doch nicht zu der gewünschten Integration führte. Ein Teil der DDR-Bevölkerung war und ist offensichtlich gegen das System eingestellt, die Machtmittel des Staates werden so weiterhin gegen oppositionelle Regungen eingesetzt.

Die DDR-Regierung glich 1972 die Eigentumsformen ihrer Wirtschaft weiter an die der UdSSR an. In Staatseigentum überführt wurden im ersten Halbjahr 1972 Betriebe mit staatlicher Beteiligung (halbstaatliche Betriebe) und ebenso private Betriebe im Industrie- und Baubereich sowie industriell arbeitende Produktionsgenossenschaften des Handwerks. Damit entstanden 11.300 neue ,,Volkseigene Betriebe'' mit 585.000 Beschäftigten; die in den Staatsbetrieben erzeugte industrielle Warenproduktion wuchs von 1971 bis 1972 von 82 Prozent auf über 99 Prozent.

Sozialstruktur der DDR   In Handwerk und Gewerbe waren noch eine halbe Million Menschen beschäftigt (130.000 Mitglieder von PGH, 322.000 Berufstätige in 105.000 privaten Handwerksbetrieben und 55.000 im privaten Einzelhandel). In der Landwirtschaft, wo durch Zusammenlegung von LPGs zu Kooperativen Abteilungen Pflanzenproduktion (KAP) neue Großbetriebe entstanden, die bereits zwei Drittel der landwirtschaftlichen Nutzfläche bearbeiteten, ging die Zahl der Berufstätigen weiter zurück (1950: 2,2 Millionen, 1965: 1,1 Millionen, 1974: 850.000). In der gesamten Volkswirtschaft stieg gleichzeitig der Anteil der Beschäftigten mit einem Hoch- oder Fachschulabschluß, er betrug 1974 bereits 875.000 (= 11,1 Prozent). Der Anteil der ,,Hochschulkader'' vermehrte sich von 4,3 Prozent im Jahre 1971 auf 5,5 Prozent im Jahre 1975, die Hälfte davon war in kulturellen oder sozialen Einrichtungen tätig. Im gleichen Zeitraum stieg die Zahl der Facharbeiter von 42,6 auf 49,5 Prozent der Gesamtbeschäftigten; auch von den Frauen hatten bereits 42 Prozent eine abgeschlossene Berufsausbildung, gleichzeitig ging die Zahl der ungelernten Arbeiter von 42,3 auf 32,9 Prozent zurück.

Die Fakten belegen, daß die DDR nach 1971 die typischen Strukturen eines modernen Industriestaates aufwies: Der Rückgang der Beschäftigten in der Landwirtschaft, ein Übergewicht des industriellen Sektors. Höhere Qualifizierung der Arbeitskräfte und der Anstieg der Berufstätigen mit akademischer Ausbildung sowie eine ständige Spezialisierung der Berufe sind zugleich weitere Indizien für die industrielle Dynamik und für den technischen Fortschritt.

Auch das Bildungssystem wurde nach 1971 effektiver ausgebaut. Vor allem der Vorschulerziehung galt erhöhte Aufmerksamkeit. Demgegenüber bremste der Staat den starken Zulauf zur Hochschulausbildung: kamen 1972 noch 90 Hochschulstudenten auf 10.000 Personen der Bevölkerung, so 1974 nur noch 80. Das neue Jugendgesetz von 1974 sollte die Identifikation der jungen Bürger mit ihrem Staat fördern, die Erziehung zum ,,neuen Menschen'' beschleunigen. Eine liberalere Kulturpolitik ermöglichte früher verfemten Künstlern wieder zu arbeiten, eine weite Auslegung des Begriffs ,,sozialistischer Realismus'' steigerte zugleich die Qualität vieler Kunstwerke. Schließlich gelang es, die Ziele des Fünfjahrplanes 1971 bis 1975 weitgehend zu erfüllen.

Insgesamt konnte die DDR die industrielle Produktion (Stand 1974) seit 1950 versiebenfachen, seit 1961 mehr als verdoppeln und seit 1970 um fast 30 Prozent steigern. Daher wuchs bis Mitte der siebziger Jahre das Lebensniveau der Bevölkerung der DDR, der Mehrzahl der Bürger ging es besser als fünf Jahre zuvor. Die DDR-Führung konnte es als Erfolg verbuchen, daß es trotz der Weltwirtschafts- und Rohstoffkrise keine Arbeitslosigkeit, dagegen stabile Preise für Grundnahrungsmittel gab; das monatliche Durchschnittseinkommen stieg von 755 Mark (1970) auf 860 Mark (1974).

Entsprechend war die Ausstattung mit Gebrauchsgütern merklich angewachsen; auf je 100 DDR-Haushalte kamen 1975 26 PKW (1970: 15), 82 Fernsehempfänger (1970: 69), 86 Kühlschränke (1970: 56) und 73 elektrische Waschmaschinen (1970: 53). Allerdings bestanden nach wie vor große Schwierigkeiten in der DDR-Wirtschaft, so war der Abstand zur Bundesrepublik eher größer als geringer geworden. *Ausstattung mit Gebrauchsgütern*

Doch aus der insgesamt günstigen Bilanz der DDR geht hervor, daß es gelungen war, ein allgemein funktionierendes Wirtschaftssystem aufzubauen. Nach der wirtschaftlichen Krisensituation 1969/70 erfolgte bis 1975 ein neuer Aufschwung und damit eine Konsolidierung.

2. Die DDR im internationalen System

Im Bündnis des Warschauer Paktes erwies sich die DDR für die Sowjetunion als ein zuverlässiger und stabiler Partner. Seit den sechziger Jahren gab es in der DDR keine sozialen Unruhen wie in Polen, keine Demokratisierungstendenzen wie in der CSSR und keine nationalen Sonderbestrebungen wie in Rumänien. Nachdem die Ideen Ulbrichts von einem ,,Modell DDR" verworfen waren, vertieften sich auch wieder die Beziehungen der DDR zur UdSSR. Honecker erneuerte das Treuebekenntnis zur Sowjetunion, denn das gute Verhältnis der SED zu den sowjetischen Kommunisten, die Freundschaft zur UdSSR sei für die DDR ein ,,Lebensbedürfnis" [E. HONECKER, Antwort auf aktuelle Fragen. Berlin (Ost) 1971, 13]. Die SED bestätigte zugleich, daß sie ihre Politik nach 1945 ,,nur dank der ständigen Hilfe und Unterstützung der KPdSU und der Sowjetunion" praktizieren konnte [Neues Deutschland Nr. 121 vom 3. 5. 1974]. *Verhältnis zur UdSSR*

Wie eng die Bindungen der DDR zur Sowjetunion waren, zeigte der neue Freundschafts- und Beistandsvertrag, den Breschnew und Honecker am 7. Oktober 1974 unterzeichneten. Dieser auf 25 Jahre abgeschlossene Pakt sah die verstärkte Zusammenarbeit auf allen Gebieten, insbesondere der Wirtschaft vor. Damit geriet die DDR rechtlich in noch größere Abhängigkeit von der Sowjetunion.

Darüber hinaus sollte aber die Zusammenarbeit aller Staaten des Rates für Gegenseitige Wirtschaftshilfe forciert werden, war eine ,,Integration" geplant. Die DDR-Geschichtsschreibung erklärt heute, die Aufgaben zur ,,Gestaltung der entwickelten sozialistischen Gesellschaft und die Auseinandersetzung mit dem Imperialismus" hätten in den siebziger Jahren den ,,Übergang zur sozialistischen ökonomischen Integration" verlangt. ,,Das ist ein langfristiger Prozeß, der alle Wirtschaftsbereiche erfaßt und von den regierenden marxistisch-leninistischen Parteien sorgsam gesteuert wird" [317: H. HEITZER, 1986, 230].

Die ,,Integration" in den Ostblock gestaltete sich für die DDR jedoch problematisch. Sie brachte engere ökonomische Verflechtungen, allein der Warenaustausch mit der UdSSR stieg von 1970 bis 1975 um 50 Prozent. Die Einbindung ging zu Lasten des Westhandels, der für die DDR wegen des Technologie-Transfers ausgebaut werden mußte. Da der Lebensstandard in der DDR weit höher lag (und liegt) als in der Sowjetunion, widersprach eine zu weit getriebene ,,Annäherung" den Interessen des zweiten deutschen Staates.

Grundlagen- Durch besondere Anstrengungen auf dem internationalen Parkett bemühte sich
vertrag   die DDR, Eigenständigkeit zu beweisen. Grundlegend änderte sich die außenpolitische Situation allerdings erst mit Abschluß des Grundlagenvertrags zwischen der Bundesrepublik Deutschland und der DDR im Dezember 1972. Ende 1970 hatte der Meinungsaustausch über Regelungen der deutschen Frage zwischen dem DDR-Vertreter Michael Kohl und Staatssekretär Egon Bahr vom Bundeskanzleramt begonnen. Nach Ulbrichts Ablösung und der Unterzeichnung des Abkommens der vier Mächte (USA, UdSSR, Großbritannien und Frankreich) über Berlin im September 1971 konnte im Dezember 1971 ein Transitabkommen zwischen beiden deutschen Staaten getroffen werden, dem im Mai 1972 ein Verkehrsvertrag folgte. Im Juni begannen dann die Verhandlungen, die im Dezember mit der Unterzeichnung des ,,Vertrags über die Grundlagen der Beziehungen zwischen der Bundesrepublik Deutschland und der Deutschen Demokratischen Republik" abgeschlossen wurden. Damit war der Weg zu friedlichem Nebeneinander und zur Normalisierung der Beziehungen beschritten.

Der Grundlagenvertrag bestand aus einem Vertragstext und einer Reihe verbindlicher Vereinbarungen und Zusagen in Form von Protokoll-Vermerken und Briefwechseln. In der Präambel des Vertrages bestätigten beide Staaten, sie wollten einen ,,Beitrag zur Entspannung und Sicherheit in Europa leisten" und ,,normale gutnachbarliche Beziehungen zueinander auf der Grundlage der Gleichberechtigung" entwickeln.

Die DDR hat so ein entscheidendes Ziel ihrer Politik erreicht, ihre Souveränität und ihre Grenzen waren anerkannt. Andererseits gab es jedoch für die Bundesrepublik auch nach dem Vertragsabschluß nach wie vor nur eine deutsche Staatsangehörigkeit, denn in einer Protokollnotiz war festgehalten: ,,Staatsangehörigkeitsfragen sind durch den Vertrag nicht geregelt worden". Damit konnte weiterhin jeder Einwohner der DDR das Bürgerrecht der Bundesrepublik beanspruchen.

Der Grundlagenvertrag wurde Thema im Wahlkampf der Bundesrepublik. Die seit 1969 regierende sozial-liberale Koalition verfügte nicht mehr über eine Mehrheit im Parlament (vor allem aus der FDP waren einige Abgeordnete zur CDU-Opposition übergetreten). Zwar scheiterte im April 1972 ein konstruktives Mißtrauensvotum gegen Bundeskanzler Brandt, doch folgten Neuwahlen. Hauptstreitpunkt waren die Ostverträge (mit Polen und der Sowjetunion) gewesen, die die CDU/CSU-Opposition abgelehnt hatte, sie konnten dann aber nach neuen Verhandlungen mit der UdSSR durch Stimmenthaltung der Opposition im Mai 1972 angenommen werden.

Die Bundestagswahlen im November 1972 brachten Brandt und der Koalition aus SPD und FDP dann eine stabile Mehrheit, nun konnte auch der Grundlagenvertrag ratifiziert werden.

Die DDR, die ursprünglich ihre völkerrechtliche Anerkennung durchsetzen wollte, mußte nachgeben, erreichte aber ihre internationale Aufwertung. Zwar hatte sie schon von 1970 bis 1972 diplomatische Beziehungen zu Algerien, Chile und Indien aufnehmen können, doch erst nach dem Grundlagenvertrag wurde die DDR international akzeptiert. Noch im Dezember 1972 konnte die DDR zu 20 Staaten diplomatische Beziehungen herstellen (u. a. Iran, Schweden, Schweiz, Österreich), im Januar 1973 kamen weitere 13 Staaten hinzu (u. a. Italien, Niederlande, Finnland). Die DDR bewies dabei eine durchaus pragmatische Haltung. Nachdem Spanien die DDR diplomatisch anerkannt hatte, scheute sich das SED-Zentralorgan ,,Neues Deutschland'' nicht, am 13. Januar 1973 einen freundlichen Bericht über das seinerzeit noch faschistische Spanien abzudrucken, selbst Staatschef Franco wurde (mit Bild!) völlig unkritisch vorgestellt. Bereits bei der Anerkennung der DDR durch Indonesien hatte ,,Neues Deutschland'' am 23. Dezember 1972 von den ,,Erfolgen'' dieses Landes unter Staatspräsident Suharto geschrieben, jedoch die dortigen Massaker an Kommunisten mit keinem Wort erwähnt.

Internationale Aufwertung

Bis 1978 gelang es der DDR mit der völkerrechtlichen Anerkennung durch insgesamt 123 Regierungen in aller Welt die wichtigste Phase ihrer Außenpolitik erfolgreich abzuschließen. Auch in internationale Organisationen wurde die DDR einbezogen, sie kam 1972 als Mitglied in die UNESCO und 1973 in verschiedene Unterorganisationen der UN. Am 18. September 1973 fand die DDR als 133. Staat auch Aufnahme in die Weltorganisation und wurde 1980 sogar für zwei Jahre nichtständiges Mitglied des UN-Sicherheitsrates. Im September 1974 kam es auch zu diplomatischen Beziehungen zwischen den USA und der DDR, sie war nun in Ost und West anerkannt. Da die SED als Staatspartei auch die Außenpolitik der DDR bestimmt (natürlich in Absprache mit der Sowjetunion), verbuchte sie dies als ihren Erfolg.

Aufnahme in die UNO

Die Einbindung der DDR in das internationale System führte auch zur Konkretisierung ihrer bislang mehr verbalen ,,Friedenspolitik'' und ihrer antiimperialistischen Deklamationen.

Die schon seit langem geltende Doktrin der ,,friedlichen Koexistenz'' zwischen Staaten verschiedener Gesellschaftsordnungen wurde von Honecker 1976 noch dahingehend definiert, daß sie ,,weder Aufrechterhaltung des sozialökonomischen Status quo noch eine ideologische Koexistenz'' bedeute [Neues Deutschland Nr. 119 vom 19.5.1976]. Zunehmend gerieten solche Dogmen in den Hintergrund, weil die Sicherung des Friedens in Europa zur Leitlinie der DDR-Außenpolitik wurde. Die These, daß von deutschem Boden nie wieder ein Krieg ausgehen dürfe und daher eine „Sicherheitspartnerschaft" notwendig sei, ergab Ende der siebziger Jahre eine neue Qualität der DDR-Außenpolitik. Ihre Einbeziehung in die internationale Politik – im Rahmen des Ostblocks – zeigte positive Auswirkungen.

Freilich bedeutete dies keine grundsätzliche Änderung ihrer Militärdoktrin, nach der der „Schutz des Friedens" eine starke Landesverteidigung erfordere. Die DDR versicherte, daß sie zuverlässig ihre Pflicht als Mitglied des Warschauer Vertrages erfüllen werde. Im Oktober 1978 beschloß die Volkskammer das Gesetz über die Landesverteidigung der DDR, das das Verteidigungsgesetz vom September 1961 ablöste. In das neue Gesetz wurden eine Reihe weiterer Militärverordnungen aufgenommen. Interessanterweise wurden frühere polemische Angriffe gegen die Bundesrepublik Deutschland weggelassen, so die Behauptung der Präambel von 1961, die BRD sei ein „gefährlicher Kriegsherd in Europa". Nunmehr hieß es in der Präambel, die Aufgabe der NVA bestehe im „Schutz des Friedens und der sozialistischen Errungenschaften des Volkes".

Die DDR beteiligte sich auch an der Konferenz über Sicherheit und Zusammenarbeit in Europa (KSZE), und sie gehörte im August 1975 zu den Unterzeichnerstaaten der Schlußakte. Honeckers Anwesenheit auf der Gipfelkonferenz vom 30. Juli bis 1. August 1975 bedeutete für die DDR eine Bestätigung ihrer Souveränität im Bündnis des Warschauer Paktes und einen Höhepunkt ihrer außenpolitischen Aktivitäten. Honecker traf auf der Konferenz Bundeskanzler Helmut Schmidt, der Willy Brandt als Regierungschef der Bundesrepublik im Mai 1974 abgelöst hatte, nachdem ein DDR-Spion im Bundeskanzleramt enttarnt worden war. Auch für die DDR galt schließlich die Festlegung in der Schlußakte: „Die Teilnehmerstaaten werden gegenseitig ihre souveräne Gleichheit und Individualität sowie alle ihrer Souveränität innewohnenden und von ihr umschlossenen Rechte achten, einschließlich insbesondere des Rechtes eines jeden Staates auf rechtliche Gleichheit, auf territoriale Integrität sowie auf Freiheit und politische Unabhängigkeit." Allerdings verpflichtete sich die DDR auch zur Wahrung der Menschenrechte: „Die Teilnehmerstaaten werden die Menschenrechte und Grundfreiheiten, einschließlich der Gedanken-, Gewissens-, Religions- oder Überzeugungsfreiheit für alle ohne Unterschied der Rasse, des Geschlechts, der Sprache oder der Religion achten."

Die innenpolitischen Auswirkungen dieser Zugeständnisse waren für die DDR unübersehbar. Unter ausdrücklicher Berufung auf die KSZE-Schlußakte wurden nun von zahlreichen Bürgern Gewährleistung der Menschenrechte und insbesondere das Recht auf Freizügigkeit angemahnt, aus allen Schichten wurden Ausreiseanträge gestellt. Gerade hier zeigte die Einbindung in die internationalen Verträge spürbare Folgen für die inneren Zustände der DDR. Auch mit rigoroser „Abgrenzungspolitik" gegenüber dem Westen und insbesondere der Bundesrepublik konnte sie ihre Bevölkerung eben nicht immunisieren. Das stellte Staat und Partei vor grundsätzliche Probleme. Die DDR-Führung ist sich bewußt, daß ihre politi-

Verteidigungs-
gesetz

KSZE

sche Stabilität von Wirtschaftserfolgen abhängt, diese jedoch nur durch Kooperation mit den westlichen Industriestaaten, vor allem der Bundesrepublik, zu erreichen sind. Dazu bedarf es selbstverständlich der Öffnung der Grenzen. Doch gelangen so neue Ideen in die DDR, sie wecken dort Hoffnungen auf eine Änderung des Regimes. Um diese inneren Schwierigkeiten zu vermeiden, praktiziert die DDR wiederum eine Politik der Abgrenzung, der Distanz zum Westen. Beides zugleich funktioniert aber nicht, so kommt es zum politischen Zick-Zack-Kurs, bleibt es bei ständigen Spannungen zwischen „harter" und „weicher" Politik nach innen und außen.

3. Programmatische Aussagen und krisenhafte Entwicklung 1976–1980

Obwohl die DDR den höchsten Lebensstandard aller kommunistisch regierten Staaten erreichte und obwohl es vielen DDR-Bürgern in den siebziger Jahren besser ging als früher, nahm die Unzufriedenheit ab Mitte der siebziger Jahre wieder zu. Die von Honecker geweckten Hoffnungen hatten sich nicht erfüllt, Erwartungen und Realität klafften weiterhin auseinander. Von der internationalen Rohstoffkrise blieb auch die DDR nicht verschont, schließlich stagnierte der Lebensstandard. Es waren aber nicht nur ökonomische Schwierigkeiten, aus denen eine krisenhafte Entwicklung erwuchs, auch das Ende der liberalen Kulturpolitik hatte erhebliche Unruhe bei Künstlern, Intellektuellen und Jugendlichen ausgelöst. Ebenso wirkten die Ideen des Eurokommunismus mit dem Anspruch nach Unabhängigkeit von der Sowjetunion und einer Demokratisierung in die DDR hinein. Und schließlich ermutigte die Entspannungspolitik viele Bürger, gestützt auf die Erklärungen der KSZE, ihre Menschenrechte zu fordern.

Der IX. Parteitag der SED im Mai 1976, der die politische Linie nicht nur für die zwei Millionen Parteimitglieder, sondern für die gesamte DDR festlegen sollte, ließ Lösungsmöglichkeiten für die brennenden Probleme vermissen. Vom Parteitag wurden ein neues Parteiprogramm, ein neues Statut und die Direktive für den Fünfjahrplan bis 1980 beschlossen. Ausdrücklich bestätigten die Delegierten die Politik Honeckers, der nun den Titel Generalsekretär erhielt; seine Position als Parteiführer war sichtlich gefestigt.

Das neue Parteiprogramm löste das erste SED-Programm von 1963 ab, das also nur für ein Dutzend Jahre gültig war. Die Sprache des neuen Programms war nüchterner, doch vorangestellt wurde eine ideologische Betrachtung der Weltsituation. Der Hauptteil thematisierte die Ziele der SED in Wirtschaft, Staat, Wissenschaft, Bildung und Kultur, ebenso außen- und militärpolitische Aufgaben. Der Schlußabschnitt befaßte sich mit dem „Kommunismus" als Ziel der Partei. Gerade aus diesem Teil geht die Bedeutung des Programmdenkens für die Kommunisten hervor. Das Ideal einer klassenlosen Gesellschaft soll eine große emotio-

SED-Parteiprogramm

nale Kraft bei der Anhängerschaft auslösen, obwohl die Beschreibung dieser Gesellschaft sehr vage bleibt und alles andere als anschaulich ist. Nachdem die Prophezeihung des KPdSU-Programms aus der Chruschtschow-Ära, der Kommunismus sei bereits in den Jahren 1980 bis 2000 zu verwirklichen, eine Illusion blieb, rückte diese Zukunftsgesellschaft im Parteiprogramm der SED nun wieder als bloße Idee in nebelhafte Ferne.

Vor allem die ,,führende Rolle" der SED, d. h. ihre Herrschaft über alle Bereiche der Gesellschaft, bildet den roten Faden im neuen Programm. Die SED kann auch aufgrund ihrer Programmatik als Hegemonialpartei bezeichnet werden. Der Verzicht auf die ausführliche Beschreibung der Entwicklung der DDR, wie sie noch das Programm von 1963 enthielt, ermöglichte es, die Ulbricht-Ära zu verdrängen. Ulbrichts Name (im alten Programm neben Thälmann, Pieck u. a. mehrfach genannt) wird nicht mehr erwähnt.

Festschreibung der Politik   Das heute noch gültige SED-Programm von 1976 diente als Festschreibung der Politik und Zielsetzung der Parteiführung nach Ulbricht. Daraus sind wesentliche Änderungen der Positionen der DDR-Staatspartei in den siebziger Jahren abzulesen, die auch in den achtziger Jahren verbindlich blieben.

1. Anerkennung der Hegemonie der UdSSR. Das Parteiprogramm hebt die ,,Allgemeingültigkeit" des sowjetischen Modells hervor, danach gilt die Sowjetunion auch als die ,,Hauptkraft der sozialistischen Gemeinschaft". Wurde im Programm von 1963 noch die ,,Unabhängigkeit und Souveränität" der sozialistischen Länder hervorgehoben, so ist laut neuem Programm die DDR nunmehr nur noch ein ,,fester Bestandteil der um die Sowjetunion gescharten Völkerfamilie".

2. Mobilisierung für Erfolge des DDR-Systems. Die SED als ,,freiwilliger Kampfbund gleichgesinnter Kommunisten" hat Initiatorin ständiger Verbesserungen zu sein. Dabei ist selbstverständlich auch im Parteiprogramm der verfassungsrechtlich abgesicherte Führungsanspruch der SED manifestiert, wonach ,,deren Rolle im Leben der Gesellschaft unablässig wächst". Die SED ist so in Anspruch und Praxis das Führungsorgan in allen Bereichen, also die Hegemonialpartei der DDR.

3. Verbesserung der Lebenslage als Ziel. Die SED verspricht der Bevölkerung, vor allem den unteren Einkommensschichten, durch die ,,Einheit von Wirtschafts- und Sozialpolitik" die ,,Erhöhung des materiellen und kulturellen Lebensniveaus". Konkret werden mehr Wohnungen, ,,stabile Versorgung mit Konsumgütern" und die (bis heute nicht realisierte) 40-Stunden-Woche zugesagt.

4. Effektivität der Wirtschaft. Die angestrebten Ziele sind nur zu erreichen, wenn die Produktion und insbesondere die Produktivität steigt. Die SED hat zwar in den letzten Jahren der Ideologie Vorrang eingeräumt und die Priorität der Politik gegenüber technokratischen Tendenzen betont, dennoch bleibt die Bewältigung wirtschaftlicher Aufgaben im Zentrum der Parteiarbeit. Laut Programm sind Rationalisierung, Rekonstruktion und Intensivierung wesentliche Aufgaben der Wirtschaft.

5. Sicherung des Friedens durch Koexistenz. Hauptziel der Außenpolitik bleibt

nach dem Programm die Sicherung des Friedens, die Erhaltung des Friedens durch aktive Koexistenzpolitik. Besonders auffällig ist freilich die veränderte Haltung zur ,,deutschen Frage". Während die Einheit Deutschlands und die ,,Einheit der Nation" noch Hauptanliegen des Programms von 1963 waren, bleiben diese Probleme nun unerwähnt, stattdessen wird die ,,sozialistische Nation der DDR" proklamiert, die zur Bundesrepublik nur noch Beziehungen ,,friedlicher Koexistenz" anstrebt.

Das Programm der SED (und dessen Auslegung durch die Parteileitung) läßt deren theoretische Ziele erkennen, die jedoch keineswegs immer mit ihrer täglichen Praxis übereinstimmen. Der Stellenwert des Programms für die Realpolitik sollte daher nicht überschätzt werden. Innerhalb weniger Jahre waren Teile des Programms von 1963 überholt, so wenn Ulbricht 1967 sich vom sowjetischen Modell distanzierte oder wenn mit der ,,Abgrenzungsthese" die programmatischen Grundsätze der Deutschlandpolitik fallengelassen wurden. Trotz aller Behauptungen und Ansprüche können auch die Kommunisten sich nicht immer an ihre ,,wissenschaftliche" Strategie und Taktik halten und damit ihre Programmatik durchsetzen. Die SED ist eben nicht, wie oftmals bei uns angenommen wird, nur eine Partei planmäßiger Aktionen, sie muß vielmehr auch auf unvorhergesehene Ereignisse reagieren.

Theorie und Praxis

Daher wird die Politik der SED wohl auch in Zukunft wie in der Vergangenheit weniger geprägt sein von ,,wissenschaftlicher Vorausschau" ihrer Führung – und damit von ihrer Programmatik – sondern von sich ständig verändernden Verhältnissen, unter denen die DDR-Hegemonialpartei ihre Macht selbstverständlich behalten will.

In dem vom IX. Parteitag angenommenen neuen Statut charakterisiert sich die SED als der ,,bewußte und organisierte Vortrupp der Arbeiterklasse und des werktätigen Volkes", sie beruft sich dabei wie eh und je auf Marx, Engels und Lenin sowie die revolutionäre deutsche Arbeiterbewegung. Der demokratische Zentralismus ist darin ebenso festgeschrieben wie die Aufgaben der einzelnen Parteiorgane vom ZK bis zu den Grundorganisationen. Die hierarchische Macht des Parteiapparats wurde auch durch das neue Statut nicht angetastet.

Enttäuscht von den Ergebnissen des IX. Parteitages zeigten sich große Teile der Bevölkerung, die sozialpolitische Verbesserungen erhofft hatten. Auf dem Parteitag blieben solche Beschlüsse aus, da zuerst eine Steigerung der Produktivität erfolgen sollte. Doch unmutige Reaktionen weiter Kreise veranlaßten die Führung bereits eine Woche später zu Teilzugeständnissen, sie versprach, im Oktober 1976 die Mindestlöhne und ab Dezember die Mindestrenten zu erhöhen, außerdem wurde der Mutterschutz verbessert.

Die Wahlen zur Volkskammer am 17. Oktober 1976 brachten das übliche Ergebnis: 99,86 Prozent der gültigen Stimmen wurden für den Wahlvorschlag der Nationalen Front abgegeben. In der konstituierenden Sitzung der Volkskammer am 29. Oktober 1976 erfolgten allerdings personelle Veränderungen an der Spitze: Der bisherige Vorsitzende des Ministerrates, Horst Sindermann, wurde nun Prä-

sident der Volkskammer. Gründe für diese – einer Degradierung gleichkommen-
den – Umbesetzung wurden nicht genannt.

Honecker
Vorsitzender des
Staatsrates Zum Vorsitzenden des Staatsrats berief die Volkskammer Erich Honecker. Da
er zugleich als Vorsitzender des Nationalen Verteidigungsrates bestätigt wurde,
vereinigt der Generalsekretär der SED seit 1976, wie seinerzeit Ulbricht, die drei
wichtigsten Partei- und Staatsfunktionen in seiner Hand. Der bisherige Staatsratsvorsitzende Willi Stoph wurde zum Vorsitzenden des Ministerrates berufen und
übernahm damit wieder das Amt, das er schon früher lange Jahre verwaltet hatte.

Die Staats- und Parteiführung hatte sich nicht nur mit der Innen- und Außenpolitik zu befassen, sie mußte auch Position bei den Konflikten im Weltkommunismus beziehen. Die Auseinandersetzungen innerhalb der kommunistischen Welt-
bewegung zeigten, daß unter dem Begriff „Kommunismus" inzwischen vielfältige
politische und ideologische Strömungen wirksam sind. Aus dem monolithischen
Stalinismus ging eine Bewegung hervor, deren Spannweite vom sowjetischen bürokratisch-diktatorischen Staatskommunismus bis zur chinesischen Variante,
zum Reformkommunismus Jugoslawiens oder dem Eurokommunismus der KP
Italiens reichte.

Auf dem IX. Parteitag der SED 1976 nahm die SED nicht nur klar für Moskau
und gegen Peking Stellung, sie wies auch alle Ideen der westlichen Reformkom-
munisten zurück. Dennoch bemühte sich die SED, die Kontakte zu den Euro-
kommunisten, die immer deutlicher die Vormacht der UdSSR und das sowjetische
Modell ablehnten, nicht abreißen zu lassen. Im Juni 1976 gelang es der SED, in
Ost-Berlin eine Konferenz von 29 kommunistischen Parteien Europas durchzuführen. Sie veröffentlichte nun sogar die Reden der abweichenden Eurokommuni-
sten, etwa des damaligen spanischen KP-Führers Carrillo, der sich eindeutig gegen
„diktatorische Formen" und für „politischen und ideologischen Pluralismus
ohne Einparteiensystem" aussprach.

Solche Vorstellung der Unabhängigkeit von der Sowjetunion und von Freiheiten im Sozialismus wirkten auf die DDR zurück. Signal dafür war z. B. Rudolf
Bahros Buch „Die Alternative", das 1977 nur im Westen erscheinen konnte.
Bahro wurde deswegen 1978 zu acht Jahren Zuchthaus verurteilt und durfte dann
1979 in die Bundesrepublik ausreisen. Symptomatisch war auch das vom „Spiegel" im Januar 1978 veröffentlichte „Manifest" einer demokratischen Opposition
in der DDR. Offen wurde die Forderung nach Demokratisierung und Rechts-
Robert Havemann staatlichkeit in der DDR weiterhin von Robert Havemann vertreten, der wegen
seiner demokratisch-kommunistischen Opposition ständigen Repressalien ausgesetzt war (Havemann starb 1982).

Diese vereinzelte Opposition war rasch zu unterdrücken, sie konnte das Regime
nicht erschüttern. Doch mußte die DDR-Führung erkennen, daß Ideen gegen die
Parteidiktatur tief verwurzelt waren. Nach 1976 stieg die Zahl der Unzufriedenen,
die Ausreiseanträge stellten und auf die DDR-Staatsbürgerschaft verzichten wollten, sprunghaft an. Schikanen gegen kritische Künstler verschärften die Lage.
Ausgelöst wurde der Konflikt durch die Ausbürgerung Wolf Biermanns während

einer (zunächst genehmigten) Vortragsreise nach Köln im November 1976. So-
wohl dieser Vorgang als auch die im Jahre 1977 erfolgte Ausbürgerung Reiner
Kunzes signalisierten eine Wende der Kulturpolitik. Prominente Schriftsteller und   Wende der
Künstler, die sich mit Biermann solidarisiert hatten und gegen seine Ausbürgerung   Kulturpolitik
auftraten, wurden unter Druck gesetzt. Weniger bekannte Künstler verhaftete das
MfS und schob sie später in die Bundesrepublik ab.

Viele Schriftsteller verließen dann bis 1981 die DDR, erwähnt seien Karl-Heinz
Jakobs, Günter Kunert und Erich Loest. Stefan Heym wurde vielfältigen Repressalien unterworfen, aber auch die weltbekannte Schriftstellerin Christa Wolf,
ehemaliges ZK-Mitglied der SED, wurde gerügt. Auch in den Jahren zwischen
1976 und 1980 zeigte sich: In der DDR existiert trotz gegenteiliger Beteuerungen
der Honecker-Führung der Widerspruch zwischen Geist und Macht ebenso, wie
er zuvor für die Ulbricht-Periode typisch war. Die Literatur litt besonders unter
dem Exodus vieler Schriftsteller, deren Rolle in der DDR politisch bedeutsamer ist
als die ihrer Kollegen im Westen. Das Meinungsmonopol der Führung mit einer
öden Presselandschaft, der Anspruch von Staat und Partei an die Kulturschaffen-
den, DDR-relevante Probleme aufzugreifen, ,,politisierten" die Belletristik. Daher fanden sich bei Schriftstellern sowohl nonkonformistische Gedanken als auch
oppositionelle Äußerungen. Das veranlaßte wiederum Kulturfunktionäre in Staat
und Partei zu ideologischen Angriffen, auch riefen sie die Zensur auf den Plan.

Gleichzeitig bemühte sich die DDR-Führung aber auch, elastischer zu agieren,
so u. a. gegenüber der Evangelischen Kirche. Nach einem Gespräch zwischen Ho-   Evangelische
necker und der Evangelischen Kirchenleitung im März 1978 erhielt die Kirche   Kirche
mehr Spielraum für eigene Aktivitäten. Vor allem an Friedensinitiativen der Kirchen war die DDR interessiert, und sie unterstützte diese teilweise. Dabei entstanden freilich – etwa wegen des neu eingeführten Wehrunterrichts an den Schulen –
auch wieder Konflikte. Als deutliches Zeichen der Entkrampfung der Beziehungen zwischen Staat und Kirche ist die Einweihung eines Kirchengebäudes in Eisenhüttenstadt im Mai 1981 zu bewerten. Diese 1954 noch als ,,Stalinstadt" gegründete neue ,,sozialistische Stadt" benötigte nach Auffassung der Parteiführung
keinen Kirchenbau. Doch mußte die SED ihre Vorstellung von der ,,absterbenden
Kirche" inzwischen revidieren und Zugeständnisse machen. Nach den polnischen
Unruhen von 1980 wurde die Regierung der Kirche gegenüber wieder argwöhni-
scher, sie verschärfte die Zensur der kirchlichen Publikationen, doch blieb sie insgesamt bei ihrer flexiblen Haltung.

Freilich mußte die Führung erkennen, daß am Ende der siebziger Jahre bei einem Großteil der Bürger noch immer Unzufriedenheit herrschte. Zur Stagnation
des Lebensstandards kamen Versorgungsengpässe und mangelnde Qualität der
Produkte, der Abstand zur Bundesrepublik, auf die die Bevölkerung fixiert blieb,
war nicht verringert worden. Die Zuwachsraten der Industrie gingen zurück, und
die Nettoverschuldung des Staates an den Westen wuchs erheblich an. Die SED
versuchte, unter diesen Umständen ihre Macht durch eine Verschärfung des Strafrechts abzusichern. Im Juni 1979 beschloß die Volkskammer ein 3. Strafrechtsän-

derungsgesetz, das die Strafbestimmungen gegenüber der sogenannten „staats-
feindlichen Hetze" erheblich erweiterte.

Außenpolitik

Mit der Verschlechterung der Weltlage verschärfte sich nicht nur der Ost-
West-Konflikt, sondern auch die Außenpolitik der DDR. Allerdings zeigte sich
gerade in der Krise nach der sowjetischen Intervention in Afghanistan im Dezember 1979, daß die Institutionalisierung des deutsch-deutschen Verhältnisses während der Entspannungsphase sich insgesamt bewährte. Auch die Regierung der
DDR sah die Friedenssicherung in Europa weiterhin als vorrangiges Ziel, und bei
diesen Bemühungen stimmte sie mit der Bundesregierung überein.

Die Streiks in Polen im Sommer 1980 und die Entstehung der unabhängigen
Gewerkschaft „Solidarität" beunruhigten die DDR-Führung, die nun auch die
deutsch-deutschen Kontakte einengte. Bundeskanzler Schmidt sagte eine geplante
DDR-Reise ab, die DDR erhöhte wenige Tage nach der Bundestagswahl von 1980
den Zwangsumtausch für Westbesucher und belastete damit das Verhältnis zu
Bonn erheblich.

Bemerkenswert war freilich – nach jahrelanger Ablehnung jeglichen Gedankens
einer Wiedervereinigung – Honeckers These vom Februar 1981. Er erklärte, bei
einer „sozialistischen Umgestaltung" der Bundesrepublik „steht die Frage der
Vereinigung beider deutscher Staaten vollkommen neu" [Neues Deutschland
Nr. 39 vom 16. 2. 1981]. Seine Ausführungen – von den Parteifunktionären mit
„starkem Beifall" aufgenommen – sind Indiz dafür, daß in der DDR nach wie vor
die nationale Idee präsent ist. Die Honecker-Führung ist also noch weit entfernt
von ihrem Ziel einer „sozialistischen Nation" der DDR.

4. Ringen um Stabilität 1981–1986

Anfang der achtziger Jahre unternahm die DDR große Anstrengungen, um ihre
Wirtschaft wieder voranzubringen, die Instabilität des Systems zu überwinden
und außenpolitische Erfolge zu erreichen. Neue Impulse für diese Politik sollte

X. Parteitag
der SED

der X. Parteitag der SED geben, der im April 1981 stattfand. Die SED präsentierte
sich mit ihren fast 2,2 Millionen Mitgliedern erneut als „führende Kraft" der
DDR.

Der Kongreß bestätigte die Generallinie der Partei: ihren Anspruch auf die
„führende Rolle" in Politik und Gesellschaft, die „Einheit von Wirtschafts- und
Sozialpolitik" im Innern, die Friedens- und Entspannungspolitik und das Treuebekenntnis zur Sowjetunion nach außen. Es war ein Parteitag der Kontinuität.
Erich Honecker gab den Rechenschaftsbericht, Willi Stoph referierte zum neuen
Fünfjahrplan. Mehr als 10 Jahre nach Übernahme der Führung bemühte sich Honecker – nun durch Personenkult herausgehoben – seine Politik der Herrschaft der
Partei einerseits und der Modernisierung der Gesellschaft andererseits fortzuset-
zen.

Honecker nannte „drei Hauptrichtungen" für die Parteiarbeit. Erstens werde   Ziele Honeckers
eine hohe Effektivität der Führung erreicht, wenn die „Umsetzung der Beschlüsse" des ZK „einheitlich und geschlossen bis in die Parteigruppen" gesichert sei.
Die SED will also den straffen Zentralismus in der Partei unbedingt beibehalten.

Zweitens betonte Honecker, für die SED bleibe die Wirtschaft das entscheidende Kampffeld, dort müßten die Parteiorgane „einen hohen Leistungszuwachs
sichern". Durch höhere Effizienz der Wirtschaft soll der Lebensstandard verbessert und so die noch unzufriedenen Teile der Bevölkerung neutralisiert und die
Herrschaft der SED stabilisiert werden.

Drittens schließlich forderte Honecker ein „hohes Niveau" der Massenarbeit
zur „Festigung des politischen Bewußtseins der Werktätigen". Die Partei darf
sich nicht abkapseln, sie soll vielmehr aktiv auf die Menschen einwirken, wobei die
ideologische Indoktrination Vorrang hat.

Diese keineswegs neuen Aufgaben wollte die SED mit der amtierenden Füh-
rungsmannschaft lösen, fast alle bisherigen ZK-Mitglieder wurden wiedergewählt, und auch in der Spitzenführung, dem Politbüro und dem Sekretariat, gab es
kaum Veränderungen.

Wie wenig sich auch in der praktischen Politik wandelte, bewiesen die Wahlen
zur Volkskammer im Juni 1981, bei denen die üblichen 99,86 Prozent der gültigen
Stimmen für die Einheitslisten registriert wurden. An der Staatsspitze bestand
weiterhin Personalunion zwischen Partei und Staat: SED-Generalsekretär Honecker wurde wieder Vorsitzender des Staatsrates und des Verteidigungsrates, Politbüromitglied Stoph als Vorsitzender des Ministerrates bestätigt.

Das politische System blieb auch in den achtziger Jahren unangetastet und nach
wie vor am Modell der Sowjetunion orientiert. Allerdings existiert formal weiterhin anstelle des sowjetischen Einparteiensystems (das auch in Rumänien und Ungarn besteht) das sogenannte sozialistische Mehrparteiensystem. Die vier nichtkommunistischen Parteien, CDU, LDPD, NDPD und DBD verfügen beispielsweise auch über mehr Sitze in den Parlamenten (Volkskammer, Bezirkstage usw.)
als entsprechende Parteien in Polen oder der Tschechoslowakei. Doch ist ihr Einfluß in der realen Politik ebenso gering. Da sie die Führungsrolle der SED aner-
kennen, in der Praxis die gleiche Transmissionsrolle übernommen haben wie die
Massenorganisationen, unterscheidet sich das Parteiensystem der DDR in der
Realität kaum von dem der UdSSR.

Die Kongresse der vier „befreundeten" Parteien machten sich 1982 – wie schon   Mitglieder-
zahlen der
Parteien
in der Vergangenheit – die Beschlüsse der SED zu eigen. Der 13. Parteitag der
LDPD im April 1982 konnte 82.000 Mitglieder (davon 23 Prozent Handwerker
und 18 Prozent Angehörige der „Intelligenz") mustern, d. h. sie hatte seit dem
12. Parteitag 1977 7.000 Mitglieder mehr. Anfang 1987 zählte sie sogar 104.000
Mitglieder. Im April 1982 tagte auch der 12. Parteitag der NDPD, der ebenfalls
„Übereinstimmung" mit den Zielen der SED feststellte. Die Partei hatte 91.000
Mitglieder (gegenüber 85.000 1977 und dann 110.000 1987). Im Mai trat der
11. Parteitag der Demokratischen Bauernpartei zusammen, hier wurde versichert,

die Beschlüsse des X. Parteitages der SED seien für alle Mitglieder der DBD das „Kampfprogramm". Diese Partei zählte 103.000 Mitglieder gegenüber 92.000 im Jahr 1977 und schließlich 115.000 1987. Als letzte Partei veranstaltete die CDU im Oktober 1982 ihren 15. Parteitag. Diese größte und wichtigste Blockpartei zählte bereits auf ihrem Parteitag 1977 115.000 Mitglieder, nun waren es 125.000, im Jahr 1987 sogar 137.000. Daß von den CDU-Mitgliedern allein 20.000 als „hauptamtliche Staatsfunktionäre und als Abgeordnete" tätig waren, zeigt, wo die wesentlichen Arbeitsfelder der vier Parteien liegen.

Wichtigere Aufgaben im Parteiensystem haben für die SED die Massenorganisationen, dort kann sie durch Parteigruppen und Personalunion ihren Einfluß auch leichter durchsetzen. Große Aufmerksamkeit widmet die SED vor allem der FDJ, der Nachwuchsorganisation und „Kampfreserve" der Partei. Für die FDJ mit inzwischen 2,3 Millionen Mitgliedern bleibt es freilich eine negative Tatsache, daß sich in ihr vor allem diejenigen Jugendlichen organisieren, die wegen persönlicher Aufstiegschancen fast zwangsläufig beitreten müssen (Schüler und Studenten), während die Arbeiterjugend nur ein Viertel der Mitgliedschaft ausmacht.

Wie wenig es der Führung insgesamt gelungen ist, die unruhige DDR-Jugend zu disziplinieren, zeigte z. B. ein aus Anlaß der Weltjugendfestspiele in Moskau 1985 geschriebener Protestbrief. Er war von 34 jungen Menschen, darunter Pfarrer Rainer Eppelmann und den Schriftstellern Sascha Anderson und Rüdiger Rosenthal, unterzeichnet. In dem Brief wurden auch Rechte wie Meinungsfreiheit, Freizügigkeit, freie Information und Versammlungsfreiheit angemahnt. Bei solchen Aktionen versuchen unabhängige Friedensgruppen den Staat auf seine eigene Verfassung festzulegen. Trotz des Organisationsmonopols kann die FDJ also die ihr zugedachte Rolle unter der DDR-Jugend nicht ganz erfüllen.

FDGB   Eine wichtige Funktion kommt nach wie vor der größten Organisation, dem FDGB zu, der 1987 9,5 Millionen Mitglieder erfaßte, also über die Hälfte aller DDR-Bewohner. Der FDGB gilt wie alle „gesellschaftlichen Organisationen" als Bestandteil des Parteiensystems. Darüber hinaus sollen sie auch „Heimstatt des politischen Wirkens" für die Mehrheit der Bevölkerung sein [Staat und Recht 1977, 7, 690]. Das trifft ebenso zu für die „Gesellschaft für deutsch-sowjetische Freundschaft", die 1985 6 Millionen Mitglieder zählte, für den Kulturbund mit 263.000 Mitgliedern und für den DFD mit 1,5 Millionen organisierter Frauen.

Für das DDR-System bleiben die Massenorganisationen mit ihren vielfältigen Aufgaben in der jeweiligen Zielgruppe ein stabilisierender Faktor. Freilich hat im Mittelpunkt ihrer Arbeit die Propagierung der „führenden Rolle" der SED zu stehen. So soll z. B. der DFD mit seiner Schulungsarbeit bei den Mitgliedern die „Erkenntnis vertiefen, daß die SED ... die gesellschaftliche Entwicklung in der DDR auf der Grundlage einer wissenschaftlich begründeten Strategie und Taktik leitet" [lernen und handeln Nr. 10, 1986, 23].

Eine Aufwertung der Massenorganisationen ist am Beispiel der „Vereinigung der gegenseitigen Bauernhilfe" (VdgB) nachzuweisen, deren Rolle auf dem Land gegenüber der Bauernpartei wesentlich verstärkt worden ist. Ihre Mitgliederzahl stieg von 138.000 im Jahr 1980 auf 529.000 im Jahr 1985. Nach den letzten Wahlen 1986 wurde die VdgB erstmals seit 1963 wieder mit einer eigenen Fraktion in die Volkskammer aufgenommen. Dafür mußten die übrigen Massenorganisationen (FDGB, FDJ, DFD und Kulturbund) zusammen 14 Sitze abtreten, die nun die Abgeordneten der VdgB einnehmen. Die Wahlen vom 8. Juni 1986 brachten im übrigen das gewohnte Ergebnis: eine Wahlbeteiligung von 99,74 Prozent (gegenüber 99,21 Prozent 1981), es stimmten 99,94 Prozent (1981: 99,86) für den ,,gemeinsamen Wahlvorschlag der Nationalen Front der DDR". Bei der üblichen ,,offenen Stimmabgabe" waren so angeblich nur 7.500 Bürger der DDR gegen die Kandidaten der Einheitslisten. Allein die große Zahl der Ausreisewilligen läßt erkennen, was von solchen ,,Wahlergebnissen" zu halten ist, die ja auch für die SED kein reales ,,Stimmungsbarometer" sein können.

In der DDR, einer sich immer stärker differenzierenden modernen Industriegesellschaft, müssen aber komplexere Methoden der Machtausübung gefunden werden, will sich die Führung nicht auf ein Krisenmanagement beschränken. Zwar verschleiern die offiziellen Beschreibungen der sozioökonomischen Struktur der Berufstätigen noch immer die tatsächliche soziale Schichtung, doch Tendenzen einer Veränderung sind durchaus erkennbar. Die Statistik weist für 1985 89 Prozent der Berufstätigen als Arbeiter und Angestellte aus, 6,8 Prozent als Mitglieder von LPGs und 1,8 Prozent als Mitglieder von Produktionsgenossenschaften des Handwerks (PGH), 1,2 Prozent sind private Handwerker. Der Anteil der Berufstätigen in der Industrie blieb fast unverändert (1975: 38,2 Prozent, 1980: 38 Prozent, 1985: 37,9 Prozent), er stieg leicht im ,,nichtproduzierenden Bereich" (1970: 17,5 Prozent, 1980: 20,1 Prozent, 1985: 21 Prozent), während die Zahl der Beschäftigten in der Landwirtschaft sich leicht verringerte (1970: 12,8 Prozent, 1980: 10,7 Prozent, 1985: 10,8 Prozent). Bei der Qualifikation hält der Trend zu besserer Ausbildung an, der Anteil an ,,Hoch- und Fachschulkadern" in der Wirtschaft stieg von 11,6 Prozent (1970) auf 21 Prozent (1985) [Statistisches Jahrbuch der DDR 1986, 110, 125].

Bei dieser modernen Sozialstruktur erwiesen sich die krisenhaften Symptome der Wirtschaft als besonders gravierend. 1982 gab es bedenkliche Engpässe bei der Versorgung, da die DDR die Importe gedrosselt und die Exporte erhöht hatte, um die Auslandsverschuldung abzubauen. Es gelang, sie von über 10 Mrd. auf 6,7 Mrd. Dollar 1983 zu senken. Danach verbesserte sich allmählich wieder die Lebenslage der Bürger. 1984 wuchs die industrielle Warenproduktion der Volkswirtschaft um 4,2 Prozent (geplant waren 3,6 Prozent). Flexiblere Methoden sollten den Alltag erträglicher machen. Egon Krenz, der seit 1983 Mitglied des Politbüros ist und als Stellvertreter Honeckers aufgebaut wurde, betonte, daß die Partei die Versorgung der Bevölkerung als eine ,,erstrangige politische Aufgabe" betrachte, deshalb sollten auch ,,kleine Gaststätten und Geschäfte" unterstützt werden [Neues Deutschland Nr. 54 vom 3./4. 3. 1984]. Krenz konnte auch darauf verweisen, daß die Versorgung mit langlebigen Konsumgütern weiter ansteige. Tatsächlich gibt es inzwischen in der DDR mit einem Bestand von 46 PKW pro 100 Haus-

Sozialstruktur 1985

halte mehr PKWs als Ende der sechziger Jahre in der Bundesrepublik (41 je 100 Haushalte), bei der Ausstattung mit Fernsehgeräten und Waschmaschinen ist die Differenz zwischen beiden deutschen Staaten geringer geworden.

Vor allem aber steht die DDR beim Vergleich mit den übrigen kommunistisch regierten Staaten an der Spitze: auf je 1.000 Einwohner (nicht Haushalte gerechnet) sind in der DDR fast doppelt soviele Kühlschränke oder Fernseher vorhanden wie in der UdSSR oder Bulgarien. Der Abstand hat sich seit 1960 zwar verringert, dennoch liegt die DDR bei der Ausrüstung mit langlebigen Wirtschaftsgütern im Ostblock weit vorn.

Wohnungsbau-programm Durch ihr ehrgeiziges Wohnungsbauprogramm gelang es der DDR, das Lebensniveau gegenüber den anderen Ostblockstaaten noch zu verbessern. Die Übergabe der zweimillionsten Wohnung seit Beginn des Wohnungsbauprogramms von 1971 durch Erich Honecker im Februar 1984 wurde auch als Erfolg im Bemühen um stärkeren Konsens zwischen Bevölkerung und Führung gewertet. Die DDR erstellte – auf die Bevölkerung umgerechnet – doppelt soviele Wohnungen wie die anderen RGW-Staaten.

Ihre Spitzenstellung im Rat für Gegenseitige Wirtschaftshilfe wird von der modernen Struktur der DDR begünstigt. In der DDR arbeiten 38 Prozent der Beschäftigten in der Industrie und nur 10 Prozent in der Landwirtschaft. Dagegen sind in der UdSSR – wie in Bulgarien und Ungarn – doppelt soviele der Beschäftigten in der Landwirtschaft tätig, in Polen und Rumänien sogar dreimal soviel [Die sozialistische Gemeinschaft 1985, 129]. Aber auch die Landwirtschaft selbst arbeitet in der DDR ertragreicher, der Viehbesatz (Rinder, Schweine) ist pro hundert Hektar Nutzfläche doppelt so hoch wie in den anderen RGW-Ländern und übertrifft den der UdSSR um ein Vielfaches [ebd. 232].

Entsprechend liegt die DDR nicht nur bei der Erzeugung von Fleisch, Milch und Eiern an der Spitze, sondern ebenso beim Verbrauch (bei Fleisch ist er fast doppelt so hoch wie in der UdSSR). Die DDR ist als Industriegesellschaft nicht nur im RGW führend, es gelingt ihr auch leichter, die soziale Lage der eigenen Bevölkerung zu verbessern als den anderen kommunistisch regierten Staaten (abgesehen von Ungarn, das eher zu wirtschaftlichen Experimenten bereit ist).

Zu den sozialen Verbesserungen zählte die Erhöhung der Renten 1985 um 30 Mark (die Mindestrente lag bei nun 300 Mark). Seit 1980 beträgt das monatliche Durchschnittseinkommen der Arbeiter und Angestellten über 1.000 Mark. Respektable Ergebnisse hat die DDR im Gesundheitswesen vorzuzeigen, z.B. die Verdoppelung der Anzahl von Ärzten und Polikliniken zwischen 1960 und 1982. Auch auf kulturellem Gebiet sind ihre Anstrengungen beachtlich, was sich nicht nur am effizienten Bildungssystem ablesen läßt, sondern ebenso an einer hohen Buchproduktion oder Verdoppelung der Zahl der Besucher von Kunstmuseen zwischen 1965 und 1980.

Ausreisewelle Dennoch ist die DDR von der erwünschten Stabilität weit entfernt. Die Ausreisewelle von 1984, als 35.000 Bürger in die Bundesrepublik übersiedelten, ist ein Indiz für die Unzufriedenheit breiter Kreise. Dafür gibt es immer wieder die unterschiedlichsten Beispiele und Signale. Demonstrationen in Jena im Sommer 1983 gehören ebenso dazu wie „Mahnwachen" der unabhängigen DDR-Friedensbewegung am 1. September 1983 in Ost-Berlin (die von der Polizei gewaltsam aufgelöst wurden) oder die spektakuläre Flucht in osteuropäische Botschaften der Bundesrepublik.

Im Rahmen der Friedensdiskussionen konnte die Evangelische Kirche ihre Rolle als einzige autonome Organisation ausbauen. Kirchenführer verweisen zwar auf das seit den siebziger Jahren gute Verhältnis zum Staat, sprechen aber auch offen allgemeine Probleme an. So konstatierte der sächsische Bischof Hempel im September 1983 die Verbitterung vieler Bürger über ihre Behandlung durch die Staatsbehörden und er kritisierte die „gefilterte" Art der Information. Häufig beklagen gerade Jugendliche den Bürokratismus. Und immer wieder zeigt sich, daß der Alltag nicht nur von hoher Politik geprägt ist, sondern selbst in einer so politisch verfaßten Gesellschaft wie der DDR Beruf, Familie, Freizeit, Sport, Liebe, persönliche Freundschaften und Feindschaften für die meisten Menschen die entscheidendere Rolle spielen. Evangelische Kirche

Auch daran versucht die DDR-Führung anzuknüpfen, um das System zu konsolidieren. Neuerdings wird vermehrt herausgestellt, daß der Staat seinen Bürgern „Gesetzlichkeit, Ordnung und Sicherheit" garantiere [Neue Justiz 1984, 4, 123]. Darüber hinaus wird neben der immer wieder beschworenen „sozialen Gerechtigkeit" nun auch „Geborgenheit" versprochen, die „ausgebaut" werde [620: O. REINHOLD, 1986, 124]. Auf dem XI. Parteitag der SED im April 1986 versicherte Honecker in seinem Rechenschaftsbericht, in der DDR seien „soziale Sicherheit und Geborgenheit" gewährleistet [Protokoll XI. Parteitag, 32]. Auch in der Direktive des XI. Parteitags der SED zum Fünfjahrplan 1986–1990 und entsprechend dann auch im „Gesetz über den Fünfjahrplan" ist von der notwendigen „Geborgenheit der Bürger" die Rede [Neues Deutschland Nr. 281 vom 28. 11. 1986]. Selbst im Bericht über die Plandurchführung 1986 heißt es, ab 1. Mai 1986 seien „umfassende Maßnahmen zur Förderung der sozialen Sicherheit und Geborgenheit" wirksam geworden [Neues Deutschland Nr. 15 vom 19. 1. 1987]. Die politische Kultur wird damit um traditionelle (und auch „spezifisch deutsche") vormoderne Haltungen erweitert. Dazu soll die Bevölkerung auf kommunaler Ebene mehr eingebunden und daher der Rang der Kommunalpolitik angehoben werden. Bei einer Beratung des ZK der SED und des Ministerrates der DDR mit Kommunalpolitikern im Oktober 1986 bezeichnete Regierungschef Willi Stoph das „Territorium" als eine „wichtige Quelle für die Erhöhung der volkswirtschaftlichen Leistungskraft". Er vergaß aber nicht zu betonen, es befördere auch das „Wohlbefinden" der Bürger, wenn im „Wohngebiet geordnete Verhältnisse herrschen, Kinder und Erwachsene nicht gefährdet, gesellschaftliches und persönliches Eigentum geschützt sind". Auch Stoph benutzte den Begriff „Geborgenheit" und erklärte, diese erfordere „Rechtssicherheit" [Einheit 41, 1986, 1069, 1078]. Die Berufung auf konservative Werte wie Geborgenheit, Recht und Ordnung soll offenbar Emotionen wecken und das Regime der DDR „Geborgenheit" der Bürger für breitere Schichten attraktiv machen. Zugleich soll mit solchen Begriffen die DDR als „heile Welt", als gemütlich und deutsch, von der hektischen und „kalten" Gesellschaft des Westens positiv abgehoben werden. Damit könnten die Bürger das eigene System des „realen Sozialismus" bereitwilliger akzeptieren, ja sich vielleicht mit ihm identifizieren, hofft die Führung.

Soziale Privilegien   Schließlich bieten materielle Vorteile die Chance, einen weiten Kreis der Bevölkerung zu gewinnen oder wenigstens zu neutralisieren, um ihre Loyalität zu erreichen und dadurch das Regime zu stabilisieren. Die DDR-Führung versucht zwar, die Existenz einer Oberschicht zu leugnen, doch ist die soziale Privilegierung der Eliten in Partei, Staat, Wirtschaft und Kultur nicht zu übersehen. Der Besitz an Gebrauchsgütern ist generell gestiegen. Von je 100 Haushalten besaßen 1985 46 einen PKW (1975: 26), 93 einen Fernsehempfänger, davon 38 Farbfernseher (1975: 82 bzw. 2,5), 99 einen Kühlschrank (1975: 84) und 92 eine Waschmaschine (1975: 73). Doch es gibt gerade hier deutliche Unterschiede, die Privilegierung und Unterprivilegierung erkennen lassen. Bei den Haushalten mit hohem Nettoeinkommen (2.200 Mark und mehr) betrug der Bestand immerhin (1985 pro 100 Haushalte) 77 PKW, 161 Kühlschränke, 110 Waschmaschinen und 132 Fernsehempfänger (darunter 58 Farbfernsehgeräte) [vgl. Statistisches Jahrbuch der DDR 1986, 281]. Dagegen besitzen Familien mit niedrigsten Einkommen (unter 800 Mark) pro 100 Haushalte nur 6 PKW, 81 Kühlschränke, 69 Waschmaschinen und 82 Fernsehempfänger (13 Farbfernsehgeräte). Diese Beispiele veranschaulichen, daß das Lebensniveau selbstverständlich auch in der DDR vom Einkommen abhängt. Gerade bei der Verfügung über langlebige Gebrauchsgüter, die die Arbeit erleichtern (besonders notwendig wegen der Berufstätigkeit von rund 90 Prozent der Frauen!), zeigen sich spürbare soziale Unterschiede. Auch hier sind die Funktionäre der Oberschicht privilegiert. Materielle Vorteile gegenüber der breiten Masse haben freilich auch andere Gruppen wie z. B. Handwerker oder Spezialisten. Alle diejenigen, die gut verdienen, können in den Exquisitläden überteuerte, qualitativ hochwertige Produkte kaufen, leben also besser als die Mehrheit der Bevölkerung. Das alles beweist, daß die DDR trotz eines Netzes sozialer Sicherungen, dort „sozialistische Errungenschaften" genannt, einer „klassenlosen" Gesellschaft nicht näher gekommen ist. Der angebliche „Übergang zum Kommunismus", zur klassenlosen Gesellschaft, bleibt so reine Ideologie.

5. Reformchancen der DDR

Ein solcher Übergang wird indes noch mehr durch verkrustete Herrschaftsstrukturen verbaut. Diese sind nach wie vor durch die Allmacht der SED gekennzeichnet. Das wichtigste Ziel der Partei bleibt es, ihre Hegemonie abzusichern. Darauf hat sie stets ihre Organisationsarbeit ausgerichtet. Indessen zeigen viele Beispiele, so etwa die Ausführungen Honeckers vor den 1. Kreissekretären der SED im Februar 1983, daß der Partei immer wieder die gleichen Aufgaben gestellt werden, sich Kampagnen ständig wiederholen, die Arbeit sich förmlich im Kreise dreht.

Bei der Diskussion der immer wieder beschworenen Prinzipien der Kaderpolitik werden freilich auch Interna bekannt. Der Leiter der Abteilung Kader im ZK-Apparat der SED, Fritz Müller, berichtete im Mai 1981, daß 339.000 Nomenklaturkader des ZK, der Bezirks- und Kreisleitungen der SED Weiterbildungslehrgänge besuchten. Diesen Zahlenangaben ist zu entnehmen: Von den 2,2 Millionen Mitgliedern gehören rund eine halbe Million zu den ,,Nomenklaturkadern", d. h. sie sind die hauptamtlichen Funktionäre in Partei, Staat, Wirtschaft und Kultur, und sie bilden den Kern der neuen Machtelite. Um den Zusammenhalt gerade dieser Kader zu bewahren und zu fördern sieht sich die Parteiführung wiederholt zu ideologischen Offensiven veranlaßt. Die Ausrufung eines ,,Karl-Marx-Jahres" 1983 war dafür beispielhaft. Anläßlich des 100. Todestages von Marx (oder des 165. Geburtstages, wie die SED pietätvoll anmerkte) veröffentlichte die Partei Thesen, in denen sie nicht nur Marx ehrte, sondern vor allem den ,,realen Sozialismus" der DDR als konsequente Verwirklichung seiner Ideen ausgab. Marx wurde im Lichte Lenins präsentiert, und nicht mehr wie beim ersten Karl-Marx-Jahr 1953 im Sinne Stalins interpretiert. Die SED definierte sich als orthodoxe Vertreterin der ,,Lehre" von Marx, sie wollte mit ihrer These von der ,,schöpferischen Weiterentwicklung" den Widerspruch von Theorie und Praxis vertuschen. Aber der Kontrast zwischen der Praxis der DDR und den Konzeptionen von Marx ist nicht zu übersehen. Sozialismus bedeutete für Marx und die von ihm geprägte freie Arbeiterbewegung Emanzipation des Menschen, Selbstbestimmung der Arbeiter in einer solidarischen Gesellschaft. Dies beinhaltete auch politische Demokratie, Rechtssicherheit und Freiheitsrechte des Einzelnen. Doch da gerade diese Grundrechte im ,,realen Sozialismus" fehlen, reduziert dieser sich faktisch auf die Allmacht der Partei. Deswegen liegt aber in der Berufung auf Marx auch eine Gefahr für die Führung der DDR. Einerseits benötigt sie seine Person und sein Werk zur Legitimation, andererseits entsteht aus dem kritischen Geist der Theorie von Marx auch Opposition. Hatte doch gerade Marx auf die ,,Explosivkraft der demokratischen Ideen und den der Menschheit angeborenen Drang nach Freiheit" verwiesen [MARX/ENGELS, Werke, Bd. 9, Berlin (Ost) 1960, 17].

Die DDR-Führung bemühte sich nun, ihrer Legitimation eine breitere Basis zu geben. Inzwischen stützt sie sich nicht mehr nur auf die revolutionären Traditionen, sondern bewußt auf die ganze deutsche Geschichte. Noch vor der Proklamierung des Marx-Jahres erklärte die DDR 1983 zum Luther-Jahr. Im Oktober 1983 hatte Honecker versucht, diese Wendung als ,,Weiterentwicklung" des Luther-Bildes darzulegen. Bei einem Festakt im November 1983 ehrte der Staatsratsvorsitzende dann Luther als Vorbild. Inzwischen wird auch der Widerstand konservativer Kreise gegen das NS-Terrorregime gewürdigt, und selbst Friedrich II. oder Bismarck werden teilweise positiv herausgestellt.

In der praktischen Politik lehnte die DDR die Eskalation der Konfrontation, wie sie von der Tschernenko-Führung und der Reagan-Administration betrieben

Marginalien:
Nomenklatur-Kader

Karl-Marx-Jahr

Luther-Jahr

wurde, ab. Den raschen Wechsel von Breschnew zu Andropow (November 1982), von Andropow zu Tschernenko (Februar 1984) und schließlich von Tschernenko zu Gorbatschow (März 1985) und die damit verbundene Unbeweglichkeit der Sowjetspitze nutzte die DDR-Führung für eigene Manövriertätigkeit aus. Zwar blieb ihr nichts anderes übrig, als nach der Stationierung der US-Raketen in der Bundesrepublik der Aufstellung neuer sowjetischer Raketen auf ihrem Territorium zuzustimmen, doch Honecker bekannte offen, daß dies ,,keinen Jubel" auslöse. Trotz der Verhärtung der sowjetischen Haltung beharrte die DDR auf ihrer

Friedenspolitik   These: ,,Sicherung des Friedens ist Staatsdoktrin" [Einheit 39, 1984, 106]. Sie befürchtete, eine neue ,,Eiszeit" in den Ost-West-Beziehungen werde eine stärkere Einbindung der kleineren Staaten in den Block bringen und damit eigene politische Spielräume einengen. Hier befand sie sich im Widerspruch zur Führungsmacht. Durch die indirekten Angriffe in der Moskauer ,,Prawda" gegen Honeckers Deutschlandpolitik gerieten diese Differenzen auch an die Öffentlichkeit.

Auf Dauer konnte die DDR freilich in Mitteleuropa keine Politik gegen die sowjetische Taktik (deren Strategie sie ohnehin nicht antastete) machen. Das Schicksal seines Vorgängers Ulbricht ist für Honecker Warnung genug. Die DDR kann für sich keine relative Unabhängigkeit wie etwa Rumänien erwarten. Denn einerseits befinden sich sowjetische Truppen auf ihrem Boden, andererseits wird ihre Existenz nur durch die sowjetische Unterstützung garantiert.

Annäherung
beider
deutscher
Staaten   In der Deutschlandpolitik kam es dennoch zu weiterer Annäherung beider deutscher Staaten. Auch nach dem Regierungswechsel von der sozial-liberalen zur CDU/CSU/FDP-Koalition unter Bundeskanzler Helmut Kohl blieb die DDR auf Entspannungskurs. Milliardenkredite und Abbau von Selbstschußanlagen an der Grenze sowie zahlreiche Gespräche zwischen Politikern der Bundesrepublik und der DDR signalisierten Veränderungen. Der geplante Besuch Honeckers 1984 in der Bundesrepublik sollte zum Höhepunkt werden. Seine Absage im September 1984 war ein Rückschlag, maßgeblich dafür war der Druck aus Moskau. Es erfolgte jedoch keine Kehrtwendung der DDR, diese setzte vielmehr ihre ,,Politik der Vernunft" fort. So konnten 1984 35.000 Einwohner der DDR legal in die Bundesrepublik übersiedeln, 1985 kamen 18.000 und 1986 war dies 20.000 Personen möglich. Nach DDR-Mitteilungen konnten 1986 573.000 Personen, die noch nicht im Rentenalter waren, die Bundesrepublik besuchen. Der Tod Tschernenkos sowie die Ablösung Gromykos als Außenminister der UdSSR hatten diese DDR-Politik erleichtert.

Zum 40. Jahrestag des Kriegsendes in Europa im Mai 1985 präsentierte Honekker die DDR nicht nur als den antifaschistischen deutschen Staat, sondern er beharrte zugleich auf seiner These, es könne ,,keine Aufgabe wichtiger sein, als den

Koalition der
Vernunft   Frieden zu sichern" und dazu sei ,,eine Koalition der Vernunft und des Realismus" nötig [Neues Deutschland Nr. 70 vom 23./24. 3. 1985]. Selbstverständlich stellte sich die DDR ohne Zögern hinter die Vorschläge Gorbatschows in Reykjavik (Oktober 1986). Honecker sagte, bei einer ,,Lösung der Fragen der Mittelstreckenraketen" gebe es keine Notwendigkeit mehr für die Stationierung takti-

scher Raketen, dann sei es möglich, ,,dieses Teufelszeug vom Boden der DDR zu entfernen" [Neues Deutschland Nr. 276 vom 22./23.11.1986].

Diese Politik wird von der SED inzwischen auch ideologisch abgesichert. Im Zusammenhang mit dem Dialog zwischen Kommunisten und Sozialdemokraten erklärt die Partei, daß es kein Aufgeben ,,marxistisch-leninistischer Prinzipien" bedeute, wenn sie von der ,,von menschlicher Vernunft geleiteten Erkenntnis der neuen Dimension der Friedensbedrohung im Nuklearzeitalter und der damit verbundenen Gefahr für die Existenz der ganzen Menschheit" ausgehe. Hier sei eine neue politische Denkweise notwendig, ideologische Differenzen rückten damit ,,auf Rang zwei" [Horizont 1986, Nr. 12, 10]. Mit dieser Einschätzung kann sich die DDR zwar auch auf Aussagen sowjetischer Ideologen stützen, doch geht sie mit der Einschränkung der Rolle ideologischer Dogmen einen Schritt weiter. Ob diese Auffassungen eine grundsätzliche oder nur eine strategische Umorientierung bringen, ist abzuwarten.

Ideologie auf ,,Rang zwei"

In ihrer Innenpolitik konnte sich die DDR-Führung allerdings noch nicht zu einem Umdenken entschließen. Vor allem besteht die SED weiterhin auf ihrem Anspruch, in allen Bereichen die ,,führende Rolle" auszuüben. Die SED bleibt also die Hegemonialpartei der DDR.

Detaillierte Informationen über die Zusammensetzung ihrer Organisation enthielt ein Bericht des Sekretariats des ZK in ,,Neues Deutschland" vom 9. Januar 1986. Danach sind die knapp 2,3 Millionen Mitglieder und Kandidaten in 58.573 Grundorganisationen erfaßt. Der Anteil der ,,Arbeiter" hatte sich von 57,6 (X. Parteitag) auf 58,2 Prozent im Januar 1986 erhöht. Von diesen ,,Arbeitern" wurden allerdings erstmals als wirkliche Zahl an ,,Produktionsarbeitern" 37,9 Prozent der Mitglieder angegeben. Bisherige Statistiken hatten die tatsächliche Zahl der Arbeiter also um 20 Prozent zu hoch registriert, hier waren sowohl alle Parteiangestellten, als auch ein Teil der (14 Prozent) Rentner usw. mit einbezogen und so 460.000 Personen zu den ,,Arbeitern" hinzugerechnet worden, obwohl diese Mitglieder im eigentlichen Sinn keine Arbeiter waren. Zu den ,,Angehörigen der Intelligenz" zählten nun 22,4 Prozent, zu den Angestellten 7,7 Prozent, Bauern waren 4,8 Prozent, Studenten und Schüler 2,1 Prozent und Hausfrauen 0,9 Prozent.

Arbeiter in der SED

Den stärksten Zuwachs verzeichnete die ,,Intelligenz", von 12,3 Prozent im Jahre 1966 auf 22,4 Prozent im Jahre 1986 hat sich ihr Anteil in zwanzig Jahren beinahe verdoppelt. Die neue Funktion der SED als Führungspartei einer zunehmend wissenschaftlich-technisch orientierten Gesellschaft findet damit auch in der Zusammensetzung der Mitgliedschaft ihren Niederschlag. Einen Hochschulabschluß besaßen 1986 371.000 und einen Fachhochschulabschluß 503.000 Mitglieder, das sind zusammen rund 30 Prozent aller Mitglieder.

Die Mitgliedschaft der SED ist so groß, daß ihr inzwischen jeder sechste erwachsene Bürger der DDR angehört. Neben einem beträchtlichen Teil von Arbeitern (,,Produktionsarbeiter") befinden sich vor allem die Eliten von Staat, Wirtschaft und Kultur sowie die Funktionäre der Massenorganisationen in den Reihen

der Führungspartei. Diese Kader, vor allem die „Parteiaktivs", sollen die Hegemonie der SED nicht nur sichern, sondern mithelfen, sie weiter auszubauen.

XI. Parteitag   Das bestätigte erneut der XI. Parteitag vom 17. bis 21. April 1986. Generalse-
der SED   kretär Honecker erstattete wieder den Bericht des ZK, und er betonte abermals,
„daß sich die führende Rolle der Partei beim Aufbau des Sozialismus ständig erhöht" [Protokoll XI. Parteitag, 93]. Die 165 Mitglieder des ZK (außerdem gibt es
57 Kandidaten), unter deren Leitung diese „führende Rolle" gefestigt werden soll,
sind zum großen Teil dieselben, die bereits der X. Parteitag gewählt hatte. Wiederum sind in diesem Gremium nur 16 Frauen, also weniger als 10 Prozent (auch
sind zwar sechs Betriebsdirektoren, aber nur zwei Brigadeleiter, also Arbeiter,
vertreten). Die Spitzenführung, das Politbüro, zählt jetzt 22 Mitglieder und 5
Kandidaten. Die wichtigsten Änderungen waren bereits 1983 und 1984 erfolgt,
das 11. ZK-Plenum im November 1985 hatte weitere Personalentscheidungen getroffen, so z. B. die Ablösung von Konrad Naumann. Von den 27 Mitgliedern und
Kandidaten ist die Hälfte erst nach Ulbrichts Absetzung in das Führungsgremium
eingezogen, von den Parteiführern der fünfziger Jahre befinden sich nur noch
Führer der DDR   sechs (Honecker, Stoph, Mückenberger, Neumann, Hager und Sindermann) an
der Spitze.

Diese sind mit einer Reihe jüngerer Mitglieder des Politbüros die maßgebenden
Entscheidungsträger der DDR. Sie sitzen nicht nur seit den fünfziger Jahren im
Machtzentrum Politbüro, sondern verkörpern zudem die antifaschistische Tradition der DDR-Führung. Vier der sechs, nämlich Honecker, Sindermann, Mük-
kenberger und Neumann, verbrachten als Widerstandskämpfer gegen das Hitler-Regime zusammen 29 Jahre in Zuchthäusern und Konzentrationslagern der
Nazis, Hager mußte 9 Jahre in der Emigration leben (von der jetzigen Parteispitze
befand sich auch Axen fünf Jahre im Zuchthaus und KZ, Eberlein und Mielke waren in der Emigration). Auch diese Tradition des Widerstands gegen Hitler (den
die Mehrzahl der heutigen Mitglieder und Kandidaten des Politbüros wegen der
Altersstruktur freilich nicht mehr unmittelbar miterlebte) prägt die Politik der
SED- und DDR-Führung.

Der XI. Parteitag verkündete auch die „Direktive" zum Fünfjahrplan 1986 bis
1990. Ziel der Wirtschaft ist der rasche Anschluß an die moderne Industrie. Im
Mittelpunkt steht die „verstärkte Entwicklung und Anwendung von Schlüssel-
technologien", insbesondere die Mikroelektronik [Direktive 1986, 48 ff.]. Erstmals wird auch der Umweltschutz als selbständige Aufgabe im Plan aufgeführt.
Die „Einheit von Wirtschaft- und Sozialpolitik" gilt weiter als „Kern der ökonomischen Strategie bis zum Jahr 2000". Während Nationaleinkommen, Produktion und Arbeitsproduktivität erheblich gesteigert werden sollen, werden zugleich
drastische Einsparungen bei Energie und Material gefordert. Nach wie vor gilt der
„demokratische Zentralismus", ja er soll noch „verstärkt" werden. Die SED bestimmt also auch weiterhin die Wirtschaftspolitik.

Die DDR-Führung will und muß in den nächsten Jahren ihr System effektiver
gestalten. Daß sie dies ohne grundlegende Reformen erreichen kann, ist allerdings

kaum denkbar. In der Sowjetunion hat Generalsekretär Gorbatschow noch deut- Gorbatschows
licher als einst Chruschtschow mit einer neuen Politik der Modernisierung und der Kurs und
Transparenz begonnen, um verkrustete Strukturen zu überwinden. Auch wenn die DDR
die DDR bessere Ausgangsbedingungen hat, da weniger Korruption herrscht und
schon länger flexiblere Methoden angewendet werden, bleibt die Frage, wie weit
sie dem Weg Gorbatschows folgen will. Der XI. Parteitag der SED im April 1986
hat in dieser Hinsicht wenig ermutigt, anstelle einer offenen Selbstkritik, wie sie in
der UdSSR versucht wird, blieb es bei der üblichen Schönfärberei. Den Kurs zu
einer offeneren Gesellschaft, den Gorbatschow etwa mit der Genehmigung zu Sa-
charows Rückkehr aus der Verbannung im Dezember 1986 signalisierte, hat die
DDR noch nicht eingeschlagen. Honeckers These, die SED sei die ,,erfolgreichste
Partei auf deutschem Boden" oder die fast zynische Behauptung, die DDR-Bürger
lebten ,,in einem der freiesten Länder der Erde" [Einheit 41, 1986, 291 ff.], lassen
kein Umdenken erkennen.

Ob die Honecker-Führung – wie damals Ulbricht 1956 beim sowjetischen
,,Tauwetter" nach Stalins Tod – bremsen will oder eigene Schritte zu einer Transformation des Systems wagt, ist noch offen. Auf Dauer hängt ihre Politik freilich
weniger von ihrem eigenen Willen oder der Dynamik der DDR-Entwicklung
selbst ab, als vielmehr von der Position der Sowjetunion. Bei der Frage nach Chancen einer Reformierung des DDR-Systems sind also verschiedene Faktoren zu berücksichtigen. Eine wirkliche Demokratisierung der DDR ist auf absehbare Zeit
kaum zu erwarten, denn ein demokratischer Kommunismus im Sinne Robert Havemanns oder der CSSR-Führung von 1968 würde eine radikale Umgestaltung,
geradezu eine Revolutionierung erfordern. Dagegen stemmt sich die Parteiführung und der größte Teil der Eliten, denn ein demokratischer Kommunismus
würde nicht nur ihre Privilegien bedrohen, sondern vor allem das Machtmonopol
in Frage stellen.

Doch auch immanente Reformen, die Gorbatschow offensichtlich in der
Sowjetunion anstrebt, können ja tiefgreifende Veränderungen bringen, obwohl
das Ziel hauptsächlich die größere Effektivität des Systems ist. Ähnliche Wandlungen sind in der DDR grundsätzlich möglich, selbst wenn sich die Honecker-
Führung gegenwärtig noch sträubt. Solche Reformen in Wirtschaft und Politik Liberalisie-
bringen nicht nur Freiräume für den einzelnen und für Gruppen, sondern eine Li- rung?
beralisierung des gesamten Lebens. Neue Ansätze zeichnen sich in der Kulturpolitik der DDR ab, vielleicht signalisieren sie bereits Möglichkeiten weitergehender
Reformen. Jedenfalls hängen von ihrer Realisierung in der Zukunft Stabilität oder
Krisenanfälligkeit der DDR ab.

Die Ursachen hierfür läßt ein Rückblick auf die Geschichte der DDR erkennen.
Seit 40 Jahren sichert die Sowjetunion die Existenz des Staates und in absehbarer Stabilität
Zeit wird sich daran nichts ändern. Im Innern bleibt die DDR vom Funktionieren
der Apparate, vor allem der SED, abhängig, d. h. der Geschlossenheit der Füh-
rungselite, dem Einordnen der Funktionäre in die hierarchischen Strukturen des
Systems. Zugleich aber schaffen die Forcierung wirtschaftlichen Wachstums, der

Ausbau des Netzes sozialer Sicherheit mit dem Ziel der „Geborgenheit" der Bürger, die Verbesserung des Bildungswesens mit Aufstiegschancen für die Jugend günstigere Bedingungen für die Stabilität.

Instabilität   Doch der Gegensatz zwischen Bevölkerung und herrschender Elite, hervorgerufen sowohl durch ökonomische Schwächen als auch durch Fehlen von politischer Demokratie, Rechtssicherheit und Meinungsfreiheit verursacht ständige Erschütterungen des Regimes. Unterschiedliche und nicht vorhersehbare Ereignisse in anderen kommunistisch regierten Staaten, die Haltung der Sowjetunion, aber ebenso die des Westens und die Weltlage insgesamt bleiben nicht ohne Auswirkungen auf die DDR. Sie verunsichern die Führung und stören ihre starre Planung, dynamische Entscheidungen oder Innovationen fallen dem verkrusteten und undemokratischen Regime schwer. Die Folge sind Schwankungen zwischen harter und weicher Politik. Alles spricht dafür, daß sich – wie in der Geschichte und in der Gegenwart – dieser Kreislauf, der vom Spannungsverhältnis zwischen Stabilität und Instabilität gekennzeichnet ist, auch in Zukunft in der DDR fortsetzen wird.

II. Grundprobleme und Tendenzen der Forschung

Einschließlich ihrer Vorgeschichte seit 1945 existiert die DDR inzwischen über 40 Jahre, das ist bereits ein Vielfaches der 14 Jahre Weimarer Republik oder der 12 Jahre „Drittes Reich", sie besteht schon fast so lange wie das deutsche Kaiserreich von 1871. Damit erwies sich die DDR – ebenso wie die Bundesrepublik Deutschland – als einer der historisch stabilsten Staaten der neuesten deutschen Geschichte. Das zunächst als „Provisorium" betrachtete gleichzeitige Bestehen zweier deutscher Staaten dauert inzwischen bereits über ein Drittel der etwa 115 Jahre deutscher Nationalgeschichte seit 1871.

Die wissenschaftliche Aufarbeitung der Geschichte der DDR hat jedoch erst in jüngster Zeit Fortschritte gemacht. Noch vor nicht allzulanger Zeit, im „Gutachten zum Stand der DDR- und vergleichenden Deutschlandforschung" mußten Wissenschaftler 1978 feststellen: „Bis heute ist in der Bundesrepublik Deutschland die politische Geschichte der DDR in ihrer Gesamtheit nur wenig erforscht. Ursache dafür ist zum Teil die Quellenlage, die für die sechziger Jahre und auch gegenwärtig noch ungünstig ist, teilweise aber auch die Tatsache, daß sich die Historiker in der Bundesrepublik der Probleme der Geschichte der DDR bisher kaum angenommen haben". Inzwischen hat sich die Situation erheblich geändert, worauf noch zurückzukommen sein wird.

In der DDR hingegen hat die Untersuchung der eigenen Geschichte als Schwerpunkt der Forschung seit den sechziger Jahren einen überragenden Platz in der Historiographie gefunden, dort ist die Literatur dazu auf fast unübersehbare Dimensionen angewachsen. Da das Geschichtsbild für die Legitimation der SED-Herrschaft eine wesentliche Rolle spielt, ist dies wenig erstaunlich. Aber gerade der politische Auftrag verlangt von der DDR-Geschichtsschreibung, die eigene Geschichte „parteilich" – also verzerrt – darzustellen. So entsteht dort ein deformiertes Geschichtsbild, das über (preiswerte) Lizenzausgaben und über DKP-nahe Verlage auch in die Bundesrepublik getragen wird.

Es ist also davon auszugehen, daß es zwei grundsätzlich verschiedene Sichtweisen der Geschichte der DDR gibt: eine kritische Betrachtung durch die methodisch wie inhaltlich vielfältige „westliche" Forschung, insbesondere in der Bundesrepublik, und eine unkritische, oft bis ins legendenhafte gehende Darstellung

Zwei Sichtweisen der DDR-Geschichte

in der DDR selbst. Die Kontroversen der Forschung spielen sich daher fast ausschließlich zwischen den Historikern der DDR (und einigen wenigen ihrer Anhänger im Westen) einerseits und denen der Bundesrepublik andererseits ab. Der Forschungsstand ist davon geprägt. Daher wird zunächst auf die prinzipiell andere Haltung der Historiographie der DDR zur Geschichte ihres Staates eingegangen.

1. Die „Parteilichkeit" der DDR-Geschichtswissenschaft

Die Geschichtswissenschaft der DDR hat sich wie jede Gesellschaftswissenschaft dort den Vorstellungen und Ansprüchen der Führungspartei SED unterzuordnen. Die Forderungen der SED an die Historiographie beeinflussen deren Inhalte und Methoden, denn der Geschichtsbetrachtung kommt in der DDR eine zentrale politische Funktion bei der ideologischen Legitimation der Herrschaft zu. Der Marxismus-Leninismus mit seinen drei Teilbereichen Philosophie (worunter auch der historische Materialismus, die Geschichtstheorie, fällt), Politische Ökonomie und Wissenschaftlicher Kommunismus soll durch ein entsprechendes Geschichtsbild abgesichert und ergänzt werden. Dieses Geschichtsbild soll Geschichtsbewußtsein schaffen. So forderte Erich Honecker auf dem X. Parteitag der SED 1981: „Von großer Bedeutung für die Festigung des sozialistischen Bewußtseins der Werktätigen sind Arbeiten zur weiteren Vervollkommnung des marxistisch-leninistischen Geschichtsbildes, vor allem zur Geschichte der DDR und unserer revolutionären Kampfpartei" [Protokoll X. Parteitag der SED, Bd. 1, 100].

Geschichte als ideologische Legitimation

Nun ist eine marxistische Geschichtsdeutung nicht weniger legitim als andere methodische Ansätze, von einer stark auf die ökonomische Entwicklung gerichteten Sicht könnten durchaus interessante Erkenntnisse erwartet werden. Doch die Behauptung der SED, eine marxistische Geschichtsinterpretation zu liefern, erweist sich bei näherer Betrachtung – insbesondere bei ihrer Darstellung der DDR-Geschichte selbst – als wenig zutreffend. Die Vorstellung, die DDR-Historiographie sei eine marxistische Wissenschaft, ist zumindest in dreierlei Hinsicht zu korrigieren:

Marxistische Geschichtsschreibung

Erstens beschränkt sich diese „marxistische" Deutung oft nur auf die Terminologie und einige dogmatische Grundaussagen. Soweit es sich um die Definition bisheriger Gesellschaftsformationen oder die „gesetzmäßige" Entwicklung handelt, hält die DDR orthodox am historischen Materialismus fest. Doch gerade bei der Einschätzung ihrer eigenen Geschichte stützt sie sich eher auf idealistische als auf materialistische Positionen. So werden als Erklärungsmuster nicht ökonomische, politische und organisatorische Determinanten in Zusammenhang gebracht, sondern auf ideologische Konzeptionen abgehoben und diese dann als Kenntnis einer angeblich „objektiven Gesetzmäßigkeit" des Geschichtsverlaufs ausgegeben.

Zweitens wird keineswegs die ideologiekritische marxistische Methode angewandt, sondern es werden im Gegenteil Widersprüche vertuscht und Differenzen umgedeutet. Die Unterordnung des Geschichtsbildes unter die Erfordernisse aktueller Politik verhindert, daß der „Marxismus" als Methode empirischer Forschung dient. Bestenfalls wird er für die Politik instrumentalisiert, ist er eine Schablone, in die die tatsächlichen Ereignisse gepreßt werden. Insofern handelt es sich hier um eine Rechtfertigungs- und Verschleierungsideologie, ganz wie Marx sie kritisierte.

Drittens wird die offizielle „marxistische" Geschichtsschreibung der DDR allein von der SED bestimmt. Nun kann gewiß von keiner Partei Objektivität bei der Beschreibung ihrer eigenen Geschichte erwartet werden. Doch die „Parteilichkeit", die von der SED im allgemeinen durchgesetzt wird, läßt nicht nur Objektivität (was ja keineswegs bloße Faktologie ist) vermissen, sondern ebenso jeden Respekt vor den historischen Fakten, falls dies von der politischen Aufgabenstellung her „notwendig" erscheint. *Parteilichkeit und Objektivität*

Das Geschichtsbild soll eben der Sinngebung der SED-Politik dienen, wobei als Axiom gilt: Da die Partei stets dem „Rad der Geschichte" folge, sei ihr Kurs wissenschaftlich begründet und deshalb richtig.

Ausgehend von dieser ideologisch-politischen Anschauung ist die Beschreibung der eigenen Geschichte in der DDR durch einheitliche Grundthesen gekennzeichnet. Statt einer Vielfalt an Aussagen und Interpretationen gibt es daher nur parteiliche Monotonie. Weit verheerender als das ständige penetrante Selbstlob der eigenen Entwicklung wirkt sich aus, daß dies nicht nur die offizielle, sondern auch die einzig zulässige Lesart ist, eine abweichende Meinung kaum zu Wort kommt. Es gibt den für die Geschichtswissenschaft unabdingbaren Pluralismus nicht. *Fehlender Pluralismus*

Nach ihrem Selbstverständnis sind SED und DDR Erbe „alles Progressiven in der Geschichte des deutschen Volkes" (Programm der SED). Diese Traditionen, insbesondere der Arbeiterbewegung, finden nach eigener Sicht in der DDR ihre „gesetzmäßige" Fortsetzung. An dieser Grundaussage der politischen Führung hat sich die Geschichtswissenschaft zu orientieren, deren Funktionen sich daher zusammenfassend so charakterisieren lassen:

Entsprechend ihrer Ideologie sieht die SED die Geschichte als einen objektiven, gesetzmäßigen Prozeß. Die Partei- und Staatsführung nimmt für sich in Anspruch, kraft ihrer „wissenschaftlichen" Ideologie die genaue Kenntnis von der Gesetzmäßigkeit des Geschichtsverlaufs zu besitzen und leitet daraus ihren Führungsanspruch gegenüber der Geschichtswissenschaft ab. Diese soll daher vor allem durch Darstellung verwertbarer Fakten ein für die SED positives Geschichtsbild vermitteln und Traditionsbewußtsein schaffen. So hat die Historiographie zu beweisen, daß die DDR konsequent die Tradition der deutschen Arbeiterbewegung fortführt.

Die Behauptung, die Politik der SED basiere auf der Kenntnis der historischen Gesetzmäßigkeiten dient ebenso wie die Berufung auf die Tradition der Arbeiterbewegung der Legitimation ihrer Herrschaft, der Absicherung ihrer „führenden Rolle". Damit sind Kernpunkte der Funktion der Geschichtswissenschaft angesprochen: Mit der Berufung auf progressive Traditionen verbunden ist die Prognose für eine fortschrittliche Politik in Gegenwart und Zukunft. Die angebliche Kenntnis der historischen Gesetze und ihre Beachtung sollen darüber hinaus Siegesgewißheit vermitteln und den Führungsanspruch der SED untermauern helfen.

Daraus ergibt sich die Forderung der DDR-Führung an die Historiker, den „Beweis" für die zentrale Aussage der Ideologie zu erbringen, daß nämlich die Kommunisten in der Vergangenheit „immer recht" hatten, woraus abgeleitet wird, daß dies auch für die Gegenwart und Zukunft zutrifft.

Partei hat immer recht

Durch diese Politisierung wird in der DDR Geschichte zur rückprojizierten Gegenwart degradiert, das heißt, die heutige politische Linie wird in die Vergangenheit transformiert. Geschichte wird so geschildert, wie sie laut aktueller Politik hätte sein sollen, aber nicht so, wie sie wirklich verlief. Für die Rechtfertigung der politischen Linie der Parteiführung muß so aber die Geschichte ständig umgeschrieben werden. Nach jeder politischen Kurskorrektur erfolgt, falls „notwendig", auch eine Neufassung der Geschichtsdarstellung. Da in der Gegenwart keinerlei „Abweichungen" geduldet werden, darf es auch in der Geschichte nur eine Linie, an der Spitze der Bewegung stets nur eine Gruppe oder gar Person geben, die „immer recht" hatte. Auf diese Weise entstehen neue Versionen, gibt es Legenden und Verzerrungen, aber auch – falls dies der gerade gültigen Politik entspricht – Annäherungen an die historische Wirklichkeit, die freilich beim nächsten Kurswechsel wieder revidiert werden können.

Selbstverständlich sind diese Vorgaben der Führung von der Geschichtswissenschaft nicht durchgehend und restlos zu erfüllen, schließlich besteht ein Spannungsverhältnis zwischen dem Anspruch der Partei und dem wissenschaftlichen Eigeninteresse der Forschung. Natürlich sind viele Historiker bemüht, wissenschaftlich tragfähige Ergebnisse vorzulegen, will sich die „Zunft" Freiräume schaffen, allein schon wegen ihrer eigenen Reputation im internationalen Rahmen.

Freiraum der Wissenschaft

Inzwischen hat sich die völlige Abhängigkeit der Forschung von den Parteidirektiven der SED insofern gelockert, als sich diese auf die Vorgabe der Grundrichtung beschränkt, deren Ausführung aber den Fachwissenschaftlern – von denen freilich viele selbst überzeugte SED-Mitglieder sind – und ihrem Diskussionsprozeß überlassen bleibt. Allerdings ist der Freiraum der Wissenschaftler um so größer, je weiter sie historisch zurückgehen oder vom Kern der Ideologie entfernt ihre Studien betreiben. Daher ist die Zeitgeschichte deutlicher von der Politik geprägt und stärker von ideologischer Gängelung betroffen. Dies gilt erst recht für die Aufarbeitung der Geschichte der DDR selbst, hier kann die Parteiführung ihre Richtlinien im wesentlichen durchsetzen.

Stalinistische Historiographie bis 1965

Dabei sind allerdings zwei unterschiedliche Phasen zu beachten. Bis 1965 führten primitive Fälschungen der historischen Fakten zu einer dogmatisch verzerrten Geschichtsdarstellung. Die Merkmale stalinistischer Historiographie prägten die Forschung in der DDR:

– Die Geschichtsschreibung war strikt „parteilich", die Vergangenheit wurde mittels einseitiger Auswahl und voreingenommener Bewertung verzerrt.

– Die Historiker verschwiegen nicht nur unbequeme und die Partei kompromittierende Fakten, sie fälschten auch Dokumente. Wichtige Passagen wurden unterschlagen, in Faksimiles z. T. durch Ätzungen unkenntlich gemacht, Bilder retuschiert usw.

– Besonders gravierend war die Eliminierung von Namen, z. B. wurden ehemalige Führer, die mit der Partei in Konflikt geraten waren, zu „Parteifeinden" und „Agenten" erklärt, und sie wurden geradezu „Unperson", ihre wirkliche Rolle aus der Geschichte getilgt.

Diese stalinistischen Methoden behielt die DDR-Geschichtswissenschaft zunächst auch bei, als sie ab 1960 die Erforschung des eigenen Staates intensivierte. In der ersten Gesamtgeschichte der DDR von S. DOERNBERG [311] fehlte 1964 z. B. bei der umfassenden Vorstellung des Gründungsaufrufes der KPD von 1945 der Punkt zwei, in dem die „private Unternehmerinitiative auf der Grundlage des Privateigentums" bejaht worden war.

Auch ein anderes typisches Beispiel von „Parteilichkeit" ist bei Doernberg zu finden. In der Erstauflage seiner „Kurzen Geschichte der DDR" 1964 war der sowjetische Parteichef Nikita Chruschtschow auf 27 Seiten genannt und außerdem auf zwei Fototafeln (Präsidium des VI. Parteitags der SED und Veranstaltung zum 70. Geburtstag Ulbrichts) abgebildet. Bereits 1965 erschien die zweite Auflage des Buches, nun war Chruschtschow aber nur noch auf 5 Seiten erwähnt, die Bilder mit ihm vom VI. SED-Parteitag und sogar von Ulbrichts Geburtstag waren verschwunden und durch andere ersetzt worden. Nach Chruschtschows Absetzung im Oktober 1964 erfolgte also sofort 1965 die Verdrängung seiner Person und Politik aus der Geschichte der DDR.

Namen verschwinden

Selbst aus Ulbrichts Werken wurden Passagen, die mit der Parteilinie nicht mehr übereinstimmten, ohne Kenntlichmachung weggelassen. So fehlten etwa in Band 2 seiner Auswahl „Zur Geschichte der deutschen Arbeiterbewegung" von 1953 in einem Artikel aus dem Jahr 1946 die Hinweise auf den „besonderen deutschen Weg" zum Sozialismus. In Band 4 von 1958 geschah das gleiche mit früheren Verdammungen der „Tito-Clique" oder damaligen Verherrlichungen Stalins. Auf diese Weise waren sogar Dokumentationen als Quellen nicht benutzbar.

Ging der Parteiführer mit solchen Methoden selbst voran, so scheuten die „Historiker" sogar vor Bildfälschungen nicht zurück. In einem 1964, (2. Auflage 1965) erschienenen Werk „120 Jahre deutsche Arbeiterbewegung" (309) wurde der Kopf des ehemaligen 2. Vorsitzenden der KPD, Kurt Müller, der 1965 als „Parteifeind" galt, aus einem Bild des Präsidiums des Gründungsparteitags der SED wegretuschiert. Das gleiche Bild wurde später, in einem Buch von 1976 „Die Vereinigung von KPD und SPD zur SED" [643: 275] wieder ungefälscht veröffentlicht. In einem 1961 von der FDJ herausgegeben Band „Freie Jugend – Neues Leben" (29) ist das Präsidium des Gründungskongresses der FDJ 1946 abgebildet, aber ein FDJ-Führer durch Hineinretuschieren eines Bartes und veränderter Haarfrisur unkenntlich gemacht. Es handelt sich um Robert Bialek, der später aus der DDR geflüchtet war. Andererseits war in diesem Buch eine Fälschung des FDJ-Gründungsbeschlusses wieder „rückgängig" gemacht. Aus der Gründungs-

Bildfälschungen

urkunde waren im Band „Zur Geschichte der Arbeiterjugendbewegung in Deutschland" 1956 (366) Namen von Gründungsmitgliedern weggeätzt, nun wurde dieses Dokument (25) wieder im Original nachgedruckt.

Arbeiten zur Geschichte der DDR blieben bis Mitte der sechziger Jahre weitgehend von diesem Prinzip bestimmt und sind daher für die Forschung kaum ergiebig. Seit der danach vollzogenen Wende werden im allgemeinen direkte Fälschungen vermieden. Doch viele historische Gegebenheiten werden auch heute noch durch eine ideologische Brille betrachtet und damit verzerrt gesehen; weiterhin dient die Geschichtswissenschaft der Untermauerung parteipolitischer Anliegen, indem sie vorgefaßte politische Einschätzungen zu bestätigen hat. Diese Methode wird mit dem Begriff „Parteilichkeit" umschrieben, die dazu in einem Spannungsverhältnis stehende Schilderung der Fakten aber ebenfalls als notwendig erklärt.

Wende ab 1965

Schließlich hat die Geschichtswissenschaft der DDR mit den gleichen Schwierigkeiten zu kämpfen wie alle Gesellschaftswissenschaften, die sich mit ihren Forschungsprogrammen der ideologischen Doktrin und der Parteilinie unterordnen müssen. Doch sind gewisse Differenzierungen im Verhältnis zwischen Gesellschaftswissenschaften und Ideologie beachtenswert. Bei der Untersuchung von Teilfragen ist es inzwischen durchaus möglich, empirisch abgesicherte Einzelergebnisse zu veröffentlichen, selbst wenn diese in ihrer Summe oder in der theoretischen Verallgemeinerung vom herrschenden Dogma abweichen.

Probleme der DDR-Gesell- schaftswissen- schaften

Die formale Anerkennung und Reverenz gegenüber ideologischen Glaubenssätzen und der Parteipolitik – oft in Form von Zitaten der Parteiführer – kann zum Ritual werden, um so Widersprüche zwischen den empirischen Fakten und der Doktrin zu vertuschen und partiell neue Überlegungen anstellen zu können. Konkret bedeutet dies für die Geschichtswissenschaft, daß eine offizielle Gesamtgeschichte zwar den Rahmen absteckt und die Richtung angibt, aber damit der Forschung selbst nicht unbedingt jeglicher Spielraum genommen wird.

Allgemein zeigt sich so, daß Monographien und Untersuchungen zu bestimmten Problemen oder Detailfragen der DDR-Geschichte ergiebiger sind, vor allem neue Fakten bringen, während offizielle Werke und Gesamtdarstellungen stärker an der „Parteilichkeit" ausgerichtet bleiben.

Auch in den achtziger Jahren änderte sich an diesen Prinzipien der Historiographie der DDR nichts, soweit es die hier zu untersuchende Darstellung der Geschichte des zweiten deutschen Staates betrifft. Unter den zahlreichen Werken zur Entwicklung der DDR befinden sich durchaus wertvolle und wichtige Studien mit einer Fülle bisher unbekannter Dokumente. Hauptmangel vieler Arbeiten war jedoch und ist noch immer die Gängelung der DDR-Historiker durch die SED. Trotz Fortschritten der DDR-Geschichtswissenschaft bleibt bei einer solchen Grundhaltung der „Parteilichkeit" das Verhältnis zur eigenen Tradition fragwürdig.

2. Quellenlage und Probleme der Periodisierung

Zeitgeschichtliche Untersuchungen haben generell mit einer schwierigen Quellenlage zu kämpfen, da Archivalien für die Forschung im allgemeinen erst nach 30
oder gar 50 Jahren zugänglich werden. In Arbeiten über die Geschichte der DDR
wird immer wieder betont, daß hier die Quellenlage besonders ungünstig ist. Zum
einen wirkt die restriktive Informationspolitik der DDR und insbesondere der
SED hemmend, zum anderen war es westlichen Forschern bisher nur in wenigen
Ausnahmefällen gestattet, Archivgut der DDR zur Nachkriegsentwicklung ein-
zusehen. Daher blieben dortige Archivalien zur Geschichte der DDR für westliche Forscher weitgehend verschlossen, obwohl gerade für diese Sammlungen die
Feststellung zutrifft, daß ,,das staatliche Archivwesen der DDR seit 1949 eine   Archivwesen
nach Umfang und Intensität kaum zu überschätzende organisatorische und me-   der DDR
thodisch-fachliche Reorganisation erfahren hat, die seine Bedeutung ... objektiv
steigerte und verbesserte" [894: F. Kahlenberg, Deutsche Archive in West und
Ost 1972, 83]. Viele Anzeichen lassen vermuten, daß selbst DDR-Wissenschaft-
lern die Quellen der eigenen Geschichte nur selektiv zur Verfügung stehen.

Immerhin zeigen die in der DDR und auch im Westen inzwischen vorliegenden
Untersuchungen und vor allem Dokumentationen zur Geschichte der DDR, daß
die Quellenlage keineswegs so dramatisch schlecht ist, wie häufig angenommen.
Viele Details der DDR-Geschichte sind durchaus rekonstruierbar, deskriptive
Untersuchungen der Verlaufsgeschichte oder Analysen zu Strukturen sind zu er-
stellen.

Die DDR hat Akten und andere Texte veröffentlicht, es liegen wissenschaftlich   DDR-Dokumen-
aufgearbeitete Quellen, also Dokumentationen zu ausgewählten Themen oder   tationen
Zeiträumen vor, auch eine große Zahl von Erinnerungen ist erschienen. Vor allem
aber gibt es zahlreiche wissenschaftliche Untersuchungen (Dissertationen, Habilitationen), die auf einer breiten Quellenbasis beruhen, und nicht selten sind darin
im Wortlaut wichtige Dokumente wiedergegeben, die auf diese Weise bekannt
werden [vgl. dazu W. Bleek, Dissertationen aus der DDR, in: DA 17, 1984,
1188 ff.]. Auch wenn manche dieser Werke nicht in den Westen ausgeliehen werden oder Arbeiten selbst ,,parteilich" und zudem die Dokumente einseitig ausge-
wählt sind, ist für westliche Forscher die Quellenlage insgesamt nicht ganz unbe-
friedigend. Dies gilt insbesondere für die Vor- und Frühgeschichte der DDR.
Selbst wenn kein umfassender und genauer Überblick über alle Bereiche der
DDR-Geschichte möglich ist, sind für bestimmte Fragestellungen genügend Unterlagen vorhanden. Schließlich stehen veröffentlichte Dokumente zur Verfügung, so Zeitungen, Zeitschriften, Funktionärorgane, Ton- und Fernsehdoku-
mente, Stenographische Protokolle von Kongressen der Parteien und Organisationen, Gesetzesblätter, Statistiken, Beschlüsse von Institutionen usw. Die Ge-
heimhaltungspolitik der DDR-Führung hat eben ihre Grenzen, denn sie muß die
eigenen Bevölkerung informieren, ihre Funktionäre anleiten und daher Pläne und
Resultate ihrer Politik offenlegen.

Archivalien
im Westen   Hinzu kommt, daß zur Geschichte der DDR auch in westlichen Archiven mehr Material lagert, als ursprünglich angenommen. In Akten der US-Behörden (OM-GUS) sind Beobachtungen über die SBZ/DDR festgehalten, es gibt in Archiven z. B. Protokolle von ZK-Sitzungen der SED oder im Bundesarchiv Koblenz in den Nachlässen Kaiser oder Friedensburg wichtige Unterlagen. Vor allem aber sind in den „Ostbüros" der Parteien der Bundesrepublik Dokumente und Materialien aus der SBZ/DDR gesammelt worden, insbesondere zur Frühzeit; und die wichtige „graue Literatur" ist an zahlreichen Stellen zu finden. Zusammenfassend ist

Quellenlage   zur also gar nicht so schlechten Quellenlage zur Geschichte der DDR festzustellen:

1. Seit den siebziger Jahren hat sich die Situation für die westliche Forschung insofern verbessert, als die in der DDR publizierten Dokumentationen, Erinnerungsbände und zahlreichen materialreichen Untersuchungen neue Einsichten vermitteln. In Ausnahmefällen erfolgten sogar in der Bundesrepublik wichtige Quellenveröffentlichungen, beispielsweise die Protokolle des „Blocks" der Parteien [vgl. 136: S. SUCKUT, Blockpolitik, 1986].

2. Die Quellenlage ist allerdings für die Frühzeit weit besser als für die sechziger Jahre oder die letzten zwei Jahrzehnte. Die meisten Dokumentationen oder Veröffentlichungen umfassen jene Periode, über die auch in den westlichen Archiven – durch damals noch existierende Verbindungen – eher Material vorhanden ist als für die jüngste Zeit.

3. Die in der DDR inzwischen stark angewachsene Literatur zur regionalen und lokalen Geschichte (von sehr unterschiedlichem Wert) erlaubt nicht nur Einblicke in das Geschehen auf zentraler Ebene, sondern auch an der „Basis".

4. Allerdings ist zu berücksichtigen, daß die veröffentlichten Unterlagen ganz gezielt oft nur Teilbereiche behandeln, vor allem die Fragestellungen einseitig sind und es daher häufig von Zufälligkeiten abhängt, welches Material publiziert wird.

5. Die Quellenlage ist außerdem je nach Thematik unterschiedlich. Keine Schwierigkeiten bestehen bei ideologischen oder programmatischen Fragestellungen, generell auch nicht für die organisatorische Ebene. Hingegen sind die Probleme der Meinungsbildung oder Entscheidungsfindung, interne Fragen der Führungsebene oder Verbindungen zu sowjetischen Kommunisten wegen nicht zugänglicher Quellen kaum zu thematisieren.

6. Noch schwerer wiegt die bereits angesprochene „Parteilichkeit" der DDR-Geschichtswissenschaft, die sich sogar bis in die Dokumentationen auswirkt. So sind auch dort Auslassungen oder Verzerrungen ebensowenig überprüfbar, wie die Kriterien der Auswahl von Materialien oder Statistiken, die alle mit Vorsicht zu benutzen sind. Eine ideologiekritische Sicht ist nicht nur – wie selbstverständlich üblich – bei Erinnerungen von Akteuren nötig, sondern genauso bei Untersuchungen und selbst Dokumentationen.

Die „Parteilichkeit" der DDR-Geschichtsschreibung beeinflußt darüber hinaus das Problem der Periodisierung. Damit hat sich inzwischen auch die westliche DDR-Forschung beschäftigt. Die Frage, welche Phasen die DDR durchlief, in welche Perioden oder Etappen ihre Geschichte zu unterteilen ist, hat in der Historiographie an Bedeutung gewonnen, je länger der andere deutsche Staat existiert. In der DDR vollzog sich diese Diskussion im Rahmen allgemeiner Überlegungen zur Periodisierung, Ausgangspunkt war die Arbeit von E. ENGELBERG zu ,,methodologischen Problemen der Periodisierung" [ZfG 19, 1971, 1219ff.]. Freilich ging ENGELBERG damals auf die Entwicklung der DDR selbst kaum ein, er unterschied nur zwei ,,Hauptperioden", die Zäsuren setzte er 1945 und 1961. In der folgenden Diskussion versuchte K. REISSIG [BzG 15, 1973, 426ff.] die Periodisierung der DDR-Geschichte im Kontext mit der Entwicklung der anderen kommunistisch regierten Staaten zu bringen, er stützte sich dabei auf die sowjetische These der ,,entwickelten sozialistischen Gesellschaft". Entsprechend wurde nun statt der vorher üblichen Unterscheidung von ,,zwei Revolutionen" (der demokratischen und der sozialistischen) in der DDR vom ,,einheitlichen revolutionären Prozeß" gesprochen.

> Periodisierung durch die DDR-Historiker

Bis 1981 war folgender Diskussionsstand erreicht: Die Entwicklung vollzog sich in zwei ,,großen Perioden", nämlich der Übergangszeit vom Kapitalismus zum Sozialismus bis Anfang der sechziger Jahre und seither das Stadium des ,,Sozialismus". Dabei werden folgende Etappen unterschieden: 1. die ,,antifaschistisch-demokratische Umwälzung" von 1945–1949, 2. die ,,Schaffung der Grundlagen des Sozialismus" von 1949 bis Anfang der sechziger Jahre, 3. die ,,beginnende Errichtung des entwickelten Sozialismus" in den sechziger Jahren, 4. die ,,Gestaltung der entwickelten sozialistischen Gesellschaft" in den siebziger Jahren [308: R. BADSTÜBNER, 1974, 15].

Unabhängig von dieser Methodendebatte hat sich in der Geschichtsschreibung der DDR eine Periodisierung herausgebildet, die sichtbare Zäsuren besonders betonte. In Gesamtdarstellungen, die zwischen 1964 und 1974 erschienen [so 311: S. DOERNBERG, 1964; 314: Geschichte der deutschen Arbeiterbewegung, 1966; 171: Deutsche Geschichte in Daten, 1967; 310: DDR, Werden und Wachsen, 1974; 319: Klassenkampf, Tradition, Sozialismus, 1974] galten als Einschnitte die Jahre 1949, 1955/56, 1961, 1965 und 1971. Einige Daten der DDR-Geschichte waren so gravierend, daß sie in Ost und West übereinstimmend als Zäsuren der Entwicklung gesehen werden. Das gilt für die Gründung des Staates 1949, die Abriegelung durch den Bau der Mauer und das Ende der strukturellen Umwälzungen 1961 oder die Ablösung Ulbrichts und den VIII. Parteitag der SED 1971.

> Zäsuren der Entwicklung

Allerdings zeigt eine Analyse der jeweiligen Charakterisierung der Etappen in den DDR-Untersuchungen selbst keine Einheitlichkeit. Bei der Kennzeichnung der einzelnen Phasen in den – zu verschiedenen Zeiten erarbeiteten – DDR-Werken wird der Einfluß der jeweiligen SED-Politik deutlich [vgl. zu den Einzelheiten 875: A. FISCHER/H. WEBER, 1979].

> Kennzeichnung der Phasen im Wandel

Beispielsweise wird die erste Periode 1945 bis 1949 bei DOERNBERG 1964 [311] als ,,antifaschistisch-demokratische Umwälzung im Osten" beschrieben, in der ,,Deutschen Geschichte in Daten" 1967 [171] die Einheit Deutschlands vorangestellt und sogar von der „antifaschistischen-demokratischen Revolution" im Osten Deutschlands gesprochen. In „Klassenkampf, Tradition, Sozialismus" von 1974 [319] steht hingegen die „Befreiungstat der Sowjetunion" am Anfang. War also während der Ulbricht-Ära der sechziger Jahre die Rolle der UdSSR zurückgedrängt, die Umwälzung zu einer „Revolution" hochstilisiert worden, so spiegelte sich in Arbeiten von 1974 die Politik Honeckers wider, rückte nun die Rolle der UdSSR an die Spitze der Aufzählungen von Merkmalen einer Etappe, und es verschwand sogar die früher problematisierte Einheit Deutschlands.

Schon die Charakterisierung der jeweiligen Zeitspanne und die Einschätzung der Hauptfaktoren für die vorgenommene Periodisierung lassen erkennen, daß Geschichtsbetrachtung für die DDR zurückprojizierte Gegenwart heißt. In den achtziger Jahren ist die Periodisierung entsprechend den oben für 1981 angeführten Kriterien vereinheitlicht worden, so bei HEITZER 1979 [317, 3. Aufl. 1986]. Er läßt auf die „antifaschistisch-demokratische Umwälzung" 1945 bis 1949 die „Errichtung der Grundlagen des Sozialismus" 1949 bis 1961 folgen, danach sieht er die DDR „auf dem Wege zur entwickelten sozialistischen Gesellschaft" 1961 bis 1970 und von 1971 bis 1984 die „weitere Gestaltung der entwickelten sozialistischen Gesellschaft". Kleinere Zeitabschnitte zeigt die Periodisierung hingegen in Geschichtsdarstellungen der Parteien und Organisationen, so z. B. in der „Geschichte der SED. Abriß" [581], der Geschichte des FDGB [699], der NVA [990] oder der Geschichte der Freien Deutschen Jugend [700]. Doch auch hier stimmen die verwendeten Hauptbezeichnungen der Etappen und die aufgezählten Faktoren mit der gerade gültigen politischen Linie überein.

Kritik der westlichen Forschung
Diese Probleme mit der Periodisierung führten zur Kritik durch die westliche Geschichtsforschung. In einer Untersuchung nahm 1980 C. VON BUXHOEVEDEN [867] die Frage der Periodisierung zum Anlaß, das Verhältnis von Geschichtswissenschaft und Politik in der DDR zu thematisieren. Nach der Darstellung methodologischer Probleme der Periodisierung ging sie auf die Politik der „antifaschistisch-demokratischen Phase" ein und untersuchte die Stellungnahme der DDR-Historiker zu dieser Periode. Sie kam zum Schluß (219ff.), in der DDR werde versucht, mit „immer neuer Theoriebildung die erste Phase der SBZ/DDR-Entwicklung in ein aus jeweiliger politischer Aktualität gewünschtes Geschichtsbild einzufügen". Die Verfasserin konstatiert nach genauer Analyse der Debatten über die Periodisierungskriterien, daß es in der DDR „nicht nur um methodisch-theoretische Klärung fachspezifischer Fragen geht, sondern daß politische Überlegungen diese Diskussion immer mitbestimmen", dies aber die Begriffe mehr verwirrt als klärt.

Nachträgliche parteiliche Deutung
Gerade anhand der Periodisierung wird die nachträgliche parteiliche Deutung der eigenen Geschichte sichtbar. Das Jahr 1952, von den Akteuren, insbesondere Ulbricht, zunächst als deutliche Zäsur gedacht – wurde doch auf der 2. Parteikonfernz der SED erstmals der „Aufbau des Sozialismus" offiziell verkündet – wurde schon ein Jahrzehnt später kaum noch als Einschnitt genannt. Da die Umwandlung des Systems – also der „Aufbau des Sozialismus" – ohnehin bereits früher be-

gonnen und dies nur vertuscht worden war, kam dem Datum 1952 später die ursprünglich zugesprochene Bedeutung nicht mehr zu.

Daher hat sich die westliche Geschichtswissenschaft auch weniger an den konzeptionellen als an tatsächlichen Zäsuren orientiert. In Gesamtdarstellungen der DDR-Geschichte sind die Daten 1949, 1961 und 1971 als Einschnitt der politischen Geschichte unumstritten. Allerdings äußert sich STARITZ [325: 1985, 8 f.] skeptisch gegenüber Versuchen, ,,DDR-Geschichte in markante Entwicklungsabschnitte zu unterteilen'', es böten sich eher ,,die augenfälligen Zäsuren an, die von den politischen Akteuren wie von der Gesellschaft auch als solche empfunden'' worden seien.

Einen anderen Aspekt hat GLAESSNER [880, 638 ff.] eingebracht. Er verweist darauf, daß verschiedene Gesellschaftsbereiche wie Wirtschaft oder Bildungswesen teilweise andere Eckdaten haben, und kommt zum Schluß, Periodisierungen der ,,verschiedenen Disziplinen, der politischen Geschichte, der Sozialgeschichte, der Wirtschaftsgeschichte'' usw. seien zu verbinden und ,,mit bestimmten Querschnittsfragestellungen'' zu erproben. Konkret nennt er Lernfähigkeit und Wandlungsfähigkeit des Systems, aber auch ,,Modernität'' der DDR. Die Diskussion um die Periodisierung ist eben kaum zu trennen von der generellen Einschätzung der DDR, ihrer Gesamtgeschichte und den Debatten um die Typologie des Systems.

3. TYPUS UND ENTWICKLUNG DER DDR-GESELLSCHAFT IM WIDERSTREIT DER FORSCHUNG

Die Gesamteinschätzung der Entwicklung der DDR ist für die dortigen Historiker problemlos: für sie erfolgte ,,gesetzmäßig'' die Überwindung des Kapitalismus durch eine ,,sozialistische Revolution'', die Errichtung der Herrschaft der Arbeiterklasse und schließlich der Aufbau des Sozialismus. Bei einer Konkretisierung dieser allgemeinen Beurteilung zeigt sich jedoch, daß das Sozialismus-Bild der DDR stets am jeweiligen politischen Standort der UdSSR ausgerichtet blieb. Zunächst galt der Stalinismus als ,,Sozialismus'', später der verknöcherte Bürokratismus der Breschnew-Ära, aber auch die Reformansätze Chruschtschows oder gegenwärtig Gorbatschows. Schließlich sollte der Begriff ,,realer Sozialismus'' eine Abgrenzung von anderen Formen, vor allem vom demokratischen Sozialismus ermöglichen. Zu Ulbrichts Zeiten nannte sich die DDR ,,entwickeltes sozialistisches System'', gegenwärtig ,,entwickelte sozialistische Gesellschaft'', aber in allen Entwicklungsstadien blieb die Führungsrolle der SED als entscheidender Faktor dieses ,,Sozialismus'' unangetastet.

Auch in der westlichen Forschung hängt die Einschätzung der DDR, die Frage nach ihrer Typologie, eng mit der jeweiligen theoretischen Beurteilung des Sowjetkommunismus zusammen. Die materialreichen Untersuchungen zur Ge-

schichte der DDR in den fünfziger Jahren waren – ohne daß dies immer themati-
Totalitarismus-   siert wurde – stark von der Totalitarismusdoktrin beeinflußt. Aus dieser Sicht
Doktrin   konnte die DDR-Geschichte nur als Teilentwicklung des Sowjetkommunismus
verstanden werden. Die Grundthese von der Sowjetisierung der DDR und vom
Totalitarismus ihrer Gesellschaft war einseitig, sie belegte aber die Abhängigkeit
von der Führungsmacht UdSSR, die in späteren Untersuchungen oft vernachlässigt wurde.

Selbst wenn die Totalitarismusthese in jüngster Zeit wieder aufgenommen wurde, genügt es, hier nur auf sie zu verweisen, weil sie die sowjetische und nicht die
DDR-Entwicklung in den Mittelpunkt stellt. Außerdem gibt es inzwischen neben
der breiten Diskussion über den Totalitarismus auch Untersuchungen, die seine
Rolle in der Kommunismus-Forschung erläutern [z. B. 883: V. Gransow, 1980]
oder die sich sogar speziell mit Ansätzen in der DDR-Forschung befassen [879:
G.-J. Glaessner, 1982]. Obwohl diese Arbeiten in unserem Zusammenhang
nicht befriedigen können, weil darin die historische Forschung kaum berücksichtigt wird, bieten sie zur Frage der Typologie der DDR-Gesellschaft genügend
Diskussionsstoff. Eine andere Einschätzung hatte bereits 1965 R. Dahrendorf
gegeben [723], er definierte die DDR als eine „moderne Gesellschaft". Seine
These von der DDR als Modernität in totalitärer Form wurde indes kaum weitergeführt [vgl. jetzt 880: G.-J. Glaessner, 1984, 649].

Übergangs-   Der in der Kommunismus-Forschung anzutreffende Begriff von der Über-
gesellschaft   gangsgesellschaft wurde ebenfalls für die DDR verwendet. Dabei war der Blick auf
die Rolle der Arbeiterschaft gerichtet [1060: B. Sarel, 1975], oder es gab die politisch geprägte Vorstellung, die nachstalinschen Reformen als Restauration des
Kapitalismus zu erklären [837: W. Lindner, 1971; P. Neumann, Zurück zum
Profit, 1973; 5520: U. Wagner, 1974]. Ein Sammelband mit differenzierten Thesen [410: A. v. Plato (Hrsg.), 1979, 19] konstatierte im Sinne der damaligen
(maoistischen) KPD eine „Gesamtentwicklung der DDR", die zur „Herausbildung einer neuen herrschenden Klasse über die Arbeiterklasse" und zur „sowjetischen Dominanz über die DDR", angeblich erst nach Stalins Tod führte. Die
Frühphase des Stalinismus in der DDR wurde also positiver bewertet als die spätere Praxis. Diese wenig überzeugenden Definitionen kamen in der DDR-Forschung selbst ebensowenig zum Tragen wie die These vom Staatskapitalismus.

Ludz: autori-   Einen eigenständigen, auch durch empirische Arbeiten abgesicherten theoreti-
täres System   schen Ansatz der DDR-Forschung entwickelte in den sechziger Jahren C. P.
Ludz. Er konstatierte eine Veränderung der Gesellschaft vom totalitären zum flexiblen autoritären System einer kommunistisch regierten Industriegesellschaft,
und er sah in der Ablösung der älteren SED-Führungskader durch jüngere Eliten
einen Wandlungsprozeß der Versachlichung und Verfachlichung zum „konsulta-
tiven Autoritarismus". Die bis ins Politbüro der SED aufsteigenden Fachleute
stellte er sogar als „institutionalisierte Gegenelite" der „strategischen Clique" der
alten Führer gegenüber [603]. Während die spätere Kaderpolitik unter Honecker
diesen Trend keineswegs bestätigte, bewahrheitete sich Ludz' These von der Ab-

lösung des Terrors durch ein „breit angelegtes und fein abgestuftes System institutionalisierter sozialer Kontrollen". Vor allem aber gab Ludz mit der methodischen Konzeption einer kritischen „systemimmanenten" Betrachtung auch Impulse für die historische Forschung. Von dieser war inzwischen auch die Frage nach Wandel und Kontinuität der DDR-Entwicklung ebenfalls thematisiert worden.

In diesem Zusammenhang diente auch der Terminus Stalinismus zur Kennzeichnung des Systems der DDR. Die Übertragung des Stalinismus, das heißt der Strukturen und Mechanismen der Macht sowie der dogmatischen Ideologie der damaligen UdSSR, wird dabei als Herrschaft der Apparate auch in der DDR interpretiert. Die Abkehr vom Personenkult und vom Terror nach Stalins Tod, die „Entstalinisierung", die ab 1961 schließlich auch in der DDR erfolgte, brachte danach neue Nuancen der politischen Diktatur. Diese von einigen westlichen Forschern wiederum als zu „personalisierte" Sicht kritisierte Deutung rückte die Frage nach der Wandlungsmöglichkeit des Kommunismus und der DDR in den Mittelpunkt. Stalinismus

Mit diesem Aspekt und mit den Thesen von Ludz setzten sich ihrerseits die DDR-Wissenschaftler vorrangig auseinander. Für sie galten alle Typologien von seiten der westlichen Forschung, ob Totalitarismus, konsultativer Autoritarismus, Staatskapitalismus oder Stalinismus, als gegen die DDR gerichtete „feindliche" Einschätzungen. Allerdings unterschieden sie nun „flexiblere" Methoden gegenüber den ursprünglichen Ansätzen der Totalitarismus-Doktrin. G. Lozek systematisierte solche flexiblen „bürgerlichen Darstellungen zur Geschichte der DDR" [ZfG 21, 1973, 509ff.]. Er behauptete zunächst, von den über die Geschichte der DDR arbeitenden westlichen Forschern seien es „nur wenige, die bestimmenden Anteil an der Ausarbeitung neuer und modifizierter Konzeptionen haben. Zu ihnen gehören P. C. Ludz, E. Förtsch und H. Weber" [ebd., 516f.]. In einer späteren Publikation nannte Lozek 1980 freilich weit mehr Personen. Nun war dieser „flexiblen" Gruppe, einer nach Lozek „in sich nuancierten Richtung" die „Mehrheit der ‚DDR-Forscher' zuzurechnen" [903, 46]. DDR-Historiker:
„feindliche"
Einschätzungen

Solche Zuordnungen dienten indes lediglich dazu, westliche Überlegungen zur Geschichte der DDR als nicht wissenschaftlich, sondern politisch orientierte Konzeptionen abzuqualifizieren. So warf Lozek vor allem Ludz vor, mit seiner „systemimmanenten Analyse der DDR" ein „Evolutionskonzept" für eine Veränderung der DDR zu entwickeln. Außer der Theoie von der Industriegesellschaft und der Konvergenz griff Lozek die Einbeziehung des kritischen Rationalismus in die westliche DDR-Forschung an. Nachdrücklich lehnte er die „Konzeption und Methode" von einer Wandlungsmöglichkeit des Kommunismus ab. Für ihn zielte die These von historischen Wandlungen der kommunistischen Bewegung darauf ab, auch künftige Veränderungen als „möglich und wahrscheinlich" anzusehen. Scharf wandte sich Lozek [903, 118f.] gegen Aussagen über eine „Transformation" auch der DDR und insbesondere der SED. Wandlungs-
fähigkeit des
Kommunismus

Die Kritik Lozeks richtete sich also gegen die auf Kontinuität und Wandel abhebende historische Betrachtungsweise, die besagt, daß sich in der Geschichte bereits Veränderungen des Kommunismus vollzogen haben, wobei der diktatorische stalinsche Kommunismus keineswegs die genuine Ausformung war. Ursprünglich gab es im Kommunismus neben dem Stalinismus, der sich durchsetzte, auch demokratische Bestrebungen. In einem Transformationsprozeß (Stalinisierung) wurden diese jedoch aus der kommunistischen Bewegung weitgehend ausgeschaltet. Eine Wandlung, die demokratische Tendenzen erneut hervorbringt, ist also möglich, wie die Reformen in der CSSR 1968 bewiesen. Selbst wenn diese demokratische Variante des Kommunismus immer wieder zurückgedrängt wurde, ist ein Konzept, das von Wandlungsprozessen ausgeht, auch für die Erforschung der DDR-Geschichte tragfähig.

Kontinuitäts-these   Gerade dies bestreiten die DDR-Historiker. Sie sind bemüht, speziell für die DDR ein Bild der Kontinuität zu zeichnen. Das ergibt sich nicht nur aus der von ihnen erstellten Typologie, nach der die DDR eine sozialistische Gesellschaft ist, sondern noch deutlicher aus den bisher vorliegenden Gesamtdarstellungen der DDR-Geschichte. Sowohl in der Untersuchung von S. DOERNBERG [311] als auch in neueren Beschreibungen von R. BADSTÜBNER [308] oder H. HEITZER [317] sind nicht nur, wie erwähnt, die ,,Parteilichkeit" und die Materialfülle bemerkenswert, sondern auch der Versuch, eine bruchlose Aufwärtsentwicklung der DDR nachzuweisen. Auch dies war einer der Gründe, die Phase der Übertragung des Stalinismus auf die DDR in späteren Darstellungen zu vertuschen. Schon DOERNBERG unterschlug die Auswirkungen des Stalinismus auf die DDR, selbst Stalins Name wurde kaum genannt, und entsprechend waren die Berichte über die Entstalinisierung sehr dürftig. Gleiches gilt für Geschichtsüberblicke, die in den siebziger Jahren erschienen [310: DDR. Werden und Wachsen, 1974]. An diesem Trend hat sich bis heute wenig geändert. Doch bleibt auch hier festzustellen, daß die Geschichtswerke aus der DDR inzwischen korrekter geworden sind, was die Fakten angeht. Die Verdrängung Stalins ging bei DOERNBERG noch so weit, daß er z. B. über zahlreiche Grußadressen anläßlich der Gründung der DDR berichtete, jedoch das bis 1956 ständig zitierte und als ,,historisches Dokument" apostrophierte Telegramm Stalins zu diesem Ereignis nicht erwähnte. In den Gesamtdarstellungen seit 1974 [310: DDR. Werden und Wachsen; 317: H. HEITZER, 1979] wird dieses Stalin-Telegramm nun ebenso wie sein Verfasser genannt. Dennoch werden die Person Stalins und seine Bedeutung für die Schaffung und frühe Entwicklung der SBZ/DDR auch heute nicht angemessen erwähnt.

Stalinismus-Kritik   Es ist bemerkenswert, daß der Terminus Stalinismus von der historischen Wissenschaft der DDR strikt abgelehnt wird, es aber eine Literaturhistorikerin (B. SCHRADER) in der Einleitung zur Neuauflage eines Sammelbandes [Dreißig neue Erzähler des neuen Deutschland, Leipzig 1983, 16] wagte, unverblümt von der ,,Welle der stalinistischen Verhaftungen" in der Sowjetunion zu schreiben. Auch in manchen Memoiren sind klarere Aussagen zu finden als in historischen Werken. So hat 1984 E. GESCHONNECK [244, 62 ff.] über seine Erlebnisse während der stalinistischen Säuberungen in der UdSSR der dreißiger Jahre berichtet, über das allgemeine Mißtrauen und er schreibt konkret, ,,mancher, den man gestern getroffen hatte, war heute plötzlich verschwunden". GESCHONNECK nennt Opfer der Säuberungen, so die berühmte deutsche Schauspielerin Carola Neher, und schildert seine eigene Ausweisung. Die Begriffe Stalinismus und Stalinzeit verwendet 1983 auch J. KUCZYNSKI [266], allerdings setzte er sie stets in Anführungszeichen. Für die DDR-Historiker geht das offenbar schon zu weit. Der Stalinismus war zwar für ihr heutiges System eine konstitutive Entwicklungsphase, aber dies bleibt ihr Trauma und wird daher tabuisiert.

Um von solchen eigenen Grundschwächen abzulenken, wurden westliche Forschungen heftig attackiert. Die DDR-Historiker registrierten zwar eine Veränderung vom „militanten Antikommunismus", von „Machwerken der fünfziger und zum Teil auch noch der sechziger Jahre" zu einem differenzierteren Bild oder „zur Versachlichung und zu größerem Realismus", sie sehen aber weiterhin einen „feindseligen Charakter" in westlichen Untersuchungen über die Geschichte der DDR [H. HEITZER, Das Bild von der DDR, in: 904, 1977, 377, 382 ff.].

Ein Blick in bisherige Gesamtdarstellungen der DDR-Geschichte im Westen läßt erkennen, wie vordergründig und verfehlt solche Beurteilung ist. Selbstverständlich gab es auf dem Höhepunkt des Kalten Krieges in den fünfziger Jahren Arbeiten, die Tendenzschriften waren [313: H. FRANK, 1965; 323: U. RÜHMLAND, 1959; 324: H. SCHÜTZE, 1960]. Sie ließen nicht nur wichtige Faktoren der Entwicklung unberücksichtigt, sondern verzerrten durch oft willkürliche Auswahl von Fakten und Überbewertung von Einzelheiten die historische Realität. Solche Bücher genügten weder inhaltlich noch formal wissenschaftlichen Mindestanforderungen. Doch erschienen auch damals schon Werke, die sich durch Akribie und quellenkritische Zuverlässigkeit auszeichneten. Das gilt für die historischen Überblicke von J. P. NETTL, H. DUHNKE, K. C. THALHEIM und z. T. auch R. LUKAS. Das Schwergewicht dieser Arbeiten lag auf den politischen und ökonomischen Veränderungen, die als von der Besatzung aufgezwungen, als Sowjetisierung verstanden wurden. Der gesamtdeutsche Aspekt hatte dabei große Bedeutung. J. P. NETTLs nüchterne Analyse von 1950 [321] richtete das Hauptaugenmerk auf wirtschaftliche Probleme. Trotz der damals schwierigen Quellenlage enthält das Buch, das bereits 1953 in deutsch herauskam, viele Übersichten und Tabellen.

In seiner umfassenden Darstellung ging H. DUHNKE 1955 [312] vom Totalitarismusansatz aus, er maß die Entwicklung der DDR weniger an ihren immanenten als an westlichen Kriterien. Die quellenkritische Arbeit behandelt alle Bereiche der Politik und Gesellschaft. Allerdings war für seine wie für alle damaligen Auffassungen typisch, daß auch er nur die aktiv geplante Strategie der Kommunisten berücksichtigte. Die Tatsache, daß diese ebenso auf Ereignisse und Realitäten zu reagieren hatten, kommt bei ihm zu kurz. Noch drastischer ist die Vorstellung einer Sowjetisierung als konzeptioneller Politik in einer historischen Skizzierung zu finden, die die „freiheitliche Demokratie" der Schweiz der „totalitären Diktatur" der DDR gegenüberstellte [342: R. DUBS (Hrsg.), 1966, 35 ff.]. Hier wurde zunächst die Ideologie, speziell die Leninsche Revolutionstheorie, bemüht, um dar-

Frühe westliche Überblicke

aus eine gradlinige und gezielte Politik der Sowjetisierung der DDR durch die Besatzungsmacht abzuleiten.

K. C. THALHEIMS Untersuchung von 1959 [326] skizziert in einem vierzigseitigen Beitrag die Geschichte, die er unterteilt in die „Scheindemokratie" bis 1949, die Sowjetisierung bis 1953; bis 1958 konstatierte er dann eine verstärkte Integration der DDR in den Ostblock. Die Arbeit von R. LUKAS [320], die sich auf Deskription beschränkt, enthält neben einem chronologischen auch einen systematischen Teil über Parteien, Wirtschaft und Kultur; hinzuweisen ist auf seine umfassende Sammlung von Daten und Fakten. Hervorzuheben ist schließlich eine ebenfalls kurze zusammenfassende Darstellung der DDR-Geschichte in E. RICHERTS Studie von 1959 „Agitation und Propaganda" [548]. Darin werden auf etwa 70 Seiten in einem Abriß zur Entwicklung der SBZ/DDR von 1945 bis Mitte der fünfziger Jahre wesentliche Probleme angesprochen und Erklärungsmuster angeboten.

Diese Beispiele belegen, daß im Westen bereits früh eine Auseinandersetzung mit der damals noch jungen DDR stattfand. Auch wenn die in den fünfziger Jahren geschriebenen Arbeiten durch neuere Forschungen teilweise überholt sind, zeigen sie doch, daß hier – entgegen den Behauptungen der DDR-Historiker – schon bald mit wissenschaftlichen Untersuchungen begonnen wurde.

Richert: Industriegesellschaft   In den sechziger Jahren unternahm E. RICHERT, einer der Begründer der westdeutschen DDR-Forschung, den Versuch, die DDR-Geschichte auf andere Weise darzustellen. In seiner Arbeit [506] verknüpfte er ausdrücklich die politische und die sozioökonomische Entwicklung und registrierte die neuen Strukturen in der DDR. RICHERT initiierte eine Diskussion zur Thematik der DDR als Industriegesellschaft, er verwies auch erstmals darauf, daß in der DDR eher „potentieller als virtueller Terror" die Gesellschaft in Schach hielt. Wegen seiner systematischen Fragestellungen war das Buch freilich keine historische Beschreibung der DDR. RICHERT ging später in einem längeren Aufsatz [DA 7, 1974, 955 ff.] auch auf die Wechselwirkung von Gesellschafts- und Außenpolitik der DDR ein und verband historische und systematische Fragestellungen.

Einige zeitgeschichtlich orientierte Arbeiten, wie z. B. die von A. M. HANHARDT jr. [316] in den USA, waren eher als Einführung für Studenten konzipiert.

Neuere westliche Darstellungen   Umfangreiche historische Gesamtdarstellungen der DDR-Geschichte erschienen im Westen erst wieder in den siebziger und achtziger Jahren. Nun wurden (anstelle der früheren Thesen von der Sowjetisierung) vor allem der Transformationsprozeß der DDR analysiert und die systemimmanenten Faktoren herausgearbeitet. Dabei bildet einerseits der Prozeß der Machterringung und Machtsicherung der SED den Schwerpunkt [329: H. WEBER, 1976; 330: DERS., 1985], andererseits werden die sozioökonomischen Prozesse und Strukturen sowie Konflikte und deren Regulierung als die entscheidende Problematik betont [325: D. STARITZ, 1985]. Da in vielen Werken zur Geschichte der DDR, die im Westen zu verschiedenen Zeiten herauskamen, die Frage der generellen Einschätzung und teilweise auch des besonderen Typus der neuen Gesellschaft immer ein großes Interesse fanden, richtete sich die Aufmerksamkeit vor allem auf die Herausbildung dieser Gesellschaft. Dies erklärt auch, warum gerade die Frühphase der DDR, in der die Weichenstellungen erfolgten, besonders oft untersucht und gründlich dokumentiert wurde.

4. Vorgeschichte, Entstehung und Frühphase der DDR

Mit Blick auf die deutsche Spaltung nach 1945 fanden sowohl die Vorgeschichte als auch die ersten Schritte des zweiten deutschen Staates sofort reges Interesse, das sich auch in der Forschung niederschlug. Hinzu kam, daß die DDR-Historiker der Entstehungsgeschichte ihres eigenen Landes ebenfalls besondere Aufmerksamkeit schenkten. So ist inzwischen die Zahl der Arbeiten und der Dokumentationen zur Vor- und Frühgeschichte der DDR ganz erheblich angewachsen, was auch von einer relativ guten Quellenlage begünstigt wurde. Die Binsenweisheit, daß 1945 die Besatzungsmächte als Inhaber der Gewalt die Weichen für die Entwicklung stellten, wird heute weder in Ost noch West ernsthaft angezweifelt. Allerdings werden die Akzente sehr verschieden gesetzt, und die Bewertung der Tatsache fällt recht kontrovers aus. In der DDR ist zudem – insbesondere in den sechziger Jahren – versucht worden, die Mitwirkung und Bedeutung der deutschen Kommunisten überpointiert und unverhältnismäßig herauszustreichen, um ihre Abhängigkeit sowie den Einfluß und die Hegemonie der stalinistischen Sowjetunion auf die Entstehung und Geschichte der DDR nicht thematisieren zu müssen. Dennoch ist nicht zu übersehen, daß die Spaltung Deutschlands als Voraussetzung für die Existenz der DDR eine Folge des Kalten Krieges, des Ost-West-Konfliktes zwischen den Großmächten war.

Die Literatur über den Kalten Krieg, die europäische Situation nach 1945 und die sowjetische Deutschlandpolitik ist in diesem Zusammenhang zwar wichtig, sie kann aber in den Einzelheiten ebensowenig referiert werden wie die Arbeiten zur westdeutschen Geschichte bzw. zur Frühgeschichte der Bundesrepublik oder über die Spaltung Deutschlands. Das ist hier auch nicht erforderlich, weil dazu inzwischen ein eigener Band dieser Reihe vorliegt, [vgl. R. Morsey, Die Bundesrepublik Deutschland. Entstehung und Entwicklung bis 1969, Oldenburg Grundriß, Bd. 19, 1987].

    Kalter Krieg

Über die Gründe, die zum Kalten Krieg und damit auch zur Spaltung Deutschlands führten, sind in Ost und West vielfältige Überlegungen angestellt worden. Zunächst wurde im Westen allgemein der Sowjetunion und ihrem Expansionsstreben die Alleinschuld zugewiesen. Die „revisionistische" Schule der Geschichtsschreibung in den USA hat später die Hauptverantwortung am Ost-West-Konflikt den Vereinigten Staaten gegeben und dabei einen Zusammenhang zwischen den ökonomischen Interessen des amerikanischen Imperialismus und der USA-Außenpolitik herausgearbeitet. Diese These wurde allerdings inzwischen von einer dritten Richtung als einseitig bemängelt, weil sie die sowjetische Strategie und Politik unberücksichtigt ließ. Es waren wohl eine ganze Reihe unterschiedlicher Faktoren, die den Kalten Krieg entfachten.

Die Alleinschuld an der damit verbundenen Spaltung Deutschlands wird von der DDR-Geschichtsschreibung nach wie vor dem Westen angelastet, während die hiesige Forschung sie anfangs ebenso eindeutig dem Osten zuschrieb. Inzwischen wird dies differenzierter gesehen, weil – wie schon erwähnt – die Geschichte der SBZ/DDR nicht mehr nur als Sowjetisierung, als gewollte Aktion der Kommunisten eingeschätzt wird, sondern ebenso als eine Reaktion auf weltpolitische bzw. deutschlandpolitische Ereignisse. Schließlich ist die gesamte Osteuropa-Politik der Sowjetunion nach 1945 zu berücksichtigen, über die Untersuchungen vorliegen [1165: D. GEYER (Hrsg.), 1972; 1156: Z. BRZEZINSKI, 1962; 1169: J. HOENSCH, 1977; 1167: J. HACKER, 1983]. Die für die Deutschlandfrage wichtigen Aspekte des Kalten Krieges sind in der Literatur breit erörtert worden [vgl. z. B. 445: W. LOTH, 1980; 444: W. LINK, 1980; 437, 438: A. HILLGRUBER, 1974, 1981]. Trotz unterschiedlicher Forschungsansätze und Bewertung hat sich doch die Meinung durchgesetzt, daß weder die USA noch die Sowjetunion die Teilung Deutschlands als Ziel verfolgten, vielmehr die gesamtdeutschen Pläne beider Großmächte an der Realität scheiterten. Aufgrund der Öffnung westlicher Archive, vor allem Großbritanniens, konnte diese Forschung in jüngster Zeit vertieft werden; von ihr wird sowohl die westliche als auch die westdeutsche Politik kritisch bewertet [493: J. FOSCHEPOTH (Hrsg.), 1985; 450: R. STEININGER, 1985] oder erneut die Verantwortung der Sowjetunion stärker hervorgehoben [434: H. GRAML, 1985]. Die Deutschlandpolitik der Sowjetunion behält für die Forschung einen zentralen Stellenwert. Detailliert hat diese Politik bis zum Ende des Zweiten Weltkrieges 1975 A. FISCHER dargestellt [1162], während A. SYWOTTEK 1971 eine historisch-kritische Analyse der KPD-Politik und ihres Volksfront-Modells im Zusammenhang mit der sowjetischen Politik vorlegte [636].

Bei der Analyse der Nachkriegspolitik Stalins werden die Reparationsforderungen als ein „Schlüsselproblem der sowjetischen Deutschlandpolitik" eingeschätzt [1163: R. FRITSCH-BOURNAZEL, 1977, 27]. Daher trat die UdSSR zunächst auch vorrangig für eine gesamtdeutsche Lösung ein, die ihr einen Zugriff auf das Wirtschaftspotential des Ruhrgebiets ermöglicht hätte. Erst mit dem Kalten Krieg änderte sich die sowjetische Strategie, die sich nun auf die „kleine Lösung", die Schaffung der DDR als eines deutschen „Kernstaates", beschränkte. Die meisten westlichen Forscher bezeichnen daher 1947 als das entscheidende Jahr der deutschen Spaltung. Hingegen sieht W. v. BUTLAR 1980 [1157] (vgl. aber auch GRAML u. a.) den wichtigen Einschnitt bereits 1946. Vor allem aber mißt er der Reparationspolitik der UdSSR weniger Gewicht bei und erblickt in äußerer Sicherheit, Stabilität und Expansion maßgebende Faktoren der sowjetischen Konzeption. In einer umfassenden Arbeit hat 1974 E. NOLTE [446] die deutschlandpolitischen Spannungen im Kontext mit der sowjetischen Politik untersucht und zugleich die ganze Spannweite der Diskussion über Entstehung und Entwicklung des Kalten

Marginalia:
Sowjetische Außenpolitik

Rolle der Reparationen

Krieges vorgeführt. Er liefert aber auch eine relativ ausführliche politische Geschichte der DDR, vor allem der hier angesprochenen Probleme der frühen DDR, und sei deshalb beispielhaft angeführt.

In der Wertung hat sich bei der DDR-Geschichtsschreibung indes wenig geändert. Die DDR lehnt jede Verantwortung für die Entstehung der Spaltung ab, und ebenso beharren ihre Historiker auch für die Frühzeit ihres Staates auf der Behauptung von einem „gesetzmäßigen" historischen Ablauf. Dabei haben sie allerdings die anfangs von ihnen überbetonten deutschlandpolitischen Aktivititäten der DDR zugunsten der These von der Kontinuität ihrer eigenen Geschichte relativiert. Hervorzuheben ist, daß die frühe Phase auch in der DDR ein wichtiges Forschungsfeld geblieben ist.

Bereits 1959 gab S. DOERNBERG [389] einen erstmals auf vorher unbekannte Archivalien gestützten Überblick zur Vorgeschichte der DDR. In dieser Arbeit (seiner Dissertation) definierte DOERNBERG die Etappe von 1945 bis 1949 als erste Etappe des Aufbaus, als „demokratische Revolution", die zum „Typ der bürgerlich-demokratischen Revolution in der Epoche des Imperialismus" gehöre (464). In der Darstellung zeigte der Verfasser freilich anhand seines vorgelegten Materials, daß sowohl die Veränderung der Strukturen als auch die Neubesetzung der Funktionen den Kommunisten schon frühzeitig eine Dominanz sicherten. Er beschrieb den Aufbau der Staatsmacht, die Durchführung der Bodenreform, den Aufbau des „volkseigenen Sektors" der Industrie. Die „nationale Frage" hob er besonders hervor, während er der sowjetischen Besatzungsmacht nur wenige Seiten widmete und deren Bedeutung sogar herunterzuspielen versuchte. DDR-Geschichts-
schreibung zur
Vorgeschichte

Eine Reihe von Befehlen der SMAD wurden indes 1968 in der noch immer besten Dokumentation der DDR [141] veröffentlicht. Mit fast 300 Dokumenten sowie einem Tabellenanhang eröffnete das Werk auch für die westliche Forschung bisher unbekannte Quellen. Ebenso wichtig waren zwei dokumentarisch fundierte Bände von K. H. SCHÖNEBURG [127], die eine Chronologie von 1945 bis 1965 brachten und breiter angelegt waren als die 1967 erschienene Chronik zur Geschichte der Arbeiterbewegung [175]. Dokumentationen der folgenden Zeit, z. B. eine Geschichte des Staats und des Rechts [90; 91], zur Sozialpolitik [155] oder zur Schulreform [38] kamen an die Qualität dieser frühen Veröffentlichungen nicht heran, auch wenn sie neue Materialien publizierten. Einen Überblick der Periode 1945 bis 1949 (in den Gesamtdarstellungen zur DDR-Geschichte sind diese Jahre natürlich ebenfalls enthalten) erarbeitete 1983 ein Autorenkollektiv unter Leitung von K. H. SCHÖNEBURG [415]. Im Mittelpunkt standen die Errichtung der neuen Staatsorgane, die Bodenreform, die Wirtschafts- und Bildungsreform sowie der Aufbau der Sicherheitsorgane und der Justiz. In diesem Band nahmen die Struktur und die Rolle der SMAD (aber auch der Kontrollrat) breiteren Raum ein. So wurden die Befehle der SMAD als „rechtsetzende Tätigkeit" definiert und ihre umfassende Kontrolle thematisiert. Rolle der SMAD

Ansonsten wird über die SMAD in der SBZ/DDR eher in abgelegeneren Veröffentlichungen berichtet [390; 596]. Einzelheiten finden sich auch in Erinnerungs-

bänden [258; 240] oder Memoiren [227: F. J. Bokow, 1979; 401: L. M. Malinowski, 1980]. Erst neuerdings sind in Tulpanows Erinnerungen [292] detaillierte Hinweise zu finden.

Übergriffe der
Roten Armee

Wird die dominierende Rolle der SMAD nur sehr zurückhaltend beschrieben,
so sind Ausschreitungen der Besatzungstruppen erst recht tabu. Eine bemerkenswerte Ausnahme ist wiederum nicht in wissenschaftlichen Untersuchungen zu
finden, sondern in der Memoiren-Literatur. So geht H. Zinner in ihren Erinnerungen [Auf dem roten Teppich, 1978, Neuaufl. 1986, 35 ff.] auf Vergewaltigun-
gen durch die Rote Armee ein. Auch die Flucht und Vertreibung aus den deutschen Ostgebieten wird inzwischen thematisiert, aber wiederum nicht in historischen Darstellungen, sondern in einem autobiographischen Roman [U. Höntsch-
Harendt, Wir Flüchtlingskinder, Halle 1985].

Die Dissertation von H. Fiedler [576] stellt zwar die Tätigkeit der SED in den
Mittelpunkt ihrer Untersuchung der Jahre 1946 bis 1948, sie veröffentlicht dabei
aber auch wichtige Unterlagen über den Aufbau des Staates in der Frühphase. Die
Arbeit läßt erkennen, wie die SED bereits zu einem Zeitpunkt den Neuaufbau dirigierte, zu dem sie nach außen noch die Vorstellung einer pluralistischen Demokratie vertrat. Im Dokumentenanhang sind auch zwei vorher nicht bekannte
Schriftstücke aus dem Archiv des IML abgedruckt.

Zur Frühgeschichte der DDR ist schließlich noch ein 1979 von R. Badstübner
und H. Heitzer herausgegebener Sammelband [385] hervorzuheben. Neben Beiträgen zu methodologischen Fragen wie zur Diskussion über den „revolutionären
Prozeß" von 1945 bis 1961 oder zur „Dialektik von objektiven Bedingungen und
subjektivem Faktor" finden sich darin Untersuchungen zur Aktivistenbewegung
oder zum Parteien-Block mit neuem Material. Interessant ist auch ein Artikel zur
Sozialpolitik der DDR, in dem freilich unerwähnt bleibt, daß dieser Begriff bis
Ende der fünfziger Jahre in der DDR verfemt war, ja damals die Notwendigkeit
einer „sozialistischen" Sozialpolitik sogar verneint wurde. Ein anderer Beitrag
dieses Bandes berichtet über die Struktur der Arbeiterklasse, wobei er bemerkenswerte Hinweise auf Auswirkungen durch territorial veränderte Industrie-
Standorte gibt.

Westliche
Gesamtein-
schätzungen der
Frühphase

Entsprechende Forschungen im Westen registrieren zwar die gleichen grundlegenden Umstrukturierungen (Bodenreform, Industriereform, Schulreform, Entnazifizierung, Rolle der Kommunisten, der SMAD usw.), kommen aber zu ganz
anderen Bewertungen. Inzwischen erschienen auch hier Gesamteinschätzungen
der Frühphase, so 1984 von Staritz [418], der auch einen kurzen Überblick zum
Forschungsstand vorlegt. Der Autor thematisiert die Etablierung und Festigung
der Macht auf dem Weg zur „Volksdemokratie". In ihr sieht Staritz eine „Revolution von oben", die ein Konzept entwickelte, in dem Arbeiter, Bauern und Mittelschichten „eher als Adressaten denn als politische Akteure fungieren" und von
denen politische Loyalität und Arbeitseifer erwartet werden. Staritz' Arbeit fußt
auf einer von ihm 1976 vorgelegten Untersuchung [419]. Mit diesem Band erweiterte er die Analyse von Institutionen und prüfte die Problembereiche, die charak-

teristisch waren für die Herausbildung des politischen und sozialen Gefüges der DDR.

Einen kürzeren Zeitabschnitt wählte G. W. SANDFORD [411] in seiner Dissertation, er befaßte sich vor allem mit Reformen von 1945 und 1946. SANDFORD konnte für seine Untersuchung auch Archivmaterial des FDGB heranziehen, das freilich keine neuen Erkenntnisse vermittelt. In größeren Zusammenhang stellte 1984 KLESSMANN [395] die Frühphase der DDR, denn er vergleicht die Entwicklung in West- und Ostdeutschland von 1945 bis 1955. Auf diese Weise gelingt es, die sonst meist zu kurz kommende gegenseitige (meist negative) Beeinflussung beim Aufbau beider Staaten näher zu beleuchten. Der materialreiche Band mit einem großen Dokumententeil ist wichtig, weil der Autor sich mit der Literatur auseinandersetzt und auf die inzwischen vorliegenden zahlreichen Untersuchungen und Quelleneditionen aufbauen konnte. Schließlich sind nicht nur die erwähnten Dokumentationen in der DDR erschienen, sondern ebenso gerade für die Vorgeschichte und Frühzeit Materialienbände in der Bundesrepublik, sowohl zur Bildungspolitik [40: S. BASKE/M. ENGELBERT (Hrsg.), 1966; 42: S. BASKE, 1979], zur Kulturpolitik [129: E. SCHUBBE (Hrsg.), 1972] oder zu verschiedenen Bereichen [55: E. DEUERLEIN (Hrsg.), 1971; 149: H. WEBER (Hrsg.), 1986].

Wie mit Spürsinn Quellen aufzufinden und mit Akribie auszuwerten sind, hat S. SUCKUT [420: 1982] bewiesen. Es gelang ihm, nicht nur die Entwicklung der Betriebsräte in der SBZ bis 1948 nachzuzeichnen, sondern auch wichtige Daten zur ~Betriebsräte~ Sozialstruktur zusammenzutragen, da er eine sehr große Zahl von Zeitungen, auch Betriebszeitungen, heranzog. SUCKUT verweist darauf, daß es neben den Planungen der SMAD und der deutschen Kommunisten im Wirtschaftsbereich auch eine gegenläufige Entwicklung gab: Die Vertreter der Arbeiterschaft, vor allem die Betriebsräte, wollten das „Machtvakuum" in den Betrieben ausfüllen (wie übrigens auch in Westdeutschland), um den Wiederaufbau von der Basis her zu organisieren. Dies verhinderte jedoch die Politik der Kommunisten, die schließlich 1948 die Betriebsräte sogar auflösten.

Durch Befragungen von Zeitzeugen und kritische Auswertung der regionalen Literatur konnte B. BOUVIER [567, 417 ff.] Einzelheiten über den Aufbau der regionalen und lokalen Verwaltung in den Ländern der SBZ im Jahr 1945 herausarbeiten, wobei ihre besondere Aufmerksamkeit den Sozialdemokraten galt.

Während in der DDR relativ spät versucht wurde, die Geschichte der DDR in ~Vergleichende~ den Zusammenhang mit der Entwicklung der „sozialistischen Gemeinschaft" ~Untersuchungen~ einzuordnen [1170: E. KALBE, 1981], ist im Westen ein Vergleich der Frühphasen verschiedener „Volksdemokratien" schon vorher erfolgt. W. DIEPENTHAL [388] vergleicht Polen, die Tschechoslowakei und die SBZ. Dabei setzt er sich kritisch mit der These auseinander, die „Sowjetisierung" sei die planmäßige Vollstreckung einer langfristigen strategischen Konzeption der Sowjetunion gewesen. Er weist vielmehr zahlreiche Brüche in der kommunistischen Politik nach. Allerdings macht seine Untersuchung nicht deutlich, daß die SBZ als Besatzungsgebiet ein

Sonderfall war, anderen Zwängen unterlag und deshalb nicht einfach mit Staaten, die eine eigene Regierung besaßen, gleichzusetzen ist.

Eine umfassende Geschichte der kommunistisch regierten Staaten Europas von FETJÖ [1161] entstand in Frankreich. Der 1. Band erschien bereits 1952 und behandelte die SBZ/DDR nur am Rande, erst im 2. Band für die Zeit 1953 bis 1972 wurde die Entwicklung der DDR mit berücksichtigt.

Einen ähnlichen Versuch machte J. HACKER 1983 [1167], der die Entwicklung von 1939 bis 1980 prüfen will. Obwohl er die SBZ/DDR stärker einbezieht, kann er natürlich nur auf bestimmte Probleme eingehen, hinzu kommt, daß er für die Frühphase nicht immer den neuesten Forschungsstand aufnimmt. So zeigt sich bei HACKER wie bei FETJÖ, daß zwar bei einem Vergleich mehrerer Länder interessante Parallelen und unterschiedliche Konturen besser zu erkennen sind als bei isolierter Betrachtung der DDR, andererseits werden viele Probleme durch eine knappe Darstellung verkürzt.

Stärker auf die Vorgeschichte der SED konzentriert ist die Dissertation von H. KRISCH [398]. Sie ist ein Beispiel dafür, daß das Parteiensystem und die SED (die an anderer Stelle zu untersuchen sind) immer das besondere Interesse der Forschung fanden.

Kontroversen der Forschung   Bereits ein Blick auf die Darstellungen der Frühphase läßt erkennen, welche Themen die Forschung kontrovers diskutiert. Es sind dies vor allem die Entstehung und Entwicklung des Parteiensystems (auch und gerade die Gründung der SED), aber ebenso – wie schon erwähnt – die Ursachen der Spaltung Deutschlands. Zu gegensätzlichen Bewertungen kommen natürlich die Historiker in Ost und West, aber auch innerhalb der „westlichen" Einschätzungen gibt es Differenzen. Für die Frühphase soll dies hier kursorisch an wenigen Beispielen skizziert werden, nämlich den „Reformen" von 1945/46, der Entnazifizierung, der Stalin-Note von 1952 und dem Aufstand vom 17. Juni 1953.

Die Boden-, Schul-, Justiz- und Industriereform wurden von der DDR-Historiographie von Anfang an als Maßnahmen zur Überwindung des Nationalsozialismus gedeutet. Während aber früher vor allem ihr demokratischer Charakter hervorgehoben wurde [389: S. DOERNBERG, 1959], wird in späteren Darstellungen bereits deren grundsätzlicher Charakter für eine Umstrukturierung der Gesellschaft eingeräumt.

Bodenreform   Die Bodenreform hatte zu einer Krise innerhalb der CDU geführt; deren Vorsitzende Hermes und Schreiber, die eine entschädigungslose Enteignung ablehnten, wurden sogar von der SMAD abgesetzt [686: S. SUCKUT, 1982, 1080]. Aber auch auf der Linken war umstritten, ob die Aufteilung der großen Ländereien in kleine Parzellen der richtige Weg sei. Dies bestätigt inzwischen auch die DDR-Geschichtsschreibung, die z. B. registriert, daß der ZA der SPD noch am 30. August 1945 für eine genossenschaftliche Bewirtschaftung des enteigneten Großgrundbesitzes eintrat [409: J. PISKOL, 1984, 38]. Dagegen bestreiten die DDR-Historiker [ebd., 38] die von P. HERMES [672: 1963, 37f.] geäußerte – und von der westlichen Forschung weitgehend übernommene – Ansicht, die geringe Größe der

Neubauernwirtschaften sei damals bewußt gewählt worden. Nach HERMES sollte so aus ideologischen Gründen „eine auf Dauer angelegte selbständige und ertragreiche Bewirtschaftung" nicht möglich sein, um dann später die Landwirtschaft leichter kollektivieren zu können. Freilich ist diese Auffassung in der westlichen Literatur auch nicht einhellig. So wird nicht nur von „linker" Seite die Bodenreform „überwiegend als positiv" eingeschätzt, wie z.B. von PLATO [410: 1979, 183], sondern ebenso von CHILDS [460: 1983, 15] ähnlich gesehen.

Nach wie vor behauptet die DDR-Geschichtsschreibung, die Umverteilung des Bodens sei eine vor allem von den deutschen Kommunisten initiierte Reform gewesen. Doch bereits 1955 hatte W. LEONHARD [270, 410f.] in seinen Erinnerungen berichtet, daß die SMAD der treibende Faktor war und sogar der Gesetzestext für die Bodenreform erst aus dem Russischen übersetzt werden mußte.

Die Gesamteinschätzung der Bodenreform war in der frühen westlichen Literatur ziemlich eindeutig. Sie wurde als „erster Schritt zur Sowjetisierung" bezeichnet [z.B. 312: H. DUHNKE, 1955, 113]. Diese Bewertung bestätigte freilich indirekt die Version der DDR, die bis heute betont, die Bodenreform sei unter Führung der Kommunisten erfolgt, und zwar als „schöpferische Anwendung der Erfahrungen der KPdSU" [627, 53]. In der westlichen Forschung werden die Reformen von 1945 und 1946 inzwischen differenzierter gesehen und die Boden- oder die Schulreform zwar als radikale, aber keineswegs kommunistische Maßnahmen eingeschätzt.

Die Literatur über die Bodenreform ist so geradezu beispielhaft für die Behandlung einzelner Probleme der Vorgeschichte der DDR. Sie wurde von den DDR-Historikern zu verschiedenen Zeitpunkten unterschiedlich interpretiert, aber auch in der westlichen Literatur durchaus kontrovers diskutiert. Zugleich ist aber zu diesem Thema inzwischen ein so umfangreiches Faktenmaterial publiziert worden, daß eine differenzierte Betrachtung möglich ist.

Ähnliche Aussagen sind zu anderen Ereignissen der Vorgeschichte und Frühzeit der Geschichte der DDR zu machen, doch sollen diese hier nur noch skizziert werden. Die Entnazifizierung z.B. ist bereits von P. J. NETTL [321:1953, 35f.] als „viel wirksamer als im Westen" beurteilt worden. Hingegen bezeichneten spätere Darstellungen die Entnazifizierung negativ, sahen darin „oft nur einen Vorwand, um Enteignungsmaßnahmen zu tarnen" [158, 170]. Selbst in insgesamt differenzierenden Arbeiten kommt der Aspekt der Verfolgung von NS-Verbrechern während der sowjetischen Säuberungen 1945/46, bei den Verschleppungen und Internierungen in den Jahren nach 1945 etwas zu kurz [1035: K. W. FRICKE, 1979]. Da die DDR-Historiker über die Entnazifizierung in der SBZ/DDR inzwischen umfangreiches Material vorlegen [z.B. 402: W. MEINICKE, 1983], wird auch in westlichen Darstellungen die Meinung vertreten, sie sei in der SBZ jedenfalls gründlicher als in den Westzonen praktiziert worden.

Entnazifizierung

Ein Beispiel dafür, wie eine Kontroverse fast ausschließlich im Westen geführt wurde, ist die Diskussion um die Stalin-Note von 1952. Bis heute ist der Streit darüber im Gange, wie ernst diese Note zu bewerten ist und ob eine Chance zur Wiedervereinigung vertan wurde, weil das sowjetische Angebot nicht genügend ausgelotet wurde. Eine zusammenfassende Beurteilung unternahm G. WETTIG [377]. Von den zahlreichen Beiträgen, die in der Stalin-Note keinen ernsthaften Versuch sehen, seien nur der von H. GRAML [Die Legende von der verpaßten Gelegenheit, in: VfZ 29, 1981, 307ff.] und der von H. P. SCHWARZ herausgegebene Sammelband [370] genannt. Die Gegenposition vertritt vor allem R. STEININGER, der jetzt die Diskussion neu aufnahm [450; vgl. dazu auch 433: J. FOSCHEPOTH (Hg.), 1985]. Wenn sich die DDR-Historiker kaum äußerten (allerdings brachte die BzG 27, 1987, 135ff., eine sachliche Rezension des Bandes von STEININGER), so wohl auch deswegen, weil die Note mit ihren Vorschlägen für den anderen deutschen Staat eine Marginalie blieb. Die DDR-Führung hatte kaum Einfluß auf diesen Vorgang, es war eine Frage zwischen der UdSSR und den Westmächten, in der die Bundesrepublik gefordert war. Nur ernsthafte Verhandlungen oder gar Erfolge hätten die DDR betroffen, die dann wohl als historisch kurzlebiger Staat von der Bildfläche hätte verschwinden müssen.

17. Juni 1953   Auch die Beurteilung des Aufstands vom 17. Juni 1953 ist beispielhaft für die Kontroversen bei der Erforschung der Frühgeschichte der DDR; in diesem Fall besteht ein besonders scharfer Gegensatz zwischen Ost und West. Die DDR-Historiker verwenden den Ausdruck „faschistischer Putsch" zwar kaum noch, doch müssen sie sich weiterhin an die Vorgaben der Geschichte der SED [581] halten, wonach am 17. Juni 1953 ein „gegenrevolutionärer Putschversuch" mit „operativer Anleitung" aus dem Westen stattfand, dabei Gruppen tätig waren, in denen „ehemals aktive Faschisten" eine Rolle spielten. Da aber in der Geschichte der SED auch von „Unzufriedenheit und Mißstimmung von Werktätigen" die Rede ist, kommt es auf Akzente an. So wird in Darstellungen aus jüngster Zeit, z. B. von W. GLEDITZSCH [583] sogar geschrieben, Dulles habe „von Westberlin aus die unmittelbare Leitung der Aktion" übernommen, die Legende von einem Putsch, der von außen gesteuert wurde, wird also wieder verbreitet. Insgesamt bestätigen auch DDR-Zeithistoriker die Unzufriedenheit in der Bevölkerung als eine der Ursachen, und sie sagen selbst, daß die Normenerhöhung die Unruhen bei den Arbeitern auslöste.

Im Westen ist die ursprüngliche Auffassung von einem allgemeinen Volksaufstand besonders nach der Arbeit von A. BARING [332] von der Forschung neu definiert worden; hier wird der 17. Juni nun meist als Arbeiteraufstand charakterisiert. Aufgrund der vorhandenen Quellen sind im Westen die Spontaneität der Bewegung wie die allgemeine Unzufriedenheit als Ursache nie in Zweifel gezogen worden. Das Thema ist umfassend abgehandelt [vgl. 373: I. SPITTMANN u. K. W. FRICKE (Hrsg.), 1982]. Von der neueren Literatur werden vor allem die Auswirkungen, ein „Lernschock" bei Führung wie Bevölkerung, konstatiert. Dieser blieb wie andere wichtige Ereignisse nicht ohne spürbare Folgen auf die weitere Entwicklung des Herrschaftssystems der DDR.

5. Das Verfassungs- und Regierungssystem der DDR

Mit dem Regierungssystem der DDR hat sich die Wissenschaft dort wie in der   Verfassungs-
Bundesrepublik häufig befaßt, ebenso mit den Verfassungen von 1949 und 1968   entwicklung
(einschließlich der Veränderungen von 1974). Schon vor der Gründung der DDR
debattierten Politiker in der SBZ über eine Verfassung; dabei sprach sich O. Grotewohl [481] bereits gegen die Gewaltenteilung aus. Zunächst ging die Diskussion freilich um die Länderverfassungen, darüber hatte K. Schultes [520] schon
1948 informiert. Nun liegt zu dieser Problematik eine umfassende wissenschaftliche Darstellung von G. Braas vor [474].

Die noch stark von der Weimarer Konstitution beeinflußte erste Verfassung der
DDR von 1949 war in der Praxis schon bald ausgehöhlt. Indessen verlagerte sich
der Meinungsstreit sowohl über den Stellenwert der Verfassung für die politische
Realität als auch über Veränderungen an der Verfassung selbst von der DDR weg
in die Bundesrepublik. Das ermöglichte eine historische Betrachtung der Verfassungsentwicklung, die sich dann in zahlreichen Arbeiten niederschlug [478:
M. Draht, 1956; 499: S. Mampel, 1964; 498: ders., 1968; 502: D. Müller-Römer, 1966]. Einige Wissenschaftler gingen von der Beschreibung der marxistisch-
leninistischen Ideologie aus und deuteten die Verfassungsentwicklung als Versuch
einer Realisierung dieser Ideologie (Mampel), vor allem aber wurden Unterschiede zur Weimarer Republik und der Gegensatz zwischen geschriebener und
Realverfassung thematisiert. Deutlich herausgearbeitet wurde auch die in der Verfassung gar nicht vorgesehene „Suprematie der SED". Entscheidende Verfas-
sungsänderungen der fünfziger Jahre, die 1952 die Abschaffung der Länder und
1960 die Ersetzung des Präsidenten durch den Staatsrat brachten, fanden ebenso
Interesse wie die Ausnutzung der Leerformeln in Artikel 6 zur Verfolgung politischer Opposition.

Erst im Zusammenhang mit der Diskussion um eine neue Verfassung und deren
Annahme durch eine Volksabstimmung 1968 gab es auch in der DDR selbst wieder eine Literatur zum Verfassungswesen [530]. Zur Verfassung von 1968 erschien
erstmals auch ein offizieller Kommentar, herausgegeben von K. Sorgenicht u. a.   DDR-Kommentar
[524]. Ausführlich wurde nun die in Artikel 1 verfassungsrechtlich abgesicherte
Führungsrolle der SED begründet. Die dann relativ bald erfolgten abermaligen
Neuformulierungen in der Verfassung im Jahre 1974 (die zwar einige Grundsätze
wie die Einheit Deutschlands oder das Verhältnis zur UdSSR änderten, nicht aber
die Artikel über die Strukturen des Staates betreffen) lösten in der DDR-Wissenschaft keine Debatte mehr aus. Bis heute bedeutet die Verfassungsentwicklung für
die DDR-Historiker nur eine Marginalie, auch darin dokumentiert sich der geringe Stellenwert der geschriebenen Konstitution für die Realität der DDR. Hierin
spiegelt sich wider, daß die Verfassung für die Machtausübung instrumentalisiert
wird und sie keineswegs die Normen dieser Politik setzt.

In der Bundesrepublik erschienen inzwischen zahlreiche Untersuchungen zur
Verfassung von 1968 bzw. 1974 [500: S. Mampel, 1972; 501: D. Müller-Römer,

1974; 507: H. ROGGEMANN, 1980]. In diesen Arbeiten wird auch die historische Dimension berücksichtigt. Die Verfassungsfunktion, ihre Prinzipien und vor allem die Kontrollmechanismen hat G. BRUNNER [476: 1972] bis ins Detail beschrieben und dabei eine generelle Einschätzung der gesamten Verfassungsordnung in beiden deutschen Staaten gegeben. Obwohl die Diskrepanz zwischen geschriebener Verfassung und Realität 1968 bzw. 1974 geringer war als 1949, zeigen alle Analysen, daß das Regierungssystem der DDR nicht nur am Verfassungstext gemessen werden kann. So ist in Artikel 1 die Führungsrolle der SED nur ganz allgemein beschrieben, die tatsächliche Rolle der Institutionen, z. B. der Volkskammer, nicht korrekt dargelegt. Wichtig ist hingegen das Prinzip des demokratischen Zentralismus, das die formale Struktur aller Institutionen festlegt. Über die Bedeutung

Demokratischer Zentralismus des demokratischen Zentralismus erschienen in der DDR einige Darstellungen [512: R. ROST, 1959; 518: G. SCHÜSSLER, 1981]. In diesen Arbeiten wird freilich die demokratische Seite (Wahl aller Organe von unten nach oben, Rechenschaftspflicht der Gewählten sowie Mehrheitsentscheidung) stark betont, obwohl gerade diese Teile in der Realität kaum eine Rolle spielen. Dagegen verdient das zentralistische Prinzip einer straffen Leitung von oben und strikter Disziplin besondere Beachtung, denn in der Praxis ist dieser Zentralismus für das System entscheidend. Dies wird vorrangig von westlichen Wissenschaftlern herausgearbeit [506: E. RICHERT, 1963; 494: G. LEISSNER, 1961; 528: J. TÜRKE, 1960], wobei letztere vor allem den Verwaltungsapparat untersuchen.

Staatsapparat Das eigentliche Regierungssystem der DDR, also die Institutionen der Machtausübung sowie der Staatsapparat, sind in Gesamtdarstellungen des DDR-Systems behandelt [460: D. CHILDS, 1983; 465: H. RAUSCH/T. STAMMEN, 1978; 466: E. SCHNEIDER, 1975; 467: K. SONTHEIMER/W. BLEEK, 1972; 468: R. THOMAS, 1972]. Skizziert sind die DDR-Institutionen auch in Überblicken der Systeme der kommunistisch regierten Staaten [479: R. FURTAK, 1979, 74 ff.; 526: R. F. STAAR, 1977, 74 ff.]. Einzelne Organe sind in speziellen Monographien beschrieben. Bereits 1971 hat sich U. HOFFMANN [484] mit dem Ministerrat der DDR beschäftigt und sich dabei theoretisch von den Thesen von LUDZ abgehoben. Die neueren Arbeiten von P. LAPP [490: 1982; 492: 1975; 491: 1971] zeigen, daß es möglich ist, durch gründliche Auswertung veröffentlichter Materialien eine Übersicht über Aufgaben, Organisation und Arbeitsweise dieser Führungsgremien des Staates zu gewinnen. Allerdings wird nur die historische Entwicklung der Volkskammer skizziert, entsprechende Untersuchungen für andere Institutionen stehen noch aus.

Vorbildhaft für die Darstellung der Strukturen der DDR ist noch immer die Arbeit von E. RICHERT [506] aus dem Jahr 1963. Darin hat er nicht nur den Staatsapparat untersucht, sondern das gesamte Regime einschließlich der Wirtschaftspolitik sowie der Rolle der SED. Freilich ist dieses Werk weniger historisch angelegt, als aus der Sicht der politischen Soziologie geschrieben. Dennoch ist die wichtige Analyse beispielhaft für die Erforschung der Geschichte des Herrschaftssystems.

Obwohl W. ULBRICHT selbst bereits 1949 ein „Lehrbuch für den demokratischen Staats- und Wirtschaftsaufbau" [529] vorlegte, haben die DDR-Historiker die Geschichte ihres Staats noch nicht umfassend beschrieben. Während für die Vorgeschichte die Arbeit von H. FIEDLER [576] und vor allem K. H. SCHÖNEBURG [415] interessante Einsichten vermitteln, gibt es für die spätere Zeit nur einen weit weniger instruktiven Band ebenfalls von SCHÖNEBURG [514: 1973]. Einblicke in die Geschichte der Staatsordnung gewähren indes auch Dokumentationen, so neben den bereits erwähnten Bänden zur Vorgeschichte die Dokumente zur Staatsordnung [65], die auch umfangreiche Literaturhinweise enthalten, oder ,,Das System der sozialistischen Gesellschaftsordnung" [137].

Für die Entwicklung des Machtapparats hat die DDR immer wieder die Bedeu-   Rolle der Kader
tung der Funktionäre, der ,,Kader" auch im Staat beschrieben [483: R. HERBER/H. JUNG, 1968; 471: W. ASSMANN/G. LIEBE, 1972; 495: G. LIEBE, 1973]. Über dieses wichtige Thema ist inzwischen auch im Westen gearbeitet worden, so 1976, von G. J. GLAESSNER [480] und R. SCHWARZENBACH [626]. GLAESSNERS Arbeit ist stärker historisch orientiert und berücksichtigt auch das ,,Qualifizierungssystem" der Kader im Staatsapparat. Veränderungen der sozialen Struktur der außenpolitischen Führungsgruppen untersucht J. RADDE [1092: 1976; vgl. auch 1188: DERS., 1977]. Dagegen versuchte G. NEUGEBAUER 1979 [613], die Instrumentalisierung des Staatsapparats durch die SED zu analysieren, wobei er die These wagte, es komme zu einer ,,relativen Verselbständigung" des Staatsapparats gegenüber der SED.

Das wird von der DDR – wohl zu recht – nicht so gesehen. K. SORGENICHT [525] ist bemüht, gerade die Führungsrolle der SED im Staat herauszuarbeiten. Auch systematische Darstellungen [517: G. SCHÜSSLER, 1978] hoben die Hegemonie der Partei im Staat hervor.

Die Herausbildung und Geschichte des Rechtswesens wird aus dem Blickwin-   Rechtswesen
kel der DDR-Historiker ebenso eindeutig mit der Führungsrolle der SED verbunden. Seit 1983 liegt ein ,,Grundriß" zur Staats- und Rechtsgeschichte vor [527], der viele Daten und Materialien bringt, vorher erschien ein Band zur ,,Entwicklung der sozialistischen Rechtsordnung" [470]. Zum 30. Jahrestag der DDR-Gründung kam ein Sammelband zum Thema Staat und Recht heraus [534]. Eine zweibändige Geschichte der Rechtspflege von 1945 bis 1961, von einem Autorenkollektiv unter Leitung der ehemaligen Justizministerin H. BENJAMIN verfaßt [472], ist zwar ebenfalls materialreich (z. B. mit Details über die Zentralverwaltung Justiz nach 1945), aber doch parteiisch verzeichnet. Typisch daran ist, wie die Praxis der politischen Justiz in den fünfziger Jahren verharmlost oder die Existenz der Internierungslager der sowjetischen Besatzungsmacht in Deutschland verschwiegen wird. Auch andere unliebsame Fakten werden vertuscht, beispielsweise wird in der Kurzbiographie des ehemaligen Justizministers Max Fechner nicht erwähnt, daß er 1953 abgesetzt und verhaftet worden war.

In der Bundesrepublik ist indessen gerade die Rechtsunsicherheit in der Geschichte der DDR herausgearbeitet und dies auf die Instrumentalisierung des Rechts durch die SED zurückgeführt worden. G. BRUNNER hat in seiner Einführung in das Recht der DDR [477] die Rechtsordnung, das politische System und die einzelnen Rechtsgebiete skizziert, eine entsprechende Dokumentation erstellte E. LIESER-TRIEBNIGG [105]. Bereits früh gab es Dokumentationen zu Rechtsverletzungen [142]. Einen historischen Überblick über das für das Regierungssystem wesentliche Strafrecht bis 1968 legte W. SCHULLER vor [519], wobei er auch das Prozeßrecht einbezog. K. W. FRICKE hat 1979 die Geschichte der politischen Verfolgung herausgearbeitet [1035]. Einzelne Bereiche des Rechtswesens sind umfassend analysiert, dabei ist meist auch deren historische Entwicklung gestreift worden. Das gilt beispielsweise für das Strafrecht [515: F. C. SCHRÖDER, 1983; 121: H. ROGGEMANN, 1978; 511: W. ROSENTHAL, 1968; 521: SCHWINDT, 1979]. Hingewiesen sei weiter auf Werke über die Grundrechte [502: D. MÜLLER-RÖMER, 1966; 486: H. KASCHKAT, 1976], das Zivilgesetzbuch [122: H. ROGGEMANN, 1976], das Arbeitsrecht [496: S. MAMPEL, 1966]. Schließlich gibt es Arbeiten über die Notstandsverfassung [513: H. SCHMITZ, 1971] oder die Wehrverfassung [532: J. WECK, 1970]. Das übergreifende Rechtssystem des RGW hat W. SEIFFERT 1982 vorgestellt [522]. Nicht zuletzt haben auch die Materialien zum Bericht zur Lage der Nation (1972 und 1974) [162] die Situation des Rechts in der DDR dargelegt, freilich ohne die historischen Tendenzen genügend einzubeziehen.

Die Untersuchungen zum Verfassungs-, Regierungs- und Rechtssystem der DDR zeigen, daß es sich dort um eine straff politisch formierte Gesellschaft handelt. Den Kern dieses Regierungstypus bildet die kommunistische Einparteienherrschaft, die daher in allen Arbeiten über das Herrschaftssystem behandelt wird, einerlei, ob sie als Staats- oder Führungspartei bzw. – wie im vorliegenden Band – als Hegemonialpartei definiert wird. Bei der Analyse der DDR wird daher von der Forschung dem Parteiensystem entscheidende Bedeutung zugemessen.

6. ENTWICKLUNG DER PARTEIEN UND MASSENORGANISATIONEN UND DIE ROLLE DER SED

Parteiensystem im Mittelpunkt der Forschung

Die Geschichte des Parteiensystems und die Entwicklung der SED sind in der DDR mit unterschiedlichen Schwerpunkten in großem Umfang untersucht worden. Auch die Forschung der Bundesrepublik hat dazu zahlreiche Veröffentlichungen hervorgebracht. Offensichtlich konzentrierte sich die Forschung bisher auf das Parteiensystem, wobei die SED im Mittelpunkt stand. Dies ist wenig erstaunlich angesichts der Tatsache, daß das Parteiensystem den Kern des politischen Regimes der DDR bildet und die SED als Hegemonialpartei in Politik, Gesellschaft, Wirtschaft und Kultur bestimmt. Bisher erschienen allerdings noch keine ausführlichen historischen Analysen des Parteiensystems und auch noch keine umfassenden Untersuchungen zur Geschichte der SED. In den bereits erwähnten Gesamtdarstellungen zur Geschichte der DDR wird indes dem Parteiensystem und insbesondere der Entwicklung der SED breiter Raum gewidmet. Ge-

nauere Einblicke vermitteln inzwischen Dokumentationen und gedruckte Quel- Quellen
len. Hier sind vor allem die aussagekräftigen Protokolle des „Blocks" der Parteien
hervorzuheben [136: S. SUCKUT, 1986; er gibt zugleich einen kurzen Überblick
zum Forschungsstand]. Auch in anderen Bänden finden sich lange Zeit unveröf-
fentlicht gebliebene Materialien der einzelnen Parteien und Massenorganisationen
[148: H. WEBER (Hrsg.), 1982; 85: O. K. FLECHTHEIM (Hrsg.), 1962–1970]. Für
die SED liegen in der DDR inzwischen 20 Bände mit Dokumenten ihrer Führungsorgane vor [58], ebenso Dokumente der Nationalen Front [111] oder der
CDU [56], LDPD [103, 104] und FDJ [63].

Untersuchungen der DDR-Historiker zum gesamten Parteiensystem befassen
sich in erster Linie mit der Politik der SED gegenüber den anderen Parteien. Die
„Führungsrolle" der SED wird als ganz selbstverständlich herausgestrichen und
die Praktiken zu ihrer Herausbildung als eine Art „gesetzmäßiger" Prozeß gedeutet. Selbständigkeitsbestrebungen von CDU und LDP haben dagegen lediglich als
Abweichung bürgerlicher und uneinsichtiger Politiker zu gelten [535: Bündnispolitik, 1981; 537: Gemeinsam zum Sozialismus, 1969; 536: Im Bündnis, 1966; 544:
M. KRAUSE, 1978].

Über die Frühphase des Parteiensystems der SBZ/DDR erschienen in der Bundesrepublik einige Überblicke, die neue Einsichten ermöglichen. So hat RICHERT
– wie schon erwähnt – seiner Studie über Agitation und Propaganda, die in Zusammenarbeit mit C. STERN und P. DIETRICH bereits 1958 erschienen ist [548], eine
historische Skizze vorangestellt, in der er kenntnisreich auch das Parteiensystem
analysiert. Die bisher umfangreichste Untersuchung ist die von N. MATTEDI [546:
1966], doch ist sie weitgehend deskriptiv, ihr fehlt auch die Differenzierung, die
wegen später bekannt gewordener Dokumente notwendig scheint. MATTEDI geht
es vor allem darum, die „Gleichschaltung der bürgerlichen Parteien" nachzuweisen.

Den wichtigen Ansatz des Vergleichs der „Mehrparteiensysteme" in den
Volksdemokratien nahm H. HOFMANN [539: 1976] auf. Sein Versuch blieb jedoch
sowohl von der Quellenbasis als auch vom Umfang her (die DDR wird auf weniger als 50 Manuskriptseiten abgehandelt) unzulänglich. Das Blocksystem ist
Thema einer kurzen Studie von D. STARITZ [549: 1976]. Neuerdings ist der Transformationsprozeß des Parteiensystems von einer ursprünglich formalen Gleich-
stellung aller Parteien zur Dominanz der SED mehrfach beleuchtet worden [542:
M. KOCH/W. MÜLLER, 1979; 541: M. KOCH, 1984; 403: W. MÜLLER, 1982].

Daß sich bei der Entwicklung des Parteiensystems ein Transformationsprozeß Transformation
vollzog, ist in der westlichen Forschung unumstritten, doch bei der Bewertung der des Parteien-
Anfänge der Blockpolitik bestehen in einem Punkt Differenzen. Hier wurde systems
schon früh von einer „Hineingründung" der Parteien in den „Block" gesprochen.
Damit war gemeint, daß die Lizenzierung der „bürgerlichen" Parteien durch die
Sowjetische Militärverwaltung erst nach deren Bereitschaft, dem „Block" beizu-
treten, erfolgte [672: P. HERMES, 1963, 15; 677: E. KRIPPENDORFF, 1961, 83 f.].
Hingegen wies M. KOCH [Der demokratische Block, in: 148, 1982, 282] darauf

hin, daß die Begründer von CDU und LDP angesichts der gewaltigen Aufgaben im zerstörten Deutschland auch ohne Zwang für die Zusammenarbeit aller Parteien eintraten. S. SUCKUT [136, 17] macht deutlich, daß ein ,,Hineingründen" zumindest für die Landesebene nicht gelten konnte, da sich dort der ,,Block" später als die Parteien konstituierte.

Einig ist sich die westliche Forschung über die Bedeutung des ,,Blocks" als eines Instruments (neben SMAD, Volkskongreßbewegung u. a.) zur Transformation des Parteiensystems und für die Entwicklung der SED zur Führungspartei. Die SED hat als die entscheidende Partei der SBZ und DDR daher schon rasch das Interesse der Forschung gefunden. Allerdings haben Arbeiten, die bisher zur Geschichte der SED erschienen, ihre Herausbildung als Hegemonialpartei keineswegs umfassend analysiert. Von den DDR-Historikern, die 1978 auch die einzige Gesamtgeschichte der SED veröffentlichten [581], sind die ideologischen und politischen Konzeptionen zwar untersucht, doch im Laufe der Zeit je nach Parteilinie rückblickend immer wieder umgeschrieben worden. Außerdem ist selbst der ,,Abriß" keine eigentliche Parteigeschichte. Das Schwergewicht liegt auf den Konzeptionen der Partei, über Organisationsstrukturen, Mitgliederbewegung, soziale Zusammensetzung der Partei, des Funktionärkorps und der Führung wird darin nur wenig ausgesagt, über die Mechanismen der Machtausübung durch die Führungsgremien und die Verbindungsstränge zur Sowjetunion gar nichts. Da der ,,Abriß" die Leitlinie für die übrigen DDR-Abhandlungen zur Geschichte der SED bildet, finden sich diese Defizite in allen Arbeiten mehr oder weniger stark wieder.

In frühen westlichen Monographien über die SED stand entweder die innerparteiliche Entwicklung und Struktur im Mittelpunkt [577: E. FÖRTSCH, 1969; 625: J. SCHULTZ, 1956] oder die Beschreibung und Analyse der Parteipolitik [632: C. STERN, 1957]. Wie schon erwähnt, ist die Rolle der SED im politischen System auch von Ansätzen der Rechtstheorie her sowie ihre Rolle im Staatsapparat untersucht worden.

Eine Geschichte der SED kann sich allerdings nicht darauf beschränken, nur die Politik zur Sicherung ihrer Herrschaft, Mobilisierung und Kontrolle der Bevölkerung zu behandeln, sondern sie muß sich auch mit inneren Strukturen, Kaderfragen und Führungsproblemen befassen. In neueren Darstellungen werden nun zunehmend Teilbereiche über das Wachsen des Institutionsgefüges, Kaderbildung sowie Karrieremuster geschildert. Dagegen war es aufgrund der Quellenlage kaum möglich, die Mechanismen der Machtausübung, das Geflecht der verschiedenen Führungsgremien (Politbüro, Sekretariat, ZK) und deren Arbeitsmethoden ausführlicher zu beschreiben. Ähnliches gilt für die Anleitung der Regierung durch die Partei oder die konkrete Tätigkeit unterer Parteiorgane. Trotz einer immensen Literatur über die SED, vor allem aus der DDR, bestehen so immer noch erhebliche Wissenslücken. Hier macht sich nach wie vor das Fehlen einer umfassenden Geschichte der SED negativ bemerkbar.

Zum bereits erwähnten Versuch der DDR, diese Lücke mit dem ,,Abriß" [581]

Geschichte
der SED

zu schließen (eine mehrbändige Geschichte der SED ist in Ost-Berlin seit Jahren angekündigt, aber noch wurde kein genaues Erscheinungsdatum genannt), sind nur wenige weitere Bemerkungen zu machen. Der „Abriß" blieb in zahlreichen Passagen hinter dem bis dahin erreichten „Standard" der DDR-Geschichtswissenschaft zurück, den 1966 die Abschnitte über die SED-Geschichte in der achtbändigen „Geschichte der deutschen Arbeiterbewegung" [314] gesetzt hatten. Die „Parteilichkeit" im „Abriß" zeigte sich vor allem in der wieder einmal in die Geschichte projizierten aktuellen Politik der SED. Die Abgrenzung gegenüber der Bundesrepublik bewirkte z. B., daß im „Abriß" 1978 zwar das SED-Programm von 1963 vorgestellt wurde, die Autoren jedoch verschwiegen, daß darin die „nationale Einheit" noch ein Hauptbekenntnis war und damals das Programm zur „Wiederherstellung der staatlichen Einheit" aufrief. Ebenfalls verzerrt dargestellt sind im „Abriß" die Gründung der SED oder die Rolle Stalins für die SED. Über Stalin ist kaum etwas zu finden. So fehlt bei der Beschreibung des Statuts der SED von 1950 im „Abriß" der Hinweis auf den entscheidenden Satz, die SED lasse sich in ihrer „gesamten Tätigkeit von der Theorie von Marx, Engels, Lenin und Stalin leiten". Während in der unter Ulbricht erarbeiteten „Geschichte" von 1966 noch von den „Massenrepressalien" Stalins die Rede war, wurde 1978 nur noch ganz versteckt vom Personenkult in der UdSSR gesprochen. Es ist typisch für den „Abriß", daß in dieser „Parteigeschichte" weder Hinweise auf die Entmachtung der Gruppe um Paul Merker 1950 noch die Absetzung Dahlems und die Verhaftung Fechners 1953 Platz fanden. Wohl aber ist nachzulesen, welche Leistungen die Aktivistin Frieda Hockauf für die Volkswirtschaft vollbrachte. Hingegen wurde Walter Ulbricht, der nach 1971 aus der Parteigeschichte verschwunden war, im „Abriß" nun wieder genannt, aber keineswegs seiner Bedeutung für die SED entsprechend vorgestellt.

(margin: Offizieller „Abriß" der SED-Geschichte)

Der „Abriß" ließ die Befürchtung aufkommen, daß die DDR-Geschichtswissenschaft unter das bereits erreichte Niveau abfallen könne [vgl. DA 11, 1978, 1298]. Doch dies trat nicht ein. In der Folgezeit erschienen zahlreiche Bücher zu Einzelproblemen der SED oder Regionaluntersuchungen, die wieder objektiver geschrieben und stärker an den Fakten orientiert waren. Bereits früher hatte die SED eine Vielzahl Lokaluntersuchungen ihrer Partei publiziert, die meist auf ein Thema begrenzt waren (vorrangig auf die Vereinigung zur SED). Eine Fülle neuer Dokumentationen und Schilderungen der örtlichen Geschichte der SED wurde in den letzten Jahren erarbeitet. Typisch für diese Literatur ist ein Band über die SED in Leipzig [563: M. BENSING, 1985]. Ergänzend zur Darstellung sind zahlreiche Bilder abgedruckt, aber auch Faksimiles von Plakaten, Briefen und anderen Schriftstücken. Aus solchen Unterlagen sind interessante Einzelheiten zu erfahren. In der Darstellung selbst wird manches verzerrt, so etwa die Rolle der früher in Leipzig dominierenden Sozialdemokraten heruntergespielt. Die Untersuchung erwähnt (207 ff.) allerdings, daß 1948 früher führende Sozialdemokraten aus der SED ausgeschlossen wurden, ebenso 63 Funktionäre im Kreis Borna (freilich wird verschwiegen, daß dies meist auch Verhaftung bedeutete). Die Abbildung der Ti-

(margin: SED-Regionalgeschichten)

telseite der Stalinschen „Geschichte der KPdSU (B)" und der Hinweis, daß dieses – von Chruschtschow 1956 als Machwerk verdammte – Buch der SED-Schulung diente, ist insofern interessant, als die SED nun ihre stalinistische Vergangenheit an einigen Stellen wieder erkennen läßt.

Sachsen-Anhalt   Umfassender als die Darstellung der Leipziger SED sind zwei 1986 von den regionalen Geschichtskommissionen vorgelegte offizielle Parteigeschichten, die über Sachsen-Anhalt für die Zeit von 1945 bis 1952 [597: E. KÖNNEMANN] und die über den Bezirk Gera bis 1961 [644: G. VOLKMANN/K. H. PETZKE]. Ganz offensichtlich arbeitet die SED ihre Geschichte in allen früheren Ländern und den Bezirken auf (eine bereits angekündigte Untersuchung über Mecklenburg war nicht erreichbar), und sie beteiligt daran neben bekannten Historikern auch Parteifunktionäre und Veteranen.

Auch die Bände zur Geschichte der SED in Sachsen-Anhalt und im Bezirk Gera sind (im Gegensatz zum „Abriß") reich illustriert, sie bringen Faksimiles wichtiger Materialien und bieten – bei beträchtlichem Umfang (fast 800 Seiten bzw. über 500 Seiten) – viele Details. Die Bewertung der angeführten Fakten ist allerdings bezeichnend. So wird über die SED-Schulung berichtet und behauptet, die von Chruschtschow oder Mikojan bereits 1956 Machwerk genannte „Geschichte der KPdSU(B)" „half den Parteimitgliedern, Klarheit über den Charakter einer marxistisch-leninistischen Partei zu gewinnen" [597, 431]. Bemerkenswert ist ebenfalls, daß in diesem Band die SED-Säuberung von 1951 als die „bisher bedeutendste innerparteiliche Aktion" eingeschätzt und zugleich mitgeteilt wird, daß dabei im Landesverband Sachsen-Anhalt über 18.000 Parteimitglieder (das waren rund 8 Prozent der Mitgliedschaft) ausgeschlossen wurden (646, 726).

Gera   Die Untersuchung der Geschichte der SED im Bezirk Gera bezieht die Tradition der KPD mit ein und geht bis 1961. Auch dieser Band bringt – wie der über Sachsen-Anhalt – detaillierte Angaben über die Mitgliedschaft, macht aber nur sporadische Ausführungen über die Führungsgremien im Bezirk. So werden von den 11 ostthüringer Mitgliedern des 1. Landesvorstandes nur sieben genannt (231), obwohl sie sämtlich in einem gedruckten Rechenschaftsbericht des Landesvorstands von 1947 aufgeführt sind, aus dem in der Geschichte ansonsten ständig zitiert wird. Auch die Säuberungen der Thüringer SED 1949 von „nationalistischen" und „antisowjetischen" Gruppen werden nur gestreift und verharmlost (281), obwohl damals viele Funktionäre verhaftet wurden. Die Säuberung von 1950/51 („Überprüfung") wird zwar erwähnt, aber es fehlen Zahlen über den Umfang der Ausschlüsse.

Sowohl der Band über die Geschichte der SED im Bezirk Gera als auch die Parteigeschichte über Sachsen-Anhalt belegen, daß die Kommunisten 1945 vor Ort zunächst an ihrer früheren Linie festhielten (auf vielen Abbildungen sind z. B. die alten Symbole mit Hammer und Sichel zu erkennen) und erst von oben zu einer neuen Politik gedrängt werden mußten. Das zeigen auch weniger umfangreiche, aber ebenfalls illustrative Darstellungen zur Geschichte der SED in Brandenburg [641: K. URBAN/J. SCHULZ, 1985; 583: W. GLEDITZSCH/M. UHLEMANN, 1985]

und neuerdings Leipzig [G. DITTRICH u. a., Organisator des Aufbaus der Grundlagen des Sozialismus. Zur Geschichte der Bezirksparteiorganisation Leipzig der
SED 1949–1955. Leipzig 1986]. Darstellungen der SED auf Kreisebene (z. B.
Rochlitz [598: 1984], Wismar [582: 1978], Marienberg [649: 1982]) bezeugen dies
ebenfalls.

Eine umfangreiche Untersuchung (über 400 Seiten in sechs großformatigen   Karl-Marx-Stadt
Heften) liegt über die Geschichte der SED im Bezirk Karl-Marx-Stadt vor [655:
H. ZIMMER, 1984]. Sie ist jedoch weniger informativ, die darin enthaltenen Illu-
strationen und Faksimile sind nicht so aussagekräftig wie etwa die Darstellung zu
Sachsen-Anhalt. Über die innerparteiliche Entwicklung und über die Strukturen
der SED im Bezirk Karl-Marx-Stadt – also Themen, die auf jeden Fall in eine ,,Ge-
schichte der Bezirksparteiorganisation" gehören – wird nur am Rande berichtet.
Immerhin ist angegeben, daß die SED bei den Säuberungen 1950/51 im Land Sachsen 14.736 ihrer Mitglieder ausschloß (H. 3, 65). Schließlich ist der ,,Geschichte"
zu entnehmen, daß die Bezirksleitung Karl-Marx-Stadt der SED 1956 in ,,Aus-
wertung der Ergebnisse des XX. Parteitags" der KPdSU auch über die ,,Überwin-
dung der Überreste des Personenkults um J. W. Stalin informierte" (H. 5, 17).

Im Band über Sachsen-Anhalt [597, 160] ist ein Rundschreiben der KPD der
Leuna-Werke vom 4. Oktober 1945 abgedruckt, in dem ganz typisch von den
Kommunisten als erste ,,Pflicht" die ,,Disziplin" verlangt wird. In der faksimiliert
wiedergegebenen Anweisung fordert die KPD-Leitung aber auch: ,,Über jede
Arbeitsform unserer Partei ist Stillschweigen zu halten." Solche Geheimbundme-
thoden werden selbst in der bisher besten Darstellung der KPD im Jahr 1945 aus   KPD 1945
der Feder eines DDR-Historikers verschwiegen. G. BENSER gibt in seinem Werk
[562] ein Beispiel für eine Parteilichkeit, die er durchaus mit einer faktenreichen
und differenzierten Darstellung zu verknüpfen weiß. Entgegen herkömmlichen
DDR-Abhandlungen zum Thema, in denen meist nur die ideologische Entwicklung (oftmals verzerrt) untersucht wird, macht BENSER auch detaillierte Angaben
zur Organisation der KPD, über die Mitgliederbewegung, den organisatorischen
Aufbau und die Besetzung wichtiger Funktionen. Er spricht auch Probleme der
KPD in der SBZ an und versucht Tabus zu überwinden, so hat er erstmals in der
DDR alle Mitglieder der Gruppe Ulbricht, einschließlich Wolfgang Leonhard,
genannt.

Da selbst ERICH HONECKER in seiner Autobiographie (die 1980 gleichzeitig in
der DDR und im Westen erschien [256]) Personen und Probleme differenzierter
einschätzte, als dies in früheren kommunistischen Geschichtsbüchern üblich war,
konnten es auch die Historiker wagen, die eigene Geschichte etwas unbefangener
aufzuarbeiten. Inhaltlich gingen die Memoiren Honeckers freilich nicht über das
hinaus, was sein ehemaliger Stellvertreter H. LIPPMANN [1206] bereits berichtet
und kritisch bewertet hatte. Die inzwischen vorliegenden Biographien von Parteiführern der SED, von Pieck, Grotewohl, Ulbricht, Koenen, Matern, Warnke
[1217: H. VOSSKE/G. NITZSCHE, 1976; 1199: H. VOSSKE, 1978; 1234: DERS., 1983;
1210: H. NAUMANN, 1977; 1212: L. ROTHE/E. WOITINAS, 1981; 1227:

H. DEUTSCHLAND/A. FÖRSTER/E. LANGE, 1982] sind trotz der parteilichen Bewertung meist faktenreich.

Ulbricht-Biographie   Aber auch hier zeigt sich, daß selbst die günstigere Materiallage für die DDR-Historiker (das gilt besonders für Voßke, der als Leiter des Parteiarchivs beim Institut für Marxismus-Leninismus beim ZK der SED leichten Zugriff zu den Quellen hat) eine kritische und distanzierte Betrachtung nicht wettmachen kann. So ist die beste Ulbricht-Biographie noch immer eine westliche, nämlich die von C. STERN [1221], auch wenn sie Ulbricht 1963 noch zu sehr als „Statthalter Moskaus" sah.

C. STERN hatte bereits in ihrer 1957 erschienenen Arbeit [632] neben einer systematischen Darstellung eine bis 1957 reichende kurze Geschichte der SED vorgelegt. Auf 200 Seiten wurde die Entwicklung von der „Vereinigung" über die Massenpartei zur „Partei neuen Typus" und zum Ausbau der Alleinherrschaft geschildert. Die ideologischen und organisatorischen Probleme und Veränderungen (auch die Säuberungen) standen im Mittelpunkt ihrer wichtigen Untersuchung, die dem damaligen Quellenstand entsprach. Die Autorin gab später noch einen kurzen Überblick zur SED [633]. Ähnlich kursorisch wurde die Geschichte in anderen Bänden abgehandelt [628: Die SED, 1967; 647: H. WEBER, 1971; SED, in: 167, 1985, 743 ff.]. Darüber hinaus wurden bloße Faktensammlungen vorgelegt [164]. Auch spätere Arbeiten im Westen enthalten keine Geschichte der SED, wohl aber sind dafür Ansätze zu finden [W. MÜLLER, in: 148, 1982; 634: F. T. STÖSSEL, 1985].

So bleibt eine Gesamtgeschichte der SED ein Desiderat der Forschung, während zwei Teilbereiche ihrer Geschichte relativ gut bearbeitet sind, zum einen die Parteischulung, zum anderen die Kaderprobleme. E. FÖRTSCH [Parteischulung als System der Kaderbildung in der SBZ (1946–1963), Diss. Erlangen 1964] hat die Schulung bis 1963 recht umfassend dargestellt, obwohl er das Thema vorwiegend systematisch angeht. Weitere Arbeiten wie die von W. LEONHARD [602] zeigen die historische Entwicklung und den Umfang der Parteischulung.

Kaderpolitik   Wichtige Hinweise auf die Kaderpolitik der SED finden sich in mehreren Werken über die Partei [632: C. STERN, 1957; 1206: H. LIPPMANN, 1971; 577: E. FÖRTSCH, 1969]. Die Untersuchung von P. C. LUDZ [603] geht zwar von einer elitetheoretischen Fragestellung aus, sie hat aber auch einen historischen Aspekt, da die Zentralkomitees der SED von 1954, 1958, 1963 und 1967 miteinander verglichen werden. Außerdem macht LUDZ Aussagen zur Geschichte der Partei- und Sozialstruktur sowie zu den Herrschaftsmethoden. Neben den Wandlungs- und Beharrungstendenzen im Organisationssystem analysierte LUDZ die Trends im ideologischen Bereich, und auch damit bekommt seine Arbeit – wie schon an anderer Stelle erwähnt – Bedeutung für die historische Forschung. Das gleiche gilt für die ältere Untersuchung von J. SCHULTZ [625]. Der Autor befaßte sich vor allem mit Formen totalitärer Elitebildung. Seine empirische Materialaufbereitung gewinnt für die Geschichtsbetrachtung der SED Interesse, weil der von ihm beobachtete Zeitraum bereits selbst zu einem Abschnitt der Geschichte der SED geworden ist und die systematische Darstellung nun auch historisches Material geworden ist.

Inzwischen liegen im Westen gerade zur Problematik der Eliten und über die Führungsgremien der SED weitere Forschungsergebnisse vor. H. ALT [554] beschreibt den Standort des Zentralkomitees der SED im politischen System, wobei er die Thesen von LUDZ teilweise relativiert. ALT bringt in einem kurzen historischen Rückblick auch Daten zu Personen, er befaßt sich hauptsächlich mit der formalen und realen Funktion des nominell höchsten SED-Organs. Die Eliten der Partei- und Staatsführung hat in jüngster Zeit vor allem G. MEYER geprüft [in: 469, 1983, 72 ff.; 609: DERS., 1984; DERS., Zur Soziologie der DDR-Machtelite, in: DA 18, 1985, 506 ff.]. MEYER beschäftigt sich mit dem „politischen Führungskern" der „politischen Elite" (also einem sehr kleinen Führungskreis), mit der Machtausübung und Legitimierung, wobei er die ideologische Entwicklung erst ab 1971 thematisiert. Eliteforschung

Eine konkrete Beschreibung der Führungsorgane fehlt bisher, auch von der SED wurden darüber nur wenige Details offengelegt, etwa vom früheren Sekretär des Politbüros O. SCHÖN [624] oder dem heutigen Politbüromitglied H. DOHLUS [572]. Hinweise auf das Politbüro und das Sekretariat finden sich in Gesamtdarstellungen der DDR-Geschichte [vgl. 330: H. WEBER, 1985, 485 ff.].

Zur ideologischen Entwicklung der SED erschienen im Westen einige Untersuchungen. Die ideologischen Kontroversen der frühen SED hat F. T. STÖSSEL nachgezeichnet [634]. Im Gegensatz zur DDR-Geschichtswissenschaft, die eine geradlinige Geschichte einer geschlossenen Partei beschreibt, weist STÖSSEL durch eine Fülle von Material nach, daß es bis 1954 in der SED zahlreiche „Abweichungen" gab. Er belegt eine Vielzahl konträrer ideologischer Konzeptionen und Auffassungen in der Einheitspartei, die von der Führung nur schrittweise überwunden werden konnten. In der SED wirkten anfänglich noch die Traditionen der deutschen Arbeiterbewegung. H. P. WALDRICH [645] zeigt den generellen Wandel des Demokratiebegriffs. Er war in der alten Sozialdemokratie Ausdruck einer freiheitlichen Emanzipationsvorstellung. Bei der SED verengt er sich zur „legitimatorischen Basis der parteibürokratischen Diktatur". WALDRICH verweist darauf, daß oppositionelle Denker (Havemann, Bahro) auf den traditionellen Demokratiebegriff der frühen Sozialdemokratie zurückgingen. Da sich die kommunistische Partei im 1. Weltkrieg von der sozialistischen Bewegung abspaltete, blieb ihr Verhältnis zur Sozialdemokratie immer gespannt. In der Weimarer Republik erstrebte die KPD zwar zeitweise eine „Einheitsfront", am Ende bekämpfte sie aber die Sozialdemokratie – die Konkurrenz beim Kampf um die Arbeiterschaft – als „sozialfaschistischen" Hauptfeind. Im Jahr 1945 behauptete die KPD selbstkritisch, sie habe diese ultralinke Linie überwunden. In der SED zeigte sich freilich mit dem Stalinisierungsprozeß ab 1948, daß die kommunistisch dominierte Einheitspartei die Sozialdemokratie nun wütend bekämpfte. Die Sozialdemokraten in ihren eigenen Reihen, die sich nicht zu Kommunisten wandeln wollten, wurden ausgeschlossen und hart verfolgt. Die SED machte den „Sozialdemokratismus" zum Ideologische Konzeptionen ideologischen Feindbild. Wie die Abgrenzung und Bekämpfung dieses „Sozial-demokratismus" konkret erfolgte, hat H. J. Spanger 1982 ausführlich dokumentiert und analysiert [938]. Er zeigt die Argumentationsmuster gegenüber der SPD, die Gründe der Abgrenzung, vor allem aber zeichnet er die verschiedenen Etappen des ideologischen Kampfes gegen den „Sozialdemokratismus" in der SBZ/DDR und der SED nach. Er beschreibt zudem die Kontroversen innerhalb der Einheitspartei.

Hingegen kam es P. C. Ludz in seiner letzten Arbeit [908] darauf an zu prüfen, wie weit der „Marxismus-Leninismus" der SED neue Phänomene verarbeiten kann. Ludz versuchte dies auch durch sprachpolitische Analysen von SED-Texten zu erforschen. Ebenfalls anhand von SED-Aussagen, aber auf einem anderen Gebiet, nämlich dem der Zeitgeschichtsforschung, untersucht H. D. Schütte [936: 1985] die Parteikonzeptionen. Er gibt dabei auch einen historischen Überblick über die Entwicklung der Zeitgeschichtsschreibung in der DDR seit 1955. In einem zweiten Teil setzt sich Schütte mit systematisch geordneten Einzelfragen, etwa der These vom „besonderen deutschen Weg" zum Sozialismus oder der Darstellung der SED-Gründung auseinander.

Auf diese Weise sind in der Bundesrepublik bereits viele Probleme der Geschichte der SED erforscht worden. Selbstverständlich wurde auch versucht, eine Gesamteinschätzung der SED aufgrund ihrer historischen Entwicklung vorzunehmen. Für die DDR-Geschichtswissenschaft gibt es dazu eine einheitliche Sprachregelung, von ihr wird ständig die „wachsende führende Rolle" der Partei thematisiert und sogar behauptet, daß diese auf einer „objektiven Gesetzmäßigkeit" beruhe. Während die westliche Forschung die Allmacht der SED durchaus registriert, bewertet sie freilich den Weg dieser Partei zur Herrschaftserringung und die Methoden ihrer Herrschaftssicherung ganz anders. Frühe Untersuchungen betonten den totalitären Charakter der SED. Die neuere Forschung richtete den Blick vor allem auf die Veränderungen, die auch die SED durchlief. P. C. Ludz wollte nachweisen, daß die Tradition der SED – die leninistische Theorie der Avantgarde-Partei und die Herkunft der Kommunisten aus der „Geheim-bund"-Organisation – auch Auswirkungen auf die Struktur der Einheitspartei hatte. Erst in jüngster Zeit ist dieser Aspekt genauer geprüft worden [868: P. Diet-Kontroversen   rich, 1985, 133 ff.]. In den Mittelpunkt der Forschung rückten zudem die These von der Transformation auch der SED und damit die Wandlungsprozesse und -möglichkeiten kommunistischer Parteien. Dies rief nun die DDR-Historiker auf den Plan, die gerade solche Konzeptionen vehement ablehnten. Sie sehen in distanzierten westlichen Darstellungen, wie es G. Rossmann [928, 43, und in: 904, 1977, 678] ausdrückt, die „Unfähigkeit der bürgerlichen Ideologen, die tatsächlichen Quellen und Triebkräfte des Voranschreitens und der Erfolge der SED zu erfassen". Rossmann bescheinigt der neueren westlichen DDR-Forschung zur Geschichte der SED zwar eine differenziertere Haltung, schreibt aber: „Bei unterschiedlichem Vorgehen sind ihre Angriffe übereinstimmend gegen die Entwicklung der SED zur Partei neuen Typs und als marxistisch-leninistische Partei" gerichtet. Nach Auffassung von DDR-Historikern kann eine kritische Betrachtung nur ein „Angriff" sein, deshalb verstehen sie gerade die Auseinandersetzung über die Geschichte der SED nicht als wissenschaftliche, sondern als eine politische Debatte.

Besonders deutlich wird diese Sicht der DDR-Historiker im Meinungsstreit um die Gründung der Einheitspartei 1946. Sie wird kontrovers zwischen den Historikern der DDR und der Bundesrepublik geführt, darüber hinaus bestehen aber auch Differenzen innerhalb der westlichen Forschung. Die Diskussion soll daher beispielhaft skizziert werden.

Gründung der SED

Für die DDR-Geschichtsschreibung ist die Gründung der SED, der Zusammenschluß von KPD und SPD in der SBZ im April 1946, „ein historischer Sieg des Marxismus-Leninismus, die bedeutendste Errungenschaft in der Geschichte der deutschen Arbeiterbewegung seit der Verkündung des Kommunistischen Manifests durch Marx und Engels und seit der Gründung der KPD" [317: H. HEITZER, 1986, 48]. Dieser Verherrlichung entsprechend ist die Schaffung der SED in der DDR oft untersucht worden, und zwar auch auf regionaler und lokaler Ebene. Die DDR-Historiker beharrten auf ihrer Grundaussage, daß nämlich die Gründung der SED „das gesetzmäßige Ergebnis des Kampfes der revolutionären deutschen Arbeiterbewegung (also der Kommunisten, H. W.) für die Einheit der Arbeiterklasse auf marxistisch-leninistischer Grundlage" war, ein „Sieg des Marxismus-Leninismus über den Opportunismus" [581: Abriß, 1978, 122 f.].

Bei einem Vergleich der zu verschiedenen Zeiten erarbeiteten DDR-Veröffentlichungen zur SED-Gründung läßt sich allerdings wieder der Einfluß der aktuellen Politik auf die Geschichtsschreibung leicht nachweisen. So wurde 1961 die neugegründete SED vor allem als eine Partei bezeichnet, die „im Kampf für die nationale Wiedergeburt Deutschlands" entstanden sei [560: G. BENSER, 1961, 5]. 1966 war sogar die Rede davon, die SED sei die Partei der „nationalen Würde und Einheit" [591: W. HORN, 1966, 8]. 1976 ist der vorherige gesamtdeutsche Aspekt verschwunden, nun wurde nur noch vom „Volk der DDR" gesprochen [643: Vereinigung 7]. In neuesten Darstellungen ist gar davon die Rede, seit Gründung der SED werde die „Arbeiterklasse der Deutschen Demokratischen Republik von einer zielklaren" Partei geführt [597: E. KÖNNEMANN, 1986, 272].

Auch andere Probleme der SED-Gründung wurden im Laufe der Zeit je nach politischem Kurs unterschiedlich bewertet, beispielsweise die Maßnahmen der SMAD. Als Ulbricht in den sechziger Jahren versuchte, die DDR von der kritiklosen Nachahmung der Sowjetunion zu lösen, wurde die wirkliche Rolle der Besatzungsmacht aus der Geschichte getilgt. Nach Ulbrichts Ablösung bestätigte die DDR-Geschichtsschreibung zumindest, daß die SMAD die Kommunisten „wirksam beim Aufbau und in der Tätigkeit ihrer Organisationen, bei der Klärung ihrer Probleme unterstützte" [643, 6].

Trotz solcher Nuancen, die von der jeweiligen Politik diktiert sind, bleibt die DDR-Geschichtsschreibung bei ihrer Grundaussage zur Schaffung der SED. Nach wie vor wird behauptet, der Zusammenschluß von KPD und SPD sei frei-

„Freiwilliger Zusammenschluß"

willig erfolgt. Die überwältigende Mehrheit der Sozialdemokraten war nach dieser Lesart für den Zusammenschluß, und sie setzte sich gegen eine kleine Minderheit (von Schumacher gelenkter) ,,rechter" Einheitsfeinde durch. Alles, was nicht in dieses Bild paßt, wird einfach verschwiegen. So trat neben linken Sozialdemokraten in Sachsen gerade ein solcher ehemals rechter Sozialdemokrat wie Buchwitz vehement für die Vereinigung ein, auf dem Gründungsparteitag der SED wurden sogar frühere auf dem äußersten rechten Flügel der SPD stehende Funktionäre wie Eugen Ernst oder Georg Schöpflin besonders herausgestellt.

Differenzie-
rungen in
Lokalstudien

Aus den vielen regionalen und lokalen Untersuchungen ist inzwischen auch zu ersehen, daß der Kreis der sozialdemokratischen Funktionäre, die gegen den Zusammenschluß mit den Kommunisten auftraten, weit größer war, als von der DDR bisher zugegeben. So wird nun bestätigt, daß sich die Führung der starken Leipziger SPD gegen eine ,,paritätische" Vereinigung aussprach. Ihr Sekretär Rothe erklärte, die Kommunisten wollten die Einheitspartei nur, ,,damit sie bei den kommenden Wahlen nicht verlieren" [357: Leipzig, 1986, 35]. Der Einfluß der Leipziger Sozialdemokraten unter Trabalski auf ganz Sachsen wird heute thematisiert, u. a. ihr Versuch, Buchwitz abzulösen oder ihr Boykott der gemeinsamen Landesveranstaltung von SPD und KPD im Januar 1946 in Dresden [655: H. ZIMMER, 1984, H. 1, 57]. Ebenso werden die Widerstände der SPD in Plauen erwähnt [ebd.].

Aus einer Habilitationsschrift über Magdeburg [606: H. MATTHIAS, 1985, 118] geht hervor, daß die meisten örtlichen Führer der Magdeburger SPD ,,gegen eine einheitliche revolutionäre" Kampfpartei auftraten, ,,angefangen vom Bezirkssekretär Gustav Schmidt über Rudolf Dux, Albert Deutel, Paul Schrader, Wilhelm Korpspeter, Wilhelm Treumann bis hin zu dem eingefleischten Gegner und Kommunistenhasser Scharnowski".

Für Thüringen wird dargelegt, daß dort die Einheit erst nach ,,langem und hartnäckigem Kampf" möglich wurde [334: Beiträge 1984, 31]. Örtliche Untersuchungen, etwa über Eilenburg, bestätigen, daß die SPD-Leitung die Losung verbreitete, ,,Einheit ist Untergang" [622: A. SCHACHE, 1981, 25]. Auch auf den starken sozialdemokratischen Widerstand gegen die Vereinigung im Land Brandenburg wird hingewiesen [641: W. URBAN/J. SCHULZ, 1986, 105 f.].

Ebenso bestätigen verschiedene Arbeiten, daß in zahlreichen Orten Forderungen nach einer Urabstimmung in der Sozialdemokratie laut wurden (Leipzig, Chemnitz, Rochlitz). Aus Regional- und Lokaluntersuchungen geht inzwischen auch hervor, daß viele Sozialdemokraten, die Anhänger der Einheitspartei waren, keine Dominanz der Kommunisten hinnehmen wollten, sondern im Gegenteil in ihren Hochburgen für sich ,,besondere Rechte" verlangten [649: Der Weg, 1982, 23]. Im Kreis Auerbach erklärten sie sogar: ,,Wir machen die Vereinigung mit, aber wir werden unsere Politik weiterführen und durchsetzen" [655: H. ZIMMER, 1984, H. 1, 80]. Ähnlich reagierten die SPD-Funktionäre in Cottbus, wo sie ,,alle Posten fest in Händen halten" wollten [642: K. URBAN, 1963, 113].

Im Gegensatz zu früheren Darstellungen kommt die gegenwärtige DDR-Geschichtsforschung zum Schluß, daß es in der SPD der SBZ wegen der Vereinigung „teilweise heftige innerparteiliche Auseinandersetzungen" gab [600: H. J. KRUSCH, 1986, 204]. Die Urabstimmung der SPD in West-Berlin, die dort zur Ablehnung der sofortigen Verschmelzung führte, wird inzwischen zwar thematisiert, aber behauptet, da sich von 39.000 Mitgliedern nur 23.000 an der Abstimmung beteiligt hätten, gäben die 19.000 Stimmen gegen die sofortige Vereinigung nicht den Willen der Mehrheit der SPD-Mitglieder wieder [G. BENSER, „Zwangsvereinigung" – eine Legende und ihre Variationen, in: 857, 1983, 206]. Abstimmung in West-Berlin

Gerade die Abstimmung in West-Berlin war aber für die westliche Geschichtsschreibung immer exemplarisch dafür, daß der Zusammenschluß in der SBZ gegen den Willen der Mehrheit der Sozialdemokraten erfolgte und daher eine Zwangsvereinigung war [94: G. GRUNER/M. WILKE (Hrsg.), 1981; 595: A. KADEN, 1964; 610: F. MORAW, 1973, u. a.]. Zahlreiche Beispiele für Druck und Zwang bei der Einschmelzung der SPD in die SED können nachgewiesen werden. Freilich praktizierten die Kommunisten auch eine Reihe differenzierterer Methoden, ausschlaggebend für die Vereinigung waren also mehrere Faktoren [vgl. 330: H. WEBER, 1985, 115 ff.]. Auch wenn die DDR-Geschichtsschreibung Repressalien der Besatzung stets als „Verleumdung" zurückweist, gibt sie nunmehr doch zu, daß „die SMAD und die Offiziere der Roten Armee" die „Vereinigung durch politisch-ideologische Hilfe" „förderten" [655: H. ZIMMER, 1984, H. 1, 69].

Die Situation der Sozialdemokraten in der SBZ 1945/46 ist in der Bundesrepublik skizziert worden [567: B. BOUVIER, 1976; W. MÜLLER, Sozialdemokratische Politik unter sowjetischer Militärverwaltung, IWK, 23 (1987), 170 ff.]. Während zur SED-Gründung einerseits der Tenor weiterhin auf der These von der Zwangsvereinigung liegt und Schumachers antikommunistische Haltung als Rettung der Berliner und der westdeutschen SPD, ja der Demokratie in Westdeutschland, gilt [vgl. 573: Einheit oder Freiheit, 1986], wird nun aber von anderer Seite auch Schumachers Rolle kritisch beleuchtet. So schreibt K. SÜHL [in: R. EBBIGHAUSEN/F. TIEMANN (Hrsg.), Das Ende der Arbeiterbewegung in Deutschland, Opladen 1984, 289], er wolle nicht den Eindruck erwecken, „als sei die Gründung der SED und die schließliche Resignation der Mehrheit des ZA in Berlin allein auf die Politik Schumachers" zurückzuführen, doch könne „kein Zweifel daran bestehen, daß Schumacher nichts tat, um den Genossen in der SBZ" zu helfen. Solche Ansichten führten zu heftigen Debatten [vgl. 573], wobei auch die Positionen Grotewohls heute kontrovers diskutiert werden [vgl. L. CARACCIOLO, in: H. WEBER/D. STARITZ unter Mitarbeit von M. KOCH (Hrsg.), Einheitsfront nach 1945. Vereinigungsprozesse in Ost- und Westeuropa 1944 bis 1948, erscheint voraussichtlich Köln 1988].

Einig sind sich aber die meisten westlichen Forscher nach wie vor darüber, daß die SED bei ihrer Gründung noch keine „marxistisch-leninistische" Partei war, sondern sich erst durch eine Transformation zu einer stalinistischen Partei „neuen Typs" wandelte. Inzwischen behaupten jedoch einige DDR-Historiker: „Die Aktionen und die politische Taktik der SED waren von Anfang an leninistisch" SED anfänglich keine „leninistische" Partei?

[H. WOLF, in: Theorie und Praxis, Wissenschaftliche Zeitschrift der Parteihochschule „Karl Marx" beim ZK der SED, H. 1, 1976, 13 f.]. Auch in parteioffiziellen Darstellungen wird argumentiert, die SED „ließ sich von Anbeginn ihrer Existenz von der Lehre von Marx, Engels und Lenin leiten" [627: Die SED, 1984, 110].

Solche Thesen dienen nicht nur dazu, die Kontinuität der Geschichte der SED zu „belegen", sie sollen darüber hinaus auch die Konzessionen vertuschen, die den Sozialdemokraten bei der Einschmelzung gemacht wurden. So vermieden es die Kommunisten auf der zentralen Ebene peinlich genau, ihre traditionellen Symbole oder bekannte Führer beim Vereinigungsprozeß herauszustellen. Neuere Regionalveröffentlichungen zeigen nun, daß es auf der unteren Ebene anders war. Beispielsweise schmückten den Saal des Vereinigungsparteitages in Wittenberg Bilder von Lenin, Stalin, Karl Liebknecht und Thälmann [597: E. KÖNNEMANN, 1986, 206]. Dies war zwar damals die Ausnahme, doch durch die zahlreichen Veröffentlichungen zur Geschichte der SED werden sie nun bekannt.

LDP-Darstellungen in der DDR — Weniger untersucht ist die Rolle der übrigen Parteien, die zunehmend in Abhängigkeit von der SED gerieten. In der DDR erschienen historische Darstellungen über bestimmte Zeitabschnitte; sie sind meist von den Parteien selbst erstellt. Arbeiten über die frühe Entwicklung der LDPD sind materialreich und haben so einen gewissen Informationswert, freilich wird darin über den Wandel dieser Parteien nur sporadisch berichtet und die Gründe dafür nicht klar gezeigt [660: R. AGSTEN u. a., 1974; 661: DIES., 1982; 662: DIES., 1985; 669: U. DIRKSEN, 1977; 673: L. HOYER, 1978].

Schließlich war die LDPD 1945/46 die einzige Partei in der SBZ, die jede Form von Sozialismus ablehnte. Unter diesen Umständen gestaltete sich der Veränderungsprozeß der LDPD, d. h. ihre Instrumentalisierung, für die SED besonders schwierig. Doch weder die bei der Transformation angewandten Praktiken und Mechanismen der SED noch die Einflußnahme der SMAD gehen aus den Arbeiten der DDR-Autoren hervor. Gleiches gilt für die Biographie ihres ersten Parteiführers Wilhelm Külz, für die ebenfalls Archivmaterial herangezogen wurde [1211: A. BEHRENDT, 1968].

CDU-Geschichte fehlt — Über die CDU liegen in der DDR nur Arbeiten über die Entwicklung von Bezirksverbänden oder die Mitwirkung bei der Erarbeitung der Verfassungen vor [665: R. BÖRNER, 1975; 674: F. KIND, 1984; 675: H. KOCH, 1974; 688: W. WÜNSCHMANN, 1966]. Die in der Geschichte der DDR neben der SED wichtigste Partei ist dort noch am wenigsten erforscht.

NDPD-Geschichte — Über die beiden erst 1948 gegründeten Parteien, die Nationaldemokraten und die Bauernpartei, gibt es in der DDR noch keine historischen Abhandlungen. In der Bundesrepublik erschienen hingegen sowohl über die NDPD als auch über die DBD instruktive Untersuchungen. Die Arbeit von D. STARITZ [684: 1968], die bisher allerdings nicht als Buch veröffentlicht wurde, bietet einen fundierten Überblick über Geschichte und Struktur der frühen NDPD. Der von ihm geprägte Begriff „Transmissionspartei", der sich inzwischen eingebürgert hat, ist das Ergebnis eines fruchtbaren Forschungsansatzes dieser Dissertation, in der die

NDPD auf einer breiten Quellenbasis analysiert wird. B. WERNET-TIETZ [687: 1984] hat über die Bauernpartei eine Untersuchung vorgelegt, die den Charakter auch dieser Organisation als „Transmissionspartei" deutlich macht. Außerdem beschreibt er die VdgB und die kommunistische Bauernpolitik umfassend. Beide Darstellungen lassen schließlich die Rolle der SMAD bei der Schaffung der neuen Parteien und damit deren Eingriffe ins Parteiensystem noch 1948 klar erkennen. Sind NDPD und DBD gut dokumentiert, so ist auch im Westen die CDU noch weitgehend unerforscht.

DBD-Geschichte

Erschienen sind im Westen eine wichtige Biographie Jakob Kaisers [1207: W. CONZE, 1969], eine Darstellung der CDU durch den Zeitzeugen J. B. GRADL [671] sowie Erinnerungen des ehemaligen brandenburgischen CDU-Landtagsabgeordneten P. BLOCH [225]. Bereits 1963 gab der Sohn des ersten (noch 1945 abgesetzten) Parteiführers Andreas Hermes eine knappe Arbeit heraus [672: P. HERMES]. Dazu konnte er Unterlagen seines Vaters heranziehen, so daß sein Buch wichtige Dokumente enthält. Weitere Einsichten in die Frühgeschichte der CDU vermitteln neuerdings die Arbeiten von S. SUCKUT [136, 686].

J. Kaiser-Biographie

Im Gegensatz zur Entwicklung der CDU ist die Geschichte der LDPD von der Forschung der Bundesrepublik relativ gut untersucht. Seit den sechziger Jahren hat diese „bürgerliche" Partei im Westen Interesse gefunden. Hier gilt die Arbeit von E. KRIPPENDORFF von 1961 [677, vgl. auch 678] sowohl von der Fragestellung als auch vom benutzten Material her als ein frühes Standardwerk zum Parteiensystem der SBZ/DDR. Obwohl KRIPPENDORFFs Hauptthese, das Fehlen eindeutiger programmatischer Vorstellungen habe es der LDPD unmöglich gemacht, einen entschlossenen Kurs gegenüber SED und Besatzungsmacht zu steuern, angezweifelt wurde, bleibt sein Buch eine Pionierarbeit. Gegenüber der umfassenden Aufarbeitung der Frühgeschichte der LDPD sind andere Monographien knapp ausgefallen, so eine chronologische Nachzeichnung bis 1958 [676: H. KRIEG, 1965] oder sie beschränken sich auf Ausführungen zur Funktion der Partei [679: R. KUHLBACH/H. WEBER, 1969; in diesen beiden Arbeiten wurde auch die NDPD mitberücksichtigt]. Bemerkenswert ist schließlich noch eine neuere Untersuchung [666: H. J. BRANDT/M. DINGES, 1984], die die Kaderpolitik und Kaderarbeit aller „bürgerlichen" Parteien und Massenorganisationen prüft.

LDP-Geschichte in westlichen Untersuchungen

Während die Geschichtsschreibung der DDR versucht, den tiefgreifenden Wandlungsprozeß der „bürgerlichen" Parteien CDU und LDPD zu bagatellisieren, ihn als einen Sieg der „fortschrittlichen" Kräfte über die Reaktion darzustellen, wird die Transformation dieser Parteien in der westlichen Forschung als entscheidende Entwicklung herausgestellt. Die Überwindung der traditionellen Programmatik und Politik der Parteien durch den Einfluß von SMAD, Block, Volkskongreß usw. wird thematisiert und der Weg von weitgehend autonomen zu „Transmissionsparteien", zu Instrumenten der Hegemonialpartei SED nachgezeichnet, die letztlich die gleichen Aufgaben zu erfüllen haben wie die Massenorganisationen.

Offizielle Überblicke zur Geschichte der wichtigsten Massenorganisationen erschienen inzwischen in der DDR, so vom FDGB [699], von der FDJ [700] und über die frühe Zeit des Kulturbundes [712: K.-H. SCHULMEISTER, 1977]. Während letztere Arbeit einen fundierten Einblick in die Tätigkeit der Kulturorganisation vermittelt, ähneln die Darstellungen zur Geschichte des FDGB und der FDJ eher dem „Abriß" zur Geschichte der SED: sie sind bestenfalls Beschreibungen der allgemeinen Politik aus dem Blickwinkel der SED und weniger Untersuchungen der Geschichte dieser speziellen Organisation, deren innere Strukturen viel zu knapp und nicht präzise genug behandelt werden.

FDGB-Geschichte   In der Bundesrepublik hat der FDGB öfter das Interesse der Forschung gefunden. Dessen Funktion hat bereits 1964 H. ZIMMERMANN [715] klar analysiert. Aber eine Geschichte des FDGB liegt ebensowenig vor wie eine Geschichte der übrigen Massenorganisationen, die im Parteiensystem der DDR eine beachtliche Rolle spielen. Immerhin wurde jetzt die Frühzeit des FDGB näher beschrieben, dabei hat 1984 W. MÜLLER [709] auch die gegenwärtige Forschungslage skizziert,

FDJ-Geschichte   worauf hier verwiesen werden kann. Die FDJ ist unter systematischen Gesichtspunkten auch im Westen behandelt worden, die Geschichte wird dabei nur kurz gestreift [695: A. FREIBURG/C. MARAHD, 1982]. Ältere historische Arbeiten zur FDJ sind überholt [698: G. FRIEDRICH, 1952; 704: H.-P. HERZ, 1965]. Die Geschichte anderer Massenorganisationen ist bisher überhaupt nicht erforscht worden (Deutsch-sowjetische Freundschaft, GST) oder nur in Aufsätzen skizziert wie

DFD-Geschichte   der DFD [714: G. WEBER, 1972]. Es ist typisch für die Materiallage, daß in der Arbeit von G. GAST [739] über die politische Rolle der Frau in der DDR zwar über die SED berichtet, die einzige Frauenorganisation, der DFD, aber nicht berücksichtigt wird (bei WIGGERSHAUS [791] wird der DFD auf nur fünf Seiten skizziert).

Insgesamt richtet sich das Augenmerk der westlichen Forschung bei den Massenorganisationen auf deren zunehmende Beherrschung durch die SED und dem damit verbundenen Transformationsprozeß der Verbände. Beachtung findet darüber hinaus das Spannungsverhältnis der Organisationen einerseits als Instrumente der SED und andererseits als Interessenvertretung der eigenen Mitgliedschaft. Die Sammelorganisation des Parteiensystems, die Nationale Front, ist in der DDR dokumentiert [111, 547], in der Bundesrepublik vorwiegend unter normativem Aspekt, allerdings unter Berücksichtigung ihrer Geschichte beschrieben [538: H. GRASEMANN, 1973].

Die Literatur über die Geschichte des Parteiensystems der DDR, insbesondere über die Führungspartei SED, aber auch die übrigen Parteien ist quantitativ groß. Die Forschungslücken sind freilich ebensowenig zu übersehen wie die „parteiliche" Einseitigkeit der Untersuchungen aus der DDR. Immerhin ist die Geschichte des Parteiensystems der SBZ/DDR über weite Strecken – vor allem der Frühzeit – inzwischen dokumentiert. Insgesamt wurden bereits einige Phasen und Komplexe der politischen Geschichte beschrieben (vgl. auch die Literatur zu einzelnen Perioden und Problemen), während die Entwicklung der Gesellschaft und anderer Bereiche weit weniger intensiv erforscht sind.

7. PROBLEME DER GESELLSCHAFTLICHEN ENTWICKLUNG UND LITERATUR
ZU ANDEREN BEREICHEN DER DDR-GESCHICHTE

Bisher fehlt in der DDR wie in der Bundesrepublik eine Wirtschaftsgeschichte   Fehlen einer
ebenso wie eine Sozialgeschichte des zweiten deutschen Staates. Zwar wurden die   Wirtschafts-
Entwicklung der Gesellschaft wie die der Wirtschaft, des Alltags, der Kultur, aber   und Sozial-
auch der Außenpolitik, der Medien oder der Ideologie in Überblicksdarstellungen   geschichte
der Geschichte der DDR angesprochen oder Aspekte daraus in Monographien
auch näher untersucht, aber eigene historische Beschreibungen dieser Bereiche
gibt es nur in Ausnahmefällen.

In der Geschichte der DDR, der Entwicklung ihrer Gesellschaft, sind alle diese
Gebiete von Bedeutung. Doch im Gegensatz zur politischen Geschichte ist der
Forschungsstand hier diffuser, sind die Grundprobleme und Tendenzen der Forschung, insbesondere was die Behandlung der Geschichte angeht, weniger eindeutig. Während wichtige Bereiche wie die Geschichte der Gesellschaft, der Klassen-
und Schichtenformationen, die sozialen Trends usw. historisch kaum untersucht
sind, liegt für Randthemen eine Reihe von Arbeiten vor, beispielsweise gibt es eine
,,Geschichte des Journalismus in der DDR" [921]. Unter diesen Umständen ist
eine ausführliche Problematisierung der historischen Entwicklung sowie des Forschungsstandes all dieser Teilbereiche nicht möglich. Die Untersuchung muß sich
in diesem Fall auf einige Probleme der Geschichte der Gesellschaft beschränken,
auch wenn dies insgesamt zu Disproportionen führt. Auf den Forschungsstand
weiterer Bereiche und die entsprechende Literatur (die im Verzeichnis der Quellen
und Literatur angegeben ist) kann nur mit wenigen Hinweisen eingegangen werden.

Die DDR-Geschichtsschreibung sieht in der von ihr postulierten ,,Revolution"
ab 1945 und dem folgenden Aufbau des ,,realen Sozialismus" nicht nur eine Veränderung der politischen Machtverhältnisse, sondern darüber hinaus der sozialen
Strukturen, der ,,Produktionsverhältnisse" und der Wirtschaft. Um so erstaunli-
cher ist es, daß eine Geschichte ihrer Gesellschaft dort bisher noch nicht einmal an-   Geschichte der
satzweise vorgelegt wurde. Auch die Gesamtüberblicke der Geschichte der DDR   Gesellschaft
[308: R. BADSTÜBNER, 1984; 311: S. DOERNBERG, 1969; 317: H. HEITZER, 1986]
gehen mehr auf die Konzeption der Führungspartei und die Beschreibung der po-
litisch-staatlichen Entwicklung ein und weniger auf gesamtgesellschaftliche Probleme. Arbeiten über die Produktionsverhältnisse [729], die ,,Entwicklung" der
sozialistischen Gesellschaft [780] oder zur Sozialstruktur [796] bleiben meist for-
melhafte, ideologisch gefärbte Darstellungen mit nur sporadisch empirisch abgesi-
cherter Basis und lassen kaum den historischen Werdegang erkennen. Freilich gibt
es Unterschiede, so wird in einer Arbeit von 1977 über die ,,Entwicklung" der
Klassen und Schichten [795] wie üblich nicht zwischen Arbeitern und Angestellten
differenziert, um die These vom ,,zahlenmäßigen Anwachsen der Arbeiterklasse"
(113 ff.) ,,belegen" zu können. Hingegen sind in einem anderen Band über die
,,Entwicklung der Arbeiterklasse" [741] zumindest Prozentzahlen über den

Rückgang der in den klassischen Arbeiterberufen Tätigen und das Anwachsen der Berufstätigen in der „nichtmateriellen" Produktion zu finden (169ff.), freilich eben nicht durchgängig, sondern nur für die Jahre 1964 und 1971. Andere Untersuchungen widmen sich speziellen Problemen wie etwa der quantitativen Strukturentwicklung der Arbeiterklasse [727: A. DIESENER, 1983] oder sie behandeln das berufliche Bildungsniveau [740: N. GÖLLNER, 1983]. Solche Monographien beleuchten zwar Ausschnitte der gesellschaftlichen Situation der DDR, doch die strukturellen Veränderungen im Laufe der Jahrzehnte sind darin bestenfalls beschrieben. Dabei sind gerade die Wandlungen der Eigentumsformen, vom Privateigentum an Produktionsmitteln zum staatlichen bzw. genossenschaftlichen Eigentum sowie die weitere Veränderung der Sozialstruktur wesentlich für die Einschätzung der DDR. Die entsprechende Diskussion um die Frage der Typologie der DDR ist bereits erwähnt worden, doch standen dabei die politischen Verhältnisse stärker im Mittelpunkt als die gesellschaftliche Ordnung. Die Probleme der

Soziale Schichtungen sozialen Schichtung werden in DDR-Darstellungen eher verdeckt als enthüllt. Da die Führung behauptet, es gebe in der DDR keine „antagonistischen Klassen" mehr, sondern nur noch die „befreundeten" Klassen der Arbeiter und Bauern und die „Schicht" der „Intelligenz", ist die Geschichte der Entwicklung von Klassen und Schichten dort wissenschaftlich nicht aufzuarbeiten, soweit sie im Widerspruch zu diesem Dogma steht. Die herrschenden Apparate, die hauptamtlichen Funktionäre in Staat, Partei, Wirtschaft, Massenorganisationen, MfS, NVA, Medien usw. sind für die Forschung tabu, nicht einmal konkretes Material oder Daten darüber stehen zur Verfügung. Entsprechend werden aber auch die Einkommensverhältnisse nicht offengelegt und ebenso bleiben die Machtverhältnisse in der DDR-Gesellschaft verschleiert. Dies erklärt, warum in der DDR bisher keine detaillierte Geschichte der dortigen Gesellschaft erscheinen konnte.

Zwar wurde in der Bundesrepublik im Laufe der Zeit über die Sozialstruktur gearbeitet [720: W. BOSCH, 1958; 754: H. KABERMANN, 1961; 783: D. STORBECK, 1964], doch handelte es sich dabei eher um Beschreibungen als um Analysen, und das Schwergewicht lag auf Fragen der generellen Veränderungen der Bevölkerungsstruktur und dem Vergleich mit der Bundesrepublik. Dabei kamen die Auswirkungen der systemimmanenten Faktoren ebenso zu kurz wie sozialstrukturelle oder Klassen- und Schichtenprobleme. Eine neuere Arbeit [732: G. ERBE, 1982] untersucht das Verhältnis zwischen „Arbeiterklasse und Intelligenz" in der DDR und kommt zu dem Schluß, daß – entgegen den Darlegungen der DDR-Wissenschaft – trotz der Mobilitätsprozesse die Tendenz einer Verfestigung vorhandener hierarchischer Strukturen der Arbeitsteilung und weniger der „Abbau sozialer Ungleichheit" festzustellen ist (205). Eine übergreifende Skizzierung der Klassen und Schichten machte der gleiche Autor in einem Sammelband [463: G. ERBE u. a.,

Frühe Forschungen 1980]. Daß auf diesem Gebiet nicht intensiver gerade die historische Entwicklung erforscht wird, ist auch deswegen erstaunlich, weil bereits 1964 16 Autoren unter Federführung von LUDZ [906] neben ideologischen Themen und Fragen der Forschung auch über die Gesellschaft informierten, u. a. über die neue Berufsstruktur

und das Arbeitskräftepotential (REXIN), Familienpolitik (STORBECK) oder Frau-
enqualifizierung (KULKE). Diese Ansätze wurden später kaum weitergeführt.

Die Analyse von H. RUDOLPH aus dem Jahr 1972 [772] bringt ähnlich wie die
bereits erwähnte von RICHERT [322] zwar eine geglückte Verbindung von System-
problemen der Gesellschaft und Alltagswelt, aber die historische Entwicklung
bleibt fast ganz ausgeblendet.

Ein wichtiges Problem der Geschichte der Gesellschaft, das noch nicht thematisiert wurde, ist kürzlich erstmals in der DDR angesprochen worden. Die Aufmerksamkeit galt bisher den gesellschaftlichen Veränderungen; die überkomme- Rolle der
nen Strukturen und vor allem hergebrachte Verhaltensweisen gerieten demgegen- Traditionen
über fast in Vergessenheit. Der führende DDR-Historiker R. BADSTÜBNER konstatierte nun, daß in der Entwicklung der DDR eigentlich ,,weniger einfach zerschlagen, an viel mehr angeknüpft wurde, ob wir wollten oder nicht, auf viel mehr
aufgebaut werden konnte, als wir bisher im Blick hatten" [ZfG 33, 1985, 340].
Aufgrund der Traditionslinien der deutschen Geschichte – negativen wie positiven
– hat sich eben auch in der DDR nicht nur ein gesellschaftlicher Wandel vollzogen,
sondern es hat ebenso Beharrung gegeben. Dies beweist, daß es den Kommunisten
keineswegs gelang, stets ihre Pläne durchzusetzen. Die SED konnte oft weniger
eine Partei der Aktion sein, sondern sie mußte öfter als angenommen reagieren
und überlieferte Verhaltensweisen einfach akzeptieren. Die gesellschaftlichen
Veränderungen sind also weitaus komplexer zu sehen als bisher.

Von einzelnen Bereichen der Gesellschaft liegen Untersuchungen vor, so über Gesundheits-
das Gesundheitswesen, das insgesamt gesehen zu den erfolgreichen Gebieten der wesen
DDR gehört. In westlichen Arbeiten [769: M. PRIETZEL, 1978; 771: M. E. RUBAN,
1981; 782: J. P. STÖSSEL, 1978] wird vor allem das System und die Leistung des
Gesundheitswesens untersucht, in der DDR [794: K. WINTER, 1980] eine positive
Bilanz der Entwicklung gezogen. Auch ein anderes Gebiet, auf dem die DDR
große internationale Erfolge und Reputation erzielte, nämlich der Sport, ist
ebenso gut erforscht [vgl. 731, 750, 758, 759, 768, 781, 787] Untersuchungen liegen vor zu Jugendfragen [749, 752, 774, 792, 793], über die Probleme von Freizeit
[742], Familie [743, 744, 748] oder Kriminalität [717, 737, 773].

Zunehmend wird auch die Situation der Frau thematisiert. Die DDR hebt nicht Rolle der Frau
nur die bereits früh durchgesetzte juristische Gleichberechtigung der Frau hervor,
sondern behauptet auch, deren praktische Verwirklichung erreicht zu haben [736,
760, 786]. Von wenigen westlichen Autoren wird diese These mehr oder weniger
unkritisch übernommen, so in der materialreichen Untersuchung von SCHUBERT
[777: 1980]. Gesamtdarstellungen der Geschichte der deutschen Frauenbewegung
[791: R. WIGGERSHAUS, 1979] haben die Entwicklung in der DDR skizziert. Vor
allem G. GAST wies 1973 nach [739], daß die Gleichberechtigung im politischen
System keineswegs realisiert ist, daß dort wie in einer Pyramide die Frauen zwar
auf unteren und mittleren Rängen gut vertreten sind, nicht aber an der Spitze:
,,Wo Macht ist, sind keine Frauen". Neuerdings hat dies G. MEYER thematisiert
[765: 1986]. Das Problem Frau und Familie hat G. HELWIG [743, 744] beschrie-

ben. Kritisch hat sich D. SCHEEL mit dem Frauenleitbild in Zeitschriften der DDR auseinandergesetzt [775].

Gesellschaftliche Prozesse waren auch Schwerpunkt auf den Tagungen zum Stand der DDR-Forschung in der Bundesrepublik Deutschland, deren Ergebnisse in Sonderheften (Edition Deutschland Archiv) des DA publiziert wurden, so über ,,Lebensweise im realen Sozialismus'' [724] und ,,Lebensbedingungen in der DDR'' [761]. Die in einigen neueren Darstellungen enthaltenen historischen Rückblicke auf die Gesellschaft machen das Defizit einer kompletten Gesellschaftsgeschichte der DDR noch deutlicher.

Ökonomie   Ähnlich sieht es bei der Wirtschaft aus. Die Ökonomie der DDR stand immer im Blickfeld der eigenen wie der westlichen Forschung und ist insofern mit am besten untersucht, doch fehlt eine umfassende Wirtschaftsgeschichte. Das ist umso bemerkenswerter, als die DDR-Geschichtswissenschaft behauptet, sie gehe vom Marxismus aus und räume daher der ,,ökonomischen Basis'' einen ganz besonderen Stellenwert ein. Trotz dieses verbalen Bekenntnisses wird die Wirtschaftsge-
DDR zur   schichte des eigenen Staates dort recht stiefmütterlich behandelt. Allerdings er-
Wirtschafts-   schien 1968 unter dem Titel ,,Wirtschaftswunder DDR'' ein Band von H. MÜL-
geschichte   LER/K. REISSIG [841], der sich als ,,Beitrag zur Geschichte'' verstand, freilich zur ,,ökonomischen Politik der SED'' und nicht zur Wirtschaft der DDR. Dennoch ist das Buch – das über weite Passagen zuverlässige Informationen gibt – die einzige Darstellung zur Geschichte der DDR-Wirtschaft über einen längeren Zeitraum, nämlich von 1945 bis 1967. Zunächst werden die objektiv schwierigen Startbedingungen beim Aufbau der ostdeutschen Wirtschaft geschildert. Die ungleich schlechtere Ausgangsposition gegenüber dem Westen wird thematisiert, auf die Auswirkungen der Demontagen haben die Autoren freilich nur beiläufig verwiesen. Sie wollen natürlich vor allem den Aufschwung der DDR-Wirtschaft – auch anhand zahlreicher Tabellen – demonstrieren. Daß diese insgesamt positive Entwicklung der Wirtschaft keineswegs kontinuierlich verlief, daß Fehlplanungen wie Disproportionen Rückschläge brachten und damit der Lebensstandard hinter den Erwartungen der Bevölkerung zurückblieb, wird bestenfalls angedeutet.

Wie auf den meisten Gebieten ist auch bei der Wirtschaftsgeschichte die Frühphase der SBZ/DDR noch am besten untersucht. In DDR-Arbeiten gehen sowohl KRAUSE [831] als auch ROESLER [846] auf die Anfänge der volkseigenen Wirtschaft und das Planungssystem ein. BARTHELS [798] prüft die wirtschaftlichen Ausgangsbedingungen. Allerdings stellte sich inzwischen heraus, daß die Zerstörung der Industrie durch den Krieg insgesamt doch geringer war als oft behauptet. Dies geht aus einer westlichen Dissertation hervor, die inzwischen gedruckt vorliegt [W. ZANK, Wirtschaft und Arbeit in Ostdeutschland 1945–1949. Probleme des Wiederaufbaus in der Sowjetischen Besatzungszone Deutschlands. München 1987].

Westliche   Im Westen erschienen einige kurze Überblicksdarstellungen der Wirtschaftsge-
Darstellung der   schichte, die zudem einen Vergleich mit der Entwicklung der Bundesrepublik zie-
Wirtschafts-
geschichte   hen; hingewiesen sei vor allem auf die Arbeiten von K. THALHEIM [853] und

G. Leptin [836]. Einige Untersuchungen zu Teilbereichen der Wirtschaft enthalten selbstverständlich auch historische Bezüge, u. a. in einer Analyse von W. Biermann [718: 1978] über ökonomische Strukturen und die „Mitwirkung im Betrieb" von 1961 bis 1977. Einzelaspekte finden sich auch in anderen Werken, die Probleme der Arbeitsbedingungen und innere Konflikte sowie die Mitwirkung der Arbeiter behandeln [803: A. Bust-Bartels, 1980; 807: R. Deppe/D. Hoss, 1980; 809: K.-H. Eckhardt, 1981]. Unter diesen systematischen Arbeiten finden sich auch solche ohne jeden historischen Bezug [800: K. Belwe, 1979].

Über die Wirtschaftsbeziehungen zwischen der DDR und der Sowjetunion gibt DDR–UdSSR es eine umfassende historische Darstellung von 1945 bis 1961 [835: M. Lentz, 1979]. Diese Dissertation geht zunächst auf die Wirtschaftsbeziehungen zwischen „Siegern und Besiegten" 1945 bis 1948 ein und thematisiert die Reparationen; danach untersucht der Verfasser die ökonomischen Beziehungen bis zu Stalins Tod. Weitere Abschnitte prüfen „Die DDR auf dem Weg zum Wirtschaftspartner" der UdSSR (bis 1955) und schließlich die „Wirtschaftsgemeinschaft" bis 1961. Die Veränderungen werden anschließend auch systematisch dargestellt. Eine Arbeit, die sowohl nach ihrem Titel (Die Wirtschaft der DDR 1950 bis 1974) und dem Anspruch, nämlich „einen Gesamtüberblick über die Wirtschaft der DDR seit ihrer Existenz" zu geben, eine Gesamtgeschichte der DDR-Wirtschaft erwarten läßt [808: R. Dietz, 1976] beschränkt sich lediglich auf eine Skizzierung der ökonomischen Entwicklung und ist schon vom knappen Umfang her teilweise eine nur verkürzende Beschreibung. Hingegen finden sich in einem umfangreichen Buch über die Einkommenssituation wichtige Ansätze zu einer Wirtschaftsgeschichte [H. Vortmann, Geldeinkommen in der DDR von 1955 bis zu Beginn der achtziger Jahre, Berlin (West) 1985]. Ähnliches gilt für eine umfassende Untersuchung zu Produktion und Beschäftigung von M. Melzer [838: 1980].

Auch bestimmte Wirtschaftsprobleme sind bereits skizziert, so beschäftigt sich D. Cornelsen mit der Industriepolitik von 1945 bis 1980 [804]. Über die Wirtschaftspolitik informiert ein Artikel in einem Handbuch [Rytlewski, in: 167, 1985, 1488 ff.]. Das sind aber noch Ausnahmen; dem weitaus größten Teil der Untersuchungen zur Wirtschaft der DDR liegen systematische Fragestellungen zugrunde.

Lange Zeit war die Gegenüberstellung von „sozialer Marktwirtschaft" der Bundesrepublik und „zentraler Planwirtschaft" der DDR Schwerpunkt westlicher Darstellungen [819: H. Hamel, 1983; 852: K. C. Thalheim, 1964]. Schließlich ist die empirische Beobachtung der DDR-Wirtschaft ein weites Forschungsfeld, wobei dem neuen ökonomischen System besondere Aufmerksamkeit geschenkt wurde [z. B. 813: B. Gleitze u. a., 1971]. Historische Hinweise finden sich außer zu den bereits genannten Themen auch für die Entwicklung auf dem Dorf. Seit den fünfziger Jahren hat die westliche Forschung die agrarwirtschaftlichen Vorgänge in der DDR untersucht. Die Entwicklung der Landwirtschaft ist im Westen mit verschiedener Akzentuierung weiter analysiert worden [826: H. Immler, 1971; 833: H. Lambrecht, 1977; 839: K. Merkel/H. Immler, 1972], während die DDR die „Revolution" auf dem Lande ausschließlich positiv beschreibt [828: V. Klemm u. a., 1978; 855: U. Thiede, 1980].

Das Planungssystem, das die enge Verknüpfung von Wirtschaft und Politik zeigt, ist auch unter historischen Gesichtspunkten für bestimmte Zeitabschnitte geprüft worden, so von Kiera [827] und Spakler [850]. Über die Anfänge der zentralen Wirtschaftsplanung und die DWK liegt ein Aufsatz von B. Niedbalski [843] vor. Ein geographisches Länderprofil der DDR [730: K. Eckart, 1981] geht auf die historische Entwicklung ein.

Entwicklung des Bildungssystems Wie die Wirtschaft, so ist auch das Bildungssystem der DDR in Ost und West oft untersucht worden, aber auch hierzu gibt es keine Gesamtgeschichte. Immerhin liegen in der DDR nicht nur eine umfassende Dokumentation über die Geschichte des Schulwesens vor [95], sondern auch eine historische Darstellung „Geschichte der Schule in der DDR" von 1945 bis 1971 [964: K. H. Günther/G. Uhlig, 1974]. Da es der DDR gelang, ein effektives Schul- und Bildungssystem aufzubauen – das auch im Westen Respekt fand – ist dies wenig erstaunlich. Freilich ist diese „Geschichte" nicht nur materialreich und mit vielen Tabellen versehen, sie will auch die „Richtigkeit der schulpolitischen Linie der SED" beweisen (118). Inhaltliche Veränderungen dieser Politik werden freilich kaum angesprochen.

Zahlreiche westliche Dokumentationen und Untersuchungen zum Bildungswesen der DDR registrieren die Effizienz dieses Systems, verweisen allerdings auch auf das Ziel, den SED-konformen Staatsbürger zu erziehen. Von besonderer Bedeutung ist dabei der Zusammenhang mit dem sowjetischen Bildungssystem [953: O. Anweiler/F. Kuebart (Hrsg.), 1983]. Zunächst richtete sich das Interesse der westlichen Forschung auf die Übernahme sowjetischer Inhalte und Formen, wurde die „Sowjetisierung" des Bildungswesens beschrieben [974: M. G. Lange, 1954; 961: L. Froese, 1962]. Spätere Untersuchungen gingen von einem systemimmanenten Gesichtspunkt aus, prüften den bildungspolitischen Auftrag der Führung und die pädagogische Praxis [963: G.-J. Glaessner/I. Rudolph, 1978]. Darüber hinaus stand immer das Hochschulwesen im Mittelpunkt zahlreicher Untersuchungen, auch hier ist meist die historische Dimension berücksichtigt [976: M. Müller/E. E. Müller, 1953; 979: E. Richert, 1976; 980: E. Schiele, 1984; 983: H. Stallmann, 1980; 985: M. Usko, 1974]. Einem „Handbuch" zum Bildungswesen der DDR, das in der Bundesrepublik erschien, ist zu entnehmen, wie weit der Forschungsstand auf diesem Gebiet bereits vorangekommen ist [205: D. Waterkamp, 1986]. Aber auch in der DDR wurden materialreiche Dissertationen über die Anfänge der Umgestaltung des Hochschulwesens erarbeitet [970: H. H. Kasper, 1979; 973: R. Köhler, 1983; 975: W. Mohrmann, 1982].

Ideologie der SED Weit mehr Veröffentlichungen liegen über die Ideologie der SED vor, die nach eigenen Aussagen zur „herrschenden Ideologie der DDR" wurde. Im Westen ist die DDR lange Zeit unter dem Gesichtspunkt beobachtet worden, ob und inwieweit (natürlich unter sowjetischer Leitung) die dortige Praxis eine Umsetzung, eine Anwendung der Theorie des Marxismus-Leninismus sei. In vielen älteren

Werken zu den verschiedensten Themen ist daher vorab oftmals eine kurze Einführung über die Ideologie zu finden. Diese Auffassung von der Ideologie als der Grundlage für die Veränderungen in der DDR wurde ab den späten sechziger und in den siebziger Jahren ersetzt durch die These von der „Entideologisierung", doch trat damit an die Stelle einer Überschätzung der Funktion der Ideologie ihre Unterschätzung als eines Herrschaftsinstruments und Bindeglieds der Eliten.

Von der DDR selbst, deren Führung die Ideologie zur Legitimation ihrer Macht benutzt, ist seit Ende der vierziger Jahre stets die überragende Rolle des Marxismus-Leninismus betont worden. In der Selbstdarstellung kommt der Ideologie als angeblicher programmatischer Leitlinie der Politik entscheidende Bedeutung zu. Im Westen ist die Einschätzung der Funktion der Ideologie durchaus kontrovers. Während einige Experten nach wie vor den Marxismus-Leninismus als ideologische Richtschnur der Politik bewerten, betrachten andere die Ideologie – im Sinne von Marx – als Rechtfertigungs- und Verschleierungsideologie der Machtverhältnisse und schließlich konstatieren weitere Beobachter neuerdings eine Entideologisierung, ein Schrumpfen der Ideologie auf bloße Rituale [858, 881, 902, 907, 911, 931].

Im Gegensatz dazu behält für die DDR ihre Ideologie zumindest formal Priorität in Politik und Gesellschaft. Daher ist es folgerichtig, daß dort neben einer Reihe von Wörterbüchern zur Philosophie oder Ökonomie 1979 auch eine „Geschichte der marxistisch-leninistischen Philosophie" für die Jahre 1945 bis Anfang der sechziger Jahre publiziert wurde [952]. Diese Geschichte zeichnet sowohl die Entwicklung als auch die Auseinandersetzungen der Philosophie in der DDR nach. Am Rande erwähnt und andeutungsweise kritisiert wird der Einfluß der Dogmen Stalins. Selbst auf die Bloch- und Lukacz-Diskussion wird hingewiesen, Oppositionelle wie Havemann und Harich werden genannt, ihre Ideen jedoch verzerrt und abqualifiziert. Die Geschichte der Philosophie in der DDR ist ein typisches Beispiel „parteilicher" Betrachtung, die freilich durch die Ausbreitung reichhaltigen Materials auch wesentliche Einsichten vermittelt. Ähnlich umfassende historische Darstellungen zu anderen Komplexen der Ideologie liegen in der DDR nicht vor, so gibt es über den „Wissenschaftlichen Kommunismus" bisher lediglich ein „Lehrbuch" [949]. Ein Band „Zur Geschichte der Theorie des Wissenschaftlichen Kommunismus" [W. Schneider, 1977] befaßt sich ausschließlich mit der Entwicklung der Ideen von Marx, Engels und Lenin. Ähnliches gilt für einen „Grundriß" der „Geschichte der Politischen Ökonomie" [von H. Meissner; vgl. auch 872]. Zu den drei „Teilen" der Ideologie, Philosophie, Politische Ökonomie und Wissenschaftlicher Kommunismus existiert also bisher nur eine Geschichte der Philosophie.

Im Westen wurde in letzter Zeit die Ideologie vor allem im Zusammenhang mit den Gesellschaftswissenschaften auch in einen historischen Kontext gestellt [945: D. Voigt, 1975; 947: H. Weber, 1971]. In älteren Arbeiten galt das Interesse vorrangig der Übertragung des Stalinismus auch in die Wissenschaft [900: M. G. Lange, 1955] Spätere Forschungen artikulierten die Beziehungen von Ideologie,

(Marginalie:) Geschichte der Philosophie

Wissenschaft und Politik unter den veränderten Verhältnissen [so R. RYTLEWSKI, Organisation und Planung der Forschung und Entwicklung in der DDR, Diss. München 1976; vgl. auch 866: C. BURRICHTER, 1971; 884: H. GÜTTLER, 1975; 876: E. FÖRTSCH, 1976; 899: H. LADES/C. BURRICHTER, 1970; 943: R. THOMAS (Hrsg.), 1971; 948: Wissenschaft in der DDR, 1973]. Die Aufgabe der Theorie der SED ist im Zusammenhang mit der gesellschaftlichen Bewußtseinsbildung – vor allem Jugendlicher in der DDR – in einer Habilitationsschrift dargelegt [R. A. GRUNENBERG, Bedingungen und Formen gesellschaftlicher Bewußtseinsbildung in der DDR, Aachen o. J. (1986)].

Geschichts-
verständnis
Besonders intensiv diskutiert wurde im Westen das Geschichtsverständnis und die Geschichtswissenschaft in der DDR. Über den Anspruch der Geschichtsschreibung der DDR und deren „Parteilichkeit" ist oben berichtet worden. Sie war ebenso wie die Differenzierung der dortigen Geschichtswissenschaft Thema vieler Untersuchungen der westlichen Forschung.

Die DDR selbst sieht in ihrer eigenen Geschichte nicht nur die objektive und gesetzmäßige Fortführung der revolutionären Traditionen des deutschen Volkes, sondern sie stilisiert diese DDR-Geschichte inzwischen (bei der Aufstellung neuer Lehrpläne für den Geschichtsunterricht) zum „Höhepunkt in der ganzen deutschen Geschichte". Dies steht in Zusammenhang damit, daß die DDR-Geschichtswissenschaft nunmehr zwischen „Tradition" und „Erbe" unterscheidet. Danach sind Traditionen die progressiven Entwicklungslinien, die die DDR „verkörpert", also etwa die Arbeiterbewegung. Unter Erbe versteht sie das Verhältnis zur ganzen deutschen Geschichte, „Leistungen und Fehlleistungen aller Klassen und Schichten", die im kritischen Sinne „zu bewältigen" sind [H. BARTEL, in: ZfG 29, 1981, 389]. Diese neue Deutung der Geschichte der DDR (die einherging mit einer Neubewertung historischer Persönlichkeiten wie etwa Luther, Friedrich II. oder Bismarck) fand in der Geschichtswissenschaft ein breites Echo. Allerdings hatte die westliche Geschichtsschreibung, von Ausnahmen abgesehen [874: A. FISCHER, 1962; 944: A. TIMM, 1966], sich relativ spät mit der DDR-Historiographie auseinandergesetzt. G. HEYDEMANN legte 1980 eine Entwicklungsgeschichte der Geschichtswissenschaft im geteilten Deutschland vor [887, vgl. auch 888]. Schon vorher waren einige wichtige Darstellungen erschienen [vgl. 869: A. DORPALEN, 1974; 898: H. LADES, 1980; 914: U. NEUHÄUSSER-WESPY, 1976; 926: D. RIESENBERGER, 1973]. Auch die Methodologie wurde inzwischen näher beleuchtet [930: J. RUSEN/Z. VASICEK, 1985].

Kulturpolitik
Aufgearbeitet ist für die DDR die Geschichte anderer Bereiche, erwähnt seien hier Kultur, Literatur und Medien. In der DDR hat J. STREISAND 1981 eine kurze Kulturgeschichte herausgebracht [940]. Außerdem wurden dort sowohl eine zweibändige Kunstgeschichte [896] als auch eine Musikgeschichte [864] publiziert.

In der Bundesrepublik erschienen umfangreiche Dokumentenbände zur Kulturpolitik [106: P. LÜBBE (Hrsg.), 1984; 124: G. RÜSS (Hrsg.), 1976; 129: E. SCHUBBE (Hrsg.), 1972]. 1975 veröffentlichte V. GRANSOW eine Schrift zur Kulturpolitik der DDR, der ein kurzer geschichtlicher Abriß vorangestellt ist. Über das Thema ,,Kultur und Geschichte" liegt auch ein historischer Abriß von M. Jä- ger vor [893]. Er enthält eine umfangreiche Bibliographie, auf die hier verwiesen werden kann.

Gerade die Kulturpolitik der DDR läßt die ständigen Schwankungen zwischen ,,harter" und ,,liberaler" Haltung von Staat und Partei besonders klar erkennen, zeigt aber auch, wie die Kultur von den politischen Organen gegängelt und be- herrscht wird. Dies gilt insbesondere für die Literatur. Zu ihrer Geschichte gibt es inzwischen eine ganze Reihe historischer Abhandlungen. Die Autoren der Litera- turgeschichten der DDR aus dem Westen verdeutlichen aus unterschiedlicher Po- sition kritisch das Spannungsverhältnis zwischen Schriftstellern und Staat und die Rolle der Literatur im System der DDR [862: S. Bock, 1980; 871: W. Emmerich, 1984; 912: B. Mayer-Burger, 1983; 932: H.-D. Sander, 1972; 935: H.-J. Schmitt (Hrsg.), 1983]. Für die Literatur spielen auch die Medien eine wichtige, aber insgesamt wenig positive Rolle. Eine inzwischen vorliegende ,,Ge- schichte des Journalismus in der DDR" [921: G. Raue, 1986] bringt viele Details über die Entwicklung der Medien. Der faktenreiche Band geht vor allem auf Zei- tungen und Zeitschriften ein und enthält eine wichtige Zeittafel. Allerdings wer- den viele Probleme und Widersprüche durch die ,,parteiliche" Sicht einfach einge- ebnet, oder die Zensur der SMAD verschleiert. Erinnerungsbände z. B. über die Journalistenausbildung [264: B. Klump, 1980] zeichnen da ein ganz anderes Bild. Medien- geschichte

Insgesamt zeigt sich, daß für viele Bereiche durch die Veröffentlichung von ,,Geschichten" die Vergangenheit der DDR aufgearbeitet werden konnte. Dies gilt auch für eine maßgebliche politische Ebene: die Außenpolitik der DDR. Im Gegensatz zur Bundesrepublik durfte die DDR sofort bei ihrer Gründung 1949 ein Außenministerium einrichten. Bis es zu einer relativ eigenständigen Außenpo- litik kam, verging indes viel Zeit: Die Abhängigkeit von der Sowjetunion einerseits und die Konfrontation mit der Hallstein-Doktrin der Bundesrepublik andererseits verhinderten die rasche internationale Anerkennung. Dennoch legte die DDR selbst schon sehr früh historische Darstellungen ihrer Außenpolitik vor [1078: W. Hänisch, 1964/65; 1082: P. Klein u. a. (Hrsg.), 1968]. Die darin bilanzierten ,,Erfolge" waren freilich wenig überzeugend. Außenpolitik

Eine fundierte zeitgeschichtliche Analyse der tatsächlichen Außenpolitik der DDR erschien etwas später in der Bundesrepublik [1075: H. End, 1973]. Hier wurden die Schwierigkeiten, auch der innerdeutsche Konflikt, problemorientiert herausgearbeitet. Eine aktive Außenpolitik konnte die DDR erst nach ihrer welt- weiten Anerkennung leisten. Nun wurde auch der Frage nachgegangen, wer diese Außenpolitik bestimmt [1088: A. Mallinckrodt Dasbach, 1972]. Drei Jahr- zehnte Außenpolitik der DDR untersuchte ein von H.-A. Jacobsen u. a. 1979 herausgegebener Sammelband [1081]. Und schließlich hat inzwischen die DDR selbst 1979 [1074] und 1984 [1079] die Geschichte der Außenpolitik ihres Staates in der üblichen parteilichen Sicht herausgebracht.

Historische Darstellungen zum Verhältnis der DDR zur Sowjetunion erschienen in beiden deutschen Staaten, die Deutschlandpolitik der DDR allerdings wurde – wie ein Blick ins Literaturverzeichnis zeigt – vor allem in der Bundesrepublik thematisiert.

Auch eine Geschichte der Nationalen Volksarmee legte die DDR inzwischen selbst vor [990]. Diese ist zwar durch Bilder, Zeichnungen, Tabellen usw. aufgelockert, hat aber nur eine schmale Quellenbasis und eher propagandistischen Charakter. Gleiches gilt freilich auch für manche Schrift über die NVA von westlichen Autoren.

Kirchen   Zur Geschichte der einzigen autonomen Organisationen in der DDR, der Kirchen, erschien dort allerdings noch keine historische Untersuchung. Im Westen hat H. DÄHN das Verhältnis von Staat und Kirche von 1945 bis 1980 in seiner Habilitationsschrift einer gründlichen Prüfung unterzogen [1009]. Seine auch durch Archivmaterial abgesicherte Darstellung läßt die Konflikte zwischen Staat und Kirche in der Geschichte der DDR ebenso erkennen wie die Kooperation auf bestimmten Feldern von gemeinsamem Interesse. Dieses Spannungsverhältnis geht auch aus anderen Untersuchungen zum Thema hervor und zeigt die Problematik eines Systems, in dem die Hegemonialpartei einen Absolutheitsanspruch stellt und für Opposition kein Raum ist.

8. Opposition und Verfolgung in der Geschichte der DDR

Wie in allen kommunistisch regierten Staaten Moskauer Richtung lassen sich in der DDR drei Herrschaftsmethoden nachweisen: Gewinnung von Anhängern durch ideologische Indoktrination, Neutralisierung breiter Schichten durch Verbesserung der Lebenslage und Unterdrückung politischer Gegner. In den vierziger und vor allem den fünfziger Jahren waren die Bekämpfung jeder oppositionellen Strömung und politische Repressalien typisch für das System, das spiegelt sich auch in einer umfangreichen Literatur zu diesem Thema wider.

Das Regierungssystem der DDR sah in der Praxis von Anfang an keine Opposition vor. Entsprechend der ideologischen Sicht galt jede politische Opposition als „Agentur" der „Klassengegner" und wurde daher verfolgt. Doch gerade während der fünfziger und sechziger Jahre lehnte die überwiegende Mehrheit der Bevölkerung das politische System ab. Dadurch war die Massenbasis einer Opposition vorhanden, die nur die Machtmittel des Staates an der Organisierung hinderte. Ausbrüche wie der 17. Juni 1953 waren die Folge.

In den Geschichtsdarstellungen der DDR blieb dieser breite Unmut der Massen ebenso ein Tabu wie die Vorstellungen der verschiedenen oppositionellen Gruppierungen. Entsprechend der damaligen politischen Praxis wird selbst in der Geschichtsdarstellung Opposition noch häufig kriminalisiert, als „westliche Agentur" abqualifiziert. Arbeiten über Opposition, Widerstand und Verfolgung sind also fast ausschließlich in der Bundesrepublik erschienen.

Werke wie die von SAREL 1975 [1060] oder TIGRID 1983 [1062] versuchen die

Basis-Opposition der Arbeiterschaft herauszuarbeiten. Da gerade auf diesem Ge- Opposition der
biet die Quellenlage ungünstig ist, kann das nur lückenhaft geschehen. Die ver- Arbeiter
schiedenen Formen von Opposition, von grundsätzlicher Ablehnung des Systems
bis zu innerkommunistischem Protest, sind bisher in kurzen Überblicken zusammenfassend dargestellt worden [1061: D. STARITZ, 1986; 1064: H. WEBER/
M. KOCH, 1983]. Vor allem aber hat K. W. FRICKE, der sich von allen Autoren am
intensivsten mit Opposition und Verfolgung in der DDR befaßte, einen historischen Abriß „Opposition und Widerstand" veröffentlicht 1984 [1034]. Auch
wenn FRICKE sein Buch als „Report" versteht und zurückhaltend betont, „eine
wissenschaftliche Arbeit wollte der Autor nicht schreiben", kann die Skizzierung
der politischen Gegnerschaft in der DDR über dreieinhalb Jahrzehnte hinweg wissenschaftlichen Kriterien standhalten.

Aus der bisher vorliegenden Literatur zur Opposition in der DDR ergibt sich,
daß die ursprünglich starke Opposition des Bürgertums (die sich in den vierziger
Jahren noch in den Parteien artikulieren konnte) zunehmend ihre soziale Basis
verlor. Die Fixierung breiter Teile der Bevölkerung auf die Bundesrepublik beeinflußte dennoch weiterhin die Stimmung in der DDR. Zunehmend erscheint aber
heute eine systemimmanente Opposition als die häufigere Form politisch abweichenden Verhaltens.

Die frühe Opposition in der CDU und LDPD und in den Massenorganisatio- Parteien
nen wird in Werken thematisiert, die sich mit diesen Parteien und Verbänden befassen, sie wird aber auch aus Erinnerungen [243: F. FRIEDENSBURG, 1971; 262:
M. KLEIN, 1968; 268: E. LEMMER, 1968; 306: A. WOLFRAM, 1977] und Biographien [1207: W. CONZE u. a., Jakob Kaiser, 1967/1969] ersichtlich. Doch mit der
Transformation der Parteien und Massenorganisationen verlor diese „bürgerliche" Opposition ihre institutionelle Basis. Unter diesen Umständen gewann die
innerkommunistische Opposition eine besondere Bedeutung und später auch das
Interesse der Forschung. Bereits vor knapp 30 Jahren hat ein (anonymer) Autor
auf die Unterschiede, ja Gegensätze der Opposition in der DDR verwiesen. Er
warnte schon damals, die Opposition des „Bürgertums" zu überschätzen: „Die
Reste des Bürgertums und die selbständigen Bauern sind zwar Gegner des Regimes, doch besitzen sie weder politische Organisationsformen noch wirtschaftliche Machtmittel". Dagegen sah er „die aktivsten Kräfte der Opposition unter Intellektuellen und Arbeitern", und konstatierte, sie bekämpfe „das System von einer linken Plattform aus". Ziel der Opposition sei es, „einen entstalinisierten
Marxismus zu verwirklichen" [1055].

Seither ist über die Bedeutung dieser Opposition oft diskutiert worden. Sie
setzte sich im wesentlichen aus einem zahlenmäßig kleinen Kreis von Intellektuellen, Schriftstellern usw. zusammen. Das Beispiel der CSSR 1968 zeigte indessen,
daß eine solche Opposition des demokratischen Kommunismus durchaus eine
Veränderung des Regimes bringen kann.

Das hängt damit zusammen, daß die Herrschaftssicherung in kommunistisch
regierten Staaten in erster Linie das reibungslose Funktionieren ihrer Apparate er-

fordert. Die Geschlossenheit der Führungselite, das Einordnen der Funktionäre in den hierarchisch organisierten Apparat ist für sie unabdingbar. Opposition in Partei und Apparat erscheint bedrohlich, so daß die Führung gerade hier „Abweichungen" verhindern muß. Es zeigte sich, daß sowohl die Partei als auch der Apparat für eine immanente Opposition anfälliger sind als für jede andere Abweichung. Daher bedeutet eine innerkommunistische Opposition tatsächlich eine Gefahr, eben das veranlaßte die SED-Führung zu Repressalien, um sie bereits im Ansatz zu zerschlagen.

Innerparteiliche Opposition in der SED

Freilich spielten dabei auch Querelen in der Führung eine Rolle. Die von der Sowjetunion vorbereiteten Schauprozesse zeigten ebenfalls Anfang der fünfziger Jahre Auswirkungen auf die DDR. So geriet als erste die Führungsgruppe um das Politbüromitglied Paul Merker 1950 in Konflikt mit Ulbricht und wurde aus der SED entfernt, einige Parteiführer verhaftet. Einer der Beteiligten (und Verhafteten), L. BAUER, hat darüber bereits 1956 exakt berichtet [1023].

Nach der 2. Parteikonferenz der SED 1952 und dem sogenannten Aufbau des Sozialismus verschärften sich die inneren Auseinandersetzungen noch. Ulbrichts Hauptgegner Dahlem wurde schrittweise ausgeschaltet. Nach Stalins Tod und dem Aufstand vom 17. Juni 1953 entfernte Ulbricht seine Widersacher Zaisser, Herrnstadt, Ackermann, Jendretzky und Elli Schmidt aus dem Politbüro. Solche Säuberungen erfolgten indes nicht nur an der Spitze, sondern in der gesamten Partei. Waren bereits 1950/51 bei der Parteiüberprüfung 150.000 Mitglieder ausgeschlossen worden, so mußten auch nach 1953 Tausende Funktionäre und Mitglieder die Partei verlassen. Den ganzen Prozeß der inneren Auseinandersetzung dieser Jahre hat M. JÄNICKE 1964 bis ins Detail geschildert [1049]. JÄNICKE nannte sein Buch „Der Dritte Weg", um die Position der innerkommunistischen Opposition herauszustellen. P. C. LUDZ kritisierte an diesem Buch heftig, JÄNICKE bleibe zu sehr an „eigene politische Wertvorstellungen gebunden" [SBZ-Archiv 16, 1966, H. 8, 119 ff.]. Tatsächlich ging es bei diesem Disput eher um die Einschätzung der Rolle der innerkommunistischen Häresie, die LUDZ unterschätzte. Auf jeden Fall gelang es JÄNICKE, die Fakten der Opposition des „Dritten Weges" über den Zeitraum von 1953 bis 1963 zusammenzutragen. Dabei hat er „revisionistisch-oppositionelle Tendenzen" nicht nur in der Partei nachgewiesen, sondern auch in der Wissenschaft, der Literatur, Publizistik usw. Eine ähnlich detaillierte Darstellung der innerkommunstischen Opposition in der DDR wurde seither nicht mehr vorgelegt.

Allerdings konnte FRICKE in einem Werk von 1971 die Säuberungen und Rehabilitierungen in der SED [1033] für den gesamten Zeitraum nach 1945 zusammenstellen. Er hat auch die Säuberungen in den anderen kommunistisch regierten Staaten miteinbezogen. Da dieser Band auch zahlreiche Dokumente enthält, ist die Geschichte der inneren Opposition durch JÄNICKE und FRICKE bis ins Detail untersucht.

Harich-Gruppe

In allen Darstellungen nahm die Harich-Gruppe von 1956/57 einen zentralen Platz ein. Über die Entwicklung und den Prozeß gegen diese Gruppe liegen Augenzeugenberichte vor [M. HERTWIG, in: R. CRUSIUS/M. WILKE, Entstalinisierung. Der XX. Parteitag und seine Folgen, Frankfurt 1977, 477 ff., und H. ZÖGER, in: SBZ-Archiv 11, 1960, 198 f.]. Entstehung und Position der Harich-Gruppe sind also bekannt. Ihre Vorstellungen entsprachen den damaligen Wünschen und Forderungen vieler Intellektueller in der SED, zeigten die Tendenz einer teils offenen, teils latenten Oppositionsströmung, waren aber zugleich Reflexion der Unzufriedenheit breiter Schichten mit dem Herrschaftssystem der DDR. Die Opposition war antistalinistisch, aber nicht antikommunistisch, insofern ist die Bezeichnung ,,dritter Weg'' angemessen. In einer ,,Plattform'' forderte die Gruppe konkrete Reformen in der Partei, etwa die Beseitigung der Vorherrschaft des bürokratischen Apparats über die Mitglieder. und im politischen System, so die Abschaffung des Ministeriums für Staatssicherheit und der Geheimjustiz, die Souveränität des Parlaments und Wahlen mit mehreren Kandidaten. Die Harich-Gruppe und ihre Plattform werden in der Literatur gegensätzlich beurteilt. Einerseits gilt sie als ,,typisch und für die Entwicklung des Reformkommunismus besonders bedeutsam'' [W. LEONHARD, Die Dreispaltung des Marxismus, Düsseldorf 1970, 372]. Von anderen werden programmatische Widersprüche hervorgehoben und die philosophische und historische Begründung der Plattform als ,,völlig mißglückt'' bezeichnet [M. CROAN, in: L. LABEDZ, Der Revisionismus, Köln 1965, 366].

Einen engen Zusammenhang der Motive der intellektuellen Opposition, die ja von Bloch und Harich bis Havemann reichte, zeigte H. GREBING [1039]. Später hat nicht nur Havemann mit seiner demokratisch-kommunistischen Kritik das Interesse der Öffentlichkeit und der Forschung gefunden, sondern auch Bahro. Seine Fundamentalkritik an der DDR, die ebenfalls nur im Westen erscheinen konnte [1021], brachte dem Autor eine hohe Zuchthausstrafe ein.

Die enge Verbindung zwischen Opposition und Verfolgung in der DDR wird gerade an den Beispielen Harich oder Bahro überdeutlich, doch im Verlauf der Geschichte des anderen deutschen Staates ging die politische Unterdrückung weit über die Verhaftung führender Oppositioneller hinaus. Dazu liegt wiederum von FRICKE eine dokumentarische Untersuchung vor, in der er die politische Verfolgung von 1945 bis 1968 detailliert nachweist [1035]. Den Kern der Arbeit bilden 217 Dokumente, die FRICKE in seinen Text eingebaut hat: Gesetze, Anklageschriften, Urteile und nicht zuletzt Erlebnisberichte ehemaliger Gefangener (er konnte eine Umfrage unter mehr als 4.000 ehemaligen politischen Gefangenen machen).

Die umfassende Dokumentation spiegelt die politische Aufgabe der Justiz in der DDR wider, zeigt die Mechanismen und Funktionen der politischen Unterdrückung und läßt zugleich unterschiedliche Gruppierungen der Verfolgten erkennen. Die sowjetische Besatzungsmacht übte in den ersten Nachkriegsjahren die Gewalt aus, in ihren Internierungslagern kamen auch die meisten Opfer um. Die sowjetischen Eingriffe galten jedoch nicht nur dem Ausbau neuer Machtverhältnisse, sie waren zugleich im Rahmen alliierter Politik eine Abrechnung mit Naziverbrechen. Daß die sowjetische Besatzungsmacht – und später auch DDR-Gerichte –

Opposition und Verfolgung

Kriegsverbrechen und NS-Untaten verfolgten, bedarf keiner besonderen Begründung, mit Recht wurden diese Verbrechen – wenn auch oft zu spät – ebenso in der Bundesrepublik geahndet.

Freilich benutzten SMAD und DDR die Entnazifizierung auch als Deckmantel, um unterschiedliche Gruppen, auch Demokraten, zu verfolgen. So wie SMAD und SED den Begriff „Antifaschismus" instrumentalisierten, um die kommunistische Vorherrschaft auszubauen, so wurde die „Entnazifizierung" benutzt, um jede tatsächliche und potentielle Opposition zu unterdrücken. Die Verfolgung von Sozialdemokraten, die nach der „Vereinigung" der SED als erste in Opposition gerieten und die – wie Fricke nachweist – „unter den ehemals politisch organisierten Häftlingen in sowjetischem Gewahrsam den höchsten Anteil" ausmachten, beweist besonders deutlich, gegen wen sich der Unterdrückungsapparat auch richtete. Selbst oppositionelle Kommunisten wurden ja verhaftet (der ehemalige kommunistische Preußische Landtagsabgeordnete Alfred Schmidt aus Erfurt zum Tode verurteilt und dann zu 25 Jahren „begnadigt").

MfS   Wichtigstes Organ der Unterdrückung und Verfolgung wurde dann in der DDR das Ministerium für Staatssicherheit. Auch darüber liegt eine Arbeit von Fricke vor [1032]. Für die „Staatssicherheit" war jeder Nonkonformismus suspekt, und sie überwachte Verdächtige, auch Schriftsteller und Künstler. Das wurde erneut deutlich nach der Ausweisung Wolf Biermanns 1976. Damals hatten sich etwa 100 Künstler und Intellektuelle, die sowohl zum Sozialismus als auch zur DDR standen, gegen diese Ausbürgerung gewandt. Die Sanktionen der SED gegen sie reichten von Einschüchterungsversuchen bis zu Ausbürgerungen. Doch weniger bekannte Künstler wurden vom MfS verhaftet [1037: J. Fuchs, 1978; 1038: ders., 1977; 1024: Biermann und die Folgen, 1977].

Inzwischen hat sich die Literatur auch mit der Rolle der Kirche als eines eventuellen Oppositionsfaktors beschäftigt [1027: W. Büscher/P. Wensierski, 1982; 1028: K. Ehring/M. Dallwitz, 1982; 1029: B. Eisenfeld, 1978; 1018: B. Kuhrt, 1984]. Die Kirchen, insbesondere die Evangelische Kirche, mußte sich als „Kirche im Sozialismus" bei aller Distanz zum SED-Staat mit diesem arrangieren. Da auch die DDR-Führung zu teilweiser Kooperation bereit war, blieb die unabhängige Friedensbewegung der DDR, die sich im Rahmen der Kirche artikulieren konnte, ohne institutionelle Stütze. Daß sie dennoch Einfluß auf die Jugend hat, beweist die Breite der oppositionellen Formen.

Abweichungen   Für die Parteiführung besteht das Hauptproblem jedoch nach wie vor in „Abweichungen" innerhalb der eigenen Reihen. Aus der politischen, sozialen und nationalen Situation in der DDR entstand immer wieder eine innerkommunistische Opposition. Die theoretischen Konzeptionen von Harich bis Havemann beruhen auf den gleichen Prämissen: Die Realität kommunistisch regierter Staaten wird an der marxistischen Theorie geprüft, aus der Diskrepanz zwischen Theorie und Praxis, zwischen Anspruch und Wirklichkeit leitet sich die Forderung nach Überwindung der bürokratisch-diktatorischen Herrschaft ab. Damit wurden Freiheit der Information, der Diskussion und schließlich der Organisation zur Durchsetzung des Mehrheitswillens zu erstrangigen Zielen der innerkommunistischen Opposition. Sie erstrebt eine Verbindung der kommunistischen sozioökonomischen Ordnung mit Elementen demokratischer Mitbestimmung und institutionalisierter Rechtssicherheit.

Freilich war die Wirkung auch dieser Opposition in der Geschichte der DDR nicht allzugroß. Solange der diktatorisch-bürokratische Kommunismus in der UdSSR funktionierte, bestand in der DDR kaum die Möglichkeit grundsätzlicher Veränderungen des Systems. Die bisherige Geschichte der DDR zeigt zwar, daß oppositionelle Strömungen verschiedener Observanz immer wieder auftreten, das Herrschaftsystem insgesamt sich aber als gefestigter erwiesen hat, als bei uns oft angenommen wurde [1025, 1053].

Bedeutung der Opposition

Aber gerade das Fehlen einer institutionalisierten Opposition muß als Schwäche der DDR gesehen werden. Die Forderung ROBERT HAVEMANNS [1043, 1044] nach einer Oppositionspartei oder einer unabhängigen kritischen Presse läßt eine Richtung von Reformen erkennen, die mehr Stabilität bringen könnte. Doch die Führung lehnte jede Form eines demokratischen Kommunismus ab. So wird es vermutlich auch weiterhin breite oppositionelle Strömungen in der Bevölkerung und eine immer wieder aufbrechende innerkommunistische Opposition in der Führungspartei geben, ohne daß diese sich entfalten können. Die Repressionen der Führung rufen Opposition hervor, diese Opposition wiederum veranlaßt die Führung zu neuen Repressalien: Ein Kreislauf, der die Schwäche der gestrigen wie der heutigen DDR zeigt.

III. Quellen und Literatur

Vorbemerkung

Aufgenommen wurden vor allem Titel der Zeit nach 1970, die ältere Literatur ist über die Bibliographien zu ermitteln. Neben den wenigen direkten Geschichtsdarstellungen werden Bücher genannt, die Probleme unter einem historischen Aspekt behandeln. Im allgemeinen wird die neueste Auflage erwähnt, oft zur besseren Einordnung ihrer Entstehung auch noch die Erstauflage. Ungedruckte Dissertationen aus der DDR sind nur dann angegeben, wenn sie in der Bundesrepublik erreichbar sind. Von den zahlreichen regionalen und lokalen Geschichten konnte nur eine Auswahl aufgenommen werden. In Ausnahmefällen sind auch Aufsätze registriert, die in jüngerer Zeit erschienen und Archivmaterial verwenden oder neue Konzeptionen enthalten. Auf die Parteitagsprotokolle der SED wird verwiesen, nicht aber auf weitere Protokolle von Kongressen der Parteien und Verbände. Ebenso werden Werke und Schriften von DDR-Führern nur ausnahmsweise erwähnt (Honecker, Ulbricht), verzichtet wurde auf Hinweise auf entsprechende Bände von Axen, Dahlem, Grotewohl, Hager, Matern, Mückenberger, Norden, Rau, Sindermann, Stoph usw.

1. Bibliographien

1. Auswahlbibliographie westlicher Literatur über die DDR (zum 25. Jahrestag der DDR), in: DA 7 (1974), 1056 ff.

2. Bibliographie selbständiger Publikationen zur Geschichte der örtlichen Arbeiterbewegung und der Betriebsgeschichte 1971–1979, hrsg. v. Institut für Marxismus-Leninismus beim ZK der SED, zsgst. v. W. Dick, Berlin (Ost) 1980. Dass. 1980–1982, Berlin (Ost) 1984.

3. Bibliographie zum öffentlichen Sprachgebrauch in der Bundesrepublik Deutschland und in der DDR, zsgst. u. komm. v. einer Arbeitsgruppe unter Leitung v. M. W. Hellmann, Düsseldorf 1976.

4. Bibliographie zum Thema 17. Juni 1953. Arbeiter- und Volksaufstand in der SBZ/DDR, Stuttgart 1983.

5. Bibliographie zur Deutschlandpolitik 1941 bis 1974, bearb. v. M. L. Goldbach u. a., Frankfurt/M. 1975. Dass. 1975–1982, bearb. v. K. Schröder, Frankfurt/M. 1983.

6. Bibliographie zur Geschichte des Kampfes der deutschen Arbeiterklasse für die Befreiung der Frau und zur Rolle der Frau in der deutschen Arbeiterbewegung. Von den Anfängen bis 1970, im Auftrage der Arbeitsgemeinschaft „Geschichte des Kampfes der deutschen Arbeiterklasse für die Befreiung der Frau" bearb. v. I. u. H.-J. ARENDT, Leipzig 1974.

7. Bibliographie zur Politik in Theorie und Praxis, hrsg. v. K. D. BRACHER, H. A. JACOBSEN, M. FUNKE, aktualisierte Neuauflage, Düsseldorf 1976. Dass., vollständige Neubearbeitung, Düsseldorf 1983.

8. G. CHABIR, M. HAUPT, Die Teilung Deutschlands 1945–1949, in: Jahresbibliographie der Bibliothek für Zeitgeschichte, Bd. 49, Stuttgart 1977, 359 ff.

9. Deutschlandforschung in der Bundesrepublik Deutschland und in Berlin (West). Projektverzeichnis, hrsg. v. Gesamtdeutschen Institut, Bundesanstalt für Gesamtdeutsche Aufgaben, bearb. v. E. LANGE, 2. Aufl., Bonn 1981.

10. Dissertationen und Habilitationen auf dem Gebiet der Deutschlandforschung 1969–1978. Hochschulschriften aus der Bundesrepublik Deutschland und Berlin (West), hrsg. v. Gesamtdeutschen Institut, bearb. v. H. HUNDEGGER, Bonn 1980.

11. Einig und geschlossen. Bibliographisches Verzeichnis ausgewählter Literatur zum 40. Jahrestag der SED, erarb. v. J. ASSATZK, J. LIEBSCH, Leipzig 1986.

12. Gesellschaftswissenschaftliche Literatur aus der DDR. Auswahlbibliographie von Verlagspublikationen 1976–1983, zsgst. v. d. Deutschen Staatsbibliothek, Berlin (Ost) 1983.

13. M. HAUPT, Die Berliner Mauer. Vorgeschichte, Bau, Folgen; Literaturbericht und Bibliographie zum 20. Jahrestag des 13. August 1961, München 1981.

14. G. HERSCH, A Bibliography of German studies 1945–1971. Germany under allied occupation. Federal Republic of Germany. German Democratic Republic, Bloomington 1972.

15. Historische Forschungen in der DDR. Analysen und Berichte. Zum XI. Internationalen Historikerkongreß in Stockholm August 1960 (Sonderband der Zeitschrift für Geschichtswissenschaft), Berlin (Ost) 1960, 426 ff.

16. Historische Forschungen in der DDR 1960–1970. Analysen und Berichte. Zum XIII. Internationalen Historikerkongreß in Moskau 1970 (Sonderband der Zeitschrift für Geschichtswissenschaft), Berlin (Ost) 1970, 609 ff.

17. Historische Forschungen in der DDR 1970–1980. Analysen und Berichte. Zum XV. Internationalen Historikerkongreß in Bukarest 1980 (Sonderband der Zeitschrift für Geschichtswissenschaft), Berlin (Ost) 1980, 310 ff.

18. Der Kampf der SED um die Schaffung und Festigung der sozialistischen Gesellschaft in der DDR. Auswahlbibliographie von Literatur der DDR Oktober 1979 bis März 1984, in: BzG 26 (1984), 567 ff.

19. Kraft der Klasse. Eine Literaturauswahl anläßlich des 25. Jahrestages der SED, Leipzig o. J. (1971).

20. H. A. KUKUCK, Bibliographie Geschichte der SED, in: DA 2 (1969), 1171 ff.

21. M. LESZAK, E. SCHNEBEL, Bibliographie SED, Blockparteien, in: DA 2 (1969), 415 ff.

22. DIES., Bibliographie Staatsapparat der DDR, in: DA 2 (1969), 609 ff.

23. Die Literatur der DDR. Bibliographie ihrer Entwicklung zwischen IX. Parteitag der SED und 30. Jahrestag der Staatsgründung, bearb. v. P. KÖNIG, P. WEBER, Leipzig 1980.

24. Literatur zur deutschen Frage. Bibliographische Hinweise auf neuere Veröffentlichungen aus dem In- und Ausland, bearb. v. G. FISCHBACH, 4. erw. Aufl., Bonn 1966.

25. H. MENUDIER, L'Allemagne Après 1945. (Bibliographies francaises de sciences sociales), Paris 1972.

26. A. J. u. R. L. MERRITT, Politics, economics and society in the two Germanies. 1945–75. A Bibliography of English-language works (with the assistance of K. K. RUMMEL), Urbana 1978.

27. A. H. PRICE, East Germany. A Selected Bibliography, Washington 1967.

28. K. H. RUFFMANN, Kommunismus in Geschichte und Gegenwart. Ausgewähltes Bücherverzeichnis, Bonn 1964.

29. H. G. SCHUMANN, Die politischen Parteien in Deutschland nach 1945. Ein bibliographisch-systematischer Versuch, Frankfurt/M. 1967.

30. Der sozialistische Realismus in Kunst und Literatur. Eine empfehlende Bibliographie, bearb. v. G. ROST, H. SCHULZE, Leipzig 1960.

31. W. SPERLING, Landeskunde DDR. Eine annotierte Auswahlbibliographie, München-New York 1978.

32. H. THEISEN, Bibliographie zu den Ereignissen des 17. Juni 1953, in: APuZG B 23 (1978), 51 ff.

33. H. P. ULLMANN, Bibliographie zur Geschichte der deutschen Parteien und Interessenverbände, Göttingen 1978.

34. G. WEBER, Bibliographie Frau in Gesellschaft und Familie, in: DA 1 (1968), 386 ff.

35. The Wiener Library, Catalogue Series No. 4, After Hitler Germany. 1945–1963, London 1963.

36. Zur Geschichte des FDGB. Auswahlbibliographie 1976–1982, hrsg. v. d. Gewerkschaftshochschule „Fritz Heckert", Bernau 1982.

2. DOKUMENTENSAMMLUNGEN, GEDRUCKTE QUELLEN

37. Der Alliierte Kontrollrat für Deutschland. Die Alliierte Kommandantur der Stadt Berlin, Sammelheft 1 und 2, Berlin 1946.

38. Allen Kindern das gleiche Recht auf Bildung. Dokumente und Materialien zur demokratischen Schulreform, Berlin (Ost) 1981.

39. Auf neuen Wegen 1947–1952. Dokumente über die gesellschaftliche Entwicklung im Gebiet des Bezirks Neubrandenburg, ausgew. u. bearb. v. S. KNUTSCHE, Neubrandenburg 1977.

40. S. BASKE, M. ENGELBERT (Hrsg.), Zwei Jahrzehnte Bildungspolitik in der Sowjetzone Deutschlands. Dokumente, 2 Bde., Heidelberg 1966.

41. DIES, Dokumente zur Bildungspolitik in der sowjetischen Besatzungszone, Bonn-Berlin (West) 1966.

42. S. BASKE, Bildungspolitik in der DDR 1963–1976. Dokumente, Wiesbaden 1979.

43. H. BEDNARECK, A. BEHRENDT, D. LANGE (Hrsg.), Gewerkschaftlicher Neubeginn. Dokumente zur Gründung des FDGB und zu seiner Entwicklung von Juni 1945 bis Februar 1946, Berlin (Ost) 1975.

44. Befehle des Obersten Chefs der Sowjetischen Militärverwaltung in Deutschland. Aus dem Stab der Sowjetischen Militärverwaltung in Deutschland, Sammelheft 1945, Berlin 1946.

45. Befreiung, Neubeginn, Arbeitermacht. Ausgewählte Dokumente zum gemeinsamen Ringen deutscher und sowjetischer Kommunisten um die Lösung der Machtfrage der antifaschistisch-demokratischen Umwälzung in Leipzig, Leipzig o. J. (1985).

46. L. BERTHOLD, E. DIEHL (Hrsg.), Revolutionäre deutsche Parteiprogramme, Berlin (Ost) 1975.

47. Beziehungen DDR-UdSSR 1949 bis 1955. Dokumentensammlung, 2 Bde., Berlin (Ost) 1975.

48. P. BRANDT, H. AMMON (Hrsg.), Die Linke und die nationale Frage. Dokumente zur deutschen Einheit seit 1945, Reinbek bei Hamburg 1981.

49. B. BRONNEN, F. HENNY, Liebe, Ehe, Sexualität in der DDR. Interviews und Dokumente, München 1975.

50. Bündnis der Arbeiter und Bauern. Dokumente und Materialien zum 30. Jahrestag der Bodenreform, Berlin (Ost) 1975.

51. W. BÜSCHER, P. WENSIERSKI, K. WOLSCHNER unter Mitarbeit v. R. HENKYS (Hrsg.), Friedensbewegung in der DDR. Texte 1978–1982, Hattingen 1982.

52. B. CYZ, Die DDR und die Sorben: Eine Dokumentation zur Nationalitätenpolitik in der DDR, 2 Bde., Bautzen 1969/1979.

53. DDR. Das Manifest der Opposition. Eine Dokumentation. Fakten, Analysen, Berichte, München 1978.

54. DDR – UdSSR. 30 Jahre Beziehungen 1949 bis 1979. Dokumente und Materialien, Berlin (Ost) 1982.

55. E. DEUERLEIN (Hrsg.), DDR. Geschichte und Bestandsaufnahme, München 1966, 3. erw. Aufl. 1971.

56. Dokumente der CDU. Zusammengestellt durch ein Kollektiv von Mitarbeitern der Parteileitung, 5 Bde., Berlin (Ost) 1956–1964.

57. Dokumente der revolutionären deutschen Arbeiterbewegung zur Frauenfrage. 1848–1974. Auswahl, Leipzig 1975.

58. Dokumente der Sozialistischen Einheitspartei Deutschlands. Beschlüsse und Erklärungen des Zentralkomitees sowie seines Politbüros und seines Sekretariats, hrsg. v. Zentralkomitee der SED, 20 Bde., Berlin (Ost) 1951–1986.

59. Dokumente zur Außenpolitik der Regierung der DDR, hrsg. v. Deutschen Institut für Zeitgeschichte, Band 1 ff., Berlin (Ost) 1954 ff.

60. Dokumente zur Berlin-Frage. 1944–1966, hrsg. v. Forschungsinstitut der Deutschen Gesellschaft für Auswärtige Politik in Zusammenarbeit mit dem Senat in Berlin, 3. durchges. u. erw. Aufl., München 1967.

61. Dokumente zur Deutschlandpolitik, wissenschaftl. Leitung: E. DEUERLEIN (seit 1972: K. D. BRACHER, H. A. JACOBSEN); Reihe I, Bd. 1 u. 2; Reihe III, Bd. 1–4; Reihe IV, Bd. 1–12; Reihe V, Bd. 1; Beihefte Bd. 1–7, Frankfurt/M. 1961 ff.

62. Dokumente zur Deutschlandpolitik der Sowjetunion, hrsg. v. Deutschen Institut für Zeitgeschichte, 3 Bde., Berlin (Ost) 1957, 1963, 1968.

63. Dokumente zur Geschichte der Freien Deutschen Jugend, 4 Bde., Berlin (Ost) 1960–1963.

64. Dokumente zur Geschichte der SED. Band 1: 1847 bis 1945, Berlin (Ost) 1981. Band 2: 1945 bis 1971, Berlin (Ost) 1986.

65. Dokumente zur Staatsordnung der Deutschen Demokratischen Republik, ausgew. v. G. ALBRECHT, 2 Bde., Berlin (Ost) 1959.

66. Dokumente und Materialien zur Geschichte der deutschen Arbeiterbewegung, hrsg. v. Institut für Marxismus-Leninismus beim ZK der SED, Reihe III, Band 1, Berlin (Ost) 1959.

67. Dokumente und Materialien zur Geschichte der Arbeiterbewegung in Thüringen 1945–1950, ausgew. u. bearb. v. H. SIEBER, G. MICHEL-TRILLER, F. SCHÄDLICH, Erfurt 1967. Dass. 1949–1952, ausgew. u. bearb. v. H. SIEBER, G. BÖRNERT, G. MICHEL-TRILLER, Erfurt 1978.

68. Dokumente und Materialien der Zusammenarbeit zwischen der Sozialistischen Einheitspartei Deutschlands und der Bulgarischen Kommunistischen Partei 1971–1977, hrsg. v. Institut für Marxismus-Leninismus beim ZK der SED, Institut für Geschichte der BKP beim ZK der BKP, Berlin (Ost) 1978.

69. Dokumente und Materialien der Zusammenarbeit zwischen der Sozialistischen Einheitspartei Deutschlands und der Kommunistischen Partei Kubas 1971–1977, hrsg. v. Institut für Marxismus-Leninismus beim ZK der SED, Institut für Geschichte der kommunistischen Bewegung und der sozialistischen Revolution von Kuba beim ZK der KPK, Berlin (Ost) 1979.

70. Dokumente und Materialien der Zusammenarbeit zwischen der Sozialistischen Einheitspartei Deutschlands und der Mongolischen Revolutionären Volkspartei 1971–1981, hrsg. v. Institut für Marxismus-Leninismus beim ZK der SED, Berlin (Ost) 1982.

71. Dokumente und Materialien der Zusammenarbeit zwischen der Sozialistischen Einheitspartei Deutschlands und der Polnischen Vereinigten Arbeiterpartei 1971–1975, hrsg. v. Institut für Marxismus-Leninismus beim ZK der SED, Berlin (Ost) 1976.

72. Dokumente und Materialien der Zusammenarbeit zwischen der Sozialistischen Einheitspartei Deutschlands und der Rumänischen Kommunistischen Partei 1972–1977, hrsg. v. Institut für Marxismus-Leninismus beim ZK der SED, Berlin (Ost) 1979.

73. Dokumente und Materialien der Zusammenarbeit zwischen der Sozialistischen Einheitspartei Deutschlands und der Kommunistischen Partei der Sowjetunion 1977–1979, hrsg. v. Institut für Marxismus-Leninismus beim ZK der SED, Berlin (Ost) 1981.

74. Dokumente und Materialien der Zusammenarbeit zwischen der Sozialistischen Einheitspartei Deutschlands und der Kommunistischen Partei der Tschechoslowakei 1971–1976, hrsg. v. Institut für Marxismus-Leninismus beim ZK der SED, Institut für Marxismus-Leninismus beim ZK der KPTsch, Berlin (Ost) 1977. Dass. 1976–1981, Berlin (Ost) 1982.

75. Dokumente und Materialien der Zusammenarbeit zwischen der Sozialistischen Einheitspartei Deutschlands und der Ungarischen Sozialistischen Arbeiterpartei 1970–1977, hrsg. v. Institut für Marxismus-Leninismus beim ZK der SED, Institut für Parteigeschichte beim ZK der USAP, Berlin (Ost) 1978.

76. Dokumente und Materialien der Zusammenarbeit zwischen der Sozialistischen Einheitspartei Deutschlands und der Kommunistischen Partei Vietnams 1973–1979, hrsg. v. Institut für Marxismus-Leninismus beim ZK der SED, Kommission zur Erforschung der Parteigeschichte der KPV, Berlin (Ost) 1980.

77. H. DOLLINGER (Hrsg.), Deutschland unter den Besatzungsmächten 1945–1949. Seine Geschichte in Texten, Bildern und Dokumenten, München 1967.

78. S. DÜBEL, Dokumente zur Jugendpolitik der SED, 2. Aufl., München 1966.

79. R. EHLERS (Hrsg.), Verträge Bundesrepublik Deutschland – DDR, Berlin-New York 1973.

80. Die Entwicklung der Beziehungen zwischen der Bundesrepublik Deutschland und der Deutschen Demokratischen Republik 1969–1970. Bericht und Dokumentation, hrsg. v. Bundesministerium für innerdeutsche Beziehungen, Bonn 1977.

81. H. FIEDLER, T. KÖHLER, Dokumente zum Volksentscheid in Sachsen 1946, in: ZfG 34 (1986), 523 ff.

82. H. FISCHBECK (Hrsg.), Literaturpolitik und Literaturkritik in der DDR. Eine Dokumentation, 2. durchges. u. erw. Aufl., Frankfurt/M.-Berlin-München 1979.

83. A. FISCHER (Hrsg.), Teheran – Jalta – Potsdam. Die sowjetischen Protokolle von den Kriegskonferenzen der „Großen Drei", Köln 1973.

84. E. FISCHER, L. ROHLAND, D. TUTZKE, Für das Wohl des Menschen. Bd. 1: 30 Jahre Gesundheitswesen der Deutschen Demokratischen Republik. Bd. 2: Dokumente zur Gesundheitspolitik der Sozialistischen Einheitspartei Deutschlands, Berlin (Ost) 1979.

85. O. K. FLECHTHEIM (Hrsg.), Dokumente zur parteipolitischen Entwicklung in Deutschland seit 1945, 8 Bde., Berlin (West) 1962–1970.

86. Freundschaft DDR – UdSSR. Dokumente und Materialien, Berlin (Ost) 1965.

87. Freundschaft – Werden und Wachsen. Ausgewählte Dokumente und Materialien zur Entwicklung des Freundschafts- und Bruderbundes zwischen der Sowjetunion und der DDR. Dargestellt an Beispielen aus dem Territorium des ehemaligen Landes Brandenburg. Teil I: 1945–1949, eingef. u. ausgew. v. F. BECK, K. LIBERA u. a., Potsdam 1975. Teil II: 1949–1963, eingef. u. ausgew. v. K. LIBERA, H. J. SCHRECKENBACH, J. SCHULZ, Potsdam 1977.

88. K. W. FRICKE (Hrsg.), Programm und Statut der SED vom 22. 5. 1976, mit einem einleitenden Kommentar, Köln 1978.

89. G. GAUS, Texte zur deutschen Frage. Mit den wichtigsten Dokumenten zum Verhältnis der beiden deutschen Staaten, Darmstadt-Neuwied 1981.

90. Geschichte des Staates und des Rechts der DDR. Dokumente 1945–1949, hrsg. v. K. H. SCHÖNEBURG, Berlin (Ost) 1984.

91. Geschichte des Staates und des Rechts. Dokumente 1949–1961, hrsg. v. S. WIETSTRUK, Berlin (Ost) 1984.

92. Grunddokumente des RGW, hrsg. v. Institut für ausländisches Recht und Rechtsvergleichung an der Akademie für Staats- und Rechtswissenschaft der DDR, Berlin (Ost) 1978.

93. Der Grundlagenvertrag. Vertrag über die Grundlagen der Beziehungen der Bundesrepublik Deutschland und der Deutschen Demokratischen Republik, Bonn 1975.

94. G. GRUNER, M. WILKE (Hrsg.), Sozialdemokraten im Kampf um die Freiheit. Die Auseinandersetzungen zwischen SPD und KPD in Berlin 1945/46. Stenographische Niederschrift der Sechziger-Konferenz am 20./21. Dezember 1945, München 1981, 2. Aufl. 1986.

95. K. H. GÜNTHER, C. LOST (Hrsg.), Dokumente zur Geschichte des Schulwesens in der DDR. Bd. I: 1945–1955, Bd. II: 1956–1967, Bd. III: 1968–1972, Bd. IV: 1973–1980, Berlin (Ost) 1969/1986.

96. W. HEIDELMEYER, G. HINRICHS (Hrsg.), Die Berlin-Frage. Politische Dokumentation 1944–1965, Frankfurt/M. 1965.

97. G. HEIDTMANN (Hrsg.), Kirche im Kampf der Zeit. Die Botschaften, Worte und Erklärungen der evangelischen Kirche in Deutschland und ihrer östlichen Gliedkirchen, Berlin (West) 1954.

98. K. HELF, Wirtschaft und Gesellschaft in der DDR. Dokumentation, Frankfurt/M. 1986.

99. F. HENRICH (Hrsg.), Wehrdienstgesetz und Grenzgesetz der DDR. Dokumentation und Analyse, Bonn 1983.

100. L. HORNBOGEN (Hrsg.), Dokumente zum Volksentscheid in Sachsen, in: BzG 28 61986), 492 ff.

101. E. KLEIN, Bundesverfassungsgericht und Ostverträge. Grundrechtliche

Schutzpflicht und Auslandsschutz. Deutsche Staatsangehörigkeit und Inlandbegriff. Wortlaut des Beschlusses des Bundesverfassungsgerichts vom 7.7.1975 in den Verfahren gegen die Gesetze zu den Ostverträgen, Bonn 1977.

102. M. LANGE (Hrsg.), Zur sozialistischen Kulturrevolution 1957–1959. Dokumente, 2 Bde., Berlin (Ost) 1960.

103. LDPD in der Übergangsperiode. Dokumente, 2 Bde., Berlin (Ost) 1976.

104. LDPD im Sozialismus. Dokumente, gesamm. v. M. BOGISCH, Berlin (Ost) 1984.

105. E. LIESER-TRIEBNIGG, Recht in der DDR. Einführung und Dokumentation, Köln 1985.

106. P. LÜBBE (Hrsg.), Dokumente zur Kunst-, Literatur- und Kulturpolitik der SED 1975–1980, Stuttgart 1984.

107. H.-H. MAHNKE (Hrsg.), Beistands- und Kooperationsverträge der DDR, Köln 1982.

108. H. MATTHIES (Hrsg.), Zwischen Anpassung und Widerstand. Interviews mit Bischöfen und Kommentare zur Situation der evangelischen Kirchen in der DDR, Wiesbaden 1980.

109. I. v. MÜNCH (Hrsg.), Dokumente des geteilten Deutschlands. Quellentexte zur Rechtslage des Deutschen Reichs, der Bundesrepublik Deutschland und der Deutschen Demokratischen Republik, 2 Bde., Stuttgart 1968/1975.

110. Die Nationale Volksarmee der DDR. Eine Dokumentation, Red. G. SCHWENKE, Berlin (Ost) 1961.

111. H. NEEF (Hrsg.), Programmatische Dokumente der Nationalen Front des demokratischen Deutschland, Berlin (Ost) 1967.

112. Die NVA in der sozialistischen Verteidigungskoalition. Auswahl von Dokumenten und Materialien 1955/56 bis 1981, Berlin (Ost) 1982.

113. Die Organisation des Warschauer Vertrages. Dokumente und Materialien 1955–1975, hrsg. v. Ministerium für Auswärtige Angelegenheiten der DDR, Berlin (Ost) 1975.

114. M. OVERESCH, Die Deutschen und die deutsche Frage. 1945–1955, Hannover 1985.

115. Das Potsdamer Abkommen. Dokumentensammlung, 4. Aufl., Berlin (Ost) 1984.

116. Die Potsdamer (Berliner) Konferenz 1945, Bd. 3: Teheran, Jalta, Potsdam. Konferenzdokument der Sowjet-Union, Köln 1986.

117. Protokoll des Vereinigungsparteitages der SPD und KPD am 21. und 22. April 1946. Protokoll der Verhandlungen des II. Parteitages der SED, 20. bis 24. September 1947 ... bis: Protokoll der Verhandlungen des XI. Parteitages der Sozialistischen Einheitspartei Deutschlands, 17. bis 21. April 1986, Berlin (Ost) 1946/1986.

118. B. RAUSCHNING (Hrsg.), Rechtstellung Deutschlands. Völkerrechtliche Verträge und andere rechtsgestaltende Akte, München o. J. (1985).

119. A. RIKLIN, K. WESTEN, Selbstzeugnisse des SED-Regimes. Nationales Dokument. Erstes Programm. Viertes Statut, Köln 1963.

120. R. RILLING (Hrsg.), Sozialismus in der DDR. Dokumente und Materialien, 2 Bde., Köln 1979.

121. H. ROGGEMANN (eingel. u. bearb.), Strafgesetzbuch und Strafprozeßordnung der DDR, 2., überarb. u. erw. Aufl., Berlin (West) 1978.

122. DERS. (eingel. u. bearb.), Zivilgesetzbuch und Zivilprozeßordnung der DDR mit Nebengesetzen, Berlin (West) 1976.

123. P. ROOS (Hrsg.), Exil. Die Ausbürgerung Wolf Biermanns aus der DDR. Eine Dokumentation, Köln 1977.

124. G. RÜSS (Hrsg.), Dokumente zur Kunst-, Literatur- und Kulturpolitik der SED 1971–1974, Stuttgart 1976.

125. K. SCHEEL (Hrsg.), Die Befreiung Berlins 1945. Eine Dokumentation, Berlin (Ost) 1975, 2., erw. Aufl. 1985.

126. F. SCHENK (Hrsg.), Kommunistische Grundsatzerklärungen. 1957–1971, Köln 1972.

127. K. H. SCHÖNEBURG u. a., Vom Werden unseres Staates. Eine Chronik. Bd. I: 1945 bis 1949, Bd. II: 1949 bis 1955, Berlin (Ost) 1966/1968.

128. T. SCHRAMM, Das Verhältnis der Bundesrepublik Deutschland zur DDR nach dem Grundvertrag. Eine Einführung in die staats- und völkerrechtlichen Problembereiche mit Dokumentensammlung, 2., erw. Aufl., Köln 1973.

129. E. SCHUBBE (Hrsg.), Dokumente zur Kunst-, Literatur- und Kulturpolitik der SED (1946–1969), Stuttgart 1972.

130. SED – Programm und Statut von 1976. Text, Kommentar, Didaktische Hilfen, hrsg. u. komm. v. E. SCHNEIDER, Opladen 1977.

131. G. J. SIEGER, Verfassung der DDR. Text, kritischer Kommentar, Vergleich mit dem Grundgesetz, München 1974.

132. H. V. SIEGLER, Dokumentation zur Deutschlandfrage, 7 Bde., Bonn 1961 ff.

133. Staatliche Dokumente zur Förderung der Frau in der Deutschen Demokratischen Republik. Gesetzesdokumentation, 2., erw. Aufl., Berlin (Ost) 1975.

134. Staatliche Dokumente zur sozialistischen Jugendpolitik der DDR (Auswahl), Berlin (Ost) o. J. (1971).

135. K. H. STOLL, Die DDR – Ihre politische Entwicklung. (Dokumentation), Frankfurt 1986.

136. S. SUCKUT, Blockpolitik in der SBZ/DDR 1945–1949. Die Sitzungsprotokolle des zentralen Einheitsfront-Ausschusses. Quellenedition, Köln 1986.

137. Das System der sozialistischen Gesellschaftsordnung in der Deutschen Demokratischen Republik. Dokumente, hrsg. v. d. Deutschen Akademie für Staats- und Rechtswissenschaft „Walter Ulbricht", Berlin (Ost) 1969.

138. Texte zur Deutschlandpolitik, hrsg. v. Ministerium für Gesamtdeutsche

Fragen (bzw. Innerdeutsche Beziehungen), Reihe I, Band 1–12, Bonn 1968–1973; Reihe II, Band 1–8, Bonn 1975–1983; Reihe III, Band 1–3, Bonn 1985/1986.

139. E. THURICH (Hrsg.), Die Teilung Deutschlands. Dokumente zur deutschen Frage, Frankfurt-Berlin (West) 1982.

140. Um die Erneuerung der deutschen Kultur. Dokumente zur Kulturpolitik 1945–1949, Berlin (Ost) 1983.

141. Um ein antifaschistisch-demokratisches Deutschland. Dokumente aus den Jahren 1945–1949, Berlin (Ost) 1968.

142. Unrecht als System. Dokumente über planmäßige Rechtsverletzungen im sowjetischen Besatzungsgebiet, hrsg. v. Bundesministerium für Gesamtdeutsche Fragen, 4 Bde., Bonn-Berlin (West) 1952–1962.

143. A. USCHAKOW (Hrsg.), Integration im RGW (COMECON). Dokumente, Baden-Baden 1983.

144. Die Verfassung der Deutschen Demokratischen Republik. Synopse der Fassungen vom 6.4.1968 und vom 7.10.1974, hrsg. v. Gesamtdeutschen Institut, Bonn 1974.

145. Verträge, Abkommen und Vereinbarungen zwischen der Bundesrepublik Deutschland und der Deutschen Demokratischen Republik, mit Anhang: Das Viermächte-Abkommen über Berlin vom 3.9.1971, Bonn 1973.

146. Die Wahlen in der Sowjetzone. Dokumente und Materialien, hrsg. v. Bundesministerium für Gesamtdeutsche Fragen, 6. Aufl., Bonn 1964.

147. H. WEBER (Hrsg.), Der deutsche Kommunismus. Dokumente, Köln 1963.

148. DERS. (Hrsg.), Parteiensystem zwischen Demokratie und Volksdemokratie. Dokumente und Materialien zum Funktionswandel der Parteien und Massenorganisationen in der SBZ/DDR 1949–1950, Köln 1982.

149. DERS. (Hrsg.), Dokumente zur Geschichte der Deutschen Demokratischen Republik 1945–1985, München 1986.

150. Zum Wohle des Volkes. Die Verwirklichung des sozialpolitischen Programms der SED 1971–1978. Dokumentation, Berlin (Ost) 1980.

151. Weiter voran zum Wohle des Volkes. Die Verwirklichung des sozialpolitischen Programms der SED 1978–1985. Dokumentation, Berlin (Ost) 1986.

152. Dem Wohle des Volkes verpflichtet. Zeugnisse der Mitarbeit christlicher Demokraten am Werden und Wachsen der DDR, Berlin (Ost) 1979.

153. B. ZÜNDORF, Die Ostverträge: Die Verträge von Moskau, Warschau, Prag, das Berlin-Abkommen und die Verträge mit der DDR, München 1979.

154. Zehn Jahre Deutschlandpolitik. Die Entwicklung der Beziehungen zwischen der Bundesrepublik Deutschland und der Deutschen Demokratischen Republik 1969–1979. Bericht und Dokumentation, hrsg. v. Bundesministerium für Innerdeutsche Beziehungen, Bonn 1980.

155. Zur Sozialpolitik in der antifaschistisch-demokratischen Umwälzung 1945–1949. Dokumente und Materialien, Berlin (Ost) 1984.

156. Zur ökonomischen Politik der Sozialistischen Einheitspartei Deutschlands und der Regierung der Deutschen Demokratischen Republik. Zusammenstellung von Beschlüssen der Sozialistischen Einheitspartei Deutschlands sowie Gesetzen und Verordnungen der Regierung der Deutschen Demokratischen Republik, 3 Bde., Berlin (Ost) 1955–1960.

157. 30 Jahre Volkseigene Betriebe. Dokumente und Materialien zum 30. Jahrestag des Volksentscheids in Sachsen, Berlin (Ost) 1976.

3. Handbücher, Chroniken

158. A bis Z. Ein Taschen- und Nachschlagebuch über den anderen Teil Deutschlands, hrsg. v. Bundesministerium für Gesamtdeutsche Fragen, Bonn-Bad Godesberg 1969.

159. F. Bartel, Auszeichnungen der Deutschen Demokratischen Republik (von den Anfängen bis zur Gegenwart), Berlin (Ost) 1979.

160. H. Bartel u. a., Sachwörterbuch der Geschichte Deutschlands und der deutschen Arbeiterbewegung, 2 Bde., Berlin (Ost) 1969/1970.

161. I. Beer (Autorenkollektiv) u. a., Unser Staat. Eine DDR-Zeittafel 1949–1983, 2. Aufl., Berlin (Ost) 1984.

162. Bericht der Bundesregierung und Materialien zur Lage der Nation 1971, 1972, 1974, Bonn 1971, 1972, 1974.

163. J. Bethkenhagen u. a., DDR und Osteuropa. Wirtschaftssystem – Wirtschaftspolitik – Lebensstandard. Ein Handbuch, Opladen 1981.

164. Chronologische Materialien zur Geschichte der SED, hrsg. v. Informationsbüro West, Berlin (West) 1956.

165. DDR. 300 Fragen. 300 Antworten, hrsg. v. Ausschuß für deutsche Einheit, 5. Aufl., Berlin (Ost) 1961.

166. DDR. Gesellschaft – Staat – Bürger, 2. Aufl., Berlin (Ost) 1978.

167. DDR Handbuch, wissenschaftl. Leitung: H. Zimmermann unter Mitwirkung v. H. Ulrich u. M. Fehl, 2 Bde., 3. überarb. u. erw. Aufl., Köln 1985.

168. DDR – Tatsachen und Zahlen, Berlin (Ost) 1981.

169. DDR 1976–1980. Eine Chronik, Berlin (Ost) 1984.

170. Deutsche Demokratische Republik. Handbuch, Leipzig 1979.

171. Deutsche Geschichte in Daten, hrsg. v. Institut für Geschichte der Deutschen Akademie der Wissenschaften zu Berlin, wissenschaftl. Sekretär K. Pätzold, Berlin (Ost) 1967.

172. Deutschland. Bundesrepublik Deutschland – Deutsche Demokratische Republik. Daten und Fakten zum Nachschlagen, Gütersloh 1975.

173. Der FDGB von A bis Z, hrsg. v. d. Friedrich-Ebert-Stiftung, 3. Aufl., Bonn 1982.

174. J. F. Gellert, H. J. Kramm, DDR. Land, Volk, Wirtschaft in Stichworten, Wien 1977.

175. Geschichte der deutschen Arbeiterbewegung – Chronik, Teil III (1945–1963), Berlin (Ost) 1967.

176. Geschichte der Freien Deutschen Jugend. Chronik, 2. Aufl., Berlin (Ost) 1978.

177. Geschichte der Pionierorganisation „Ernst Thälmann". Chronik, Berlin (Ost) 1979.

178. Geschichtliche Zeittafel der Deutschen Demokratischen Republik (1949–1959), hrsg. v. Deutschen Institut für Zeitgeschichte, Berlin (Ost) 1959.

179. D. GOHL, Deutsche Demokratische Republik. Eine aktuelle Landeskunde, Frankfurt/M. 1986.

180. Handbuch DDR-Wirtschaft, hrsg. v. Deutschen Institut für Wirtschaftsforschung Berlin, 4. Aufl., Reinbek bei Hamburg 1984.

181. Handbuch der Deutschen Demokratischen Republik, Berlin (Ost) 1964.

182. Handbuch für den Gewerkschaftsfunktionär, hrsg. v. Bundesvorstand des FDGB, 3. Aufl., Berlin (Ost) 1965.

183. Handbuch für den Kulturfunktionär, Berlin (Ost) 1961.

184. Handbuch der Volkskammer der Deutschen Demokratischen Republik. Band 1: 2. Wahlperiode, 2. Aufl., Berlin (Ost) 1957; Band 2: 3. Wahlperiode, 1959.

185. Jahrbuch der Deutschen Demokratischen Republik, 6 Bde., Berlin (Ost) 1956–61.

186. Der Kampf der Völker um Frieden, Demokratie und Sozialismus unter Führung der kommunistischen und Arbeiterparteien. (Internationale Zeittafel vom Zweiten Weltkrieg bis zur Gegenwart), hrsg. v. d. Parteihochschule „Karl Marx" beim ZK der SED, Berlin (Ost) 1959.

187. M. KINNE, B. STRUBE-EDELMANN, Kleines Wörterbuch des DDR-Wortschatzes, Düsseldorf 1980.

188. Kleines Politisches Wörterbuch, 6. Aufl., Berlin (Ost) 1986.

189. P. G. KLUSSMANN, H. MOHR (Hrsg.), Literatur im geteilten Deutschland. Jahrbuch zur Literatur in der DDR, Bonn 1980.

190. Kulturpolitisches Wörterbuch, 2., erw. u. überarb. Aufl., Berlin (Ost) 1978.

191. W. LANGENBUCHER, R. RYTLEWSKI, B. WEYERGRAF (Hrsg.), Kulturpolitisches Wörterbuch Bundesrepublik Deutschland/DDR im Vergleich, Stuttgart 1983.

192. R. C. LEWANSKI, Eastern Europe and Russia/Soviet Union. A handbook of West European archival and library resources, New York 1980.

193. Nationale Front des demokratischen Deutschland – Sozialistische Volksbewegung. Handbuch, Berlin (Ost) 1969.

194. J. PELIKAN, M. WILKE (Hrsg.), Menschenrechte. Jahrbuch für Osteuropa, Reinbek bei Hamburg 1977.

195. B. POLLMANN, Daten zur Geschichte der Deutschen Demokratischen Republik, Düsseldorf 1984.

196. P. REICHELT, Deutsche Chronik 1945 bis 1970. Daten und Fakten aus beiden Teilen Deutschlands. Bd. 1: 1945–1957. Bd. 2: 1958–1970, Freudenstadt 1970/71.

197. U. RÜHMLAND, NVA. Nationale Volksarmee der DDR in Stichworten, Bonn 1983.

198. SBZ von A bis Z. Ein Taschen- und Nachschlagebuch über die SBZ, 1. Aufl., Bonn 1953, 10., überarb. u. erw. Aufl., 1966.

199. SBZ von 1945 bis 1954. Die Sowjetische Besatzungszone Deutschlands 1945–1954, hrsg. v. Bundesministerium für Gesamtdeutsche Fragen, bearb. v. F. KOPP u. G. FISCHBACH, Bonn/Berlin 1964; Ergänzungsband: SBZ von 1955 bis 1956, Bonn 1964; II. Ergänzungsband: SBZ von 1957 bis 1958, Bonn 1964; III. Ergänzungsband: SBZ 1959 bis 1960, Bonn 1964; IV. Ergänzungsband: Der andere Teil Deutschlands in den Jahren 1961 bis 1962, Bonn 1969.

200. Die SED von A bis Z, hrsg. v. d. Friedrich-Ebert-Stiftung, 2. Aufl., Bonn 1982.

201. Sozialismus. Kleines Handbuch zu Politik, Staat, Gesellschaft und Wirtschaft sozialistischer Länder, Frankfurt/M. 1980.

202. Statistisches Jahrbuch der Deutschen Demokratischen Republik, 1. Jg. 1955 – 31. Jg. 1986, Berlin (Ost) 1955–1986.

203. Unser Staat. DDR-Zeittafel 1949–1983, Berlin (Ost) 1984.

204. Die Volkskammer der Deutschen Demokratischen Republik. 4., 5., 6., 7., 8. und 9. Wahlperiode, Berlin (Ost) 1964, 1967, 1972, 1977, 1982, 1987.

205. D. WATERKAMP, Handbuch zum Bildungswesen der DDR, Berlin (West) 1986.

206. H. WEBER, F. OLDENBURG, 25 Jahre SED – Chronik einer Partei, Köln 1971.

207. H. WEBER, SED. Chronik einer Partei 1971–1976, Köln 1976.

208. H. BEI DER WIEDERN, Die mecklenburgischen Regierungen und Minister 1918–1952, Köln-Wien 1977.

209. Wörterbuch der Außenpolitik und des Völkerrechts, Berlin (Ost) 1980.

210. Wörterbuch der Ökonomie – Sozialismus, 4. Aufl., Berlin (Ost) 1979.

211. Wörterbuch des wissenschaftlichen Kommunismus, 3. Aufl., Berlin (Ost) 1986.

212. Wörterbuch zum sozialistischen Staat, Berlin (Ost) 1974.

213. Wörterbuch zur sozialistischen Jugendpolitik, Berlin (Ost) 1975.

214. Zahlenspiegel Bundesrepublik Deutschland – Deutsche Demokratische Republik. Ein Vergleich, hrsg. v. Bundesministerium für Innerdeutsche Beziehungen, 3. neugestaltete Ausgabe, 1. erg. Aufl., Bonn Mai 1986.

215. 20 Jahre DDR – 20 Jahre deutsche Politik. Dokumente zur Politik der DDR

im Kampf um Frieden und Sicherheit in Europa, hrsg. v. Deutschen Institut für Zeitgeschichte, Berlin (Ost) 1969.

216.   25 Jahre Deutsche Demokratische Republik. Eine Bilanz in Tatsachen und Zahlen, hrsg. v. d. Abt. Propaganda u. Abt. Agitation des ZK der SED, Berlin (Ost) 1974.

4. MEMOIREN UND ANDERE SELBSTZEUGNISSE

217.   W. ADAM (Oberst a. D.), Der schwere Entschluß. Autobiographie, unter wissenschaftl. u. literarischer Mitarbeit v. Prof. Dr. habil. O. RÜHLE, Berlin (Ost) 1965, 22. Aufl. 1984.

218.   J. AGEE, Zwölf Jahre. Eine Jugend in Ostdeutschland, München-Wien 1982.

219.   Aufbruch in unsere Zeit. Erinnerungen an die Tätigkeit der Gewerkschaften von 1945 bis zur Gründung der DDR, Berlin (Ost) 1976.

220.   W. BARM, Totale Abgrenzung. Zehn Jahre unter Ulbricht, Honecker und Stoph an der innerdeutschen Grenze, Stuttgart 1971.

221.   F. BECKER, Vom Berliner Hinterhof zur Storkower Komendatura, Berlin (Ost) 1985.

222.   M. BENKWITZ, Bevor unsere Republik entstand. Erinnerungen, Halle 1972.

223.   V. M. BERESHKOW, Zeuge dramatischer Augenblicke. Teheran – Jalta – Potsdam, Frankfurt/M. 1985.

224.   K. BLOCH, Aus meinem Leben, Pfullingen 1981.

225.   P. BLOCH, Zwischen Hoffnung und Resignation. Als CDU-Politiker in Brandenburg 1945–1950, hrsg. v. S. SUCKUT, mit einem Geleitwort v. J. B. GRADL, Köln 1986.

226.   K. BÖLLING, Die fernen Nachbarn. Erfahrungen in der DDR, 2. Aufl., Hamburg 1984.

227.   F. J. BOKOW, Frühjahr des Sieges und der Befreiung, Berlin (Ost) 1979.

228.   D. BORKOWSKI, Für jeden kommt der Tag... Stationen einer Jugend in der DDR, Frankfurt/M. 1983.

229.   H. BRANDT, Ein Traum, der nicht entführbar ist. Mein Weg zwischen Ost und West, München 1967, Neuaufl. Berlin (West) 1977.

230.   W. BRUNDERT, Es begann im Theater. ,,Volksjustiz" hinter dem Eisernen Vorhang, Hannover 1958.

231.   DERS., Von Weimar bis heute, Hannover 1965.

232.   O. BUCHWITZ, Brüder, in eins nun die Hände, Berlin (Ost) 1956.

233.   H. BUSSIEK, Notizen aus der DDR: Erlebnisse, Erfahrungen, Erkenntnisse in der unbekannten deutschen Republik, Frankfurt/M. 1979.

234.   F. DAHLEM, Bildungspolitik erlebt und mitgestaltet, Berlin (Ost) 1980.

235.   S. DOERNBERG, Befreiung 1945. Ein Augenzeugenbericht, Berlin (Ost) 1975.

236. G. Eckart, So sehe ick die Sache. Protokolle aus der DDR, Köln 1984.

237. W. Eggerath, Die fröhliche Beichte. Ein Jahr meines Lebens, Berlin (Ost) 1975.

238. ... einer neuen Zeit Beginn. Erinnerungen an die Anfänge unserer Kultur-revolution 1945–1949, Berlin (Ost)-Weimar 1981.

239. H. Graf v. Einsiedel, Tagebuch der Versuchung, Berlin-Stuttgart 1950.

240. Die ersten Jahre. Erinnerungen an den Beginn der revolutionären Umgestaltungen, eingel. v. I. Schiel, Berlin (Ost) 1979.

241. H. Flade, Deutsche gegen Deutsche. Erlebnisbericht aus dem sowjetzonalen Zuchthaus, Freiburg 1963.

242. K. W. Fricke, Menschenraub in Berlin. Karl Wilhelm Fricke über seine Erlebnisse, Koblenz 1959.

243. F. Friedensburg, Es ging um Deutschlands Einheit. Rückschau eines Berliners auf die Jahre nach 1945, Berlin (West) 1971.

244. E. Geschonneck, Meine unruhigen Jahre, hrsg. u. mit einem Nachwort versehen v. G. Agde, Berlin (Ost) 1984.

245. R. Giordano, Die Partei hat immer recht, Köln-Berlin (West) 1961.

246. E. W. Gniffke, Jahre mit Ulbricht, mit einem Vorwort v. H. Wehner, Köln 1966.

247. H. Godau, Ich war Politoffizier der NVA, Köln 1965.

248. H. Grüber, Erinnerungen aus sieben Jahrzehnten, Köln-Berlin 1968.

249. B. Grunert-Bronnen (Hrsg.), Ich bin Bürger der DDR und lebe in der Bundesrepublik. 12 Interviews, München 1970.

250. D. Güstrow, In jenen Jahren. Aufzeichnungen eines ,,befreiten" Deutschen, Berlin (West) 1983.

251. R. Havemann, Fragen, Antworten, Fragen. Aus der Biographie eines deutschen Marxisten, München 1970, 2. Aufl., Reinbek bei Hamburg 1977.

252. Ders., Ein deutscher Kommunist. Rückblicke und Perspektiven aus der Isolation, hrsg. v. M. Wilke, mit einem Nachwort v. L. Radice, Reinbek bei Hamburg 1978.

253. J. Heartfield, Der Schnitt entlang der Zeit. Selbstzeugnisse, Erinnerungen, Interpretationen. Eine Dokumentation, hrsg. u. komm. v. R. März unter Mitarbeit v. G. Heartfield, Dresden 1981.

254. R. Helm, Anwalt des Volkes. Erinnerungen, Berlin (Ost) 1978.

255. W. Herzberg, So war es. Lebensgeschichten zwischen 1900 und 1980. Nach Tonbandprotokollen, Halle-Leipzig 1985.

256. E. Honecker, Aus meinem Leben, Frankfurt/M.-Oxford 1980.

257. Im Dienst am Menschen. Erinnerungen an den Aufbau des neuen Gesundheitswesens 1945–1949, Berlin (Ost) 1985.

258. Im Zeichen des roten Sterns. Erinnerungen an die Tradition der deutsch-sowjetischen Freundschaft, Berlin (Ost) 1974.

259. Die ersten Jahre. Erinnerungen an den Beginn der revolutionären Umgestaltungen, Berlin (Ost) 1979, 2. Aufl. 1985.

260. Kampfgefährten – Weggenossen. Erinnerungen deutscher und sowjetischer Genossen an die ersten Jahre der antifaschistisch-demokratischen Umwälzung in Dresden, Berlin (Ost) 1975.

261. A. Kantorowicz, Deutsches Tagebuch, 2 Bde., München 1959/1961.

262. M. Klein, Jugend zwischen den Diktaturen 1945–1956, Mainz 1968.

263. G. Klimow, Berliner Kreml, Köln-Berlin 1953.

264. B. Klump, Das rote Kloster. Eine deutsche Erziehung, erw. Ausgabe, München 1980.

265. H. Krüger (Hrsg.), Das Ende einer Utopie. Hingabe und Selbstbefreiung früherer Kommunisten, Olten-Freiburg 1963.

266. J. Kuczynski, Dialog mit meinem Urenkel. Neunzehn Briefe und ein Tagebuch, Berlin (Ost) 1983, 2. Aufl., Berlin-Weimar 1984.

267. Landarbeiter im Kampf für Freiheit und Sozialismus. Berichte von verdienten Veteranen der Gewerkschaft Land und Forst, ergänzt durch Dokumente aus den staatlichen Archiven, Berlin (Ost) o. J. (1961).

268. E. Lemmer, Manches war doch anders. Erinnerungen eines deutschen Demokraten, Frankfurt/M. 1968.

269. A. Lemnitz, Beginn und Bilanz. Erinnerungen, Berlin (Ost) 1985.

270. W. Leonhard, Die Revolution entläßt ihre Kinder, Köln-Berlin (West) 1955, Neuaufl. 1987.

271. P. Löbe, Der Weg war lang, Berlin (West) 1954.

272. E. Loest, Durch die Erde ein Riß. Ein Lebenslauf, Hamburg 1981.

273. Ders., Der vierte Zensor. Vom Entstehen und Sterben eines Romans in der DDR, Köln 1984.

274. K. Löw, P. Eisenmann, A. Stoll (Hrsg.), Betrogene Hoffnung. Aus Selbstzeugnissen ehemaliger Kommunisten, Krefeld 1978.

275. H. Mayer, Ein Deutscher auf Widerruf. Erinnerungen, 2 Bde., Frankfurt/M. 1982/1984.

276. L. Nebenzahl, Mein Leben begann von Neuem. Erinnerungen an eine ungewöhnliche Zeit, Berlin (Ost) 1985.

277. E. Niekisch, Erinnerungen eines deutschen Revolutionärs. Bd. 2: Gegen den Strom 1945–1967, Köln 1974.

278. H. Noll, Der Abschied. Journal meiner Ausreise aus der DDR, Hamburg 1985.

279. A. Norden, Ereignisse und Erlebtes, Berlin (Ost) 1981.

280. K. Pförtner, W. Natonek, Ihr aber steht im Licht. Eine Dokumentation aus sowjetischem und sowjetzonalem Gewahrsam, Tübingen 1962.

281. J. v. Puttkamer, Von Stalingrad zur Volkspolizei, Wiesbaden 1951.

282. H. Prauss, Doch es war nicht die Wahrheit. Tatsachenbericht zur geistigen Auseinandersetzung unserer Zeit, 2. Aufl., Berlin (West) 1960.

283. F. Schenk, Mein doppeltes Vaterland. Erfahrungen und Erkenntnisse eines geborenen Sozialdemokraten, Würzburg 1981.

284. DERS., Im Vorzimmer der Diktatur. 12 Jahre Pankow, Köln-Berlin (West) 1962.

285. W. SCHIRMER-PRÖSCHER, Die Welt vor meinen Augen. Erinnerungen aus 80 Jahren, aufgezeichnet v. A. u. J. FLATAU, Berlin (Ost) 1969.

286. K. SCHMELLENTIN, Arbeiter, Schutzhäftling, Staatsfunktionär. Erinnerungen, Berlin (Ost) 1986.

287. K. P. SCHULZ, Auftakt zum Kalten Krieg. Der Freiheitskampf der SPD in Berlin 1945/46, Berlin (West) 1965.

288. M. SEYDEWITZ, Es hat sich gelohnt zu leben. Lebenserinnerungen eines alten Arbeiterfunktionärs, Bd. 2, Berlin (Ost) 1978.

289. R. u. M. SEYDEWITZ, Unvergessene Jahre. Begegnungen, Berlin (Ost) 1984.

290. G. K. SHUKOW, Marschall der Sowjetunion, Erinnerungen und Gedanken, Bd. 2, Berlin (Ost) 1976.

291. E. THAPE, Von Rot zu Schwarz-Rot-Gold. Lebensweg eines Sozialdemokraten, Hannover 1969.

292. S. TJULPANOW, Deutschland nach dem Kriege (1945–1949). Erinnerungen eines Offiziers der Sowjetarmee, hrsg. u. mit einem Nachwort v. S. DOERNBERG, Berlin (Ost) 1986.

293. DERS., Erinnerungen an deutsche Freunde und Genossen, Berlin-Weimar 1984.

294. M. TORHORST, Pfarrerstochter, Pädagogin, Kommunistin. Aus dem Leben der Schwestern Adelheid und Marie Torhorst, hrsg. v. K. H. GÜNTER, Berlin (Ost) 1986.

295. Unbeugsame Kraft. Erinnerungen und Episoden an den Kampf der Arbeiterbewegung im Bezirk Rostock, Rostock 1976.

296. Unser Wilhelm. Erinnerungen an Wilhelm Pieck, Berlin (Ost) 1979.

297. Vereint sind wir alles. Erinnerungen an die Gründung der SED, Berlin (Ost) 1966.

298. Wenn wir brüderlich uns einen ... Der Kampf um die Schaffung der SED in Dresden 1945–1946, Dresden 1961.

299. G. WEISS, Am Morgen nach dem Kriege. Erinnerungen eines sowjetischen Kulturoffiziers, Berlin (Ost) 1981.

300. Wie die Arbeiter- und Bauern-Macht entstand. Erlebnisbericht aus Sachsen-Anhalt, 2. erg. Aufl., Halle (Saale) 1960.

301. E. WIESNER, Man nannte mich Ernst. Erlebnisse und Episoden aus der Geschichte der Arbeiterbewegung, 5. Aufl., Berlin (Ost) 1982.

302. Wie wir angefangen haben. Von der demokratischen Bodenreform zum Sieg der sozialistischen Produktionsverhältnisse in der Landwirtschaft. Erinnerungen, Berlin (Ost) 1985.

303. H. WILLMANN, Steine klopft man mit dem Kopf. Lebenserinnerungen, Berlin (Ost) 1977.

304. Wir schmiedeten die Einheit. Erlebnisberichte von Parteiveteranen, Gera 1961.

305. Wir sind die Kraft. Der Weg zur Deutschen Demokratischen Republik. Erinnerungen, Berlin (Ost) 1959.

306. A. WOLFRAM, Es hat sich gelohnt. Der Lebensweg eines Gewerkschafters, Koblenz 1977.

307. Zweimal geboren. Buch der Freundschaft (Erinnerungen), mit einem Vorwort v. F. FÜHMANN, Berlin (Ost) 1961.

5. GESAMTDARSTELLUNGEN UND ÜBERBLICKE DER DDR-GESCHICHTE

308. R. BADSTÜBNER u. a. (Autorenkollektiv), Geschichte der Deutschen Demokratischen Republik, Berlin (Ost) 1981, 2. Aufl. 1984.

309. Deutsche Geschichte in drei Bänden, Autorenkollektiv, wiss. Sekretär J. STREISAND, Bd. 3: 1917 bis zur Gegenwart, Berlin (Ost) 1968.

310. DDR. Werden und Wachsen. Zur Geschichte der Deutschen Demokratischen Republik, hrsg. v. d. Akademie der Wissenschaft der DDR, Berlin (Ost) 1974.

311. S. DOERNBERG, Kurze Geschichte der DDR, Berlin (Ost) 1964, 4., durchges. u. erg. Aufl. 1969.

312. H. DUHNKE, Stalinismus in Deutschland. Die Geschichte der sowjetischen Besatzungszone, Köln-Berlin (West) o. J. (1955).

313. H. FRANK, 20 Jahre Zone. Kleine Geschichte der „DDR", München 1965.

314. Geschichte der deutschen Arbeiterbewegung, hrsg. v. Institut für Marxismus-Leninismus beim ZK der SED, Band 6–8 (Mai 1945 bis Anfang 1963), Berlin (Ost) 1966.

315. Grundriß der deutschen Geschichte. Von den Anfängen der Geschichte des deutschen Volkes bis zur Gestaltung der entwickelten Gesellschaft in der Deutschen Demokratischen Republik. Klassenkampf, Tradition, Sozialismus, hrsg. v. Zentralinstitut für Geschichte der Akademie der Wissenschaften der DDR, 2. Aufl., Berlin (Ost) 1979.

316. A. M. HANHARDT, Jr., The German Democratic Republic, Baltimore 1968.

317. H. HEITZER, DDR – Geschichtlicher Überblick, Berlin (Ost) 1979, 3. durchges. Aufl. 1986.

318. H. HEITZER, G. SCHMERBACH, Illustrierte Geschichte der DDR, Berlin (Ost) 1984.

319. Klassenkampf, Tradition, Sozialismus. Von den Anfängen der Geschichte des deutschen Volkes bis zur Gestaltung der entwickelten Gesellschaft in der Deutschen Demokratischen Republik, hrsg. v. Zentralinstitut für Geschichte der Akademie der Wissenschaften der DDR, Berlin (Ost) 1974.

320. R. LUKAS, 10 Jahre sowjetische Besatzungszone Deutschlands, Mainz-Düsseldorf 1955.

321. P. J. NETTL, Die deutsche Sowjetzone bis heute. Politik, Wirtschaft, Gesellschaft, Frankfurt/M. 1953.

322. E. RICHERT, Das zweite Deutschland. Ein Staat, der nicht sein darf, Gütersloh 1964, Frankfurt 1966.

323. U. RÜHMLAND, Mitteldeutschland – ,,Moskaus westliche Provinz". Zehn Jahre Sowjetzonenstaat, Stuttgart 1959.

324. H. SCHÜTZE, ,,Volksdemokratie" in Mitteldeutschland, 2. Aufl., Hannover 1964.

325. D. STARITZ, Geschichte der DDR 1949–1985, Frankfurt/M. 1985.

326. K. C. THALHEIM, Die sowjetische Besatzungszone Deutschlands, in: E. BIRKE, R. NEUMANN (Hrsg.), Die Sowjetisierung Ost-Mitteleuropas. Untersuchungen zu ihrem Ablauf in den einzelnen Ländern, Frankfurt/M. 1959, 333 ff.

327. H. WEBER, Von der SBZ zur DDR. 1945–1968, Hannover 1968.

328. DERS., Kleine Geschichte der DDR, Köln 1980.

329. DERS., DDR. Grundriß der Geschichte 1945–1981, 6. Aufl., Hannover 1984.

330. DERS., Geschichte der DDR, München 1985.

6. HISTORISCHE DARSTELLUNGEN EINZELNER PERIODEN, EREIGNISSE UND PROBLEME DER DDR

331. H. APEL, DDR 1962, 1964, 1966, Berlin (West) 1967.

332. A. BARING, Der 17. Juni, mit einem Vorwort v. R. LÖWENTHAL, Köln-Berlin (West) 1965, 3. Auflage 1966.

333. D. L. BARK, Die Berlin-Frage 1949–1955. Verhandlungsgrundlagen und Eindämmungspolitik, Berlin-New York 1972.

334. Beiträge zur Geschichte Thüringens, Band IV, Erfurt 1984.

335. H. BEYER u. a. (Autorenkollektiv), Wissenschaftliche Entscheidungen – historische Veränderungen – Fundamente der Zukunft. Studien zur Geschichte der DDR in den sechziger Jahren, hrsg. v. Institut für Gesellschaftswissenschaften beim ZK der SED, Berlin (Ost) 1971.

336. S. R. BOWERS, The West Berlin Issue in the era of superpower detente. East Germany and the politics of West Berlin, 1968–1974, Ann Arbor 1978.

337. C. CURTIS, Riß durch Berlin. Der 13. August 1961, Hamburg 1980.

338. H. M. CATUDAL, Kennedy in der Mauer-Krise, Berlin (West) 1981.

339. H. J. DEGEN, ,,Wir wollen keine Sklaven sein..." Der Aufstand des 17. Juni 1953, Berlin (West) 1979.

340. E. DEUERLEIN, Potsdam 1945. Ende und Anfang, Köln 1970.

341. DERS., Deklamation oder Ersatzfrieden? Die Konferenz von Potsdam 1945, Stuttgart-Berlin-Köln-Mainz 1970.

342. R. DUBS (Hrsg.), Freiheitliche Demokratie und totalitäre Diktatur. Eine Gegenüberstellung am Beispiel der Schweiz und der Sowjetzone Deutschlands (DDR), Frauenfeld 1966.

343.   J. Egen, Un mur entre deux mondes, Paris 1978.

344.   K. Ewers, Zu einigen langfristigen Auswirkungen des Arbeiteraufstandes am 17. Juni 1953 für die DDR, in: Die DDR vor den Herausforderungen der achtziger Jahre. 16. Tagung zum Stand der DDR-Forschung in der Bundesrepublik, Köln 1983, 5 ff.

345.   F. Faust, Das Potsdamer Abkommen und seine völkerrechtliche Bedeutung, 4. neubearb. Auflage, Frankfurt/M.-Berlin 1969.

346.   W. Franz, Zur Geschichte der Kampftruppen der Arbeiterklasse des Bezirks Potsdam von 1953 bis zur Gegenwart, Potsdam 1978.

347.   B. Gleitze, P. C. Ludz, K. Merkel, K. Pleyer, K. C. Thalheim, Die DDR nach 25 Jahren, Berlin (West) 1975.

348.   J. Hacker, Sowjetunion und DDR zum Potsdamer Abkommen, Köln 1978.

349.   M. Hammer u. a. (Hrsg.), Das Mauerbuch. Texte und Bilder aus Deutschland von 1945 bis heute, Berlin (West) 1981.

350.   E. J. Harreli, Berlin: Rebirth, reconstruction and divisision 1945–1948. A study of allied cooperation and conflict, Ann Arbor-Michigan 1981.

351.   S. P. Hoffmann, National Tradition and the development of the German Democratic Republic 1945–1971, Bucks 1976.

352.   H. Hurwitz, Demokratie und Antikommunismus in Berlin nach 1945, 3 Bde., Köln 1983/1984.

353.   Der Kampf der SED um den Sieg der sozialistischen Produktionsverhältnisse in der DDR. Die Entwicklung in Schwerin in den Jahren 1958 bis 1961, bearb. v. F. W. Borchert, Schwerin 1982.

354.   G. Kegel, Ein Vierteljahrhundert danach. Das Potsdamer Abkommen und was aus ihm geworden ist, Berlin (Ost) 1970.

355.   G. Labroisse, 25 Jahre geteiltes Deutschland. Ein dokumentarischer Überblick, Berlin (West) 1970.

356.   L. H. Legters (Ed.), The German Democratic Republic. A Developed Socialist Society, Boulder, Col. 1978.

357.   Leipzig. Aus Vergangenheit und Gegenwart. Beiträge zur Stadtgeschichte, 4. Bd., 1986.

358.   P. C. Ludz, Die DDR zwischen Ost und West. Politische Analysen 1961 bis 1976, München 1977.

359.   Ders., The German Democratic Republic from the sixties to the seventies. A socio-political analysis, Cambridge Mass. 1970.

360.   H. u. E. Mehls, 13. August, Berlin (Ost) 1979.

361.   D. Mahnke, Berlin im geteilten Deutschland, München-Wien 1973.

362.   G. Möschner, J. Gabert, H. Mensel, Das Volk nutzt die Macht. DDR 1958–1961, Berlin (Ost) 1979.

363.   E. F. Mueller, P. Greiner, Mauerbau und „Neues Deutschland", Bielefeld 1969.

364. W. MÜLLER, Die DDR und der Bau der Berliner Mauer im August 1961, in: APuZG B 33/34 (1986), 3 ff.

365. S. NESSI, Change and steadfastness. The new course in East Germany, 1953–1954, Ann Arbor 1972/1979.

366. J. PETSCHULL, Die Mauer: August 1961. 12 Tage zwischen Krieg und Frieden, Hamburg 1981.

367. S. PROKOP, Entwicklungslinien und Probleme der Geschichte der DDR in der Endphase der Übergangsperiode und beim beginnenden Aufbau des Sozialismus (1957–1963), Diss., Berlin (Ost) 1978, gekürzt erschienen: Übergang zum Sozialismus in der DDR 1958–1963, Berlin (Ost) 1986.

368. O. REINHOLD u. a. (Autorenkollektiv), Mit dem Sozialismus gewachsen – 25 Jahre DDR, Berlin (Ost) 1974.

369. J. RÜHLE, G. HOLZWEISSIG, 13. August 1961. Die Mauer von Berlin, hrsg. v. I. SPITTMANN, Köln 1981.

370. H. P. SCHWARZ (Hrsg.), Die Legende von der verpaßten Gelegenheit. Die Stalin-Note vom 10. März 1952, Stuttgart-Zürich 1982.

371. R. M. SLUSSER, The Berlin crisis of 1961. Soviet-American relations and the Struggle for Power in the Kremlin, June-November 1961, Baltimore-London 1973.

372. M. J. SODARO, East Germany and the dilemmas of detente: the linkage of foreign policy, economocs and ideology in the German Democratic Republic: 1966–1971, 2 Vol., Ann Arbor 1981.

373. I. SPITTMANN, K. W. FRICKE (Hrsg.), 17. Juni 1953. Arbeiteraufstand in der DDR, Köln 1982.

374. Der Volksaufstand vom 17. Juni 1953. Denkschrift über den Juniaufstand in der SBZ und Ostberlin, Bonn 1953, Nachdruck: Bonn 1983.

375. W. ULBRICHT, Die Entwicklung des deutschen volksdemokratischen Staates 1945–1958, Berlin (Ost) 1961.

376. G. WETTIG, Die Statusprobleme Ost-Berlins 1949–1980, Köln 1980.

377. DERS., Die sowjetische Note vom 10. März 1952 – Wiedervereinigungsangebot oder Propagandawerkzeug, Köln 1981.

378. DERS., Das Vier-Mächte-Abkommen in der Bewährungsprobe. Berlin im Spannungsfeld von Ost und West, Berlin (West) 1981.

379. V. N. WYSSOZKI, Unternehmen Terminal: Zum 30. Jahrestag des Potsdamer Abkommens, Berlin (Ost) 1975.

380. H. ZOLLING, U. BAHNSEN, Kalter Winter im August. Die Berlin-Krise 1961/63. Ihre Hintergründe und Folgen, Oldenburg-Hamburg 1967.

381. Der 17. Juni 1953. Ursachen, Ablauf und Folgen des Aufstandes in Ost-Berlin und der DDR, hrsg. v. Regionalen Pädagogischen Zentrum des Landes Rheinland-Pfalz, Bad Kreuznach 1983.

382. 30 Jahre DDR, DA-Sonderheft, 12. Tagung zum Stand der DDR-Forschung in der Bundesrepublik, Köln 1979.

a) Vorgeschichte der DDR

383. R. BADSTÜBNER, Die Potsdamer (Berliner) Konferenz und Deutschland, in: ZfG 33 (1985), 5 ff.

384. R. BADSTÜBNER, E. PETERS, Wie unsere Republik entstand, Berlin (Ost) 1977.

385. R. BADSTÜBNER, H. HEITZER (Hrsg.), Die DDR in der Übergangsperiode. Studien zur Vorgeschichte und Geschichte der DDR. 1945–1961, Berlin (Ost) 1979.

386. Bodenreform. Junkerland in Bauernhand, Berlin 1945.

387. Die demokratische Bodenreform und der Beginn der sozialistischen Umgestaltung der Landwirtschaft auf dem Territorium des heutigen Bezirks Dresden, hrsg. v. d. Bezirksleitung Dresden der SED, Dresden 1976.

388. W. DIEPENTHAL, Drei Volksdemokratien. Ein Konzept kommunistischer Machtstabilisierung und seine Verwirklichung in Polen, der Tschechoslowakei und der sowjetischen Besatzungszone Deutschlands 1944–1948, Köln 1974.

389. S. DOERNBERG, Die Geburt des neuen Deutschland. Die antifaschistisch-demokratische Umwälzung und die Entstehung der DDR, 2. Aufl., Berlin (Ost) 1959.

390. Einheit im Kampfe geboren. Beiträge zum 30. Jahrestag der Befreiung vom Faschismus, hrsg. v. E. KALBE, S. I. TJULPANOW, Leipzig 1975.

391. W. GROSS, Die ersten Schritte. Der Kampf der Antifaschisten in Schwarzenberg während der unbesetzten Zeit. Mai/Juni 1945, Berlin (Ost) 1961.

392. H. HEITER, Vom friedlichen Weg zum Sozialismus zur Diktatur des Proletariats. Wandlungen der sowjetischen Konzeption der Volksdemokratie 1945–49, Frankfurt/M. 1977.

393. Die Hilfe der Sowjetunion bei der Errichtung und Festigung der antifaschistisch-demokratischen Ordnung in der sowjetischen Besatzungszone Deutschlands (1945–1949), hrsg. v. d. Parteihochschule „Karl Marx" beim ZK der SED, Berlin (Ost) 1958.

394. G. KARBE, Maßnahmen der SMAD bei der Entwicklung der antifaschistisch-demokratischen Verhältnisse in Sachsen-Anhalt 1945/46, in: ZfG 18 (1970), 1489 ff.

395. C. KLESSMANN, Die doppelte Staatsgründung. Deutsche Geschichte 1945–1955, 3. Aufl., Bonn 1984.

396. L. KÖLM, Die Befehle des Obersten Chefs der Sowjetischen Militäradministration in Deutschland 1945–1949, Diss., Berlin (Ost) 1977.

397. F. KOLENDE, Zur Entwicklung des antifaschistisch-demokratischen Volksvertretungssystems als Bestandteil der politischen Organisation der Gesellschaft antifaschistisch demokratischen Charakters 1945–1949 auf dem Boden der ehemaligen sowjetischen Besatzungszone, Diss., Potsdam 1979.

398. H. KRISCH, German politics under Soviet occupation, New York-London 1974.

399. H. LASCHITZA, Kämpferische Demokratie gegen Faschismus. Die programmatische Vorbereitung auf die antifaschistisch-demokratische Umwälzung in Deutschland durch die Parteiführung der KPD, Berlin (Ost) 1969.

400. H. LIPSKI, Deutschland und die deutsche Arbeiterbewegung 1945–1949, Berlin (Ost) 1963.

401. L. M. MALINOWSKI, Aus den Erfahrungen eines Referenten der SMAD 1947, in: BzG 22 (1980), 394 ff.

402. W. MEINICKE, Zur Entnazifizierung in der Sowjetischen Besatzungszone unter Berücksichtigung von Aspekten politischer und sozialer Veränderungen 1945–1948, Diss., Berlin (Ost) 1983.

403. W. MÜLLER, Ein ,,besonderer deutscher Weg" zur Volksdemokratie? Determinanten und Besonderheiten kommunistischer Machterringung in der SBZ/DDR 1945–1950, in: PVS 23 (1982), 278 ff.

404. H. NEEF, Entscheidende Tage im Oktober 1949. Die Gründung der DDR, 2. Aufl., Berlin (Ost) 1984.

405. L. NIETHAMMER, U. BORSDORF, P. BRANDT, Arbeiterinitiative 1945. Antifaschistische Ausschüsse und Reorganisation der Arbeiterbewegung in Deutschland, Wuppertal 1976.

406. A. NORDEN, Ein freies Deutschland entsteht. Die ersten Schritte der neuen deutschen Demokratie, Berlin (Ost) 1963.

407. M. OVERESCH, Hermann Brill und die Neuanfänge deutscher Politik in Thüringen 1945, in: VfZ 27 (1979), 524 ff.

408. S. PFEIFER, Gewerkschaften und kalter Krieg 1945 bis 1949. Die Interzonenkonferenzen der deutschen Gewerkschaftsbünde, die Entwicklung des Weltgewerkschaftsbundes und der Ost-West-Konflikt, Köln 1980.

409. J. PISKOL, C. NEHRIG, P. TRIXA, Antifaschistisch-demokratische Umwälzung auf dem Lande (1945–1949), Berlin (Ost) 1984.

410. A. v. PLATO (Hrsg.), Auferstanden aus Ruinen. Von der SBZ zur DDR (1945–1949) – Ein Weg zu Einheit und Sozialismus? Köln 1979.

411. G. SANDFORD, From Hitler to Ulbricht. The Communist Reconstruction of East Germany, 1945–1946, Princeton 1983.

412. H. SCHEIBNER, Wir wollen die Zukunft uns geben! Der Kampf der Werktätigen unter Führung der Sozialistischen Einheitspartei Deutschlands um die Fortsetzung der antifaschistisch-demokratischen Umwälzung und gegen die imperialistische Spaltung (1946–1949), hrsg. v. d. Kreisleitung Stollberg der SED, 2 Bde., Stollberg 1979/1980.

413. G. SCHMIDT, Der Kulturbund zu Frieden und Demokratie 1948/49, Berlin (Ost) 1984.

414. K. H. SCHÖNEBURG, Von den Anfängen unseres Staates, Berlin (Ost) 1975.

415. DERS. (Autorenkollektiv), Errichtung des Arbeiter- und Bauernstaates der DDR. 1945–1949, Berlin (Ost) 1983.

416. O. SCHRÖDER, Der Kampf der SED in der Vorbereitung und Durchführung

des Volksentscheides in Sachsen, Februar bis 30. Juni 1946, Berlin (Ost) 1961.

417. H. Speier, From the Ashes of disgrace. A journal from Germany 1945–1955, Amherst 1981.

418. D. Staritz, Die Gründung der DDR. Von der sowjetischen Besatzungsherrschaft zum sozialistischen Staat, München 1984.

419. Ders., Sozialismus in einem halben Lande. Zur Programmatik und Politik der KPD/SED in der Phase der antifaschistisch-demokratischen Umwälzung in der DDR, Berlin (West) 1976.

420. S. Suckut, Die Betriebsrätebewegung in der sowjetischen Besatzungszone Deutschlands (1945–1948). Zur Entwicklung und Bedeutung von Arbeiterinitiative, betrieblicher Mitbestimmung und Selbstbestimmung bis zur Revision des programmatischen Konzeptes der KPD/SED vom „besonderen deutschen Weg zum Sozialismus", Frankfurt/M. 1982.

421. S. I. Tjulpanow, Die Rolle der SMAD bei der Demokratisierung Deutschlands, in: ZfG 15 (1973), 240 ff.

422. M. Wille, Die Zusammenarbeit der deutschen Staatsorgane mit der SMAD bei der Sicherung der Ernährung der Bevölkerung und der Bergung der ersten Friedensernte in der Provinz Sachsen, in: Jahrbuch für Regionalgeschichte, 7. Band, Weimar 1979, 186 ff.

423. R. Wilhelm, Die Rolle von Partei und Staat bei der Durchführung der Enteignung der Nazi- und Kriegsverbrecher, Potsdam-Babelsberg 1980.

7. Historische Darstellungen der deutschen Geschichte nach 1945 und der Spaltung Deutschlands im Kalten Krieg

424. R. Badstübner, S. Thomas, Die Spaltung Deutschlands 1945–1949, Berlin (Ost) 1966.

425. J. H. Backer, Die Entscheidung zur Teilung Deutschlands. Amerikas Deutschlandpolitik 1943–1948, München 1981.

426. W. Bergsdorf, Von Jalta bis zur Spaltung. Besatzung und politischer Wiederaufbau Deutschlands 1945–1949, Melle 1979.

427. P. Borowsky, Deutschland 1970–1976, Hannover 1980.

428. E. Deuerlein, Die Einheit Deutschlands. Ihre Erörterung und Behandlung auf den Kriegs- und Nachkriegskonferenzen 1941–1949. Darstellung und Dokumentation, Frankfurt/M. 1957.

429. Ders., Deutschland 1963–1970, Hannover 1972, 7. Aufl. 1979.

430. I. Deutscher, Reportagen aus Nachkriegsdeutschland, Hamburg 1980.

431. Die Deutschlandfrage und die Anfänge des Ost-West-Konflikts 1945–1949, Beiträge v. A. Fischer, J. Foschepoth, R. Fritsch-Bournazel, D. Junker, W. Link, M. Overesch, Berlin (West) 1984.

432. K. D. Erdmann, Das Ende des Reiches und die Neubildung zweier deut-

scher Staaten (Gebhardt Handbuch der deutschen Geschichte, Bd.22), München 1980.

433. J.FOSCHEPOTH (Hrsg.), Kalter Krieg und Deutsche Frage. Deutschland im Widerstreit der Mächte 1945–1952, Göttingen 1985.

434. H.GRAML, Die Alliierten und die Teilung Deutschlands. Konflikte und Entscheidungen 1941–1948, Frankfurt/M. 1985.

435. A.GROSSER, Deutschlandbilanz. Geschichte Deutschlands seit 1945, München 1970, 4.Aufl. 1972.

436. W.GRÜNWALD, Die Münchner Ministerpräsidentenkonferenz 1947: Anlaß und Scheitern eines gesamtdeutschen Unternehmens, Meisenheim a. Glan 1971.

437. A.HILLGRUBER, Deutsche Geschichte 1945–1972. Die ,,deutsche Frage" in der Weltpolitik, Frankfurt/M.-Berlin (West)-Wien 1974.

438. DERS., Europa in der Weltpolitik der Nachkriegszeit 1945 bis 1963, 2. erg. Aufl., München-Wien 1981.

439. H.JAENECKE, Die deutsche Teilung. Von der Potsdamer Konferenz bis zum Grundvertrag, Frankfurt-Berlin-Wien 1979.

440. H. W. KAHN, Der Kalte Krieg. Bd.1: Spaltung und Wahn der Stärke 1945–1955, Köln 1986.

441. B.KUKLICK, American Policy and the division of Germany, Ithaca-London 1972.

442. H.LILGE (Hrsg.), Deutschland 1945–1963, Hannover 1967, 11.Aufl. 1979.

443. W.LINK, Das Konzept der friedlichen Kooperation und der Beginn des Kalten Krieges, Düsseldorf 1971.

444. DERS., Der Ost-West-Konflikt, Stuttgart 1980.

445. W.LOTH, Die Teilung der Welt. Geschichte des Kalten Krieges 1941–1955, 2.Aufl., München 1982.

446. E.NOLTE, Deutschland und der Kalte Krieg, 2.Aufl., Stuttgart 1985.

447. M.OVERESCH, Deutschland 1945–1949. Vorgeschichte und Gründung der Bundesrepublik, Königstein/Ts.-Düsseldorf 1979.

448. H. P. SCHWARZ, Vom Reich zur Bundesrepublik. Deutschland im Widerstreit der außenpolitischen Konzeptionen in den Jahren der Besatzungsherrschaft 1945–1949, Neuwied-Berlin (West) 1966.

449. R.STEININGER, Deutsche Geschichte 1945–1961. Darstellung und Dokumente in zwei Bänden, Frankfurt/M. 1983.

450. DERS., Eine Chance zur Wiedervereinigung? Die Stalin-Note vom 10. März 1952. Darstellung und Dokumentation auf der Grundlage unveröffentlichter britischer und amerikanischer Akten, Bonn 1985.

451. R.THILENIUS, Die Teilung Deutschlands. Eine zeitgeschichtliche Analyse, Hamburg 1957, 6.Aufl. 1964.

452. T.VOGELSANG, Das geteilte Deutschland, München 1966, 10.Aufl. 1980.

453. A. u. G.WEISS, Geschichte der deutschen Spaltung. 1945–1955, Köln 1975.

454. G.WETTIG, Entmilitarisierung und Wiederbewaffnung in Deutschland

1943–1955. Internationale Auseinandersetzungen um die Rolle der Deutschen in Europa, München 1967.

455. H. A. WINKLER (Hrsg.), Politische Weichenstellungen im Nachkriegsdeutschland 1945–1953, Göttingen 1979.

456. H. L. WUERMELING, Die Stunde Adenauers und Ulbrichts. Tagebuch der Teilung Deutschlands, Bergisch-Gladbach 1983.

457. D. YERGIN, Der zerbrochene Frieden. Der Ursprung des Kalten Krieges und die Teilung Europas, Frankfurt/M. 1979.

8. GESAMTDARSTELLUNGEN DES DDR-SYSTEMS MIT HISTORISCHEN HINWEISEN

458. G. BINDER, Der zweite deutsche Staat. Die Deutsche Demokratische Republik, Paderborn 1977.

459. W. BRÖLL, W. HEISENBERG, W. SÜHLO, Der andere Teil Deutschlands, 3. Aufl., München-Wien 1971.

460. D. CHILDS, The GDR: Moscow's German Ally, London 1983.

461. DERS. (Hrsg.), Honecker's Germany, London 1985.

462. H. DÄHN, Das politische System der DDR, Berlin (West) 1985.

463. G. ERBE u. a., Politik, Wirtschaft und Gesellschaft in der DDR, Opladen 1979, 2. Aufl. 1980.

464. G. MINNERUP, DDR – Vor und hinter der Mauer, Frankfurt 1982.

465. H. RAUSCH, T. STAMMEN (Hrsg.), DDR – Das politische wirtschaftliche und soziale System, München 1978, 5. Aufl. 1981.

466. E. SCHNEIDER, Die DDR. Geschichte. Politik. Wirtschaft. Gesellschaft, Stuttgart 1975, 5. Aufl. 1980.

467. K. SONTHEIMER, W. BLEEK, Die DDR. Politik. Gesellschaft. Wirtschaft, Hamburg 1972, 5., erw. Aufl. 1979.

468. R. THOMAS, Modell DDR. Die kalkulierte Emanzipation, München 1972, 8. Aufl. 1982.

469. H. G. WEHLING (Hrsg.), DDR, Stuttgart 1984.

9. GESCHICHTE DES REGIERUNGS- UND VERFASSUNGSSYSTEMS

470. R. ARLT, G. STILLER, Entwicklung der sozialistischen Rechtsordnung in der DDR, Berlin (Ost) 1973.

471. W. ASSMANN, G. LIEBE, Kaderarbeit als Voraussetzung qualifizierter staatlicher Leitung, Berlin (Ost) 1972.

472. H. BENJAMIN (Autorenkollektiv), Zur Geschichte der Rechtspflege der DDR. Bd. 1: 1945–1949, Bd. 2: 1949–1961, Berlin (Ost) 1976, 1980.

473. M. BENJAMIN, H. MÖBLIS, L. PENIG, Funktion, Aufgaben und Arbeitsweise der Ministerien, Berlin (Ost) 1973.

474. G. BRAAS, Die Entstehung der Länderverfassungen in der sowjetischen Besatzungszone Deutschlands 1946/47, Köln 1987.

475. G. BRAUN, Determinanten der Wahlentscheidungen in der Sowjetischen Besatzungszone 1946, in: Deutsche Studien 24 (1986), 341 ff.

476. G. BRUNNER, Kontrolle in Deutschland. Eine Untersuchung zur Verfassungsordnung in beiden Teilen Deutschlands, Köln 1972.

477. DERS., Einführung in das Recht der DDR, 2. Aufl., München 1979.

478. M. DRAHT, Verfassungsrecht und Verfassungswirklichkeit in der sowjetischen Besatzungszone, 4. Aufl., Bonn 1956.

479. R. FURTAK, Die politischen Systeme der sozialistischen Staaten, München 1979.

480. G.-J. GLAESSNER, Herrschaft durch Kader. Leitung der Gesellschaft und Kaderpolitik in der DDR am Beispiel des Staatsapparates, Opladen 1977.

481. O. GROTEWOHL, Deutsche Verfassungspläne, Berlin 1947.

482. J. HACKER, Der Rechtsstatus Deutschlands aus der Sicht der DDR, Köln 1974.

483. R. HERBER, H. JUNG, Kaderarbeit im System sozialistischer Führungstätigkeit, Berlin (Ost) 1968.

484. U. HOFFMANN, Die Veränderungen in der Sozialstruktur des Ministerrates der DDR 1949–1969, Düsseldorf 1971.

485. E. JESSE (Hrsg.), Bundesrepublik Deutschland und Deutsche Demokratische Republik. Die beiden deutschen Staaten im Vergleich, Berlin (West) 1980, 4. erw. Aufl. 1985.

486. H. KASCHKAT, Die sozialistischen Grundrechte in der DDR. Ihre Funktion und Entwicklung, Diss., Würzburg 1976.

487. J. KUPPE (Bearb.), Die Statuten von 29 Ministerien des DDR-Ministerrats, Bonn 1981 (nicht im Buchhandel).

488. S. LAMMICH, Grundzüge des sozialistischen Parlamentarismus, Baden-Baden 1977.

489. R. LANGE, B. MEISSNER, K. PLEYER (Hrsg.), Probleme des DDR-Rechts, Köln 1973.

490. P. J. LAPP, Der Ministerrat der DDR, Opladen 1982.

491. DERS., Der Staatsrat im politischen System der DDR (1960–1971), Hamburg 1971.

492. DERS., Die Volkskammer der DDR, Opladen 1975.

493. R. R. LEINWEBER, Das Recht auf Arbeit im Sozialismus. Die Herausbildung einer Politik des Rechts auf Arbeit in der SBZ/DDR 1945 bis 1961, Marburg 1983.

494. G. LEISSNER, Verwaltung und öffentlicher Dienst in der sowjetischen Besatzungszone Deutschlands, Stuttgart 1961.

495. G. LIEBE, Entwicklung von Nachwuchskadern für die örtlichen Staatsorgane, Berlin (Ost) 1973.

496. S. MAMPEL, Arbeitsverfassung und Arbeitsrecht in Mitteldeutschland, Köln 1966.

497. DERS., Die volksdemokratische Ordnung in Mitteldeutschland, 2. neubearb. Aufl., Frankfurt/M. 1966.

498. DERS., Herrschaftssystem und Verfassungsstruktur in Mitteldeutschland. Die formale und materielle Rechtsverfassung der „DDR", Köln 1968.

499. DERS., Die Entwicklung der Verfassungsordnung in der sowjetisch besetzten Zone Deutschlands 1945–1963, Tübingen 1964.

500. DERS., Die sozialistische Verfassung der Deutschen Demokratischen Republik. Text und Kommentar, 2. Aufl., Berlin (West) 1982.

501. D. MÜLLER-RÖMER, Die neue Verfassung der DDR, Köln 1974.

502. DERS., Die Grundrechte in Mitteldeutschland, Köln 1966.

503. DERS., (Hrsg.), Ulbrichts Grundgesetz. Die sozialistische Verfassung der DDR, 4. Aufl., Köln 1968.

504. G. NEUGEBAUER, Partei und Staatsapparat in der DDR. Aspekte der Instrumentalisierung des Staatsapparates durch die SED, Opladen 1978.

505. Recht im Dienst des Volkes, hrsg. v. d. Vereinigung der Juristen der DDR, Berlin (Ost) 1979.

506. E. RICHERT, Macht ohne Mandat. Der Staatsapparat in der Sowjetischen Besatzungszone Deutschlands, 2. erw. u. überarb. Aufl., Köln-Opladen 1963.

507. H. ROGGEMANN (Bearb.), Die DDR-Verfassungen, 3. Aufl., Berlin (West) 1980.

508. DERS. (Hrsg.), Die Staatsordnung der DDR, Berlin (West) 1973.

509. DERS., Die Verfassung der DDR. Entstehung, Analyse, Vergleich, Text, Opladen 1970.

510. W. ROSENTHAL u. a., Die Justiz in der Sowjetzone. Aufgaben, Methoden und Aufbau, Bonn-Berlin (West) 1962.

511. DERS., Das neue politische Strafrecht der „DDR", Frankfurt/M. 1968.

512. R. ROST, Der demokratische Zentralismus unseres Staates, Berlin (Ost) 1959.

513. H. SCHMITZ, Notstandsverfassung und Notstandsrecht in der DDR, Köln 1971.

514. K. H. SCHÖNEBURG, Staat und Recht in der Geschichte der DDR, Berlin (Ost) 1973.

515. F. C. SCHROEDER, Das Strafrecht des realen Sozialismus. Eine Einführung am Beispiel der DDR, Opladen 1983.

516. G. SCHÜSSLER (Autorenkollektiv), Staat, Recht und Politik im Sozialismus, Berlin (Ost) 1984.

517. DERS., Marxistisch-leninistische Partei und sozialistischer Staat, Berlin (Ost) 1978.

518. DERS., Der demokratische Zentralismus. Theorie und Praxis, Berlin (Ost) 1981.

519. W. Schuller, Geschichte und Struktur des politischen Strafrechts der DDR bis 1968, Ebelsbach 1980.

520. K. Schultes, Der Aufbau der Länderverfassungen in der sowjetischen Besatzungszone, Berlin 1948.

521. R. Schwindt, Demokratie und Zentralismus bei der Mitwirkung der DDR-Bevölkerung in der Strafjustiz, Meisenheim am Glan 1979.

522. W. Seiffert, Das Rechtssystem des RGW. Eine Einführung in das Integrationsrecht des COMECON, Baden-Baden 1982.

523. K. Sieveking, Die Entwicklung des sozialistischen Rechtsbegriffs in der DDR: Eine Studie zur Auseinandersetzung mit dem Rechtsstaat in der SBZ/DDR zwischen 1945 und 1968, Baden-Baden 1975.

524. K. Sorgenicht u. a., Verfassung der Deutschen Demokratischen Republik. Dokumente – Kommentar, 2 Bde., Berlin (Ost) 1969.

525. Ders., Unser Staat in den achtziger Jahren, Berlin (Ost) 1982.

526. R. F. Staar, Die kommunistischen Regierungssysteme in Osteuropa, Stuttgart 1977.

527. Staats- und Rechtsgeschichte der DDR. Grundriß, hrsg. v. d. Humboldt-Universität zu Berlin, verantwortl. I. Melzer, Berlin (Ost) 1983.

528. J. Türke, Demokratischer Zentralismus und kommunale Selbstverwaltung in der sowjetischen Besatzungszone Deutschlands, Göttingen 1960.

529. W. Ulbricht, Lehrbuch für den demokratischen Staats- und Wirtschaftsaufbau, Berlin (Ost) 1949.

530. Verfassungen und Verfassungswirklichkeit in der deutschen Geschichte, hrsg. v. Institut für Geschichte, Leiter W. Ruge, Berlin (Ost) 1968.

531. D. Voigt, Kaderarbeit in der DDR, in: DA 5 (1972), 174 ff.

532. J. Weck, Wehrverfassung und Wehrrecht in der DDR, Köln 1970.

533. W. Weichelt, Der sozialistische Staat – Hauptinstrument der Arbeiterklasse zur Gestaltung der sozialistischen Gesellschaft, Berlin (Ost) 1972.

534. 30 Jahre DDR. Aktuelle Fragen der Entwicklung von Staat, Recht und Demokratie, 2 Bde., Red. Bd. 1: W. Krüger, G. Schulze; Bd. 2: W. Krüger, H. Fritzsche, Potsdam-Babelsberg 1979.

10. Geschichte des Parteiensystems

535. Bündnispolitik im Sozialismus, hrsg. v. d. Akademie für Gesellschaftswissenschaften beim ZK der SED, Red. H. Hümmler, Berlin (Ost) 1981.

536. Im Bündnis fest vereint. Die schöpferische marxistisch-leninistische Bündnispolitik der SED 1945–1965, Berlin (Ost) 1966.

537. Gemeinsam zum Sozialismus. Zur Geschichte der Bündnispolitik der SED, hrsg. v. Institut für Gesellschaftswissenschaften beim ZK der SED, Berlin (Ost) 1969.

538.   H. J. GRASEMANN, Das Blocksystem und die Nationale Front im Verfassungsrecht der DDR, Diss., Göttingen 1973.

539.   H. HOFMANN, Mehrparteiensystem ohne Opposition. Die nichtkommunistischen Parteien in der DDR, Polen, der Tschechoslowakei und Bulgarien, Bern-Frankfurt/M. 1976.

540.   M. KAISER, C. KLOSE, U. HÜNCH, Zur Blockpolitik der SED von 1955 bis 1961, in: ZfG 30 (1982), 1059 ff.

541.   M. KOCH, Blockpolitik und Parteiensystem in der SBZ/DDR 1945–1950, in: APuZG B 37 (1984).

542.   M. KOCH, W. MÜLLER, Transformationsprozeß des Parteiensystems der SBZ/DDR zum ,,sozialistischen Mehrparteiensystem`` 1945–1950, in: 30 Jahre DDR, DA-Sonderheft, 12. Tagung zum Stand der DDR-Forschung in der Bundesrepublik Köln 1979, 27 ff.

543.   M. KOCH; W. MÜLLER, D. STARITZ, S. SUCKUT, Versuch und Scheitern gesamtdeutscher Parteibildungen 1945–1948, in: Die beiden deutschen Staaten im Ost-West-Verhältnis. 15. Tagung zum Stand der DDR-Forschung in der Bundesrepublik, Köln 1982, 90 ff.

544.   M. KRAUSE, Zur Geschichte der Blockpolitik der Sozialistischen Einheitspartei Deutschlands in den Jahren 1945 bis 1955, Diss., Berlin (Ost) 1978.

545.   Marxistisch-leninistische Partei und sozialistischer Staat, K. DYZKONSKI (Autorenkollektiv), Berlin (Ost) 1978.

546.   N. MATTEDI, Gründung und Entwicklung der Parteien in der Sowjetischen Besatzungszone Deutschlands, Bonn-Berlin (West) 1966.

547.   Die Nationale Front der DDR. Geschichtlicher Überblick, hrsg. v. d. Parteihochschule ,,Karl Marx`` beim ZK der SED, H. NEEF (Autorenkollektiv), Berlin (Ost) 1984.

548.   E. RICHERT (in Zusammenarbeit mit C. STERN u. P. DIETRICH), Agitation und Propaganda. Das System der publizistischen Massenführung in der Sowjetzone, Berlin (West) 1958.

549.   D. STARITZ, Zur Entwicklung des Parteiensystems in der SBZ/DDR 1945–1949, in: DERS. (Hrsg.), Das Parteiensystem der Bundesrepublik, Opladen 1976, 90 ff.

550.   DERS., Parteien für ganz Deutschland? Zu den Kontroversen über ein Parteiengesetz im Alliierten Kontrollrat 1946/47, in: VfZ 32 (1982), 240 ff.

551.   I. VAN THIEL, Entstehung und Entwicklung des Parteiensystem der DDR 1945–1949 im Spiegel der ,,Pravda``. (Mit einem Vergleich zu ,,Bol'sevik``), Frankfurt/M. 1981.

552.   U. WAGNER, Vom Kollektiv zur Konkurrenz. Partei und Massenbewegung in der DDR, Berlin (West) 1974.

553.   K. WESTEN, Die führende Rolle der Kommunistischen Partei im sozialistischen Staat, Köln 1970.

a) SED

554. H. ALT, Die Stellung des Zentralkomitees der SED im politischen System der DDR, Köln 1987.

555. H. ANGER, H. RIEGER, Hell aus dem dunklen Vergangenen. Beiträge zur Vereinigung der Arbeiterparteien des Kreises Pirna, Pirna 1961.

556. U. ARENS, Die andere Freiheit. Die Freiheit in Theorie und Praxis der Sozialistischen Einheitspartei Deutschlands, 2. Aufl., München 1982.

557. Aus der Geschichte der Bezirksorganisation der SED Schwerin. Berichte, Fakten und Erinnerungen, hrsg. v. d. Kommission zur Erforschung der Geschichte der örtlichen Arbeiterbewegung der Bezirksleitung Schwerin der SED, 2 Bde., Schwerin 1980/1981.

558. H. BEDNARECK, Die KPdSU und die Gründung der SED, in: ZfG 29 (1981), 304 ff.

559. Beiträge zur Geschichte der Sozialistischen Einheitspartei Deutschlands, hrsg. v. Institut für Gesellschaftswissenschaft beim ZK der SED, Berlin (Ost) 1961.

560. G. BENSER, Vereint sind wir unbesiegbar. Wie die Sozialistische Einheitspartei Deutschlands entstand, Berlin (Ost) 1961.

561. DERS., Aufruf der KPD vom 11. Juni 1945, Berlin (Ost) 1980.

562. DERS., Die KPD im Jahre der Befreiung. Vorbereitung und Aufbau der legalen kommunistischen Massenpartei (Jahreswende 1944/45 bis Herbst 1945), Berlin (Ost) 1985.

563. M. BENSING, Führende Kraft des demokratischen Neuaufbaus. Über die Formierung und beschleunigte Entwicklung der SED als marxistisch-leninistische Partei im Ringen um die antifaschistisch-demokratische Umwälzung und die Macht der Arbeiterklasse im Bezirk Leipzig 1946–1949, Leipzig 1985.

564. E. BEYER, H. KLEMCZAK, Geschichte der Kreisparteiorganisation Zeitz der SED, Zeitz 1982.

565. E. A. BISCHOF, Für eine bessere Zukunft. Beiträge zur Geschichte der örtlichen Arbeiterbewegung in Neuenhagen aus der Zeit der antifaschistisch-demokratischen Umwälzung (1945–1949), O. O. u. J. (1984).

566. W. BLEEK, Einheitspartei und nationale Frage 1945–1955, in: Der X. Parteitag der SED. 35 Jahre SED-Politik – Versuch einer Bilanz. 14. Tagung zum Stand der DDR-Forschung in der Bundesrepublik Deutschland Köln 1981, 87 ff.

567. B. BOUVIER, Antifaschistische Zusammenarbeit. Selbständigkeitsanspruch und Vereinigungstendenz. Die Rolle der Sozialdemokratie beim administrativen und parteipolitischen Aufbau in der sowjetischen Besatzungszone 1945 auf regionaler und lokaler Ebene, in: AfS, XVI. Band 1976, S. 417 ff.

568. A. BRÄUER, Kaderpolitik der SED – fester Bestandteil der Leitungstätigkeit, 2. Aufl., Berlin (Ost) 1981.

569. R. DAMUS, Die Kontinuität des Absolutheitsanspruchs der Partei und die

unterschiedlichen Legitimationstheoreme von der antifaschistisch-demokratischen Ordnung bis zur entwickelten sozialistischen Gesellschaft, in: 30 Jahre DDR, DA-Sonderheft, 12. Tagung zum Stand der DDR-Forschung in der Bundesrepublik, Köln 1979, 45 ff.

570. W. Dissmann, Parteiarmee der SED. Die Kampfgruppen der Arbeiterklasse, Erftstadt 1978.

571. S. Doernberg (Autorenkollektiv), Beiträge zur Geschichte der Sozialistischen Einheitspartei Deutschlands, hrsg. v. Institut für Gesellschaftswissenschaften beim ZK der SED, Berlin (Ost) 1961.

572. H. Dohlus, Der demokratische Zentralismus – Grundprinzip der Führungstätigkeit der SED bei der Verwirklichung der Beschlüsse des Zentralkomitees, Berlin (Ost) 1965.

573. Einheit oder Freiheit. Zum 40. Jahrestag der Gründung der SED, hrsg. v. d. Friedrich-Ebert-Stiftung, Bonn o. J. (1986).

574. Einheit war das Gebot der Stunde. Beiträge zur Geschichte der Berliner Arbeiterbewegung, Berlin (Ost) 1986.

575. Erfolgreiche Jahre. Der Beitrag der SED zu Theorie und Politik der entwickelten sozialistischen Gesellschaft, Berlin (Ost) 1982.

576. H. Fiedler, SED und Staatsmacht. Zur staatspolitischen Konzeption und Tätigkeit der SED 1946–1948, Berlin (Ost) 1974.

577. E. Förtsch (in Zusammenarbeit mit R. Mann), Die SED, Stuttgart 1969.

578. J. Foitzik, Kadertransfer. Der organisierte Einsatz sudetendeutscher Kommunisten in der SBZ 1945/46, in: VfZ 31 (1983), 308 ff.

579. K. W. Fricke, Opposition in der SED-Führung. Ein Rückblick, in: DA 4 (1971), 598 ff.

580. Die führende Rolle der Bezirksparteiorganisation der SED bei der sozialistischen Umgestaltung der Landwirtschaft im Bezirk Potsdam 1952 bis 1961/62, M. Uhlemann (Autorenkollektiv), Potsdam 1977.

581. Geschichte der Sozialistischen Einheitspartei Deutschlands. Abriß, Berlin (Ost) 1978.

582. Geschichte der Kreisparteiorganisation Wismar. Chronik, hrsg. v. d. Kreisleitung Wismar der SED – Kommission zur Erforschung der Geschichte der örtlichen Arbeiterbewegung, Wismar 1978.

583. W. Gleditzsch, M. Uhlemann, Die SED-Bezirksorganisation als Organisator des Aufbaus der Grundlagen des Sozialismus im Havelbezirk (1952–1955), Potsdam 1985.

584. B. Gysi, Die Politik der SED zur Aneignung des kulturellen Erbes am Beginn der Gestaltung der entwickelten sozialistischen Gesellschaft (1960–1964), Diss., Berlin (Ost) 1981.

585. G. Graehn, Zur Geschichte der Berliner Parteiorganisation der SED 1946–1949. Grundlinien ihres Kampfes und ihrer Entwicklung, Diss., Berlin (Ost) 1982.

586. U. Hauth, Die Politik von KPD und SED gegenüber der westdeutschen Sozialdemokratie (1945–1948), Frankfurt 1978.

587. H. HEITZER, Probleme der Bündnispolitik der SED von 1949–1955, in: BzG 6 (1964), 39ff.

588. DERS., Die Strategie und Taktik der SED 1949–1955, in: ZfG 14 (1966), 1472ff.

589. Die Herstellung der Aktionseinheit der Arbeiterklasse und die Gründung der SED im heutigen Kreis Staßfurt, Staßfurt o. J. (1976).

590. E. HONECKER, Reden und Aufsätze, 10 Bde., Berlin (Ost) 1975–1986.

591. W. HORN (Autorenkollektiv), 20 Jahre Sozialistische Einheitspartei Deutschlands. Beiträge, Berlin (Ost) 1966.

592. DERS., Der Kampf der SED um die Festigung der DDR und den Übergang zur zweiten Etappe der Revolution (1949–1952), Berlin (Ost) 1960.

593. DERS., Der Kampf der SED um den Aufbau der Grundlagen des Sozialismus in der DDR und um die Herstellung der Einheit Deutschlands als friedliebender, demokratischer Staat (1952–1955), Berlin (Ost) 1960.

594. H. HÜMMLER, Die Partei, 2. Aufl., Berlin (Ost) 1967.

595. A. KADEN, Einheit oder Freiheit. Die Wiedergründung der SPD 1945/46, Hannover 1964, 2. Aufl., Bonn 1980.

596. Kampfgemeinschaft SED – KPdSU. Grundlagen, Traditionen, Wirkungen. (Referate und Diskussionsbeiträge, 24. u. 25. Tagung der Kommission der Historiker der DDR und der UdSSR), Berlin (Ost) 1978.

597. E. KÖNNEMANN (Autorenkollektiv), Vereint auf dem Weg zum Sozialismus. Geschichte der Landesparteiorganisation Sachsen-Anhalt der SED 1945 bis 1952, Halle-Magdeburg 1986.

598. L. KRÜGEL (Autorenkollektiv), Zur Geschichte der SED-Kreisparteiorganisation Rochlitz 1945–1949, Rochlitz 1984.

599. H. J. KRUSCH, Für eine neue Offensive. Zur Septemberberatung 1945 der KPD, in: BzG 22 (1980), 349ff.

600. DERS., Zur Gründung der SED im April 1946. Die Vereinigung von KPD und SPD in den Bezirken, in: ZfG 34 (1986), 195ff.

601. B. KÜSTER, R. ZILKENAT, Hitlerfaschismus geschlagen – Die KPD lebt und kämpft! Aus dem Kampf der Berliner Kommunisten 1945, Berlin (West) 1985.

602. W. LEONHARD, Die Parteischulung der SED (1945–1956), in: APuZG B 44 (1956), 689ff.

603. P. C. LUDZ, Parteielite im Wandel. Funktionsaufbau, Sozialstruktur und Ideologie der SED-Führung, 3. Aufl., Köln-Opladen 1970.

604. DERS., Funktionsaufbau und Wandel der SED-Führung, in: PVS 7 (1966), 498ff.

605. DERS., Politische Ziele der SED und gesellschaftlicher Wandel in der DDR. Ein Rückblick, in: DA 7 (1974), 1262ff.

606. H. MATTHIAS, Untersuchungen zur Geschichte der Stadtparteiorganisation Magdeburg der SED von der Befreiung des deutschen Volkes bis zur

Konstituierung eines antifaschistisch-demokratischen Stadtparlaments (April 1945 bis Dezember 1946), Diss. B., Magdeburg 1985.

607.   M. McCauley, Marxism-Leninism in the German Democratic Republic. The Socialist Unity Party (SED), London 1979.

608.   Materialien W. Piecks zum Entwurf der „Grundsätze und Ziele" der SED, in: BzG 23 (1981), 240 ff.

609.   G. Meyer, „Parteielite im Wandel?" Tendenzen der Kooptationspolitik im politischen Führungskern der DDR, in: Lebensbedingungen in der DDR. 17. Tagung zum Stand der DDR-Forschung in der Bundesrepublik, Köln 1984, 13 ff.

610.   F. Moraw, Die Parole der „Einheit" und die Sozialdemokratie. Zur partei-organisatorischen und gesellschaftspolitischen Orientierung der SPD in der Periode der Illegalität und in der 1. Phase der Nachkriegszeit 1933–1948, Bonn 1973.

611.   H. Müller, Die Entwicklung der SED und ihr Kampf für ein neues Deutschland (1945–1949), Berlin (Ost) 1961.

612.   W. Müller, Die Gründung der SED. Das unfreiwillige Ende der SPD in der SBZ 1946, hrsg. v. Vorstand der SPD, Bonn o. J. (1986).

613.   Ders., Die Gründung der SED 1945/46 – Zum gegenwärtigen Forschungsstand, in: Einheit oder Freiheit. Zum 40. Jahrestag der Gründung der SED. Bonn o. J. (1986), S. 91 ff.

614.   G. Neugebauer, Veränderungen in der Organisationspolitik der SED, in: Der X. Parteitag der SED. 35 Jahre SED-Politik – Versuch einer Bilanz. 14. Tagung zum Stand der DDR-Forschung in der Bundesrepublik, Köln 1981, 112 ff.

615.   U. Neuhäusser-Wespy, „Geschichte der SED". Anmerkungen zur Parteigeschichtsschreibung in der DDR, Erlangen 1978.

616.   N. N., Der 17. Juni im Zentralkomitee der SED. Vorgeschichte, Ablauf, Folgen, in: APuZG B 24 (1956), 369 ff.

617.   F. Oldenburg, Konflikt und Konfliktregelung in der Parteiführung der SED 1945/46 – 1972, Köln 1972.

618.   Ders., Die SED. Geschichte, Selbstverständnis, Organisationsaufbau und Sozialstruktur. Teil 1, Köln 1975.

619.   O. Reinhold (Autorenkollektiv), Erfolgreiche Jahre. Der Beitrag der SED zu Theorie und Politik der entwickelten sozialistischen Gesellschaft, hrsg. v. d. Akademie für Gesellschaftswissenschaften beim ZK der SED, Berlin (Ost) 1982.

620.   Ders., Die Gestaltung unserer Gesellschaft. Die theoretische Konzeption der entwickelten sozialistischen Gesellschaft und die gesellschaftspolitische Strategie der SED, Berlin (Ost) 1986.

621.   E. Rosenow, Bewußtheit und Spontaneität in der Ideologie der SED, Diss., Frankfurt 1967.

622.   A. Schache, Auf dem Weg zur Einheit. Die Vereinigung der Arbeiterparteien zur SED 1945–1946 in Eilenburg, Eilenburg o. J. (1981).

623. E. SCHNEIDER, Die SED der 80er Jahre. Das neue Programm und Statut der Partei, Köln 1977.

624. O. SCHÖN, Die höchsten Organe der Sozialistischen Einheitspartei, 2. überarb. u. erw. Aufl., Berlin (Ost) 1965.

625. J. SCHULTZ, Der Funktionär in der Einheitspartei. Kaderpolitik und Bürokratisierung in der SED, Stuttgart-Düsseldorf 1956.

626. R. SCHWARZENBACH, Die Kaderpolitik der SED in der Staatsverwaltung. Ein Beitrag zur Entwicklung des Verhältnisses von Partei und Staat in der DDR (1945–1975), Köln 1976.

627. Die SED – führende Kraft der antifaschistisch-demokratischen Umwälzung (1945–1949), hrsg. v. d. Parteihochschule ,,Karl Marx" beim ZK der SED, Berlin (Ost) 1984.

628. Die SED. Historische Entwicklung, ideologische Grundlagen, Programm und Organisation, hgsg. v. Bundesministerium für Gesamtdeutsche Fragen, Bonn 1967.

629. Seht, welche Kraft! Die SED – Tradition, Gegenwart, Zukunft, Berlin (Ost) 1971.

630. A. SEYFERT, Der Beitrag des Zentralorgans der SED ,,Neues Deutschland" im Kampf um die Herausbildung einer neuen Einstellung der Werktätigen zur Arbeit in der antifaschistisch-demokratischen Etappe des einheitlichen revolutionären Prozesses in der DDR, Diss., Leipzig 1980.

631. D. STARITZ, Ein ,,besonderer deutscher Weg" zum Sozialismus, in: APuZG B 51/52 (1982).

632. C. STERN, Porträt einer bolschewistischen Partei. Entwicklung, Funktion und Situation der SED, Köln-Berlin (West) 1957.

633. DIES., SED, in: C. D. KERNIG (Hrsg.), Die Kommunistischen Parteien der Welt, Freiburg 1969.

634. F. T. STÖSSEL, Positionen und Strömungen in der KPD/SED 1945–1954, Teil 1 u. 2, Köln 1985.

635. R. STRAUSS, Die Gründung der SED in Chemnitz, Karl-Marx-Stadt 1966.

636. A. SYWOTTEK, Die ,,fünfte" Zone. Zur gesellschafts- und außenpolitischen Orientierung und Funktion sozialdemokratischer Politik in Berlin 1945–1948, in: AfS, XIII. Band 1973, S. 53 ff.

637. DERS., Deutsche Volksdemokratie. Studien zur politischen Konzeption der KPD 1935–1946, Düsseldorf 1971.

638. S. THOMAS, Entscheidung in Berlin. Zur Entstehungsgeschichte der SED in der deutschen Hauptstadt 1945/46, Berlin (Ost) 1964.

639. G. UEBEL, E. WOITINAS, Zur Entwicklung des Parteiaufbaus und der Organisationsstruktur der SED bis zu ihrem III. Parteitag 1950, in: BzG 12 (1970), 606 ff.

640. W. ULBRICHT, Zur Geschichte der deutschen Arbeiterbewegung. Aus Reden und Aufsätzen, 10 Bde., Berlin (Ost) 1953–1966.

641. W. URBAN, J. SCHULZ, Die Vereinigung von KPD und SPD zur Sozialisti-

schen Einheitspartei Deutschlands in der Provinz Brandenburg. Der Beginn der antifaschistisch-demokratischen Umwälzung 1945–1946, Potsdam 1986.

642.   K. Urban, Die Geschichte der Vereinigung der KPD und SPD in der Provinz Brandenburg, Potsdam 1963.

643.   Die Vereinigung von KPD und SPD zur Sozialistischen Einheitspartei Deutschlands in Bildern und Dokumenten, hrsg. v. Institut für Marxismus-Leninismus beim ZK der SED, Berlin (Ost) 1976.

644.   G. Volkmann, K. H. Petzke (Autorenkollektiv), Zur Geschichte der Bezirksparteiorganistion Gera der SED. Bd. 1: Von den Anfängen bis zum August 1961, Gera 1986.

645.   H. P. Waldrich, Der Demokratiebegriff der SED. Ein Vergleich zwischen der älteren Sozialdemokratie und der Sozialistischen Einheitspartei Deutschlands, Stuttgart 1980.

646.   H. Weber, Die SED nach Ulbricht, Hannover 1974.

647.   Ders., Die Sozialistische Einheitspartei Deutschlands 1946–1971, Hannover 1971.

648.   Ders., Die deutschen Kommunisten 1945 in der SBZ. Probleme der kommunistischen Kaderbildung vor der SED-Gründung, in: APuZG B 31 (1978), 24 ff.

649.   Der Weg zur Einheitspartei. Geschichte der SED-Kreisparteiorganisation Marienberg, Karl-Marx-Stadt o. J. (1982).

650.   Der Weg zur Vereinigung von KPD und SPD. Bezirk Neubrandenburg. Dokumente und Materialien zum 30. Jahrestag der SED, ausgew. u. bearb. v. G. A. Strasen, Neubrandenburg 1976.

651.   W. Weichelt, H. Kintzel, Der X. Parteitag der SED und das schöpferische Wirken des Staates, Berlin (Ost) 1981.

652.   S. Wietstruk, Die Vereinigung der KPD und SPD im Kreis Teltow (Mai 1945 – April 1946), Zossen 1964.

653.   E. Wörfel, Brüder, in eins nun die Hände! Zur Geschichte der Vereinigung von KPD und SPD in Ostthüringen auf dem Territorium des heutigen Bezirks Gera 1945–1946, Gera 1976.

654.   Ders., Vereinte revolutionäre Kraft der Arbeiterklasse und historischer Fortschritt in Thüringen (1944/45 bis Sommer 1947). Ein regionalgeschichtlicher Beitrag zur Geschichte der SED insbesondere zur Dialektik der Entwicklung der objektiven Bedingungen und des subjektiven Faktors, Diss. B., Jena 1983.

655.   H. Zimmer (wissenschaftl. Leitung) u. a., Zur Geschichte der Bezirksparteiorganisation Karl-Marx-Stadt der SED (1945–1961), 6 Hefte, Karl-Marx-Stadt o. J. (1984).

656.   Zur Geschichte der SED im Bezirk Cottbus, hrsg. v. d. SED-Bezirksleitung Cottbus – Kommission zur Erforschung der Geschichte der örtlichen Arbeiterbewegung, Cottbus 1978.

657.   Zur Geschichte des Vereinigungsprozesses von KPD und SPD zur SED im

heutigen Bezirk Dresden. (1945–1946), hrsg. v. d. SED-Bezirksleitung Dresden – Kommission zur Erforschung der Geschichte der örtlichen Arbeiterbewegung, Dresden 1976.

658. Der X. Parteitag der SED. 35 Jahre SED-Politik – Versuch einer Bilanz. 14. Tagung zum Stand der DDR-Forschung in der Bundesrepublik, Köln 1981.

659. 25 Jahre SED. Berliner Arbeiterbewegung, Berlin (Ost) 1971.

b) Nichtkommunistische Parteien

660. R. AGSTEN, M. BOGISCH, LDPD auf dem Wege in die DDR. Zur Geschichte der LDPD in den Jahren 1946–1949, Berlin (Ost) 1974.

661. DIES., Zur Geschichte der LDPD 1949–1952, 2 Bde., Berlin (Ost) 1982.

662. DIES., W. ORTH, LDP 1945 bis 1961, in festem Bündnis mit der Arbeiterbewegung und ihrer Partei, Berlin (Ost) 1985.

663. A. BAUERNFEIND, Der Befehl Nr. 2 über die Zulassung antifaschistisch-demokratischer Parteien, in: Jahrbuch für die Geschichte der sozialistischen Länder Europas, Band 20, 1976, 185.

664. K. BELWE, Statuten und Satzungen der Blockparteien in der DDR, Bonn 1984 (nicht im Buchhandel).

665. R. BÖRNER, Für die Souveränität des werktätigen Volkes. Die Mitwirkung der CDU bei der Ausarbeitung der Länderverfassungen und der Verfassung der DDR (1946–1949), Berlin (Ost) 1975.

666. H. J. BRANDT, M. DINGES, Kaderpolitik und Kaderarbeit in den ,,bürgerlichen'' Parteien und den Massenorganisationen in der DDR, Berlin (West) 1984.

667. Im Bündnis vereint. Beiträge zur Theorie und Praxis der Bündnispolitik, hrsg. v. Sekretariat des Zentralvorstandes der LDPD, Berlin (Ost) o. J. (1971).

668. S. DALLMANN, Die National-Demokratische Partei Deutschlands und die Entwicklung eines neuen sozialistischen Staatsbewußtseins der Angehörigen des ehemaligen Mittelstandes, in: BzG 11 (1969), Sonderheft, 50 ff.

669. U. DIRKSEN, Liberaldemokraten zwischen Fortschritt und Reaktion: Die LDPD im Kampf um die Entstehung und Festigung des Volkseigentums 1946–1949, Berlin (Ost) 1977.

670. K. W. FRICKE, Das Schicksal der bürgerlichen Parteien in der Sowjetzone, in: SBZ-Archiv 5 (1954), 133 ff.

671. J. B. GRADL, Anfang unter dem Sowjetstern. Die CDU 1945–1948 in der sowjetischen Besatzungszone Deutschlands, Köln 1981.

672. P. HERMES, Die Christlich-Demokratische Union und die Bodenreform in der Sowjetischen Besatzungszone Deutschlands im Jahre 1945, Saarbrükken 1963.

673. L. HOYER, Revolution – Kleinbürgertum – Ideologie. Zur Ideologiegeschichte der LDPD in den Jahren 1945 bis 1952, Berlin (Ost) 1978.

674. F. Kind, Christliche Demokraten im Ringen um eine neue Demokratie. Zur Entwicklung und zum Beitrag des Landesverbandes Brandenburg der CDU innerhalb der politischen Organisationen während der antifaschistisch-demokratischen Umwälzung (1945–1949/50), Berlin (Ost) 1984.

675. H. Koch, Dem Fortschritt zugewandt. Eine Untersuchung über die Mitarbeit des CDU-Landesverbandes Mecklenburg in der antifaschistisch-demokratischen Revolution und bei der Gründung der Deutschen Demokratischen Republik (1945–1949), Berlin (Ost) 1974.

676. H. Krieg, LDP und NPD in der „DDR" 1949–1958. Ein Beitrag zur Geschichte der „nichtsozialistischen" Parteien und ihrer Gleichschaltung mit der SED, Köln-Opladen 1965.

677. E. Krippendorff, Die Liberal-Demokratische Partei Deutschlands in der sowjetischen Besatzungszone 1945–1948. Entstehung, Struktur, Politik, Düsseldorf 1961.

678. Ders., Die Gründung der Liberal-Demokratischen Partei in der Sowjetischen Besatzungszone 1945, in: VfZ 8 (1960), 290 ff.

679. R. Kuhlbach, H. Weber, Parteien im Blocksystem der DDR. Funktion und Aufbau der LDPD und NDPD, Köln 1969.

680. P. J. Lapp, Die Blockparteien in der DDR. Zwischen totaler Anpassung und latenter Konfliktbereitschaft, in: „Beiträge zur Konfliktforschung" 10 (1980), 103 ff.

681. Die LDPD und die Bündnispolitik der Arbeiterklasse und ihrer Partei, hrsg. v. Zentralvorstand der LDPD, Berlin (Ost) 1970.

682. LDPD und Oktoberrevolution. Protokoll des wissenschaftlichen Kolloquiums des Politischen Ausschusses des Zentralvorstandes der LDPD am 30. September 1977 in Vorbereitung des 60. Jahrestages der Großen Sozialistischen Oktoberrevolution, hrsg. v. Zentralvorstand der LDPD, Berlin (Ost) 1978.

683. LDPD und Partei der Arbeiterklasse. Ein Beitrag zum 75. Geburtstag Walter Ulbrichts, Berlin (Ost) 1968.

684. D. Staritz, Die Nationaldemokratische Partei Deutschlands 1948–1953, Diss., Berlin (West) 1968.

685. R. Ströbinger, Kreuz und roter Stern. Hinter den Kulissen der christlichen Parteien des Ostblocks, Düsseldorf 1977.

686. S. Suckut, Der Konflikt um die Bodenreformpolitik in der Ost-CDU 1945, in: DA 15 (1982), 1080 ff.

687. B. Wernet-Tietz, Bauernverband und Bauernpartei in der DDR. Die VdgB und die DBD 1945–1952. Ein Beitrag zum Wandlungsprozeß des Parteiensystems der SBZ/DDR, Köln 1984.

688. W. Wünschmann, Zur Deutschland-Konzeption der Führung der CDU in der sowjetischen Besatzungszone 1945–1947, o. O. (Berlin (Ost)) 1966.

689. 25 Jahre DDR – 25 Jahre Mitarbeit der CDU, hrsg. v. Sekretariat des Hauptvorstandes der CDU, Berlin (Ost) 1974.

c) Massenorganisationen

690. M. BERGER (Autorenkollektiv), Zur Kultur- und Bildungsarbeit der Gewerkschaften, 2. überarb. Aufl., Berlin (Ost) 1979.

691. P. BROKMEIER, Jugendverband und Gesellschaft in der DDR, in: DA 4 (1971), 250 ff.

692. J. A. BROWN, The Free German Youth: A functional analysis, Ann Arbor 1975.

693. H. DEUTSCHLAND, A. FÖRSTER, Der FDGB und die Gründung der DDR, in: BzG 21 (1979), 703 ff.

694. H. J. FINK, 30 Jahre FDGB, in: DA 8 (1975), 684 ff.

695. A. FREIBURG, C. MAHRAD, FDJ. Der sozialistische Jugendverband der DDR, mit einem Vorwort v. W. JAIDE, B. HILLE, Opladen 1982.

696. Der Freie Deutsche Gewerkschaftsbund (FDGB). Geschichte und Organisation, hrsg. v. d. Friedrich-Ebert-Stiftung, 2. überarb. u. erg. Aufl., Bonn 1978, 3. Aufl. 1983.

697. G. FRIEDRICH, Der Kulturbund zur demokratischen Erneuerung Deutschlands: Geschichte und Funktion, Köln 1952.

698. DERS., Die Freie Deutsche Jugend. Auftrag und Entwicklung, Köln 1953.

699. Geschichte des Freien Deutschen Gewerkschaftsbundes, hrsg. v. Bundesvorstand des FDGB, Berlin (Ost) 1982.

700. Geschichte der Freien Deutschen Jugend, hrsg. v. K. H. JAHNKE (Autorenkollektiv), Berlin (Ost) 1982.

701. Die gesellschaftlichen Organisationen der DDR, Berlin (Ost) 1980.

702. H. GRIEP, Zur Rolle der Gewerkschaften bei der Herausbildung der zentralen Staatsmacht der DDR, in: BzG 16 (1974), 769 ff.

703. G. HAAS, Der Gewerkschaftsapparat der SED, Bonn 1963.

704. H. P. HERZ, Freie Deutsche Jugend, München 1965.

705. E. HONECKER, Zur Jugendpolitik der SED. Reden und Aufsätze von 1945 bis zur Gegenwart, 2. durchges. u. erw. Aufl., Berlin (Ost) 1980.

706. K. H. JAHNKE, Die Gründung der Freien Deutschen Jugend, in: ZfG 19 (1971), 733 ff.

707. J. KLEIN, Bürgerliche Demokraten oder christliche, sozialdemokratische und kommunistische Gewerkschafter Hand in Hand gegen die Arbeiter, Hamburg 1974.

708. T. LOWIT, Le Syndicalisme de type soviétique. L'U.R.S.S. et les pays de L'Est europeén, Paris 1971.

709. W. MÜLLER, Zur Entwicklung des FDGB in der sowjetischen Besatzungszone nach 1945, in: E. MATTHIAS, K. SCHÖNHOVEN (Hrsg.), Solidarität und Menschenwürde. Etappen der deutschen Gewerkschaftsgeschichte von den Anfängen bis zur Gegenwart, Bonn 1984, 325 ff.

710. C. B. SCHARF, Labor Organizations in East German Society, Ann Arbor 1974/79.

711. K. H. Schulmeister, Die Entstehung und Gründung des Kulturbundes zur demokratischen Erneuerung Deutschlands, Berlin (Ost) 1965.

712. Ders., Auf dem Weg zu einer neuen Kultur: Der Kulturbund in den Jahren 1945–1949, Berlin (Ost) 1977.

713. G. Schwade, Die Kulturarbeit der FDJ und ihre Rolle bei der ideologischen Erziehung der Jugend in der Zeit der antifaschistisch-demokratischen Umwälzung von 1945/46 bis 1949, Diss., Rostock 1979.

714. G. Weber, Um eine ganze Epoche voraus? 25 Jahre DFD, in: DA 5 (1972), 410 ff.

715. H. Zimmermann, Der FDGB als Massenorganisation und seine Aufgaben bei der Erfüllung der betrieblichen Wirtschaftspläne, in: P. Ludz (Hrsg.), Studien und Materialien zur Soziologie der DDR, Köln-Opladen 1964, 115 ff.

11. Gesellschaft (einschliesslich Frauen, Jugend, Sport)

716. Arbeiterklasse und Persönlichkeit im Sozialismus, v. F. Adler, H. Kretzschmar, hrsg. v. Wissenschaftlichen Rat für Soziologische Forschung in der DDR, Berlin (Ost) 1977.

717. H. Aue, Die Jugendkriminalität in der DDR, Berlin (West) 1976.

718. W. Biermann, Demokratisierung in der DDR? Ökonomische Notwendigkeiten, Herrschaftsstrukturen, Rolle der Gewerkschaften. 1961–1977, Köln 1978.

719. I. Böhme, Die da drüben. Sieben Kapitel DDR, Berlin (West) 1982.

720. W. Bosch, Die Sozialstruktur in West- und Mitteldeutschland, Bonn 1958.

721. H. Bussiek Die real existierende DDR, Frankfurt/M. 1984.

722. M. Croan, Regime, Gesellschaft und Nation. Die DDR nach dreißig Jahren, in: DA 12 (1979), 1032 ff.

723. R. Dahrendorf, Gesellschaft und Demokratie in Deutschland, München 1965.

724. Die DDR im Entspannungsprozeß. Lebensweise im realen Sozialismus. 13. Tagung zum Stand der DDR-Forschung in der Bundesrepublik, Köln 1980.

725. Die DDR vor den Herausforderungen der 80er Jahre. 16. Tagung zum Stand der DDR-Forschung in der Bundesrepublik, Köln 1983.

726. DDR-konkret. Geschichten und Berichte aus einem real existierenden Land, Berlin (West) 1978.

727. A. Diesener, Zu Problemen der quantitativen und Strukturentwicklung der Arbeiterklasse der sowjetischen Besatzungszone/DDR in Westsachsen in den Jahren 1945/46 bis 1950, Diss., Leipzig 1983.

728. H. Dörrer, G. Hoppe (Autorenkollektiv), Die entwickelte sozialistische Gesellschaft – Ergebnis und Aufgabe des Kampfes der Arbeiterklasse, hrsg.

im Auftrag des Rates für Wissenschaftlichen Kommunismus, Berlin (Ost) 1980.

729. E. Dörschel u. a., Produktionsverhältnisse in der DDR, Berlin (Ost) 1979.

730. K. Eckart, DDR, Stuttgart 1981.

731. D. Ehrlich, R. Heinrich-Vogel, G. Winkler, Die DDR. Breiten- und Spitzensport, München 1981.

732. G. Erbe, Arbeiterklasse und Intelligenz in der DDR. Soziale Annäherung von Produktionsarbeiterschaft und wissenschaftlich-technischer Intelligenz im Industriebetrieb? Opladen 1982.

733. C. Ernst, Zur Geschichte des Internationalen Frauentages in der Übergangsperiode vom Kapitalismus zum Sozialismus auf dem Gebiet der DDR (1945/46–1961), Diss., Leipzig 1983.

734. W. Filmer, H. Schwan, Alltag im anderen Deutschland, Düsseldorf 1985.

735. G. Finn, L. Julius (Hrsg.), Von Deutschland nach Deutschland. Zur Erfahrung der inneren Übersiedlung, Bonn 1983.

736. Die Frau in der Gesellschaft: Aus der Geschichte des Kampfes um die Gleichberechtigung der Frau, Leipzig 1974.

737. A. Freiburg, Kriminalität in der DDR. Zur Phänomenologie des abweichenden Verhaltens im sozialistischen deutschen Staat, Opladen 1981.

738. G. Friedrich, Grundtendenzen der Veränderungen im Kern der Arbeiterklasse bei der weiteren Gestaltung der entwickelten sozialistischen Gesellschaft und der Schaffung grundlegender Voraussetzungen für den allmählichen Übergang zum Kommunismus, Diss., Leipzig 1977.

739. G. Gast, Die politische Rolle der Frau in der DDR, Düsseldorf 1973.

740. N. Göllner, Die Entwicklung des allgemeinen und beruflichen Bildungsniveaus der Arbeiterklasse in der sozialistischen Industrie der DDR von 1965 bis 1970, Diss., Leipzig 1983.

741. S. Grundman, M. Lötsch, R. Weidig, Zur Entwicklung der Arbeiterklasse und ihrer Struktur in der DDR, Berlin (Ost) 1976.

742. H. Hanke, Freizeit in der DDR, Berlin (Ost) 1979.

743. G. Helwig, Zwischen Familie und Beruf. Die Stellung der Frau in beiden deutschen Staaten, Köln 1974.

744. Dies., Frau und Familie in beiden deutschen Staaten, Köln 1982, 2. völlig überarb. Aufl. 1987.

745. Dies., Am Rande der Gesellschaft. Alte und Behinderte in beiden deutschen Staaten, Köln 1980.

746. H. Heidtmann (Hrsg.), Bitterfisch. Jugend in der DDR, Baden-Baden 1982.

747. H. Heidt, Arbeit und Herrschaft im ,,realen Sozialismus", Frankfurt/M.-New York 1979.

748. B. Hille, Familie und Sozialisation in der DDR, Leverkusen 1985.

749. J. HOFFMANN, Jugendhilfe in der DDR: Grundlagen, Funktionen und Strukturen, München 1981.

750. G. HOLZWEISSIG, Diplomatie im Trainingsanzug. Sport als politisches Instrument der DDR in den innerdeutschen und internationalen Beziehungen, München-Wien 1981.

751. Jahrbuch für Soziologie und Sozialpolitik, hrsg. v. d. Akademie der Wissenschaften der DDR/Institut für Soziologie und Sozialpolitik, Bd. 1 ff., Berlin (Ost) 1980 ff.

752. W. JAIDE, B. HILLE (Hrsg.), Jugend im doppelten Deutschland, Opladen 1977.

753. U. JEREMIAS, Die Jugendweihe in der Sowjetzone, 2. Aufl., Bonn 1958.

754. H. KABERMANN, Die Bevölkerung des sowjetischen Besatzungsgebietes. Bestand und Strukturveränderungen 1950–1957, Bonn-Berlin (West) 1961.

755. O. KAPELT, Braunbuch DDR. Nazis in der DDR, Berlin (West) 1981.

756. F. KLIX u. a. (Hrsg.), Psychologie in der DDR. Entwicklung – Aufgaben – Perspektiven, 2., erw. u. erg. Aufl., Berlin (Ost) 1980.

757. W. KNECHT, Die ungleichen Brüder. Fakten, Thesen und Kommentare zu den Beziehungen zwischen den beiden deutschen Sportorganisationen DSB und DTSB, Mainz 1971.

758. DERS, Das Medaillenkollektiv. Fakten, Dokumente, Kommentare zum Sport in der DDR, Berlin (West) 1978.

759. P. KÜHNST, Der mißbrauchte Sport. Die politische Instrumentalisierung des Sports in der SBZ und DDR 1945–1957, Köln 1982.

760. H. KUHRIG, W. SPEIGNER (Hrsg.), Zur gesellschaftlichen Stellung der Frau in der DDR. Sammelband, Leipzig 1979.

761. Lebensbedingungen in der DDR. 17. Tagung zum Stand der DDR-Forschung in der Bundesrepublik, Köln 1984.

762. C. LEMKE, Persönlichkeit und Gesellschaft. Zur Theorie der Persönlichkeit in der DDR, Opladen 1980.

763. P. LÜBBE, Der staatlich etablierte Sozialismus, Hamburg 1975.

764. P. C. LUDZ (Hrsg.), Soziologie und Marxismus in der Deutschen Demokratischen Republik, 2 Bde., Berlin (West)-Neuwied 1972.

765. G. MEYER, Frauen und Parteielite nach dem XI. Parteitag der SED. Gründe und Hypothesen zur Kontinuität der Unterrepräsentation, in: DA 19 (1986), 1296 ff.

766. P. MITZSCHERLING, Zweimal deutsche Sozialpolitik, Berlin (West) 1978.

767. S. MROCHEN, Alter in der DDR: Arbeit, Freizeit, materielle Sicherung und Betreuung, Weinheim-Basel 1980.

768. U. PAPST, Sport – Medium der Politik? Der Neuaufbau des Sports in Deutschland nach dem zweiten Weltkrieg und die innerdeutschen Sportbeziehungen bis 1961, Berlin (West) 1980.

769. K. PRITZEL, Gesundheitswesen und Gesundheitspolitik der Deutschen

Demokratischen Republik. Berichte des Osteuropa-Instituts an der Freien Universität Berlin, Berlin (West) 1978.

770. E. RICHERT, Die DDR-Elite oder Unsere Partner von morgen? Reinbek bei Hamburg 1968.

771. M. E. RUBAN, Gesundheitswesen in der DDR. System und Basis, Gesundheitserziehung, Gesundheitserhaltung, Leistungen, Ökonomie des Gesundheitswesens, Berlin (West) 1981.

772. H. RUDOLPH, Die Gesellschaft der DDR, eine deutsche Möglichkeit? Anmerkungen zum Leben im anderen Deutschland, München 1972.

773. G. SANDER, Abweichendes Verhalten in der DDR. Kriminalitätstheorien in einer sozialistischen Gesellschaft, Frankfurt/M.-New York 1979.

774. H. P. SCHÄFER, Jugendforschung in der DDR. Entwicklungen, Ergebnisse, Kritik, München 1974.

775. D. SCHEEL, Zwischen Wertung und Wirkung. DDR-Zeitschriftenprofile 1950–1980 am Beispiel von Geschlechtsrollenproblematik und Frauenleitbild, Köln 1985.

776. A. SCHNEIDER, Das Landproletariat der sowjetischen Besatzungszone 1945/46. Die Veränderung in seinem Bestand, seiner Struktur und gesellschaftlichen Rolle zu Beginn der antifaschistisch-demokratischen Umwälzung, Diss., Leipzig 1983.

777. F. SCHUBERT, Die Frau in der DDR. Ideologie und konzeptionelle Ausgestaltung ihrer Stellung in Beruf und Familie, Opladen 1980.

778. H. W. SCHWARZE, Die DDR ist keine Zone mehr, Köln-Berlin 1969.

779. H. G. SHAFFER, Women in the two Germanies. A comparative study of a socialist and a non-socialist society, New York 1981.

780. Die sozialistische Gesellschaft. Wesen, Entwicklung, Perspektiven, Berlin (Ost) 1977.

781. J. P. STÖSSEL, Staatseigentum Gesundheit. Medizinische Versorgung in der DDR, München 1978.

782. D. STORBECK, Soziale Strukturen in Mitteldeutschland. Eine sozialstatistische Bevölkerungsanalyse im gesamtdeutschen Vergleich, Berlin (West) 1964.

783. H. STÜNDL, Freizeit- und Erholungssport in der DDR. Marxistische Grundlagen, Ziele und Organisation 1946–1976, Schorndorf 1977.

784. Theorie und Praxis der Sozialpolitik in der DDR, Berlin (Ost) 1979.

785. L. ULSAMER (Hrsg.), Die DDR – das andere Deutschland, Stuttgart 1981.

786. Um eine ganze Epoche voraus. 125 Jahre Kampf um die Befreiung der Frau. Sammelband, Leipzig 1970.

787. D. VOIGT, Soziale Schichten im Sport. Theorie und empirische Untersuchungen in Deutschland, Berlin (West)-München-Frankfurt 1978.

788. DERS., Die Gesellschaft der DDR. Untersuchungen zu ausgewählten Berichten, Berlin (West) 1984.

789. R. WATERKAMP, Herrschaftssysteme und Industriegesellschaft. BRD und DDR, Stuttgart-Berlin (West)-Köln-Mainz 1972.

790. G. WEISSPFENNIG, Die sportwissenschaftliche Elite in beiden Teilen Deutschlands, Berlin (West) 1983.

791. R. WIGGERSHAUS, Geschichte der Frauen und Frauenbewegung in der Bundesrepublik Deutschland und der Deutschen Demokratischen Republik nach 1945, Wuppertal 1979.

792. J. WILHELMI, Jugend in der DDR. Der Weg zur „sozialistischen Persönlichkeit", Berlin (West) 1983.

793. K. WINKLER, Made in GDR. Jugendszenen aus Ost-Berlin, Berlin (West) 1983.

794. K. WINTER, Das Gesundheitswesen in der Deutschen Demokratischen Republik. Bilanz nach 30 Jahren, 2. überarb. Aufl., Berlin (Ost) 1980.

795. Zur Entwicklung der Klassen und Schichten in der DDR, Berlin (Ost) 1977.

796. Zur Sozialstruktur der sozialistischen Gesellschaft, Berlin (Ost) 1974.

12. WIRTSCHAFT

797. Auf dem Wege zur Wirtschaft des entwickelten Sozialismus, hrsg. v. d. Arbeitsgruppe des Wissenschaftlichen Rates für politische Ökonomie des Sozialismus bei der Akademie für Gesellschaftswissenschaften beim ZK der SED, Berlin (Ost) 1978.

798. H. BARTHEL, Die wirtschaftlichen Ausgangsbedingungen der DDR. Zur Wirtschaftsentwicklung auf dem Gebiet der DDR 1945–1949, Berlin (Ost) 1979.

799. K. BECHER u. a., Die ökonomische Rolle des sozialistischen Staates bei der Gestaltung der entwickelten sozialistischen Gesellschaft in der DDR, Potsdam-Babelsberg 1981.

800. K. BELWE, Mitwirkung im Industriebetrieb der DDR. Planung – Einzelleitung – Beteiligung der Werktätigen an Entscheidungsprozessen des VEB, Opladen 1979.

801. H. BICHLER, Landwirtschaft in der DDR. Agrarpolitik, Betriebe, Produktionsgrundlagen und Leistungen, 2. Aufl., Berlin (West) 1981.

802. W. BRÖLL, Die Wirtschaft der DDR. Lage und Aussichten, München-Wien 1970.

803. A. BUST-BARTELS, Herrschaft und Widerstand in den DDR-Betrieben. Leistungsentlohnung, Arbeitsbedingungen, innerbetriebliche Konflikte und technologische Entwicklung, Frankfurt/M.-New York 1980.

804. D. CORNELSEN, Die Industriepolitik der DDR. Veränderungen von 1945 bis 1980, in: Der X. Parteitag der SED. 35 Jahre SED-Politik – Versuch einer Bilanz. 14. Tagung zum Stand der DDR-Forschung in der Bundesrepublik, Köln 1981, 46 ff.

805. R. Damus, Entscheidungsstrukturen und Funktionsprobleme in der DDR-Wirtschaft, Frankfurt/M. 1973.

806. Dies., RGW – Wirtschaftliche Zusammenarbeit in Osteuropa, Opladen 1979.

807. R. Deppe, D. Hoss, Sozialistische Rationalisierung. Leistungspolitik und Arbeitsgestaltung in der DDR, Frankfurt/M.-New York 1980.

808. R. Dietz, Die Wirtschaft der DDR 1950–1974, Wien 1976.

809. K.-H. Eckhardt, Demokratie im Industriebetrieb der DDR. Theorie und Praxis, Opladen 1981.

810. Einheit von Wirtschafts- und Sozialpolitik. Anspruch und Realität, DA-Sonderheft, 11. Tagung zum Stand der DDR-Forschung in der Bundesrepublik, Köln 1978.

811. G. Friedrich (Autorenkollektiv), Die Volkswirtschaft der DDR, hrsg. v. d. Akademie für Gesellschaftswissenschaften beim ZK der SED, Berlin (Ost) 1979.

812. Früchte des Bündnisses. Werden und Wachsen der sozialistischen Landwirtschaft der DDR, Berlin (Ost) 1980.

813. B. Gleitze, K. C. Thalheim, H. Buck, W. Förster, Das ökonomische System der DDR nach dem Anfang der siebziger Jahre, Berlin (West) 1971.

814. K. Groschoff (Autorenkollektiv), Die Landwirtschaft der DDR, Berlin (Ost) 1980.

815. G. Gutmann, Intensiviertes Wachstum – Strategie der DDR für die 80er Jahre, Köln 1982.

816. Ders. (Hrsg.), Das Wirtschaftssystem der DDR: Wirtschaftspolitische Gestaltungsprobleme, Stuttgart-New York 1983.

817. H. E. Haase, Entwicklungstendenzen der DDR-Wirtschaft für die 80er Jahre. Eine Prognose der Probleme, Berlin (West) 1980.

818. Ders., Das Wirtschaftssystem der DDR. Eine Einführung, Berlin 1983.

819. H. Hamel (Hrsg.), Bundesrepublik Deutschland – DDR. Die Wirtschaftssysteme. Soziale Marktwirtschaft und sozialistische Planwirtschaft im Vergleich, 4., überarb. u. erw. Aufl., München 1983.

820. M. Hegemann, Kurze Geschichte des RGW, Berlin (Ost) 1980.

821. K.-M. Hendrichs, Die Wirtschaftsbeziehungen der Deutschen Demokratischen Republik mit den Entwicklungsländern, Saarbrücken-Fort Lauderdale 1981.

822. H.-J. Herzog, Genossenschaftliche Organisationsformen in der DDR, Tübingen 1982.

823. F. V. v. Hoff, Mitbestimmung in der DDR und in der UdSSR, Diss., Göttingen 1973.

824. K. Hohmann, Akzentverschiebung in der Agrarpolitik der SED, in: Die DDR vor den Herausforderungen der achtziger Jahre. 16. Tagung zum Stand der DDR-Forschung in der Bundesrepublik, Köln 1983, 79 ff.

825.   W. Horn, Die Errichtung der Grundlagen des Sozialismus in der Industrie der DDR (1951–1955), Berlin (Ost) 1963.

826.   H. Immler, Agrarpolitik der DDR, Köln 1971.

827.   H.-G. Kiera, Partei und Staat im Planungssystem der DDR. Die Planung in der Ära Ulbricht, Düsseldorf 1975.

828.   V. Klemm, R. Berthold, H. Scholz, Von den bürgerlichen Agrarreformen zur sozialistischen Landwirtschaft in der DDR, Berlin (Ost) 1978.

829.   F. Klinger, Die Krise des Fortschritts in der DDR. Innovationsprobleme und Mikroelektronik, in: APuZG B 3 (1987), 3 ff.

830.   K. Krambach (Autorenkollektiv), Die Genossenschaftsbauern in den achtziger Jahren, Berlin (Ost) 1984.

831.   W. Krause, Die Entstehung des Volkseigentums in der Industrie der DDR, Berlin (Ost) 1958.

832.   H. Lambrecht, Der Handel der Deutschen Demokratischen Republik mit der Bundesrepublik Deutschland und den übrigen OECD-Ländern. Eine vergleichende Betrachtung des Westhandels der DDR in den Jahren 1965 bis 1975, Berlin (West) 1977.

833.   Ders., Die Landwirtschaft der DDR vor und nach ihrer Umgestaltung im Jahr 1960, Berlin (West) 1977.

834.   G. Lauterbach, Wirtschaftspolitik und Ökonomie. Wandel der Konzeptionen im Rahmen der Wirtschaftsreformen (1963–1971), Erlangen-Nürnberg 1980.

835.   M. Lentz, Die Wirtschaftsbeziehungen DDR – Sowjetunion 1945–1961. Eine politologische Analyse, Opladen 1979.

836.   G. Leptin, Die deutsche Wirtschaft nach 1945. Ein Ost-West-Vergleich, 3. überarb. u. erw. Aufl., Opladen 1980.

837.   W. Lindner, Aufbau des Sozialismus oder kapitalistische Restauration? Zur Analyse der Wirtschaftsreformen in der DDR und der CSSR, Erlangen 1971.

838.   M. Melzer, Anlagevermögen, Produktion und Beschäftigung der Industrie im Gebiet der DDR von 1936 bis 1978 sowie Schätzung des künftigen Angebotspotentials, Berlin 1980.

839.   K. Merkel, H. Immler (Hrsg.), DDR-Landwirtschaft in der Diskussion, Köln 1972.

840.   H. Metz, Betriebliche Mitwirkung in der DDR, hrsg. v. Institut der deutschen Wirtschaft, Köln 1978.

841.   H. Müller, K. Reissig, Wirtschaftswunder DDR. Ein Beitrag zur ökonomischen Politik der SED, Berlin (Ost) 1968.

842.   J. Nawrocki, Das geplante Wunder. Leben und Wirtschaften im anderen Deutschland, Hamburg 1967.

843.   B. Niedbalski, Deutsche Zentralverwaltungen und Deutsche Wirtschaftskommission. Ansätze zur zentralen Wirtschaftsplanung in der SBZ 1945–1948, in: VfZ 33 (1985), 456 ff.

844. F. Oelssner, 20 Jahre Wirtschaftspolitik der SED, Berlin (Ost) 1966.

845. K. Pritzel, Die Wirtschaftsintegration Mitteldeutschlands, Köln 1969.

846. J. Roesler, Die Herausbildung der sozialistischen Planwirtschaft in der DDR. Aufgaben, Methoden und Ergebnisse der Wirtschaftsplanung in der zentralgeleiteten volkseigenen Industrie während der Übergangsperiode vom Kapitalismus zum Sozialismus, Berlin (Ost) 1978.

847. J. Roesler, R. Schwärzel, V. Siedt, Produktionswachstum und Effektivität in Industriezweigen der DDR 1950–1970, Berlin (Ost) 1983.

848. F. Schenk, Das rote Wirtschaftswunder. Die zentrale Planwirtschaft als Machtmittel der SED-Politik, Stuttgart 1969.

849. W. Seiffert (Hrsg.), Wirtschaftsrecht der DDR, Berlin (West) 1982.

850. M. Spakler, Einige ökonomische Bestimmungsfaktoren der DDR. Außenpolitik unter Ulbricht und Honecker 1961–1973, Diss., Mannheim 1977.

851. B. Spindler, Zum Stand des Umweltschutzes in der DDR, Bonn 1979.

852. K. C. Thalheim, Die Wirtschaft der Sowjetzone in Krise und Umbau, Berlin (West) 1964.

853. Ders., Die wirtschaftliche Entwicklung der beiden Staaten in Deutschland. Tatsachen und Zahlen, Opladen 1978, 2. überarb. Aufl. 1981.

854. Ders., Die Wirtschaftspolitik der DDR im Schatten Moskaus, Hannover 1979.

855. U. Thiede, Unsere Saat trägt reiche Früchte. Von der Bodenreform zur industriemäßig organisierten sozialistischen Landwirtschaft in der DDR, Berlin (Ost) 1980.

13. Kultur, Medien, Wissenschaft, Ideologie

856. R. Albrecht, „Literaturgesellschaft" DDR, in: APuZG B 27 (1984), 17 ff.

857. P. Bachmann u. a. (Hrsg.), Geschichte, Ideologie, Politik: Auseinandersetzungen mit bürgerlichen Geschichtsauffassungen in der BRD, Berlin (Ost) 1983.

858. H. v. Berg, Marxismus-Leninismus. Das Elend der halb deutschen, halb russischen Ideologie, Köln 1986.

859. J. B. Bilke, Die verdrängte Wirklichkeit. DDR-Literatur unter Erich Honecker 1971–1978, in: APuZG B 23 (1978), S. 15 ff.

860. V. Blaum, Marxismus-Leninismus, Massenkommunikation und Journalismus. Zum Gegenstand der Journalistikwissenschaft in der DDR, München 1980.

861. Dies., Ideologie und Fachkompetenz. Das journalistische Berufsbild in der DDR, Köln 1985.

862. S. Bock, Literaten, Gesellschaft, Nation: Materielle und ideelle Rahmenbedingungen der frühen DDR-Literatur (1949–1956), Stuttgart 1980.

863. W. Brettschneider, Zwischen literarischer Autonomie und Staatsdienst. Die Literatur in der DDR, 2. verb. u. erg. Aufl., Berlin (West) 1974.

864. H.-A. Brockhaus (Autorenkollektiv), Musikgeschichte der Deutschen Demokratischen Republik 1945–1976, Berlin (Ost) 1979.

865. H. C. Buch, M. Krüger, K. Wagenbach (Hrsg.), Vaterland, Muttersprache. Deutsche Schriftsteller und ihr Staat seit 1945, Berlin (West) 1979.

866. C. Burrichter, Das Verhältnis von Wissenschaft und Politik in der DDR, in: APuZG B 6 (1971), 13 ff.

867. C. v. Buxhoeveden, Geschichtswissenschaft und Politik in der DDR. Das Problem der Periodisierung, Köln 1980.

868. P. Dietrich, Geheimbund oder totalitäre Partei: Zur „Geheimbund-Verfassung" kommunistischer Parteien bei P. C. Ludz, in: Ideologie und gesellschaftliche Entwicklung in der DDR. 18. Tagung zum Stand der DDR-Forschung in der Bundesrepublik, Köln 1985, 133 ff.

869. A. Dorpalen, Die Geschichtswissenschaft in der DDR, in: B. Faulenbach, Geschichtswissenschaft in Deutschland, München 1974.

870. V. Dudeck, Lehren der Geschichte der Arbeiterbewegung – ihr Platz in der Theorie des wissenschaftlichen Kommunismus und im dritten Kurs des marxistisch-leninistischen Grundlagenstudiums, Diss., Berlin (Ost) 1976.

871. W. Emmerich, Kleine Literaturgeschichte der DDR, Darmstadt 1981, 2. Aufl. 1984.

872. G. Fabiunske, Geschichte der politischen Ökonomie des Marxismus-Leninismus, 2 Bde., Berlin (Ost) 1978/1979.

873. Film- und Fernsehkunst der DDR, Traditionen – Beispiele – Tendenzen, hrsg. v. d. Hochschule für Film und Fernsehen der DDR, Berlin (Ost) 1979.

874. A. Fischer, Der Weg zur Gleichschaltung der sowjetzonalen Geschichtswissenschaft, in: VfZ 10 (1962), 149 ff.

875. Ders., H. Weber, Periodisierungsprobleme der Geschichte der DDR, in: 30 Jahre DDR, DA-Sonderheft, 12. Tagung zum Stand der DDR-Forschung in der Bundesrepublik, Köln 1979, 17 ff.

876. E. Förtsch, Forschungspolitik in der DDR, Erlangen-Nürnberg 1976.

877. H. Gärtner (Autorenkollektiv), Die Künste in der DDR. Aus ihrer Geschichte in drei Jahrzehnten, Berlin (Ost) 1979.

878. I. Gerlach, Bitterfeld. Arbeiterliteratur und Literatur der Arbeitswelt in der DDR, Kronberg/Ts. 1974.

879. G.-J. Glaessner, Sozialistische Systeme. Einführung in die Kommunismus- und DDR-Forschung, Opladen 1982.

880. Ders., Schwierigkeiten beim Schreiben der Geschichte der DDR. Anmerkungen zum Problem der Periodisierung, in: DA 17 (1984), 638 ff.

881. J. W. Görlich, Geist und Macht in der DDR. Die Integration der kommunistischen Ideologie, Olten-Freiburg 1968.

882. V. Gransow, Kulturpolitik in der DDR, Berlin (West) 1975.

883. DERS., Konzeptionelle Wandlungen der Kommunismusforschung. Vom Totalitarismus zur Immanenz, Frankfurt-New York 1980.

884. H.GÜTTLER, „Imperialismusforschung" in der DDR, Diss., Erlangen-Nürnberg 1975.

885. K.HAGER, Wissenschaft und Technologie im Sozialismus, Berlin (Ost) 1974.

886. J.HANNEMANN, L.ZSCHUCKELT, Schriftsteller in der Diskussion. Zur Literaturentwicklung der fünfziger Jahre, Berlin (Ost) 1979.

887. G.HEYDEMANN, Geschichtswissenschaft im geteilten Deutschland. Entwicklungsgeschichte, Organisationsstruktur, Funktionen, Theorie- und Methodenprobleme in der Bundesrepublik Deutschland und in der DDR, Frankfurt/M. 1980.

888. DERS., Marxistisch-leninistische Zeitgeschichte in der DDR, in: APuZG B 36 (1982), 17 ff.

889. I.HILDEBRANDT, L.MÜLLER, W.PILLUKAT, Die Ausarbeitung der Konzeption der entwickelten sozialistischen Gesellschaft. Analysen zum theoretischen Beitrag der SED, Berlin (Ost) 1984.

890. P. U. HOHENDAHL, P.HERMINGHOUSE (Hrsg.), Literatur der DDR in den siebziger Jahren, Frankfurt/M. 1983.

891. G.HOLZWEISSIG, Massenmedien in der DDR, Berlin (West) 1983.

892. M. JÄGER, Sozialliteraten. Funktion und Selbstverständnis der Schriftsteller in der DDR, Düsseldorf 1973, 2. Aufl. 1975.

893. DERS., Kultur und Politik in der DDR. Ein historischer Abriß, Köln 1981.

894. F. P. KAHLENBERG, Deutsche Archive in West und Ost. Zur Entwicklung des staatlichen Archivwesens seit 1945, Düsseldorf 1972.

895. H. KERSTEN, Das Filmwesen in der sowjetischen Besatzungszone Deutschlands, 2. Aufl., Bonn-Berlin (West) 1963.

896. U. KUHIRT (Hrsg.), Kunst in der DDR 1945–1980. 2 Bde., Leipzig 1982/83.

897. Kultur und Gesellschaft in der DDR, DA-Sonderheft, 10. Tagung zum Stand der DDR-Forschung in der Bundesrepublik, Köln 1977.

898. H. LADES, Zum Verhältnis der Geschichtswissenschaften in beiden deutschen Staaten, in: Geschichte in Wissenschaft und Unterricht 31 (1980), Heft 3, 33 ff.

899. H. LADES, C.BURRICHTER, Produktivkraft Wissenschaft. Sozialistische Sozialwissenschaften in der DDR, Hamburg 1970.

900. M. G. LANGE, Wissenschaft im totalitären Staat. Die Wissenschaft der sowjetischen Besatzungszone auf dem Weg zum „Stalinismus", Stuttgart-Düsseldorf 1955.

901. H.LINDEMANN, K.MÜLLER, Auswärtige Kulturpolitik der DDR. Die kulturelle Abgrenzung der DDR von der Bundesrepublik Deutschland, Bonn-Bad Godesberg 1974.

902. F. Loeser, Die unglaubwürdige Gesellschaft. Quo vadis, DDR? Köln 1984.

903. G. Lozek, Illusionen und Tatsachen. Anachronistische BRD-Geschichtsschreibung über die DDR, Berlin (Ost) 1980.

904. Ders. (Autorenkollektiv), Unbewältigte Vergangenheit. Kritik der bürgerlichen Geschichtsschreibung in der BRD, 3. erw. Aufl., Berlin (Ost) 1977.

905. Ders., Grundfragen der aktuellen Auseinandersetzung mit der bürgerlichen Historiographie, in: BzG 22 (1980), 20 ff.

906. P. C. Ludz (Hrsg.), Studien und Materialien zur Soziologie der DDR, Köln-Opladen 1964.

907. Ders., Ideologiebegriff und marxistische Theorie. Ansätze zu einer immanenten Kritik, Opladen 1976.

908. Ders., Mechanismen der Herrschaftssicherung. Eine sprachpolitische Analyse gesellschaftlichen Wandels in der DDR, München 1980.

909. P. Lübbe, Kulturelle Auslandsbeziehungen der DDR: das Beispiel Finnland, Bonn 1981.

910. A. M. Mallinckrodt, Das kleine Massenmedium. Soziale Funktion und politische Rolle der Heftreihenliteratur in der DDR, Köln 1984.

911. B. Marquardt, E. Schmickl, Wissenschaft, Macht und Modernisierung in der DDR, in: APuZG B 3 (1987), 20 ff.

912. B. Mayer-Burger, Entwicklung und Funktion der Literaturpolitik der DDR (1945–1978), München 1983.

913. I. Münz-Koenen (Autorenkollektiv), Literarisches Leben in der DDR 1945 bis 1960. Literaturkonzepte und Lernprogramme, Berlin (Ost) 1979, 2. Aufl. 1980.

914. U. Neuhäusser-Wespy, Die SED und die Historie, in: APuZG B 41 (1976), 30 ff.

915. J. Osers, Forschung und Entwicklung in sozialistischen Staaten Osteuropas, Berlin (West) 1974.

916. E. D. Otto, Nachrichten in der DDR. Eine empirische Untersuchung über „Neues Deutschland", Köln 1979.

917. J.-P. Picaper, Kommunikation und Propaganda in der DDR, Stuttgart 1976.

918. S. u. E. Pohl, Die ungehorsamen Maler der DDR. Anspruch und Wirklichkeit der SED-Kulturpolitik 1965–1979, Berlin (West) 1979.

919. Politisches Grundwissen, ausgearb. v. einem Autorenkollektiv der Parteihochschule „Karl Marx" beim ZK der SED, Berlin (Ost) 1970, 2. überarb. Aufl. 1972.

920. F. J. Raddatz, Traditionen und Tendenzen. Materialien zur Literatur der DDR, Frankfurt/M. 1972.

921. G. Raue, Geschichte des Journalismus in der DDR (1945–1961), Leipzig 1986.

922. Ders., Journalismus in der Übergangsperiode. Zur Entstehung, Funktion

und Profilierung des späteren DDR-Journalismus in der antifaschistisch-demokratischen Umwälzung 1945–49, Diss. B, Leipzig 1983.

923. O. REINHOLD, Die Gestaltung unserer Gesellschaft. Die theoretische Konzeption der entwickelten sozialistischen Gesellschaft und die gesellschaftspolitische Strategie der SED, Berlin (Ost) 1986.

924. F. REUTER, Geschichtsbewußtsein in der DDR. Programm und Aktion, Köln 1973.

925. H. RIEDEL, Hörfunk und Fernsehen in der DDR, Köln 1977.

926. D. RIESENBERGER, Geschichte und Geschichtsunterricht in der DDR, Göttingen 1973.

927. R. RICHTER, Kultur im Bündnis. Die Bedeutung der Sowjetunion für die Kulturpolitik der DDR, Berlin (Ost) 1979.

928. G. ROSSMANN, Zur Verfälschung der Geschichte der SED durch die bürgerliche und rechtssozialdemokratische Geschichtsschreibung, in: BzG 17 (1975), 40ff.

929. J. RÜHLE, Literatur und Revolution. Die Schriftsteller und der Kommunismus in Deutschland, Köln-Berlin (West) 1960.

930. J. RÜSEN, Z. VASICEK, Geschichtswissenschaft zwischen ideologischer Funktionalisierung und fachlicher Eigenständigkeit, in: Ideologie und gesellschaftliche Entwicklung in der DDR. 18. Tagung zum Stand der DDR-Forschung in der Bundesrepublik, Köln 1985, 143ff.

931. R. RYTLEWSKI, D. KRAA, Politische Rituale in der UdSSR und der DDR, in: APuZG B 3 (1987), 33ff.

932. H.-D. SANDER, Geschichte der schönen Literatur in der DDR. Ein Grundriß, Freiburg 1972.

933. W. SCHLENKER, Das „Kulturelle Erbe" in der DDR. Gesellschaftliche Entwicklung und Kulturpolitik 1945–1965, Stuttgart 1977.

934. E. SCHMICKL, Soziologie und Sozialismustheorie in der DDR, Köln 1973.

935. H.-J. SCHMITT (Hrsg.), Die Literatur der DDR, München-Wien 1983.

936. H.-D. SCHÜTTE, Zeitgeschichte und Politik. Deutschland- und blockpolitische Perspektiven der SED in den Konzeptionen marxistisch-leninistischer Zeitgeschichte, Bonn 1985.

937. Die SED und das kulturelle Erbe. Orientierungen, Errungenschaften, Probleme, H. HAASE (Autorenkollektiv), Berlin (Ost) 1986.

938. H.-J. SPANGER, Die SED und der Sozialdemokratismus. Ideologische Abgrenzung in der DDR, Köln 1982.

939. J. STAADT, Konfliktbewußtsein und sozialistischer Anspruch in der DDR-Literatur. Zur Darstellung gesellschaftlicher Widersprüche in Romanen nach dem VIII. Parteitag der SED 1971, Berlin (West) 1977.

940. J. STREISAND, Kulturgeschichte der DDR. Studien zu ihren historischen Grundlagen und ihren Entwicklungsetappen, Berlin (Ost) 1981.

941. H. TELLER, Der kalte Krieg gegen die DDR. Von seinen Anfängen bis 1961, Berlin (Ost) 1979.

942. K. THOMAS, Die Malerei in der DDR 1949–1979, Köln 1980.

943. R. THOMAS (Hrsg.), Wissenschaft und Gesellschaft in der DDR, eingel. v. P. C. LUDZ, München 1971.

944. A. TIMM, Das Fach Geschichte in Forschung und Lehre in der Sowjetischen Besatzungszone Deutschlands seit 1945, 4. Aufl., Bonn-Berlin (West) 1966.

945. D. VOIGT, Soziologie in der DDR. Eine exemplarische Untersuchung, Köln 1975.

946. H. WEBER, Ulbricht fälscht Geschichte. Ein Kommentar mit Dokumenten zum „Grundriß der Geschichte der deutschen Arbeiterbewegung", Köln 1964.

947. DERS., Ansätze einer Politikwissenschaft in der DDR, Düsseldorf 1971.

948. Wissenschaft in der DDR. Beiträge zur Wissenschaftspolitik und Wissenschaftsentwicklung nach dem VIII. Parteitag, hrsg. v. Institut für Gesellschaft und Wissenschaft Erlangen, Köln 1973.

949. Wissenschaftlicher Kommunismus. Lehrbuch für das marxistisch-leninistische Grundlagenstudium, Berlin (Ost) 1974.

950. M. ZAGATTA, Informationspolitik und Öffentlichkeit. Zur Theorie der politischen Kommunikation in der DDR, Köln 1984.

951. M. ZUBER, Wissenschaftswissenschaft in der DDR. Ein Experiment, Köln 1973.

952. Zur Geschichte der marxistisch-leninistischen Philosophie in der DDR. Von 1945 bis Anfang der sechziger Jahre, hrsg. v. d. Akademie für Gesellschaftswissenschaften beim ZK der SED, Berlin (Ost) 1979.

14. ERZIEHUNG UND BILDUNG

953. O. ANWEILER, F. KUEBART (Hrsg.), Bildungssysteme in Osteuropa – Reform oder Krise? Berlin (West) 1983.

954. L. AUERBACH, H. P. SCHÄFER, H. SIEBERT, Die DDR. Bildung, Wissenschaft und Forschung, München 1970.

955. M. BALZEREIT, E. SCHWERTNER, Hochschule im Sozialismus, Berlin (Ost) 1977.

956. S. BASKE (Hrsg.), Bildungsreform in der Bundesrepublik Deutschland und in der Deutschen Demokratischen Republik, Heidelberg 1981.

957. W. BERGSDORF, U. GÖBEL, Bildungs- und Wissenschaftspolitik im geteilten Deutschland, München-Wien 1980.

958. Das Bildungswesen der Deutschen Demokratischen Republik, 2. Aufl., Berlin (Ost) 1983.

959. G. BÜMMER, Die Entwicklung des elterlichen Sorge- und Erziehungsrechts in der DDR, Köln-Berlin-Bonn-München 1980.

960. F. W. BUSCH, Familienerziehung in der sozialistischen Pädagogik der DDR, Düsseldorf 1972.

961. L. FROESE, Sowjetisierung der deutschen Schule, Freiburg 1962.

962. L. GLÄSER, C. LOST, Zur Entwicklung des Volksbildungswesens in der DDR in den Jahren 1956–1958, Berlin (Ost) 1981.

963. G.-J. GLAESSNER, I. RUDOLPH, Macht durch Wissen. Zum Zusammenhang von Bildungspolitik, Bildungssystem und Kaderqualifizierung in der DDR, Opladen 1978.

964. K. H. GÜNTHER, G. UHLIG, Geschichte der Schule in der Deutschen Demokratischen Republik 1945 bis 1971, Berlin (Ost) 1974.

965. A. HEARNDEN, Bildungspolitik in der BRD und DDR, Düsseldorf 1973.

966. W. HENRICH, Das unverzichtbare Feindbild. Haßerziehung in der DDR, Bonn 1981.

967. A. HEGELHEIMER, Berufsausbildung in Deutschland. Ein Struktur-, System- und Reformvergleich der Berufsausbildung in der Bundesrepublik und der DDR, 2. Aufl., Frankfurt/M. 1973.

968. H. HETTWER, Das Bildungswesen in der DDR. Strukturelle und inhaltliche Entwicklung seit 1945, Köln 1976.

969. R. JUSZIG, K. WILHELM, Berufsausbildung in der DDR, Mainz o. J. (1975).

970. H. H. KASPER, Der Kampf der SED um die Heranbildung einer Intelligenz aus der Arbeiterklasse und der werktätigen Bauernschaft über die Vorstudienanstalten an den Universitäten und Hochschulen der sowjetischen Besatzungszone, Deutschlands (1945/46 bis 1949), Diss., Freiburg 1979.

971. H. KLEIN, Bildung in der DDR. Grundlagen, Entwicklungen, Probleme, Reinbek bei Hamburg 1974.

972. M. S. KLEIN, The challenge of communist education: A look at the German Democratic Republic, New York 1980.

973. R. KÖHLER, Die Zusammenarbeit der SED und der SMAD bei der antifaschistisch-demokratischen Erneuerung des Hochschulwesens (1945–1949), Diss., Berlin (Ost) 1983.

974. M. G. LANGE, Totalitäre Erziehung. Das Erziehungssystem der Sowjetzone Deutschlands, Frankfurt/M. 1954.

975. W. MOHRMANN, Die Humboldt-Universität zu Berlin während der Jahre der Herausbildung und Gestaltung der entwickelten sozialistischen Gesellschaft in der DDR (1961–1981), Diss., Berlin (Ost) 1982.

976. M. u. E. E. MÜLLER, „... stürmt die Festung Wissenschaft". Die Sowjetisierung der mitteldeutschen Universitäten seit 1945, Berlin (West) 1953.

977. G. OPITZ, Arbeiterklasse und Bildung in der entwickelten sozialistischen Gesellschaft. Zu einigen Grundfragen der Bildungspolitik der SED, Berlin (Ost) 1976.

978. E. PESCHEL, Theoretische Grundlagen der Erziehungstätigkeit der marxistisch-leninistischen Parteipresse, Diss., Leipzig 1977.

979. E. RICHERT, „Sozialistische Universität". Die Hochschulpolitik der SED, Berlin (West) 1967.

980. E. SCHIELE, Hochschulreform und Lehrerausbildung in der DDR seit 1965, Berlin (West) 1984.

981. K. Schmitt, Politische Erziehung in der DDR. Ziele, Methoden und Ergebnisse des politischen Unterrichts an den allgemeinbildenden Schulen der DDR, Paderborn-München-Wien-Zürich 1980.

982. E. Schwertner, A. Kempke, Zur Wissenschafts- und Hochschulpolitik der SED 1945/46–1966, Berlin (Ost) 1967.

983. H. Stallmann, Hochschulzugang in der SBZ/DDR von 1945–1959, St. Augustin 1980.

984. T. Tupetz, Das Bildungswesen in der DDR. Eine Übersicht über Schul- und Hochschulreform, Bildungsplan und das System der lebenslangen Fortbildung in der DDR mit Hinweisen auf entsprechende Entwicklungen und Tendenzen in der Bundesrepublik Deutschland, Bonn 1970.

985. M. Usko, Hochschulen in der DDR, Berlin (West) 1974.

986. H. Vogt (u. a.), Schule und Betrieb in der DDR. Das Zusammenwirken von allgemeinbildender Schule und volkseigenem Betrieb bei der staatsbürgerlichen Erziehung und polytechnischen Bildung, Köln 1970.

987. P. Wandel, Die demokratische Einheitsschule. Rückblick und Ausblicke, Berlin (Ost)-Leipzig 1949.

988. D. Waterkamp, Das Einheitsprinzip im Bildungswesen der DDR. Eine historisch-systematische Untersuchung, Köln 1985.

989. H. A. Welsh, Entnazifizierung und Wiedereröffnung der Universität Leipzig 1945–1946. Ein Bericht des damaligen Rektors Professor Bernhard Schweitzer, in: VfZ 33 (1985), 339 ff.

15. Militär

990. Armee für Frieden und Sozialismus. Geschichte der Nationalen Volksarmee der DDR, R. Brühl (Autorenkollektiv), Berlin (Ost) 1985.

991. T. Beck, Liebe zum Sozialismus – Haß auf den Klassenfeind. Wehrmotiv und Wehrerziehung in der DDR, Lüneburg 1983.

992. H. Bohn, Die Aufrüstung in der sowjetischen Besatzungszone, 2. Aufl., Bonn-Berlin (West) 1960.

993. E. Doehler, R. Falkenberg, Militärische Tradition der DDR und der NVA, Berlin (Ost) 1979.

994. T. M. Forster, Die NVA. Kernstück der Landesverteidigung der DDR, 5. Aufl., Köln 1975.

995. G. Glaser (Autorenkollektiv), Militärpolitik für Sozialismus und Frieden. Grundfragen der Politik der SED zum militärischen Schutz der revolutionären Errungenschaften und des Friedens von der Gründung der DDR bis zur Gestaltung der entwickelten sozialistischen Gesellschaft, Berlin (Ost) 1976.

996. J. Hacker u. a. (Hrsg.), Die Nationale Volksarmee der DDR im Rahmen des Warschauer Paktes, München 1982.

997. M. D. Hancock, The Bundeswehr and the national people's army. A comparative study of German civil-military policy, Denver 1973.

998. J. HARTWIG, A. WIMMEL, Wehrerziehung und vormilitärische Ausbildung der Kinder und Jugendlichen in der DDR, Stuttgart 1979.

999. D. R. HERSPRING, East German civil-military relations. The impact of technology. 1949–72, New York 1973.

1000. H. HOFFMANN, Sozialistische Landesverteidigung. Aus Reden und Aufsätzen 1974 bis Juni 1978, Berlin (Ost) 1979.

1001. G. HOLZWEISSIG, Militärwesen in der DDR, Berlin (West) 1985.

1002. A. R. JOHNSON, R. W. DEAN, A. ALEXIEV, Die Streitkräfte des Warschauer Paktes in Mitteleuropa: DDR, Polen und CSSR, Stuttgart-Degerloch 1982.

1003. P. JUNGERMANN, Die Wehrideologie der SED und das Leitbild der Nationalen Volksarmee vom sozialistischen deutschen Soldaten, Stuttgart 1973.

1004. P. J. LAPP, Frontdienst im Frieden. Die Grenztruppen der DDR. Entwicklung – Struktur – Aufgaben, Koblenz 1986.

1005. H. MARKS, GST – vormilitärische Ausbildung in der DDR, Köln 1970.

1006. Die Nationale Volksarmee. Ein Anti-Weißbuch zum Militär in der DDR, hrsg. v. d. Studiengruppe Militärpolitik, Reinbek bei Hamburg 1976.

1007. J. NAWROCKI, Bewaffnete Organe in der DDR. Nationale Volksarmee und andere militärische sowie paramilitärische Verbände; Aufbau, Bewaffnung, Aufgaben, Berichte aus dem Alltag, Berlin (West) 1979.

1008. H. SCHMITTER (Autorenkollektiv), Vom Bauernheer zur Volksarmee. Fortschrittliche militärische Traditionen des deutschen Volkes, Berlin (Ost) 1979.

16. KIRCHE

1009. H. DÄHN, Konfrontation oder Kooperation? Das Verhältnis von Staat und Kirche in der SBZ/DDR 1945–1980, Opladen 1982.

1010. P. FISCHER, Kirche und Christen in der DDR, Berlin (West) 1978.

1011. K. GUST, East German Protestanism and communist rule. 1945–1961, Ann Arbor 1966.

1012. J. HEISE, R. LEONHARDT, Das Ringen der SED um die Einbeziehung von Gläubigen in den Aufbau des Sozialismus und den Friedenskampf 1949/50, in: ZfG 31 (1983), 483 ff.

1013. R. HENKYS (Hrsg.), Die evangelischen Kirchen in der DDR. Beiträge zu einer Bestandsaufnahme, München 1982.

1014. DERS., Staat und Kirchen in der DDR, in: APuZG B 2 (1985), 25 ff.

1015. F.-G. HERMANN, Der Kampf gegen Religion und Kirche in der sowjetischen Besatzungszone Deutschlands, Stuttgart 1966.

1016. W. KNAUFT, Katholische Kirche in der DDR. Gemeinden in der Bewährung 1945–1980, 2. Aufl., Mainz 1980.

1017. H.-G. KOCH, Staat und Kirche in der DDR. Zur Entwicklung ihrer Beziehungen 1945–1974. Darstellung, Quellen, Übersichten, Stuttgart 1975.

1018. E. Kuhrt, Wider die Militarisierung der Gesellschaft: Friedensbewegung und Kirche in der DDR, Melle 1984.

1019. W. Meinecke, Die Kirche in der volksdemokratischen Ordnung der DDR, Berlin (Ost) 1962.

1020. H. Nitsche, Zwischen Kreuz und Sowjetstern. Zeugnisse des Kirchenkampfes in der DDR (1945–1981), Aschaffenburg 1983.

17. Opposition und Verfolgung

1021. R. Bahro, Die Alternative, Zur Kritik des real existierenden Sozialismus, Köln-Frankfurt/M. 1977.

1022. Ders., Plädoyer für eine schöpferische Initiative. Zur Kritik von Arbeitsbedingungen im real existierenden Sozialismus, Köln 1980.

1023. L. Bauer, Die Partei hat immer recht, in: APuZG B 27 (1956), 405 ff.

1024. Biermann und die Folgen, mit Beiträgen v. G. Kertzscher u. a., Berlin (West) 1977.

1025. W. Biermann u. a., DDR: Diktatur der Bürokratie oder „die Alternative"? Frankfurt/M. 1978.

1026. W. Büscher, P. Wensierski, Null Bock auf DDR – Aussteigerjugend im anderen Deutschland, Reinbek bei Hamburg 1984.

1027. Dies. (Hrsg.), Friedensbewegung in der DDR, Hattingen 1982.

1028. K. Ehring, M. Dallwitz, Schwerter zu Pflugscharen. Friedensbewegung in der DDR, Reinbek bei Hamburg 1982.

1029. B. Eisenfeld, Kriegsdienstverweigerung in der DDR – ein Friedensdienst? Genesis, Befragung, Analyse, Dokumente, Frankfurt/M. 1978.

1030. G. Finn, Die politischen Häftlinge der Sowjetzone 1945–1959, 2. Aufl., Pfaffenhofen 1960.

1031. Ders. unter Mitarbeit v. K. W. Fricke, Politischer Strafvollzug in der DDR, Köln 1981.

1032. K. W. Fricke, Die DDR-Staatssicherheit. Entwicklung, Strukturen, Aktionsfelder, 2. Aufl., Köln 1984.

1033. Ders., Warten auf Gerechtigkeit. Kommunistische Säuberungen und Rehabilitierungen. Bericht und Dokumentation, Köln 1971.

1034. Ders., Opposition und Widerstand in der DDR. Ein politischer Report, Köln 1984.

1035. Ders., Politik und Justiz in der DDR. Zur Geschichte der politischen Verfolgung 1945–1968. Bericht und Dokumentation, Köln 1979.

1036. Ders., Selbstbehauptung und Widerstand in der Sowjetischen Besatzungszone Deutschlands, 2. Aufl., 1966.

1037. J. Fuchs, Vernehmungsprotokolle. November '76 bis September '77, Reinbek bei Hamburg 1978.

1038. Ders., Gedächtnisprotokolle, Reinbek bei Hamburg 1977.

1039. H. GREBING, Die intellektuelle Opposition in der DDR seit 1956. Ernst Bloch – Wolfgang Harich – Robert Havemann, in: APuZG, B 45 (1977), 3 ff.

1040. H. GUNDERMANN, Entlassung aus der Staatsbürgerschaft. Eine Dokumentation, Frankfurt/M.-Wien 1978.

1041. W. HARICH, Zur Kritik der revolutionären Ungeduld. Eine Abrechnung mit dem alten und dem neuen Anarchismus, Basel 1971.

1042. R. HAVEMANN, Rückantworten an die Hauptverwaltung ,,Ewige Wahrheiten", München 1971.

1043. DERS., Morgen. Die Industriegesellschaft am Scheideweg. Kritik und reale Utopie, München 1980.

1044. DERS., Berliner Schriften, München 1977.

1045. S. HEYM, Wege und Umwege. Streitbare Schriften aus fünf Jahrzehnten, Frankfurt/M. 1983.

1046. G. HILLMANN, Selbstkritik des Kommunismus. Texte der Opposition, Reinbek bei Hamburg 1967.

1047. E. v. HORNSTEIN, Staatsfeinde. Sieben Prozesse in der ,,DDR", Köln-Berlin (West) 1964.

1048. H. HURWITZ, Der heimliche Leser. Beiträge zur Soziologie des geistigen Widerstands, Köln-Berlin 1966.

1049. M. JÄNICKE, Der dritte Weg. Die antistalinistische Opposition gegen Ulbricht seit 1953, Köln 1964.

1050. A. KANTOROWICZ, Der geistige Widerstand in der DDR, Troisdorf 1968.

1051. H. KERSTEN, Der Aufstand der Intellektuellen, Stuttgart 1957.

1052. H.-G. KESSLER, J. MIERMEISTER, Vom ,,Großen Knast" ins ,,Paradies"? DDR-Bürger in der Bundesrepublik, Reinbek bei Hamburg 1983.

1053. D. KNÖTZSCH, Innerkommunistische Opposition. Das Beispiel Robert Havemann. Modellanalyse, Opladen 1968.

1054. J. LOLLAND, F. S. RÖDIGER, Gesicht zur Wand! Berichte und Protokolle politischer Häftlinge der DDR, Stuttgart-Degerloch 1977.

1055. N. N., Die Opposition gegen den Stalinismus in Mitteldeutschland, in: APuZG B 22 (1958), 293 ff.

1056. H. NOLL, Der Abschied. Journal meiner Ausreise aus der DDR, Hamburg 1985.

1057. Politische Unterdrückung in der DDR. ,,Freiheit heißt die heiße Ware", hrsg. v. Komitee gegen die politische Unterdrückung in beiden Teilen Deutschlands, Köln 1978.

1058. T. ROTHSCHILD (Hrsg.), Wolf Biermann. Liedermacher und Sozialist, Reinbek bei Hamburg 1976.

1059. J. SANDFORD, The Sword and the ploughshare. Autonomous peace initiatives in East Germany, London 1983.

1060. B. SAREL, Arbeiter gegen den ,,Kommunismus". Zur Geschichte des proletarischen Widerstandes in der DDR (1945–1958), München 1975.

1061. D. STARITZ, Die SED und die Opposition, in: Mannheimer Berichte, Aus Forschung und Lehre an der Universität Mannheim, Nr.30, 1986, 29ff.

1062. P. TIGRID, Arbeiter gegen den Arbeiterstaat. Widerstand in Osteuropa, Köln 1983.

1063. Die unbekannte Opposition in der DDR. Kommunistische Arbeiter gegen das Honecker-Regime, Dortmund 1980.

1064. H. WEBER, M. KOCH, Opposition in der DDR. Bedingungen, Formen, Geschichte, in: DDR, Redakt. H. G. WEHLING, Stuttgart 1983.

1065. P. WENSIERSKI, W. BÜSCHER (Hrsg.), Beton ist Beton. Zivilisationskritik aus der DDR, Hattingen 1981.

1066. U. WOLTER (Hrsg.), Antworten auf Bahros „Herausforderungen des Sozialismus", Berlin (West) 1978.

1067. G. K. ZSCHORSCH, Glaubt bloß nicht, daß ich traurig bin. Mit einem Vorwort von R. DUTSCHKE, 2. Aufl., Berlin (West) 1978.

18. AUSSENPOLITIK

1068. W. BRUNS, Die UNO-Politik der DDR, Stuttgart 1978.

1069. DERS., Die Uneinigen in den Vereinten Nationen. Bundesrepublik Deutschland und DDR in der UNO, Köln 1980.

1070. DERS., Zehn Jahre Gegeneinander und Nebeneinander in der UNO, in: DA 16 (1983), 720ff.

1071. P. C. BURENS, Die DDR und der „Prager Frühling". Bedeutung und Auswirkungen der tschechoslowakischen Erneuerungsbewegung für die Innenpolitik der DDR im Jahr 1968, Berlin (West) 1981.

1072. T. C. CHON, Die Beziehungen zwischen der DDR und der Koreanischen Demokratischen Volksrepublik (1949–1978) unter besonderer Berücksichtigung der Teilungsproblematik in Deutschland und Korea sowie die Beziehungsstruktur zwischen einem sozialistischen Mitgliedsstaat des Rates für Gegenseitige Wirtschaftshilfe sowie des Warschauer Paktes und eines sozialistischen Staates im Einflußbereich der Volksrepublik China, München 1982.

1073. G. DOEKER, J. A. BRÜCKNER (Hrsg.), The Federal Republic of Germany and the German Democratic Republic in international relations, 3 Vol., Alphen 1979.

1074. S. DOERNBERG (Autorenkollektiv), Außenpolitik der DDR. Drei Jahrzehnte sozialistische deutsche Friedenspolitik, hrsg. v. Institut für Internationale Beziehungen, Berlin (Ost) 1979.

1075. H. END, Zweimal deutsche Außenpolitik. Internationale Dimensionen des innerdeutschen Konflikts 1949–1972, Köln 1973.

1076. C. GASTEYGER, Die beiden deutschen Staaten in der Weltpolitik, München 1976.

1077. G. Gutmann, M. Haendcke-Hoppe (Hrsg.), Die Außenbeziehungen der DDR, Heidelberg 1981.

1078. W. Hänisch, Die Geschichte der Außenpolitik der Deutschen Demokratischen Republik. Grundlagen, Aufgaben, Etappen und Ergebnisse. Teil 1: 1945–1955, Teil 2: 1955–1961, Potsdam-Babelsberg 1964/1965.

1079. W. Hänisch (Autorenkollektiv), Geschichte der Außenpolitik der DDR. Abriß, Berlin (Ost) 1984.

1080. G. Hahn (Autorenkollektiv), Außenpolitik der DDR: Für Sozialismus und Frieden, Berlin (Ost) 1974.

1081. H.-A. Jacobsen, G. Leptin, U. Scheuner, E. Schulz (Hrsg.), Drei Jahrzehnte Außenpolitik der DDR. Bestimmungsfaktoren, Instrumente, Aktionsfelder, München 1979.

1082. P. Klein u. a. (Hrsg.), Geschichte der Außenpolitik der Deutschen Demokratischen Republik. Abriß, Berlin (Ost) 1968.

1083. G. Kohrt, Auf stabilem Kurs: Stationen der Außenpolitik der DDR, Berlin (Ost) 1980.

1084. B. Kregel, Außenpolitik und Systemstabilisierung in der DDR, Opladen 1979.

1085. J. Kuppe, Vergleich der sowjetischen und DDR-Außenpolitik unter besonderer Berücksichtigung der Frage nach dem Spielraum der DDR-Deutschlandpolitik 1964–1969, Diss., München 1977.

1086. J. Kuppe, T. Ammer, Die Haltung der SED zur Lage in Polen 1980/1981 im Spiegel der DDR-Presse, Bonn 1982.

1087. H. S. Lamm, S. Kupper, DDR und Dritte Welt, München-Wien 1976.

1088. A. Mallinckrodt Dasbach, Wer macht die Außenpolitik der DDR? Apparat, Methoden, Ziele, Düsseldorf 1972.

1089. A. Mallinckrodt, Die Selbstdarstellung der beiden deutschen Staaten im Ausland. „Imagebildung" als Instrument der Außenpolitik, Köln 1980.

1090. W. Osten, Die Außenpolitik der DDR, Opladen 1969.

1091. U. Post, F. Sandvoss, Die Afrikapolitik der DDR, Hamburg 1982.

1092. J. Radde, Die außenpolitische Führungselite der DDR. Veränderungen der sozialen Struktur außenpolitischer Führungsgruppen, Köln 1976.

1093. E. Schneider, Die Außenpolitik der DDR gegenüber Südasien, Köln 1978.

a) Deutschlandfrage, Nation

1094. H. Beckmann, The paradoxesa of freedom. Measuring freedom in East and West Germany, Ann Harbor 1978.

1095. W. Benz, G. Plum, W. Röder, Einheit der Nation. Diskussionen und Konzeptionen zur Deutschlandpolitik der großen Parteien seit 1945, Stuttgart-Bad Cannstatt 1978.

1096. D. Blumenwitz, B. Meissner (Hrsg.), Das Selbstbestimmungsrecht der Völker und die deutsche Frage, Köln 1984.

1097. W. Bruns, Deutsch-deutsche Beziehungen. Prämissen, Probleme, Perspektiven, 3. Aufl., Opladen 1982.

1098. H. Buchheim, Deutschlandpolitik 1949–1972. Der politisch-diplomatische Prozeß, Stuttgart 1985.

1099. D. Cramer, Deutschland nach dem Grundvertrag, Stuttgart 1973.

1100. E. Czerwick, Oppositionstheorien und Außenpolitik. Eine Analyse sozialdemokratischer Deutschlandpolitik 1955 bis 1966, Königstein/Ts. 1981.

1101. K. Dittmann, Adenauer und die deutsche Wiedervereinigung. Die politische Diskussion des Jahres 1952, Düsseldorf 1981.

1102. E. L. Dulles, One Germany or two. The struggle at the heart of Europe. Stanford, California 1970.

1103. S. J. Gatzeder, Die Deutschlandpolitik der FDP in der Ära Adenauer. Konzeptionen in Entstehung und Praxis, Baden-Baden 1980.

1104. H. Gehle, Ringen um Deutschland. Eine Analyse der Deutschlandpolitik, Düsseldorf 1979.

1105. W. Gläsker, Die Konföderationspläne der SED von 1957–1967, ihr politischer Hintergrund und ihre Funktion im Rahmen der kommunistischen Deutschlandpolitik, Diss., Erlangen-Nürnberg 1976.

1106. W. E. Griffith, Die Ostpolitik der Bundesrepublik Deutschland, Stuttgart 1981.

1107. W. D. Gruner, Die deutsche Frage. Ein Problem der europäischen Geschichte seit 1800, München 1985.

1108. C. Hacke, Die Ost- und Deutschlandpolitik der CDU/CSU. Wege und Irrwege der Opposition seit 1969, Köln 1975.

1109. G. Heyden, A. Pietschmann, Die deutsche Frage, Berlin (Ost) 1965.

1110. H. Jaenecke, 30 Jahre und ein Tag. Die Geschichte der deutschen Teilung, Düsseldorf-Wien 1974.

1111. T. Jansen, Abrüstung und Deutschlandfrage. Die Abrüstung als Problem der deutschen Außenpolitik, Mainz 1968.

1112. H. Klinke-Miber (Hrsg.), Deutsche heute. Auf der Suche nach Identität, Stuttgart 1986.

1113. F. Klein, B. Meissner (Hrsg.), Das Potsdamer Abkommen und die Deutschlandfrage, Wien-Stuttgart 1977.

1114. G. Knopp, Die deutsche Einheit. Hoffnung, Alptraum, Illusion? Aschaffenburg 1981.

1115. R. Koenen, Nation und Nationalbewußtsein aus der Sicht der Sozialistischen Einheitspartei Deutschlands, Bochum 1975.

1116. F. Kopp, Kurs auf ganz Deutschland? Die Deutschlandpolitik der SED, Stuttgart 1965.

1117. E. Kosthorst, K. Gotto, H. Soell, Deutschlandpolitik der Nachkriegsjahre. Zeitgeschichtliche und didaktische Ortsbestimmung, Paderborn 1976.

1118. D. KREUSEL, Nation und Vaterland in der Militärpresse der DDR, Stuttgart 1971.

1119. R. LÖWENTHAL, Vom Kalten Krieg zur Ostpolitik, Stuttgart 1974.

1120. E. MARTIN, Zwischenbilanz: Deutschlandpolitik der 80er Jahre, Bonn 1986.

1121. B. MARZAHN, Der Deutschland-Begriff der DDR: dargestellt vornehmlich an der Sprache des „Neuen Deutschland", Düsseldorf 1979.

1122. B. MEISSNER, J. HACKER, Die Nation in östlicher Sicht, Berlin (West) 1977.

1123. K. MOTSCHMANN, Sozialismus und Nation. Wie deutsch ist die DDR, München 1979.

1124. J. NAWROCKI, Die Beziehungen zwischen den beiden Staaten in Deutschland. Entwicklungen, Möglichkeiten und Grenzen, Berlin (West) 1986.

1125. K. NOERSCH, Kurs-Revision. Deutsche Politik nach Adenauer, Frankfurt/M. 1978.

1126. E. NOLTE, Der Weltkonflikt in Deutschland. Die Bundesrepublik und die DDR im Brennpunkt des Kalten Krieges 1949–1961, München 1981.

1127. M. OVERESCH, Gesamtdeutsche Illusionen und westdeutsche Realität. Von den Vorbereitungen für einen deutschen Friedensvertrag zur Gründung des Auswärtigen Amtes der Bundesrepublik Deutschland 1946–1949/51, Düsseldorf 1978.

1128. H. PAUL-CALM, Ostpolitik und Wirtschaftsinteressen in der Ära Adenauer. 1955–1963, Frankfurt-New York 1981.

1129. P. PAWELKA, Die UNO und das Deutschlandproblem. Das Deutschlandproblem im Spannungsfeld zwischen der Bundesrepublik Deutschland und den Vereinten Nationen – unter besonderer Berücksichtigung der Außenpolitik der Bundesrepublik Deutschland – 1949 bis 1967, Tübingen 1971.

1130. P. RENTSCH, Die Nation und das National-Spezifische in der Programmatik und Strategie der Sozialistischen Einheitspartei Deutschlands, Diss., Leipzig 1982.

1131. M. ROTH, Zwei Staaten in Deutschland. Die sozialliberale Deutschlandpolitik und ihre Auswirkungen 1969–1978, Opladen 1981.

1132. H. RUMPF, Vom Niemandsland zum deutschen Kernstaat. Beiträge zur Entwicklung der Deutschlandfrage seit 1945, Hamburg 1979.

1133. G. SCHMID, Politik des Ausverkaufs? Die Deutschlandpolitik der Regierung Brandt/Scheel, München 1975.

1134. DERS., Entscheidung in Bonn. Die Entstehung der Ost- und Deutschlandpolitik 1969/70, Köln 1979.

1135. K. T. SCHMITZ, Deutsche Einheit und Europäische Integration. Der sozialdemokratische Beitrag zur Außenpolitik der Bundesrepublik Deutschland unter besonderer Berücksichtigung des programmatischen Wandels einer Oppositionspartei, Bonn 1978.

1136. H. W. SCHMOLLINGER, P. MÜLLER, Zwischenbilanz: 10 Jahre sozialliberale Politik 1969–79. Anspruch und Wirklichkeit, Hannover 1980.

1137. E. SCHNEIDER, Der Nationsbegriff der DDR und seine deutschlandpolitische Bedeutung, Köln 1981.

1138. E. SCHULZ, An Ulbricht führt kein Weg mehr vorbei. Provozierende Thesen zur deutschen Frage, Hamburg 1967.

1139. DERS., Die deutsche Nation in Europa. Internationale und historische Dimensionen, Bonn 1982.

1140. H.-P. SCHWARZ (Hrsg.), Entspannung und Wiedervereinigung. Deutschlandpolitische Vorstellungen Konrad Adenauers 1955–1958, Stuttgart-Zürich 1979.

1141. G. SCHWEIGLER, Nationalbewußtsein in der BRD und in der DDR, Düsseldorf 1973.

1142. C. C. SCHWEITZER (Hrsg.), Die deutsche Nation. Aussagen von Bismarck bis Honecker, Köln 1976.

1143. R. W. SCHWEIZER, Die DDR und die nationale Frage. Zum Wandel der Positionen von der Staatsgründung bis zur Gegenwart, in: APuZG B 51/52 (1985), 37 ff.

1144. W. SEIFFERT, Das ganze Deutschland, München 1986.

1145. J. K. SOWDEN, The German Question 1945–1973. Continuity in change, London 1975.

1146. W. WEBER, W. JAHN, Synopse zur Deutschlandpolitik 1941 bis 1973, Göttingen 1973.

1147. W. WEIDENFELD (Hrsg.), Nachdenken über Deutschland. Materialien zur politischen Kultur der deutschen Frage, Köln 1985.

1148. DERS., Die Frage nach der Einheit der deutschen Nation, München-Wien 1981.

1149. DERS., Die Identität der Deutschen, Bonn 1983.

1150. K. WEIGELT (Hrsg.), Heimat und Nation. Zur Geschichte und Identität der Deutschen, Mainz 1984.

1151. G. WETTIG, Die Sowjetunion, die DDR und die Deutschland-Frage 1965–1976. Einvernehmen und Konflikte im sozialistischen Lager, Stuttgart 1976.

1152. K.-M. WILKE, Bundesrepublik Deutschland und Deutsche Demokratische Republik. Grundlagen und ausgewählte Probleme des gegenseitigen Verhältnisses der beiden deutschen Staaten, Berlin (West) 1976.

b) Beziehungen zur UdSSR, ,,Sozialistisches Lager", Sowjetische Deutschlandpolitik

1153. R. ARONS, J. TIEDTKE, Die Entspannungspolitik der UdSSR und der DDR am Beispiel der KSZE-Initiative, Frankfurt/M. 1977.

1154. J. BANERJEE, GDR and Détente. Divided Germany and East-West Relations. An outsider's Perspective, Bonn 1981.

1155. V. N. BELEZKI, Die Politik der Sowjetunion in den deutschen Angelegenheiten in der Nachkriegszeit 1945–1976, Berlin (Ost) 1977.

1156. Z. Brzezinski, Der Sowjetblock – Einheit und Konflikt, Köln-Berlin 1962.

1157. W. v. Butlar, Ziele und Zielkonflikte der sowjetischen Deutschlandpolitik 1945–1947, Stuttgart 1980.

1158. W. Cornides, Die Weltmächte und Deutschland. Geschichte der jüngsten Vergangenheit 1945–1955, Tübingen-Stuttgart 1961.

1159. M. Croan, East Germany: The Soviet connection, Beverly Hills-London 1976.

1160. W. Erfurt (Pseud.), Die sowjetrussische Deutschland-Politik. Eine Studie zur Zeitgeschichte, 4. Aufl., Eßlingen 1959.

1161. F. Fejtö, Die Geschichte der Volksdemokratien, 2 Bde., Graz-Wien 1972.

1162. A. Fischer u. a., Die Deutschlandfrage und die Anfänge des Ost-West-Konflikts 1945–1949, Berlin (West) 1984.

1163. R. Fritsch-Bournazel, Die Sowjetunion und das doppelte Deutschland. Die sowjetische Deutschlandpolitik nach 1945, Opladen 1979.

1164. Geschichte der sowjetischen Außenpolitik 1945–1976, hrsg. v. d. Akademie der Wissenschaften der UdSSR, 2. Aufl., Berlin (Ost) 1978.

1165. D. Geyer (Hrsg.), Osteuropa-Handbuch: Sowjetunion-Außenpolitik 1917–1955, Köln-Wien 1972.

1166. G. Gorski (Autorenkollektiv), Deutsch-sowjetische Freundschaft. Ein historischer Abriß von 1917 bis zur Gegenwart, Berlin (Ost) 1975.

1167. J. Hacker, Der Ostblock – Entstehung, Entwicklung und Struktur 1939–1980, Baden-Baden 1983.

1168. I. Heller, H. T. Krause, Kulturelle Zusammenarbeit DDR – UdSSR in den 70er Jahren, Berlin (Ost) 1979.

1169. J. K. Hoensch, Sowjetische Osteuropapolitik 1945–1975, Kronberg/Ts. 1977.

1170. E. Kalbe (Autorenkollektiv), Geschichte der sozialistischen Gemeinschaft. Herausbildung und Entwicklung des realen Sozialismus von 1917 bis zur Gegenwart, Berlin (Ost) 1981.

1171. G. Leptin, Die Rolle der DDR in Osteuropa, hrsg. im Auftrag der Deutschen Gesellschaft für Osteuropakunde, Berlin (West) 1974.

1172. P. C. Ludz, Die DDR zwischen Ost und West. Politische Analysen 1961 bis 1976, 3. Aufl., München 1977.

1173. S. Mampel, K. C. Thalheim (Hrsg.), Die DDR – Partner oder Satellit der Sowjetunion? München 1980.

1174. B. Meissner, Rußland, die Westmächte und Deutschland. Die sowjetische Deutschlandpolitik 1943–1953, Hamburg 1953.

1175. N. E. Moreton, East Germany and the Warsaw alliance. The politics of détente, Boulder (Col) 1978.

1176. F. Oldenburg, G. Wettig, Der Sonderstatus der DDR in den europäischen Ost-West-Beziehungen, Köln 1979.

1177. S. Quilitzsch, J. Krüger (Autorenkollektiv), Sozialistische Staatengemeinschaft. Die Entwicklung der Zusammenarbeit und der Friedenspolitik der sozialistischen Staaten, Berlin (Ost) 1972.

1178. R. Reissig (Autorenkollektiv), Die sozialistische Gemeinschaft. Interessen, Zusammenarbeit, Wirtschaftswachstum, Berlin (Ost) 1985.

1179. K. H. Ruffmann, Sowjetrußland. Struktur und Entfaltung einer Weltmacht, München 1967, 7. Aufl. 1977.

1180. W. Seiffert, Kann der Ostblock überleben? Der Comecon und die Krise des sozialistischen Weltsystems, Bergisch-Gladbach 1983.

1181. G. Wettig, Zu den Beziehungen zwischen der Sowjetunion und der DDR in den Jahren 1969–75. Eine zusammenfassende Analyse, Köln 1975.

19. Biographien

1182. Antifaschisten in führenden Positionen der DDR, Dresden 1969.

1183. Biographische Notizen zu Dresdner Straßen und Plätzen, die an Persönlichkeiten aus der Arbeiterbewegung, dem antifaschistischen Widerstandskampf und dem sozialistischen Neuaufbau erinnern, Dresden 1976.

1184. G. Buch, Namen und Daten. Biographien wichtiger Personen in der DDR. Bonn-Bad Godesberg 1973, 4. Aufl. 1982.

1185. Geschichte der deutschen Arbeiterbewegung. Biographisches Lexikon, Berlin (Ost) 1970.

1186. P. Heider (Autorenkollektiv), Für ein sozialistisches Vaterland. Lebensbilder deutscher Kommunisten und Aktivisten der ersten Stunde, Berlin (Ost) 1981.

1187. E. v. Hornstein, Die deutsche Not. Flüchtlinge berichten, Berlin (West) 1965.

1188. J. Radde, Der diplomatische Dienst der DDR. Namen und Daten, Köln 1977.

1189. Revolutionäre Kämpfer. Biographische Skizzen, 2 Bde., Karl-Marx-Stadt o. J. (1971)/1973.

1190. SBZ-Biographie. Ein biographisches Nachschlagebuch über die Sowjetische Besatzungszone Deutschlands, hrsg. v. Bundesministerium für Gesamtdeutsche Fragen, 3. Aufl., Bonn-Berlin (West) 1964.

1191. F. Selbmann (Hrsg.), Die erste Stunde. Porträts, Berlin (Ost) 1969.

1192. Wer ist wer in der SBZ? Ein biographisches Handbuch, Berlin (West) 1958.

1193. Wer ist wer? Das deutsche Who's who. XIV. Ausgabe von Degeners ‚Wer ist's?‘, hrsg. v. W. Habel, Bd. II (DDR), Berlin (West) 1965.

Abusch

1194. A. Abusch – Bildnis eines Revolutionärs, Berlin (Ost)-Weimar 1972.

Brautzsch

1195. O. Gotsche, Martha Brautzsch, Halle 1972.

BUCHWITZ

1196. F. ZIMMERMANN, Otto Buchwitz. Ein Lebensbild, Berlin (Ost) 1984.

DUNCKER

1197. R. KIRSCH, Käthe Duncker: Aus ihrem Leben, Berlin (Ost) 1982.

EBERT

1198. H. VOSSKE, Friedrich Ebert. Ein Lebensbild. Berlin (Ost) 1987.

GROTEWOHL

1199. H. VOSSKE, Otto Grotewohl. Ein Leben für die Sache der Arbeiterklasse und des Volkes, Berlin (Ost) 1978.

1200. DERS., Otto Grotewohl, Leipzig 1979.

1201. DERS., Otto Grotewohl. Biographischer Abriß, Berlin (Ost) 1979.

GRÜNERT

1202. K. SCHLEHUFER, Bernhard Grünert. Ein Pionier der sozialistischen Landwirtschaft der DDR, Berlin (Ost) 1983.

HAVEMANN

1203. H. JÄCKEL (Hrsg.), Ein Marxist in der DDR. Für Robert Havemann, München-Zürich 1980.

HENNECKE

1204. H. BARTHEL, Adolf Hennecke. Beispiel und Vorbild, Berlin (Ost) 1979.

HONECKER

1205. ERICH HONECKER: Skizze seines politischen Lebens, hrsg. v. Institut für Marxismus-Leninismus beim ZK der SED, Berlin (Ost) 1977.

1206. H. LIPPMANN, Honecker. Porträt eines Nachfolgers, Köln 1971.

KAISER

1207. W. CONZE, E. KOSTHORST, F. NEBGEN, Jakob Kaiser, Stuttgart-Berlin-Köln-Mainz. Der Arbeiterführer (1967); Politiker zwischen Ost und West (1969); Der Widerstandskämpfer (1967).

1208. E. KOSTHORST, K. GOTTO, H. SOELL, Jakob Kaiser. Bundesminister für gesamtdeutsche Fragen 1949–1957, Stuttgart-Berlin-Köln-Mainz 1972.

KOENEN

1209. H. NAUMANN, Wilhelm Koenen, Halle 1973.

1210. DERS., Wilhelm Koenen, Leipzig 1977.

KÜLZ

1211. A. BEHRENDT, Wilhelm Külz. Aus dem Leben eines Suchenden, Berlin (Ost) 1968.

MATERN

1212. L. ROTHE, E. WOITINAS, Hermann Matern. Aus seinem Leben und Wirken, Berlin (Ost) 1981.

NUSCHKE

1213. G. FISCHER, Otto Nuschke, Berlin (Ost) 1983.

PIECK

1214. F. ERPENBECK, Wilhelm Pieck. Ein Lebensbild, Berlin (Ost) 1951.

1215. H. VOSSKE, Wilhelm Pieck, Leipzig 1975.

1216. DERS., Wilhelm Pieck 1876–1960. Bilder und Dokumente aus seinem Leben, Berlin (Ost) 1975.

1217. DERS., G. NITZSCHE, Wilhelm Pieck. Biographischer Abriß, Berlin (Ost) 1975.

1218. Z. ZIMMERLING, Wilhelm Pieck, Geschichte und Geschichten eines großen Lebens, Berlin (Ost) 1976.

RAU

1219. E. WOITINAS, Heinrich Rau. Kommunist, Internationalist und sozialistischer Staatsmann, Berlin (Ost) 1977.

ULBRICHT

1220. J. R. BECHER, Walter Ulbricht. Ein deutscher Arbeitersohn, Berlin (Ost) 1958.

1221. C. STERN, Ulbricht. Eine politische Biographie, Köln-Berlin (West) 1963.

1222. L. THOMS, H. VIEILLARD, Ein guter Deutscher. Walter Ulbricht – eine biographische Skizze aus seinem Leben, Berlin (Ost) 1963.

1223. DIES, W. BERGER, Walter Ulbricht. Arbeiter, Revolutionär, Staatsmann, Berlin (Ost) 1968.

1224. H. VOSSKE, Walter Ulbricht. Biographischer Abriß, Berlin (Ost) 1983.

1225. G. ZWERENZ, Walter Ulbricht, München-Bern-Wien 1966.

WARNKE, HANS

1226. H. MÜHLSTÄDT, Hans Warnke. Ein Kommunist, Rostock 1972.

WARNKE, HERBERT

1227. H. DEUTSCHLAND, A. FÖRSTER, E. E. LANGE, Vertrauensmann seiner Klasse – Herbert Warnke, Berlin (Ost) 1982.

ANHANG

1945

8.5. Unterzeichnung der bedingungslosen Kapitulation Deutschlands.

5.6. Juni-Deklaration: Übernahme der obersten Gewalt in Deutschland durch die Regierungen der UdSSR, USA, Großbritanniens und Frankreichs. Bildung des Alliierten Kontrollrates.

9.6. Bildung der Sowjetischen Militäradministration in Deutschland (SMAD).

11.6. Aufruf der KPD nach ihrer Zulassung durch die SMAD.

15.6. Gründung der SPD in Berlin.

26.6. Gründung der CDU in Berlin.

5.7. Gründung der LDPD in Berlin.

14.7. Bildung der ,,Einheitsfront der antifaschistisch-demokratischen Parteien" (KPD, SPD, CDU, LDPD) in Berlin (Antifa-Block).

17.7.–2.8. Potsdamer Konferenz der Großmächte.

20.–21.12. Gemeinsame Konferenz des ZK der KPD und des ZA der SPD (,,Sechziger-Konferenz") beschließt, die Vereinigung vorzubereiten.

1946

9.–11.2. 1.Bundeskongreß des FDGB für die SBZ.

7.3. Gründung der Freien Deutschen Jugend (FDJ).

21.–22.4. Gründungsparteitag der Sozialistischen Einheitspartei Deutschlands.

30.6. Volksentscheid in Sachsen über die Enteignung der Großbetriebe von ,,Kriegsverbrechern und Naziaktivisten". 77,6% für die Enteignung.

17.8. Befehl Nr.253 der SMAD bringt gleichen Lohn für gleiche Arbeit, unabhängig von Alter und Geschlecht.

1.9. Gesetz zur Demokratisierung der Schule tritt in Kraft.

20.10. Wahlen zu den 5 Landtagen und den Kreistagen der

SBZ. Die SED erhält 47,5 % der Stimmen. Bei den Wahlen zum Berliner Stadtparlament bekommt die SED nur 19,8 % der Stimmen.

1947   7.–9. 3. Gründung des Demokratischen Frauenbundes Deutschlands (DFD).

6.–9. 6. Konferenz der Ministerpräsidenten der deutschen Länder in München.

14. 6. Die deutsche Wirtschaftskommission (DWK), die erste zentrale Zonenverwaltung geschaffen.

21. 7. Nach der Auflösung Preußens werden die Provinzen Brandenburg und Sachsen-Anhalt zu Ländern erklärt, so daß sich die SBZ aus 5 Ländern (außerdem: Mecklenburg, Thüringen, Sachsen) zusammensetzt.

22.–23. 11. 1. Deutscher Bauerntag in Berlin, Gründung des Hauptverbandes der Vereinigung der gegenseitigen Bauernhilfe (VdgB).

20. 12. Die CDU-Vorsitzenden Kaiser und Lemmer werden von der SMAD abgesetzt.

1948   9. 3. Deutsche Wirtschaftskommission (DWK) übernimmt die zentrale Lenkung und Leitung der Wirtschaft in der SBZ.

20. 3. Die sowjetischen Vertreter verlassen den Alliierten Kontrollrat.

29. 4. Gründung der Demokratischen Bauernpartei Deutschlands (DBD).

25. 5. Gründung der National-Demokratischen Partei Deutschlands (NDPD).

18. 6. Beginn der Berlin-Blockade.

13. 10. Adolf Hennecke übererfüllt sein Soll mit 380 % – Beginn der Aktivistenbewegung in der SBZ.

26. 11. Die Betriebsräte werden den Betriebsgewerkschaftsleitungen (BGL) angeschlossen und damit aufgelöst.

1949   15.–16. 5. Wahlen zum III. Deutschen Volkskongreß, erstmals Einheitslisten. Beteiligung 95,2 %, davon 66,1 % für die Kandidaten.

7. 10. Gründung der Deutschen Demokratischen Republik (DDR) – Volksrat wird Provisorische Volkskammer. Inkraftsetzung der Verfassung.

11.–12. 10. Volkskammer wählt Wilhelm Pieck zum Präsidenten der DDR und bestätigt die Provisorische Regierung aus Vertretern der SED (8), der LDPD (3), der CDU (4), der NDPD (1), der DBD (1) und einem Parteilosen. Otto Grotewohl wird Ministerpräsident der DDR.

8. 12. Oberster Gerichtshof und Staatsanwaltschaft der DDR gebildet.

1950	8.2. Bildung eines Ministeriums für Staatssicherheit.
	6.7. Unterzeichnung eines Abkommens über die Oder-Nei-ße-Grenze zwischen Polen und der DDR.
	24.8. Säuberungsaktion in der SED-Führung. Merker, Bauer, Kreikemeyer, Ende u.a. werden ausgeschlossen.
	29.9. Die DDR wird in den „Rat für Gegenseitige Wirtschaftshilfe" (RGW, Comecon) aufgenommen.
	15.10. Wahlen zu Volkskammer, Landtagen, Kreistagen und Gemeindevertretungen nach Einheitslisten. Beteiligung 98,44 %. Ja-Stimmen 99,7 %.
1951	22.4. Gründung des Nationalen Olympischen Komitees (NOK) der DDR.
	3.8. Erstes Stalin-Denkmal in Deutschland in Ost-Berlin enthüllt.
	8.10. Aufhebung der Rationierung aller Produkte bis auf Fleisch, Fett und Zucker; Preissenkung für Textilien und Backwaren.
	1.11. Volkskammer beschließt Gesetz über den Fünfjahrplan (1951–55) und über die Deutsche Notenbank.
1952	26.5. Verordnung über eine 5 km breite Sperrzone entlang der Demarkationslinie zur BRD.
	9.–12.7. 2.Parteikonferenz der SED beschließt „planmäßige Errichtung der Grundlagen des Sozialismus in der DDR".
	23.7. Gesetz über die „Demokratisierung des Aufbaus und der Arbeitsweise der staatlichen Organe" sowie die Aufteilung der Länder in 14 Bezirke und 217 Kreise.
	20.12. Das ZK der SED billigt den Prager Schauprozeß gegen Slansky und bezichtigt Merker u.a. ehemalige SED-Führer als „Agenten"; Dahlem verliert seinen Einfluß.
1953	6.3. Trauersitzung des ZK der SED aus Anlaß von Stalins Tod. Der Ministerrat ordnet Landestrauer an.
	9.4. Aufhebung der Rationierung von Textilien und Schuhwaren und Neuregelung der Lebensmittelkartenversorgung.
	21.4. Die Bischöfe der Evangelischen Kirche wenden sich gegen den Kirchenkampf der SED und gegen das Vorgehen der Regierung gegen die „Junge Gemeinde" und die Evangelische Studentengemeinde.
	9.6. Das Politbüro der SED „empfiehlt" der Regierung Maßnahmen zur Verbesserung der Lebenslage und zur „Stärkung der Rechtssicherheit". Einleitung des „Neuen Kurses".
	16.6. Streik der Bauarbeiter in der Stalinallee und Proteste gegen die Normenerhöhung.

17. 6. Arbeiteraufstand in Ost-Berlin und der DDR. Niederschlagung durch sowjetisches Militär.

24.–26. 7. Das ZK der SED faßt auf seiner 15. Tagung den Beschluß „Der Neue Kurs und die Aufgaben der Partei". Zaisser und Herrnstadt werden aus dem ZK ausgeschlossen.

24. 10. Ministerrat beschließt Preissenkung für Lebensmittel und Verbrauchsgüter ab 26. 10.

1954   1. 1. Die letzten 33 SAG-Betriebe werden an die DDR zurückgegeben.

25. 3. Regierung der UdSSR veröffentlicht Erklärung über die Anerkennung der Souveränität der DDR.

15.–16. 5. II. Nationalkongreß der „Nationalen Front" in Ost-Berlin verabschiedet Manifest „Deutsche an einen Tisch!"

17. 10. Volkskammerwahlen. 99,46 % für die Einheitslisten.

1955   11.–14. 5. Warschauer Pakt abgeschlossen.

26. 7. Chruschtschow erklärt, daß die Wiedervereinigung Sache der Deutschen selbst sei, eine „mechanische Wiedervereinigung beider Teile Deutschlands" nicht möglich sei und eine Beseitigung der „sozialen Errungenschaften" der DDR nicht in Frage komme.

20. 9. Nach Regierungsverhandlungen in Moskau wird die „volle Souveränität" der DDR bestätigt, das Amt des sowjetischen Hohen Kommissars aufgehoben und ein Beistandspakt abgeschlossen.

1956   18. 1. Volkskammer beschließt Schaffung der „Nationalen Volksarmee" (NVA) und des „Ministeriums für Nationale Verteidigung".

4. 3. Ulbricht erklärt in „Neues Deutschland": „Stalin ist kein Klassiker des Marxismus".

17. 7. Vereinbarung zwischen der DDR und der UdSSR über: Herabsetzung der Unterhaltskosten für die sowjetischen Streitkräfte in Deutschland um 50 Prozent, Gewährung eines langfristigen Kredits und Erhöhung der gegenseitigen Warenlieferungen.

1957   7.–9. 3. Prozeß gegen Wolfgang Harich u. a. endet mit hohen Zuchthausstrafen.

27.–28. 4. Gründung des „Deutschen Turn- und Sportbundes" (DTSB) in Ost-Berlin.

27. 7. Regierung der DDR schlägt Konföderation zwischen DDR und Bundesrepublik vor.

16.–19. 11. Beratung der 64 kommunistischen und Arbeiterparteien in Moskau.

16.12. Erster Atomreaktor in Rossendorf b. Dresden in Betrieb genommen.

1958 28.2.–2.3. 3.Hochschulkonferenz der SED legt die Aufgaben der Universitäten und Hochschulen beim Aufbau des Sozialismus fest.

29.5. Abschaffung der Lebensmittelkarten in der DDR.

4.11. Kommuniqué des Politbüros des ZK der SED zu Fragen der Versorgung und des Handels unter dem Gesichtspunkt der ,,ökonomischen Hauptaufgabe", Westdeutschland bis 1961 zu überholen.

10.11. Chruschtschow verkündet Berlin-Ultimatum: ,,Es ist an der Zeit, den Viermächtestatus von Berlin aufzuheben."

16.11. Wahlen zur Volkskammer und zu den Bezirkstagen (in Ost-Berlin Stadtverordnetenversammlung). 99,87 % für die Einheitslisten.

1959 24.4. 1.Bitterfelder Kulturkonferenz unter dem Motto: ,,Greif zur Feder, Kumpel! Die sozialistische Nationalkultur braucht Dich!"

11.5.–20.6. Außenministerkonferenz in Genf mit Delegationen aus der Bundesrepublik und der DDR.

1.10. Siebenjahrplan von der Volkskammer beschlossen.

2.12. Volkskammer beschließt Gesetz über die sozialistische Entwicklung des Schulwesens in der DDR (10jährige Schulpflicht).

13.12. Kreis Eilenburg ,,erster vollgenossenschaftlicher Kreis" der DDR.

1960 10.2. Volkskammer beschließt das Gesetz über die Bildung des ,,Nationalen Verteidigungsrates" – Vorsitzender: Ulbricht.

12.9. Nach Piecks Tod (7.9.) wird der Staatsrat der DDR konstituiert – Vorsitzender: Ulbricht.

November/Dezember: Vertreter von 81 kommunistischen und Arbeiterparteien, darunter die SED, beschließen ,,Moskauer Erklärung".

1961 12.4. Gesetzbuch der Arbeit von der Volkskammer angenommen (tritt am 1.7.61 in Kraft).

13.8. Abriegelung Ost-Berlins, Bau der Mauer.

20.9. ,,Gesetz zur Verteidigung der DDR" von der Volkskammer angenommen.

30.12. Ulbricht-Interview mit der ,,Prawda": Massenflucht verursachte der DDR einen Schaden von 30 Milliarden Mark.

1962 24.1. Volkskammer beschließt ,,Gesetz über die allgemeine Wehrpflicht".

24.5. Staatsrat faßt einen Beschluß zur „weiteren Entwicklung der Rechtspflege", der die Bekämpfung der Kriminalität auf Konfliktkommissionen ausdehnen soll.

23.11. Veröffentlichung des Entwurfs für ein Parteiprogramm der SED.

1963   15.–21.1. VI. Parteitag der SED, Verabschiedung des Parteiprogramms und des Parteistatuts.

24.–25.6. Wirtschaftskonferenz der SED und des Ministerrates über die „Richtlinie für das neue ökonomische System der Planung und Leitung der Volkswirtschaft" (NÖSPL).

15.7. Staatsrat der DDR bestätigt die „Richtlinie für das neue ökonomische System der Planung und Leitung der Volkswirtschaft".

20.10. Volkskammerwahlen, 99,95 % für die Einheitslisten.

17.12. Protokoll zur Ausgabe von Passierscheinen für Westberliner zu Verwandtenbesuchen in Ost-Berlin unterzeichnet.

1964   15.4. Stellungnahme des ZK der SED gegen die „Spaltungspolitik der chinesischen Führer".

12.6. Vertrag über Freundschaft, gegenseitigen Beistand und Zusammenarbeit zwischen der DDR und der UdSSR in Moskau unterzeichnet (tritt am 26.9. in Kraft).

24.9. Nach Grotewohls Tod (21.9.) wird Willi Stoph Vorsitzender des Ministerrats und Stellvertreter des Vorsitzenden des Staatsrates.

25.11. DDR-Regierung setzt mit Wirkung vom 1.12. den Zwangsumtausch von DM-Beträgen in Mark der Deutschen Notenbank (Ostmark) für Reisende aus Westdeutschland und West-Berlin sowie allen nichtsozialistischen Ländern fest.

1965   24.2. Ulbricht in Kairo von Präsident Nasser mit allen Ehren empfangen.

25.2. Volkskammer beschließt „Gesetz über das einheitliche sozialistische Bildungssystem" und „Gesetz über das Vertragssystem in der sozialistischen Wirtschaft".

8.–13.6. Besuch Titos in der DDR.

15.–18.12. 11. Tagung des ZK der SED beschließt zweite Etappe des „Neuen Ökonomischen Systems" und kritisiert Kulturschaffende.

20.12. Volkskammer verabschiedet das „Familiengesetzbuch der DDR" (tritt am 1.4.66 in Kraft).

1966   29.4. In Ost-Berlin findet Gespräch zwischen Beauftragten der SPD und der SED statt über geplanten Redneraustausch.

9.5.1. Atomkraftwerk der DDR in Rheinsberg in Betrieb genommen.

29.6. Absage des Redneraustausches.

6.10. Übereinkunft über die Passierscheinstelle für dringende Familienangelegenheiten in West-Berlin (Härtestelle) unterzeichnet (ab 10.10. geöffnet).

1967   20.2. „Gesetz über die Staatsbürgerschaft der DDR" beschlossen.

17.–22.4. VII. Parteitag der SED in Ost-Berlin.

2.7. Wahlen zur Volkskammer der DDR, 99,93 % für die Einheitslisten der Nationalen Front.

28.8. Einführung der 5-Tage-Arbeitswoche, wöchentliche Arbeitszeit beträgt 43³/4 Stunden.

1968   12.1. Die Volkskammer billigt ein neues Strafgesetzbuch und eine neue Strafprozeßordnung, die am 1.7.1968 in Kraft treten.

6.4. Volksentscheid für eine neue DDR-Verfassung, 94,49 % der Wahlberechtigten stimmen mit „Ja". Verfassung tritt am 9.4. in Kraft.

20.–21.8. Einheiten der NVA der DDR beteiligen sich an der Okkupation der CSSR durch fünf Warschauer-Pakt-Staaten.

12.10. Das NOK der DDR wird als gleichberechtigtes Mitglied in das IOC aufgenommen.

1969   21.–22.3. Kongreß der Nationalen Front des demokratischen Deutschland in Ost-Berlin beschließt die „sozialistische Menschengemeinschaft" zu fördern.

8.5. Als erstes nichtkommunistisches Land nimmt Kambodscha volle diplomatische Beziehungen zur DDR auf.

5.–17.6. Delegation des ZK der SED nimmt an der Internationalen Beratung von 75 kommunistischen und Arbeiterparteien in Moskau teil.

10.–14.9. 1. Synodaltagung des neugegründeten Bundes der Evangelischen Kirche in der DDR in Potsdam.

1970   19.3. Bundeskanzler Brandt und DDR-Ministerpräsident Stoph treffen in Erfurt zu Gesprächen zusammen.

26.3. Beginn der Viermächteverhandlungen über Berlin.

21.5. Treffen Brandt-Stoph in Kassel.

16.9. Volkskammer beschließt Gesetz über die Zivilverteidigung.

1971   1.1. Volkszählung in der DDR: 17.040.926 Einwohner.

1.3. Erhöhung der Mindestlöhne und Mindestrenten.

16.3. DDR und Chile nehmen diplomatische Beziehungen auf (damit ist die DDR von 28 Staaten anerkannt).

3.5. Auf der 16. Tagung des ZK der SED bittet Ulbricht, ihn aus „Altersgründen" von der Funktion des Ersten Sekretärs zu entbinden, sein Nachfolger wird Honecker.

15.–19.6. VIII. Parteitag der SED.

24.6. Volkskammer bestimmt Honecker an Ulbrichts Stelle zum Vorsitzenden des Nationalen Verteidigungsrates, beschließt Direktive für den Fünfjahrplan 1971–1975.

23.8. Die Botschafter der USA, Großbritanniens und Frankreichs in der Bundesrepublik sowie der sowjetische Botschafter in der DDR einigen sich beim 33. Gespräch auf einen Vertragsentwurf für eine Berlin-Regelung, sie wird am 3.9. unterzeichnet.

14.11. Wahl der Volkskammer und der Bezirkstage, 99,85 % für die Einheitslisten.

26.11. Konstituierende Sitzung der Volkskammer wählt Ulbricht zum Staatsratsvorsitzenden, Stoph zum Vorsitzenden des Ministerrates, Honecker zum Vorsitzenden des Nationalen Verteidigungsrates und Götting zum Präsidenten der Volkskammer.

1972   27.4. Gemeinsamer Beschluß des ZK der SED, des Bundesvorstandes des FDGB und des Ministerrates über sozialpolitische Maßnahmen, die am 1.7. und 1.9. in Kraft treten.

26.5. Verkehrsvertrag zwischen der Bundesrepublik und der DDR von den Staatssekretären Egon Bahr und Michael Kohl unterzeichnet (tritt am 17.10. in Kraft).

6.10. Staatsrat beschließt umfassende Amnestie.

21.12. Bahr und Kohl unterzeichnen in Ost-Berlin den Grundlagenvertrag.

1973   5.–22.1. Weitere 13 Staaten (u.a. Niederlande, Finnland, Spanien, Italien) nehmen diplomatische Beziehungen zur DDR auf.

1.8. Staatsratsvorsitzender Ulbricht gestorben.

18.9. Die DDR wird 133. Mitglied der UNO (Bundesrepublik 134.).

3.10. 10. Tagung der Volkskammer wählt Stoph zum neuen Staatsratsvorsitzenden und Sindermann zum Vorsitzenden des Ministerrats.

1974   28.1. Die Volkskammer verabschiedet 3. Jugendgesetz.

14.3. Protokoll über die Errichtung „Ständiger Vertretungen" unterzeichnet (tritt am 2.5. in Kraft, es werden Ständige Vertretungen in Bonn und Ost-Berlin eröffnet).

4.9. Aufnahme diplomatischer Beziehungen zwischen den USA und der DDR.

27.9. 13. Tagung der Volkskammer beschließt „Gesetz zur

Ergänzung und Änderung der Verfassung der DDR vom 7. Oktober 1974" (der Begriff ,,deutsche Nation" ist beseitigt) sowie personelle Veränderungen im Ministerrat.

1975   26. 3. Konsularvertrag zwischen Österreich und der DDR unterzeichnet.

19. 6. 15. Tagung der Volkskammer verabschiedet Zivilgesetzbuch der DDR (tritt am 1. 1. 76 in Kraft).

30. 7.–1. 8. KSZE-Gipfelkonferenz in Helsinki, Unterzeichnung der Schlußakte. Bundeskanzler Helmut Schmidt und Erich Honecker treffen zu Gesprächen zusammen.

7. 10. Vertrag über Freundschaft, Zusammenarbeit und gegenseitigen Beistand zwischen der DDR und der UdSSR von Breschnew und Honecker in Moskau unterzeichnet.

1976   22. 3. DDR und Lesotho tauschen diplomatische Vertretungen aus, damit unterhält die DDR zu 118 Staaten diplomatische Beziehungen.

18.–22. 5. IX. Parteitag der SED beschließt neues Programm und Statut sowie Direktive zum Fünfjahrplan 1976–1980, Honecker nunmehr Generalsekretär der SED.

29. 7. Ministerrat beschließt ,,Verordnung über die Erhöhung des monatlichen Mindestbruttolohnes von 350 Mark auf 400 Mark und die differenzierte Erhöhung der monatlichen Bruttolöhne bis zu 500 Mark" (tritt am 1. 10. 1976 in Kraft) und die ,,Zweite Verordnung über die Gewährung und Berechnung von Renten der Sozialversicherung – Rentenverordnung" (tritt am 1. 12. 1976 in Kraft und bedeutet eine Rentenerhöhung auf 230 Mark).

17. 10. Wahl der Volkskammer und der Bezirkstage. 99,86 % für die Einheitslisten.

29. 10. Auf der konstituierenden Sitzung der Volkskammer wird Horst Sindermann statt (wie seit 1973) Vorsitzender des Ministerrates zum Präsidenten der Volkskammer bestimmt, Erich Honecker als Vorsitzender des Staatsrates gewählt und als Vorsitzender des Nationalen Verteidigungsrates bestätigt, der bisherige Staatsratsvorsitzende (seit 1973) Willi Stoph wird wieder (wie von 1964–1973) Vorsitzender des Ministerrates.

16. 11. Dem Liedermacher Wolf Biermann wird von den ,,zuständigen Behörden der DDR ... das Recht auf weiteren Aufenthalt in der DDR entzogen".

26. 11. Prof. Robert Havemann wird unter Hausarrest gestellt (wird am 23. 8. 1978 verschärft und erst am 9. 5. 1979 aufgehoben).

1977   17. 2. Honecker bestätigt in einem Interview mit der ,,Saarbrücker Zeitung", daß ca. 10 000 DDR-Bürger Ausreiseanträge gestellt hätten. Generelle Reisefreiheit ins westliche Ausland könne es ohne Anerkennung der DDR-Staatsbürgerschaft nicht geben.

16. 6. Volkskammer verabschiedet neues Arbeitsgesetzbuch (tritt am 1. 1. 78 in Kraft).

23. 8. Festnahme Rudolf Bahros (30. 6. 1978 zu 8 Jahren Haft verurteilt) wegen Veröffentlichung seines regimekritischen Buches „Die Alternative" in der Bundesrepublik.

1978   6. 3. Gespräch zwischen Honecker und dem Vorstand der Evangelischen Kirchenleitungen der DDR unter Leitung von Bischof Albrecht Schönherr.

30. 3.–1. 4. Besuch des österreichischen Bundeskanzlers Bruno Kreisky in der DDR.

September: Mit Beginn des Schuljahres erstmals Wehrunterricht in der DDR für die Klassen 9 und 10.

13. 10. Die Volkskammer beschließt neues „Gesetz über die Landesverteidigung der DDR", das das alte von 1961 ersetzt (tritt am 1. 11. 1978 in Kraft).

1979   28. 6. Die Volkskammer beschließt 3. Strafrechtsänderungsgesetz (am 1. 8. in Kraft) mit erheblichen Verschärfungen des politischen Strafrechts sowie Wahlgesetzänderung, die eine Direktwahl der Ostberliner Volkskammerabgeordneten vorsieht.

28. 9. Beschluß des ZK der SED, des Ministerrates und des Bundesvorstandes des FDGB über Erhöhung der Mindestrenten ab 1. 12. 1979.

4.–8. 10. Besuch Breschnews in der DDR, Abzug von Sowjetsoldaten angekündigt.

27. 12. Sowjetische Intervention in Afghanistan.

1980   1. 1. DDR wird für 2 Jahre „nichtständiges" Mitglied des UNO-Sicherheitsrates.

18. 3. Politbüro-Beschluß über die „Aufgaben der Universitäten und Hochschulen in der entwickelten sozialistischen Gesellschaft".

3. 7. Seit 1964 sind 13000 politische DDR-Häftlinge durch „besondere Bemühungen" der Bundesregierung vorzeitig aus der Haft entlassen worden und wie 30000 DDR-Bürger im Rahmen der Familienzusammenführung in die Bundesrepublik ausgereist.

13. 10. In Gera hält Erich Honecker vor Parteifunktionären eine „Abgrenzungs"-Rede gegenüber der Bundesrepublik.

10.–13. 11. Staatsratsvorsitzender Honecker zu einem Staatsbesuch in Österreich.

1981   11.–16. 4. X. Parteitag der SED.

25.–31.5. Staatsratsvorsitzender Honecker zu einem Staatsbesuch in Japan.

14.6. Wahlen zur Volkskammer, zu den Bezirkstagen und zur Ostberliner Stadtverordnetenversammlung. 99,86 % für die Einheitslisten.

25.6. Auf der Volkskammer-Sitzung werden Honecker als Vorsitzender des Staatsrates und des Nationalen Verteidigungsrates, Stoph als Vorsitzender des Ministerrates und Sindermann als Präsident der Volkskammer wiedergewählt.

9.–13.9. Honecker zu Staatsbesuchen in Lateinamerika.

11.–13.12. Bundeskanzler Helmut Schmidt reist zu Gesprächen mit dem Staatsratsvorsitzenden Erich Honecker in die DDR (während des Besuchs wird in Polen das Kriegsrecht verhängt).

13.–15.12. Treffen von Schriftstellern und Wissenschaftlern aus Ost und West in Ost-Berlin, diskutiert werden Fragen der Friedenssicherung.

1982   14.2. Friedensforum von 5000 Anhängern der unabhängigen Friedensbewegung in der Kreuzkirche in Dresden.

11.–16.10. Staatsbesuche Honeckers in Syrien, Zypern und Kuwait.

10.11. Tod Leonid Breschnews, bei den Trauerfeiern in Moskau am 14.11. Treffen Honeckers mit Bundespräsident Carstens.

1983   4.5. „Luthertag" auf der Wartburg leitet das Lutherjahr der Evangelischen Kirche in der DDR ein.

8.6. Zwangsweise Abschiebung des Mitglieds der Jenaer Friedensgruppe Roland Jahn, nachdem bereits über 20 Mitglieder der Friedensbewegung abgeschoben wurden.

29.6. Westdeutscher Kredit von 1 Milliarde an die DDR bewilligt.

24.7. Beginn eines mehrtägigen Besuchs des bayerischen Ministerpräsidenten Strauß (CSU) in der DDR, Zusammentreffen mit Honecker.

1984   9.2. Honecker übergibt in Ost-Berlin die zweimillionste Wohnung, die seit dem Wohnungsbauprogramm von 1971 fertiggestellt wurde.

13.2. Am Vorabend der Beisetzungsfeierlichkeiten für den am 9.2. verstorbenen Generalsekretär der KPdSU J. Andropow in Moskau Gespräch zwischen Honecker und Bundeskanzler Kohl.

25.7. Kredit der Bundesrepublik von 950 Millionen DM an die DDR.

4.9. Geplanter Staatsbesuch Honeckers in der Bundesrepublik wird abgesagt.

30.9. Vom 1.1. bis 30.9.1984 sind 36 123 Einwohner der DDR in die Bundesrepublik übergesiedelt.

1985   12.3. Anläßlich der Teilnahme an den Beisetzungsfeierlichkeiten für den (am 10.3.) verstorbenen Konstantin Tschernenko in Moskau treffen E. Honecker und H. Kohl zu einem Gespräch zusammen.

4.–5.5. E. Honecker trifft bei einem Freundschaftsbesuch in der Sowjetunion mit dem neuen Generalsekretär der KPdSU, Michail Gorbatschow, zusammen.

10.–11.6. Staatsbesuch des französischen Ministerpräsidenten Laurent Fabius in der DDR.

9.–11.9. Staatsbesuch des finnischen Ministerpräsidenten Kalevi Sorsa in der DDR.

1986   17.–21.4. XI. Parteitag der SED.

25.4. Erste innerdeutsche Städtepartnerschaft zwischen Saarlouis und Eisenhüttenstadt beschlossen.

6.5. Unterzeichnung des Kulturabkommens zwischen der DDR und der BRD in Ost-Berlin.

8.6. Volkskammerwahlen, 99,74 % für die Einheitslisten.

21.–25.10. Staatsratsvorsitzender Honecker zu Staatsbesuch in der Volksrepublik China.

ABKÜRZUNGEN

ABI	=	Arbeiter-und-Bauern-Inspektion
AfS	=	Archiv für Sozialgeschichte
Antifa	=	Antifaschismus (antifaschistisch)
APuZG	=	Aus Politik und Zeitgeschichte, Beilage zur Wochenzeitung Das Parlament
BGB	=	Bürgerliches Gesetzbuch
BGL	=	Betriebsgewerkschaftsleitung
BKP	=	Bulgarische Kommunistische Partei
BL	=	Bezirksleitung
BRD	=	Bundesrepublik Deutschland
BzG	=	Beiträge zur Geschichte der Arbeiterbewegung
CDU	=	Christlich-Demokratische Union
Comecon	=	Council for Mutual Economic Assistance, s. RGW
CSR	=	Tschechoslowakische Republik
CSSR	=	Tschechoslowakische Sozialistische Republik
CSU	=	Christlich-Soziale Union
DA	=	Deutschland-Archiv
DBD	=	Demokratische Bauernpartei Deutschlands
DDR	=	Deutsche Demokratische Republik
DEFA	=	Deutsche Film-AG (DDR)
DFD	=	Demokratischer Frauenbund Deutschlands
DM	=	Deutsche Mark
D Mark	=	Deutsche Mark
DSB	=	Deutscher Sportbund
DSF	=	Deutsch-sowjetische Freundschaft (Gesellschaft für)
DTSB	=	Deutscher Turn- und Sportbund
DWK	=	Deutsche Wirtschaftskommission
dz	=	Doppelzentner
EKD	=	Evangelische Kirche Deutschlands
EVG	=	Europäische Verteidigungsgemeinschaft
FDGB	=	Freier Deutscher Gewerkschaftsbund
FDJ	=	Freie Deutsche Jugend
FDP	=	Freie Demokratische Partei
FGB	=	Familien Gesetzbuch
GST	=	Gesellschaft für Sport und Technik
Gwh	=	Gigawattstunde (Mio kwh)
ha	=	Hektar
HO	=	Staatliche Handelsorganisation
IML	=	Institut für Marxismus-Leninismus
IOC	=	International Olympic Committee (Internationales Olympisches Komitee)
IWK	=	Internationale Wissenschaftliche Korrespondenz zur Geschichte der deutschen Arbeiterbewegung
Jg.	=	Jahrgang

KB	=	Kulturbund
KJVD	=	Kommunistischer Jugendverband Deutschlands
Kominform	=	Kommunistisches Informationsbüro
Komintern	=	Kommunistische Internationale
Komsomol	=	Kommunistitscheskij Sojus Molodjoshi, Kommunistischer Jugendverband der Sowjetunion
KP	=	Kommunistische Partei
KPC/Tsch	=	Kommunistische Partei der Tschechoslowakei
KPD	=	Kommunistische Partei Deutschlands
KPdSU (B)	=	Kommunistische Partei der Sowjetunion (Bolschewiki)
KPK	=	Kommunistische Partei Kubas
KPO	=	Kommunistische Partei-Opposition
KPU	=	Kommunistische Partei Ungarns
KPV	=	Kommunistische Partei Vietnams
KSZE	=	Konferenz für Sicherheit und Zusammenarbeit in Europa
KVP	=	Kasernierte Volkspolizei
kwh	=	Kilowattstunde
KZ	=	Konzentrationslager
LDP/LDPD	=	Liberal-Demokratische Partei Deutschlands
LPG	=	Landwirtschaftliche Produktionsgenossenschaft
M	=	Mark
MAS	=	Maschinen-Ausleih-Station
MfS	=	Ministerium für Staatssicherheit
MTS	=	Maschinen-Traktoren-Station
NATO	=	North Atlantic Treaty Organization (Nordatlantikpakt)
NDPD	=	National-Demokratische Partei Deutschlands
NKWD	=	Narodny Komissariat Wnutrennich Del, Volkskommissariat für Innere Angelegenheiten (sowjetische politische Geheimpolizei)
NOK	=	Nationales Olympisches Komitee
NÖS	=	Neues ökonomisches System
NÖSPL	=	Neues ökonomisches System der Planung und Leitung der Volkswirtschaft
NS	=	Nationalsozialismus
NSDAP	=	Nationalsozialistische Deutsche Arbeiterpartei
NVA	=	Nationale Volksarmee
OECD	=	Organization for Economic Cooperation and Development
OMGUS	=	Office of Military Government, United States (amerikanische Militärregierung in Deutschland)
PGH	=	Produktionsgenossenschaft Handwerk
PKK	=	Parteikontrollkommission
PKW	=	Personenkraftwagen
Politbüro	=	Politisches Büro
PV	=	Parteivorstand
PVS	=	Politische Vierteljahresschrift
RGW	=	Rat für Gegenseitige Wirtschaftshilfe
RIAS	=	Rundfunk im amerikanischen Sektor (von Berlin)

RM	=	Reichsmark
SAG	=	Sowjetische Aktiengesellschaft
S-Bahn	=	Stadt-Bahn
SBZ	=	Sowjetische Besatzungszone
SED	=	Sozialistische Einheitspartei Deutschlands
SMA	=	Sowjetische Militäradministration
SMAD	=	Sowjetische Militäradministration in Deutschland
SPD	=	Sozialdemokratische Partei Deutschlands
SSD	=	Staatssicherheits-Dienst s. MfS
SU	=	Sowjetunion
SWA	=	Sowjetskaja Wojenneja Administrazija s. SMA
t	=	Tonne
UdSSR	=	Union der Sozialistischen Sowjetrepubliken
UN(O)	=	United Nations Organization
UNESCO	=	United Nations Educational, Scientific, and Cultural Organization
USA	=	United States of America
USAP	=	Ungarische Sozialistische Arbeiterpartei
VdgB	=	Vereinigung der gegenseitigen Bauernhilfe
VEB	=	Volkseigener Betrieb
VfZ	=	Vierteljahreshefte für Zeitgeschichte
VVB	=	Vereinigung Volkseigener Betriebe
VVN	=	Vereinigung der Verfolgten des Naziregimes
ZA	=	Zentral-Ausschuß
ZDF	=	Zweites Deutsches Fernsehen
ZfG	=	Zeitschrift für Geschichtswissenschaft
ZK	=	Zentralkomitee
ZPKK	=	Zentrale Parteikontrollkommission

PERSONENREGISTER

SACHREGISTER

Oldenbourg Grundriß der Geschichte

Herausgegeben von Jochen Bleicken, Lothar Gall und Hermann Jakobs

Oldenbourg